Hanselmann/Weber · Kinder in fremder Erziehung

Heime heute
Wo Kinder glücklich sind
Pflegefamilie
Die alternative
der alternativen!
ätzend!
Yeah!
stark!
Whow!
Kleinstheim
Jugend-WG
» Demnächst planen wir zu diesen Themen eine Plakatklebeaktion, die von unseren Heimjugendlichen selbst ausgeführt wird!«

Paul G. Hanselmann/Benedikt Weber

Kinder in fremder Erziehung

Heime, Pflegefamilien, Alternativen –
ein Kompaß für die Praxis

Beltz Verlag · Weinheim und Basel 1986

CIP-Kurztitelaufnahme der Deutschen Bibliothek

Hanselmann, Paul G.:
Kinder in fremder Erziehung : Heime, Pflegefamilien,
Alternativen – e. Kompass für d. Praxis / Paul G.
Hanselmann ; Benedikt Weber. – Weinheim ; Basel :
Beltz, 1986.
(Beltz-Praxis)
ISBN 3-407-62095-0

NE: Weber, Benedikt:

Lektorat: Richard Grübling

Satz: Satz- und Reprotechnik, 6944 Hemsbach
Druck: Druck- und Verlagshaus Beltz-Rübelmann, 6944 Hemsbach
Umschlaggestaltung: Atelier Warminski, 6470 Büdingen 8
Printed in Germany

ISBN 3 407 62095

Inhaltsverzeichnis

Worum es in diesem Buch geht

- „Ein Gefühl der Fremdheit bleibt", sagt Elke Bertram noch nach sechs Jahren des Zusammenlebens mit ihren drei Pflegekindern. Und dies, obwohl die Kinder in dieser heilpädagogischen Pflegestelle ein wirkliches Zuhause gefunden haben (Kap. 5.3).
- Die Erfahrung, „kontinuierlich gern gehabt zu werden trotz problematischen Verhaltens", machen auch die Kinder im „Wiesenhof", einer Kleinsteinrichtung für sieben Kinder in einem alten Bauernhaus (Kap. 5.2).
- Mal ist er der „Sündenbock", mal der „Hoffnungsträger" seines Vaters: Der 15jährige Andreas lernt mit Unterstützung eines sozialpädagogischen Familienhelfers in der eigenen Familie (über-)leben. Eine fremde Unterbringung wird vermieden (Kap. 5.1).

Drei der Beispiele, um die es in diesem Buch geht. Auswege aus der festgefahrenen Diskussion um Heimerziehung und Pflegekinderwesen.

„Heime sind out – Ersatzfamilien in"[1] – das war der Trend vor über zehn Jahren; auch ausgelöst als Reaktion auf die Heimkampagne. Inzwischen ist klar, daß auch die Pflegefamilie kein Patentrezept für Kinder in fremder Unterbringung darstellt und ihrerseits viele Schwächen hat. In der Zwischenzeit aber sind *neue Formen fremder Erziehung zwischen traditionellem Heim und Pflegefamilie* entstanden: *Kinderhäuser, Kleinstheime, betreute Jugendwohngemeinschaften, heilpädagogische Pflegestellen, Verbundsysteme dezentraler Heimgruppen.* Und um fremde Unterbringung zu vermeiden, werden heute mancherorts *pädagogische Familienhelfer in* den Familien eingesetzt, deren Problemlagen früher die „Herausnahme" eines Kindes erfordert hätten. Davon soll in diesem Buch die Rede sein. Unberücksichtigt bleibt dagegen das Gebiet Adoption – die „Annahme als Kind" –, da man hier von einer einmaligen und somit endgültigen Unterbringung ausgeht.

Das Wort „Heim" ist eng verwandt mit „Heimat", „heimisch", „daheim", und mindestens im süddeutschen Sprachraum fast gleichbedeutend mit *„ein Zuhause haben"*. Der Begriff „Familie" dagegen leitet sich vom lateinischen „famulus" – das heißt: Sklave – ab und hatte ursprünglich nur mit Machtverhältnissen und Familienbindungen aufgrund wirtschaftlicher Abhängigkeiten zu tun.

Wenn aber Heime lange Zeit „out" waren und Ersatzfamilien „in", so deshalb, weil man bei Kinderheimen immer gleich dachte an: Fremdheit, Anonymität, Versorgung, Verwaltung, Wechsel von Erziehern und Kindern. Bei Pflegefamilien aber glaubte man stets zu finden: Privatheit, dichte Kommunikation, Intimität, eine konstante Beziehungswelt.

Diese Schwarzweißmalerei zeichnet tatsächlich ein falsches Bild und hilft nicht

1 Schon damals kritisiert von M. Bonhoeffer/P. Widemann (Hrsg.): Kinder in Ersatzfamilien. Stuttgart 1974, S. 9.

weiter. Heute müssen wir genauer fragen, welche Form fremder Unterbringung für welches Kind – und: in welchem Alter, in welcher Problemlage, für wie lange Zeit – die geeignetste ist. Wie fremd oder heimisch kann sich ein Kind in seinem Lebensmittelpunkt fühlen?

Schnell drängt sich der Verdacht auf, daß viele Verantwortliche nicht „über den Rand ihres Suppentellers hinausschauen" wollen oder können. Pauschalurteile für/gegen Heimerziehung/Pflegefamilie – Nichtzutreffendes bitte streichen – sind noch immer häufig. *Und wie stehen Sie dazu?*

Wir wissen, daß der Einsatz engagierter Erzieher im Heim auch unter ungünstigen Bedingungen nicht umsonst ist. Wir kritisieren aber die Institution mit ihrem Verwahrungscharakter und ihrer „zerstückelten", flüchtigen Beziehungswelt. Auch wissen wir, daß Pflegefamilien oft gute Entwicklungschancen für Kinder bieten. Doch bekannt ist ebenfalls, daß diese Chancen zu häufig in der bekannten „privaten Enge" der Familie ersticken. Und wir kritisieren mangelnde Beratung und Hilfsangebote für Pflegeeltern.

Und schließlich das Geld ... Natürlich wurde die Pflegefamilie auch deshalb so attraktiv, weil die Unterbringung dort erheblich billiger ist als in Heimen oder gar heilpädagogischen und therapeutischen Einrichtungen. Bei Pflegesätzen im Kinderheim von 120,– DM oder gar 160,– DM pro Tag und Kind ist das kein Wunder. In Zeiten knapper werdender Mittel nun sind Kostenträger und Pädagogen erst recht aufgerufen, kritisch zu prüfen, wo das Geld den Kindern am wirksamsten hilft, wo es am sinnvollsten angelegt ist. Es ist nichts gewonnen, wenn aktuell eingespart wird und später Aufenthalte in geschlossenen Einrichtungen, Psychiatrien und Gefängnissen bezahlt werden müssen.

Die Bilanz auch der vielen Pflegestellenabbrüche rückt die Alternative „Heim oder Pflegefamilie" in ein neues Licht: Mischformen und neue Wege sind gefragt. Es bleibt unverständlich, daß bisher noch kein *umfassendes Verbundsystem kleiner Einrichtungen* für Kinder in „fremder Erziehung" entwickelt wurde, das zur Auflösung großer Anstalten und zur Überwindung (pflege-)familiärer Isolation führen würde. Dies, obwohl die Grenzen zwischen Kleinstheim und Großpflegestelle verschwimmen (vgl. Kap. 5). Im Verwaltungsapparat der Jugendbehörden arbeiten die Abteilungen „Heimpflege" und „Familienpflege" noch häufig geradewegs aneinander vorbei; Rechtsposition und Organisation von Heim und Ersatzfamilie haben schon gar nichts gemeinsam.

Das betroffene Kind hat von alledem keine Ahnung. „Es kommt dorthin", „entschieden wird, daß ...", „veranlaßt ist ...": Das Kind bleibt passiv, rechtlos, ohnmächtig – ein Objekt von Maßnahmen ohne echtes Mitspracherecht.

All diese Probleme sind Gegenstand des vorliegenden Bandes. Auf unserem Weg durch die verschiedenen Formen stationärer Erziehungshilfen fragen wir auch: Wie „echt" und wie „fremd" ist eigentlich die Erziehung durch „Profis"? Was kann der Berufserzieher leisten? Brauchen die betroffenen Kinder und Jugendlichen eher eine „natürliche Mütterlichkeit" (was ist das?) oder kompetente, engagierte Fachleute? Am deutlichsten wird dieser Konflikt beim klassischen Tauziehen zwischen leiblicher und Ersatzmutter um das hin- und hergerissene Pflegekind (Kap. 4).

Wesentliche Voraussetzungen einer glückenden kindlichen Entwicklung – egal wo – nennen wir in einem Grundlagenkapitel. Über Heime, Pflegestellen und Alternativen denken dann mit uns gemeinsam nach: Betroffene, Pflegeeltern, Erzieher, Sozialarbeiter in Familienfürsorge und Pflegekinderdienst, Kinderhaus-„Eltern" und ein pädagogischer Familienhelfer.

Sabine Heimann ist eine unserer Gesprächspartnerinnen: Sie ist Sozialarbeiterin in der Familienfürsorge eines Großstadtbezirks und hat schon mehrfach für Kinder nach Möglichkeiten der Unterbringung suchen müssen. Uns berichtet sie speziell von „Tomi", einem 14jährigen Jungen, der schließlich nicht mehr in seiner Familie bleiben konnte. In deutlichen Worten beschreibt Sabine Heimann ihre Erfahrungen mit fremder Unterbringung: ehrlich und subjektiv.

1 „... also wo sollte ich den Tomi unterbringen?"

Eine Sozialarbeiterin in der Familienfürsorge erzählt

Benedikt: *Kannst du uns zunächst einmal die Herausnahme eines Kindes aus seiner Familie schildern, die du veranlaßt hast, samt Vorgeschichte und der Kriterien, die schließlich zur Fremdunterbringung geführt haben!*

Sabine Heimann (Sozialarbeiterin): *Präsent ist mir da der Fall eines 14jährigen Jungen, der ist folgendermaßen gelagert:*
Die Mutter dieses Jungen ist, obwohl wiederverheiratet, im Grunde genommen alleinerziehend, hat acht Kinder, so ziemlich alle von verschiedenen Vätern. Und das Problemkind für mich war der Tomi[2]*, der wurde und wird immer noch von der Mutter total abgelehnt. Also wenn der ankommt, und er versucht's immer wieder auch mit 'ner lieben Art, heißt's nur: „Hau ab, ich kann dich nicht sehen!"*

Benedikt: *Wie ist denn die Familie bzw. der Junge „auffällig" geworden, wie hast du ihn kennengelernt?*

Sabine: *Die Familie ist einfach von ihrer Wohnsituation her schon mal bekannt, durch ständige finanzielle Nöte und Auffälligkeiten bei den Kinder; das heißt also, daß fast alle Kinder auf die Sonderschule gehen, viel zu aggressivem Verhalten neigen und im verbalen Bereich unheimlich auffällig sind; also, die sagen nicht „guten Tag", sondern die sagen „hallo, du Wichser", so ungefähr ist ihr Umgangston. Und in der Siedlung sind sie auch bekannt als die Kinder, die mal zuhauen, die Ärger und ... und ... und ... machen.*

Über alle Kinder stand was in den Akten und über Tomi nie was

Den Tomi hab' ich vor vier Jahren kennengelernt, also war er da ungefähr zehn; ich hatte damals eine ganze Menge Vorinformationen durch die Kollegen, die die Familie in- und auswendig kennen, es wurde schon aktenweise über die geschrieben, weil die Familie ja schon ungefähr seit dem zweiten Weltkrieg betreut wird.

---

2 Der Name und die Lebensumstände des Jungen wurden von uns so anonymisiert, daß der Schutz der Betroffenen gewahrt ist, zugleich aber die Umstände, die zur Fremdunterbringung führten, realistisch bleiben. Auch die Namen unserer Gesprächspartner in diesem Buch wurden verändert.

Alle wußten, daß eigentlich die ganze Zeit von Anfang an der Tomi auf Ablehnung gestoßen ist, aber es war auffällig, daß in den Akten über die anderen Kinder von den zuständigen Sozialarbeitern immer etwas drinsteht: der und der hat 'n Schnupfen oder der und der das und über Tomi nie was! Also der muß immer untergegangen sein. Das ist ja auch 'ne Schwierigkeit, so 'ne Familie mit so vielen Kindern auf ganz beengtem Raum: da bist du bei 'nem Hausbesuch unheimlich am Wirbeln, so daß du manches gar nicht mitkriegst.
Und der Tomi, der taucht dann wirklich erst in der Akte auf, wo es schon um seine Auffälligkeiten in der Kindertagesstätte ging, um seine aggressiven Ausbrüche.

Paul: *Wie kam es dazu?*

Sabine: *Es hat sich also praktisch selber so ein System herausgebildet, daß er nur Aufmerksamkeit von der Mutter erlangt hat, wenn er aggressiv aufgetreten ist; dann hat er mindestens seine Ohrfeige erhalten, und das hat sich dann so massiv fortgesetzt, daß er sich auch sonst gar nicht mehr anders zu verhalten wußte. Er war dann schließlich auch immer aggressiv in Gruppensituationen, die er ja auch zu Hause ständig hatte durch die vielen Geschwister. Da mußte er halt irgendwo auffällig werden ...*
Wenn man sich dagegen alleine mit dem hinsetzt, ist er wahnsinnig lieb und viel bereitwilliger als sämtliche Geschwister, die er hat.

Paul: *Ich würde gerne mal ein Beispiel, 'ne konkrete Situation, von dir hören: wie hat sich so 'ne Aggression von dem Tomi in der Familie ausgewirkt, zum Beispiel bei der Mutter?*

Sabine: *In der Familie ist das schon so gewesen, daß er halt Prügel bezogen hat... ...und immer wieder diese totale Ablehnung: „Hau ab, ich kann dich nicht seh'n! ... ich kann deine Fresse nicht seh'n!"*

Paul: *Und in anderen Bereichen, z. B. in der Schule?*

Sabine: *Ja, in Gruppensituationen ist es eben ständig vorgekommen, daß sämtliche Stühle durch's Zimmer geflogen sind. Und das war jetzt zum Schluß schon so, daß die anderen Kinder gar nicht mehr drauf reagiert haben; selbst wenn Tomi so richtig Krach gemacht und wahnsinnige eigene Kraft benutzt hat, haben die alle da gesessen und weitergemacht, wie bisher ...*

Paul: *... „das ist halt der Tomi" ...*

Sabine: *... „so ist eben der Tomi", den hat keiner mehr registriert. Erstaunlich war andererseits aber auch sein Verhältnis zur Lehrerin, die er jahrelang hatte: Die hat den nehmen können, bei der hat das ausgereicht, wenn sie gesagt hat: „Komm, Tomi, laß det sein!" Dann war er wieder ruhig; von der hat er immer so was wie emotionale Wärme bekommen. Und so ist es auch in der Kita gewesen.*

Und mir ging auch die Emotionalität durch bei dem Kind: Ich mag den Tomi!

Benedikt: *Wann wurde der Tomi denn zu einem „akuten" oder „akuteren Problem"?*

Sabine: *Also, akutes Problem ... da denke ich, das hängt auch mit mir zusammen, daß er das geworden ist! Der ist vorher von den anderen Sozialarbeiterinnen doch ziemlich übersehen worden. Und mir ging auch die Emotionalität durch bei dem Kind: Ich mag den Tomi ... weil er in der Einzelsituation noch so viel Kraft hat, ja! Der ist lange noch nicht so kaputt für mich wie die anderen Kinder in der Familie. Und mir ist die Ablehnung, die er zu Hause erfährt und dann auch in der Kita, in der Schule unheimlich nahegegangen ... und dabei ist er ein Kerl, wenn man mit dem was macht, dann kommt unheimlich viel rüber.*

Benedikt: *Du hast 'nen Draht zu dem Jungen bekommen; welche Konsequenzen hatte das für deine Arbeit? Ich nehme an, daß du ihn zu Hause besucht hast ...*

Sabine: *... und sehr viel auch in der Kindertagesstätte. Wir haben überhaupt immer versucht, den aufzufangen, wo's nur ging, mit ambulanten Maßnahmen, also Kita bis in den Abend hinein, Familienhelfer, einer nur speziell für ihn zuständig, und auch alle Betreuer aus der Kita haben versucht, dem Tomi besondere Aufmerksamkeit entgegenzubringen. Ich selbst bin einmal die Woche in die Kita und hab' da probiert, den wieder reinzuführen in die Kindergruppe.*
Und parallel dazu liefen die Versuche, mit der Mutter darüber zu reden ...

Paul: *... solche Gespräche hast du regelmäßig geführt?*

Sabine: *Ja, eigentlich hab' ich in den drei Jahren mit ihr regelmäßig über Tomi gesprochen; und nicht nur ich, sondern auch die beiden Familienhelfer und die Gruppenerzieher in der Kita.*
Das war schon von den äußeren Gegebenheiten sehr schwer; man kann in dieser Familie z. B. nie 'ne Gesprächssituation herstellen, wo Ruhe ist, das ist nicht machbar. Auch wenn man mal mit der Mutter alleine sitzt, dann kommen innerhalb einer Stunde mindestens fünf Kinder, die 'ne Stulle brauchen oder irgendwas anderes; und jedesmal ist sie natürlich auch selber aus'm Konzept.
Jeder hat also versucht, ihr den Tomi ein bißchen an's Herz zu legen ... und ich hatte lange die Vermutung, daß es mit dem Erzeuger von Tomi zusammenhängt, vielleicht auf der sexuellen Ebene ... Vergewaltigung oder sonst was, weil: diese totale Ablehnung gegenüber diesem Kind ... und nach ihm kommt der Rudi, der wird total vorgezogen von der Mutter. Da haben wir sie auch drauf angesprochen, aber da sagt sie: „Nöö, ich kann den nicht sehen, der nervt mich nur".

Paul: *Und die Geschwister, haben die ihn genauso abgelehnt, waren die ihm gegenüber gleichgültig oder wie war das bei denen?*

Sabine: *Da gibt's Unterschiede: der große Bruder, der Bernd, der hat den eigentlich immer in Schutz genommen ... der ist auch der einzige, der jetzt bei der Heimunterbringung ziemlich massiv reagiert hat und gesagt hat, daß er das scheiße findet, daß der Bruder weg ist ... und eine große Zuneigung gab's noch zu der etwas älteren Schwester von Tomi, der Doro, die hat sich schon um den gekümmert.*

Benedikt: *Und irgendwann wurde das so schlimm, daß du dir überlegt hast: „Es hat keinen Zweck mehr“, nachdem alles ausprobiert worden war!*

Sabine: *Wir haben so unheimlich lange hin und her überlegt: Tausende Gespräche, Überlegungen, ob eventuell Therapie was bringen könnte für den Tomi, Herausnahme oder ob wir weiterhin in unserem Stil fortfahren.*
Ich hatte immer so Bedenken, in dem Moment, wo wir den rausnehmen, daß er dann echt das Gefühl hat: „Ich bin das schwarze Schaf“; er ist das einzige Kind, das die Familie verlassen muß, und alle anderen können dableiben ... weil, er hat ja auch ein Stück an seiner Mutter gehangen! Er hat ja immer wieder ausprobiert, an sie ranzukommen und hat auch mehrmals Aussagen gemacht, wie: „Ich hab' meine Mammi ganz lieb“ ... Das konnten wir uns absolut nicht mehr erklären, weil von ihr nichts Positives mehr rüberkam ...
Und dann auch so Ängste, daß sich nach der Herausnahme von Tomi die Ablehnung von der Mutter auf irgendein anderes Kind überträgt ... und daß wir dann alle halbe Jahre eins rausnehmen und irgendwohin ...
Und dann ist es aber jetzt so gekommen, daß wir gesehen haben: Wir können alle auch nicht mehr; und der Tomi auch nicht. Er wurde zusehends chaotischer; bei Gruppenreisen von der Kita z. B., wo er sich früher so nach ein, zwei Tagen eingelebt hatte, ging es jetzt also die ganzen zwei Wochen durch nur noch mit aggressiven Ausbrüchen ...

Denn das wär' ja für mich das Allerschlimmste: Ich tu' den da und da hin, und die Einrichtung packt das nicht mit dem Jungen

Und dann war so die Frage nach 'ner geeigneten Einrichtung, da haben wir Riesenprobleme gehabt; denn das wär' ja für mich das Allerschlimmste, wenn ich praktisch als Jugendamt sage: Jetzt kommt der raus, ich tu' den da und da hin, und die Einrichtung packt das nicht mit dem Jungen ...
Denn dann würde es ihm zum zweiten Mal in seinem Leben bevorstehen, daß alles abbricht und keiner ihn mag ... da haben wir unheimlich lange rumgesucht und -gemacht und -getan; das war ja auch noch ein Problem: zu stark familiengegliederte Einrichtungen – da waren wir uns nicht so sicher, ob das nun das Richtige ist.

Paul: *Warum, weil sich dann auch die Gruppensituation wiederholen könnte?*

Sabine: *Weil er dann in eine Einrichtung kommen würde, wo schon Kinder da sind, in diesem familienartigen System eingegliedert, und da würde er wieder unheimliche Schwierigkeiten haben und wieder so ein Bild von sich selber haben, so ein Bild: „wo ich draußenstehe“, so daß ich mir bei*

Einrichtungen, die ich sonst belegt habe, wo alles so wie in 'ner Großfamilie abläuft, dachte: Die sind mit dem Tomi einfach überfordert.

Paul: *Ist denn die Möglichkeit einer Pflegefamilie für ihn von vornherein ausgeschlossen gewesen?*

Sabine: *Also, da denke ich einmal an meine Vorerfahrungen mit Pflegefamilien. Wir haben zu Pflegefamilien keinen Kontakt in der Art, wie man einfach zu Heimen Kontakt hat, daß man da irgendwelche Erzieher kennt, die kommen vorbei ... Wir haben hier in der FaFü im Moment wenige Fälle laufen mit Pflegefamilien, und die gehen zum Teil auch so schön daneben, wie man sich's nur denken kann. Ich wüßte auch überhaupt keine, die in Frage kommt für diesen Jungen, der womöglich erst einmal ihre Einrichtung auseinandernimmt bei der ersten Attacke, die er da bekommt.*
Und zweitens ist es so: Er hat ja im Grunde genommen seine Familie, und die will er auch ein Stück weit behalten. Er muß **nur** *lernen, das zu verarbeiten, was da abgelaufen ist, um ein gewisses Verhältnis dazu zu bekommen, also zu sagen: „Das ist meine Mutter, und das sind meine Geschwister, und von denen gibt es ein paar, mit denen ich auch in Zukunft was machen kann." Und da hatte ich Angst, denn 'ne Pflegefamilie ist 'ne neue Familie, und das heißt auch häufig: Abbruch mit der alten Familie.*

Paul: *Aber auch die Pflegefamilie – ich sag' das jetzt mal ein bißchen überspitzt – die könnte ja auch die Möglichkeit bieten, wirklich mehr zugewandte erwachsene Beziehungspersonen zu geben, die ihn ernstnehmen und sich ihn auch nicht mit sieben anderen teilen ... und die würde die Gruppensituation wegnehmen, und es käme vielleicht die Möglichkeit hinzu, daß er auch 'ne männliche Beziehungsperson für sich hätte ... also so in dem Sinne, daß er da was nachholt, was vorher nicht da war ...*

Sabine: *Also, da sehe ich einmal, daß er jetzt schon vierzehneinhalb ist – zwar so von seinem Geistigen her eher wie ein zehn-, elfjähriger entwickelt ist – aber daß er sich doch sehr stark an anderen Jugendlichen orientiert und anlehnt und nicht so sehr an Erwachsene.*
Und dann haben wir eben diese Einrichtung gefunden; da sind nur Jungs jetzt, sieben insgesamt ... und die haben zum Teil sogar Kinder aus der Psychiatrie geholt und das auch mit denen hinbekommen. Und wir hatten ja jetzt die Möglichkeit, daß der Tomi mit seinem Familienhelfer rübergefahren ist und sich das drei Tage lang angeguckt hat und so begeistert war, daß er gleich nach Hause gekommen ist und 'ne Stunde später selbst gepackt hat und wieder rüber wollte.
Für Tomi ist es wichtig, diese Gruppe zu haben mit den anderen Jugendlichen um sich herum. Und dann ist es eben bei dieser Einrichtung gegeben, daß er dort männliche und weibliche erwachsene Bezugspersonen hat. Und in Urlaubssituationen ist das dort so aufgeteilt, daß der Tomi z. B. jetzt mit einem Erzieherpaar samt deren Kindern und Freunden nach Holland fährt und auch so was wie Familienleben über 3–4 Wochen mitbekommt.

Benedikt: *Wie bist du denn an diese Einrichtung 'rangekommen? Was wußtest du darüber?*

Sabine: *Na ja, das war ein Zufallstreffer, der eine Typ, der Erzieher, ist vorbeigekommen nach Berlin ...*

Benedikt: *... auf Werbetour? ...*

Sabine: *... weil die da umstrukturiert haben in dem Kleinstheim; viele von den größeren Jugendlichen sind raus, und sie müssen halt auf 'ne Zahl von zehn kommen, um finanziell überleben zu können.*
Für mich war diese persönliche Begegnung mit dem Erzieher wichtig; er machte auf mich so einen Eindruck, daß er vom Wesen her ein bißchen diesem einen Familienhelfer vom Tomi geglichen hat; für Tomi ist das sehr wichtig, er braucht jemand, der ganz ruhig und sachte mit ihm umgeht, sonst flutscht der dir weg, da dreht er durch.
Wir haben zudem lange über das Konzept von dem Heim gequatscht, dann ist der Erzieher auch mit mir in der Kita gewesen, um mit den Betreuern und mit Tomi selbst zu reden. Er hat sehr ausführlich beschrieben: also den ganz normalen Tagesablauf in dem Heim, was für Ziele die haben ...
Und dann hatte ich die Unterbringung eben davon abhängig gemacht, daß Tomi da rüberfährt und sich selber ein Bild machen kann von der Einrichtung und noch sein Familienhelfer mitgefahren ist, zu dem ich Vertrauen habe ... daß der auch mal genauer hinsieht, was da eigentlich ist. Tomi ist kein Kind, das ich so auf gut Glück irgendwo hingeschickt hätte!

Weeßte wat, Fritze, jetzt bin ick schon zwee Taje hier, und det hat noch keen Stunk jejeben. Det ha' ick noch nie in mei'm Leben erlebt!

Benedikt: *Was hat Tomi von dem Besuch da drüben erzählt?*

Sabine: *Der war – wie gesagt – begeistert und hat eine Stunde später angefangen zu packen ... und das war auch so toll: Er war also drei Tage mit dem Friedrich, dem Betreuer, drüben und hat ihm am zweiten Tag, abends, gesagt: „Weeßte wat, Fritze, jetzt bin ick schon zwee Taje hier, und det hat noch keen Stunk jejeben. Det ha' ick noch nie in mei'm Leben erlebt!" Für ihn war also zum ersten Mal ein Klima da, wo die ihn akzeptiert haben.*

Benedikt: *Hast du eigentlich auch in Berlin nach Heimen gesucht oder war das für dich von vornherein gegessen?*

Sabine: *Das war gegessen, da gibt es mehrere Gründe:*
Einmal, weil ich dachte, er würde hier in Berlin noch seine Mutter suchen; er würde also bei einem Konfliktfall in einem Berliner Heim sofort nach Hause abdüsen, weil er da doch – obwohl es viele Schläge gibt – einen gewissen Freiraum hat, denn die Mutter achtet einfach auch nicht auf die Kinder; er könnte da also durchaus zwei Tage unterkrauchen, und keiner würde ihn zur Rede stellen, warum er eigentlich im Konfliktfall abgehauen ist.

Dann ist noch so 'ne Sache mit ihm vorgefallen, da hatte er plötzlich fünfzig Mark in der Hand gehabt. Die hat er mit irgend so 'nem älteren Typen hier im Bezirk für'n bißchen Anfassen verdient ... und da kriegten wir auch ganz schöne Panik, weil die Wahrscheinlichkeit doch ziemlich groß ist, daß er darüber merkt: „Ich kann Kohle verdienen". Und ein Stück weit Zuwendung ist es auch ... Also ich glaub' nicht, daß der Typ da brutal mit ihm umgegangen ist, so hat er's zumindest nicht beschrieben. Und da ist zumindest jemand, der ein bißchen liebevoller, als er's sonst hat, mit ihm umgeht ...

Benedikt: *So, wie du die Heimunterbringung von Tomi und deren Vorgeschichte geschildert hast, hat dich dein Engagement ja unwahrscheinlich viel Zeit gekostet ...*

Sabine: *... die nehm' ich mir in solchen Fällen ... das war auch meine Emotionalität mit dem Tomi, der war mir wichtig ... und ich hab' auch immer gedacht: „Wir können hier noch etwas erreichen mit ihm"; bei den Bedingungen, die er gehabt hat, hat er sich ja gar nicht richtig pathologisch verhalten. Er ist doch eigentlich unheimlich gesund. Also ich denke: Andere Kinder hätten da schon viel eher suizidale Absichten oder viel mehr geklaut oder so was, und diese Aggressivität von ihm war ja im Grunde genommen bombig.*

Am erstaunlichsten war für mich, wie gut er doch noch bindungsfähig war ... Wenn ich da an diese Lehrerin denke, die er jahrelang hatte und an der er hing: Als die geheiratet hat, da hat der Tomi – als einziger in der Klasse – wirklich zwei Tage nachmittags zu Hause gesessen und für die Frau was gebastelt und ihr dann als Hochzeitsgeschenk überreicht. Sie sagte, sie hat dann furchtbar heulen müssen, wie er damit angekommen ist, weil das so'n sagenhaftes Erlebnis für sie war ... Mit uns Betreuern war das übrigens ähnlich ... so kleine Zuwendungen, ganz verstohlen, einfach so hingestellt ... Und auch mit der Mutter lief das mal; da hat er eine Woche lang für sie ein Geburtstagsgeschenk gebastelt; von ihr kam aber wieder nur: „Hau ab, ick kann dich nicht seh'n!"

Paul: *Hätte es eigentlich noch andere Möglichkeiten gegeben, vorher, die Mutter für'n anderes Verhalten zu öffnen, zu beeinflussen?, Du sprachst von zwei Familienhelfern, Kita, deinem Engagement.*

Sabine: *... nee, ich denke nicht. Da war z. B. auch unsere Überlegung: Therapie; Therapie haben wir gedacht. Aber es kann nur was bringen, wenn die Mutter mitzieht, sonst wäre es nur so 'ne Freizeitbeschäftigung für Tomi, was wir auch per Familienhelfer machen können. Wir hatten dabei auch die Angst: Die Mutter ist ja unheimlich häufig hier angekommen und hat oftmals versteckt so böse Sachen über Tomi erzählt, immer so mit dem Tenor: „Macht was, nehmt mir den Jungen weg, ick kann nicht mehr!" Und als die Therapie im Raume stand, ist sie unheimlich drauf abgefahren, weil sie weiß: „Da muß er vorher zum Jugendpsychiater." Sie hatte sich erhofft, es kommt 'ne Diagnose: „Der is bekloppt, da kann man nüscht machen, det is nich mein Fehler, aus, Ende" ... Und da hab' ich mich gegen gesträubt, weil die auch überall erzählt hätte: „Mein Tomi, der hat 'ne Macke."*

Paul: *„Allet klar“ ...*

Sabine: *... „Allet klar und det liegt nich an uns“.*

Paul: *Das heißt auch – wenn ich mal die rechtliche Seite anspreche – die Mutter war dann sicherlich auch schnell damit einverstanden, den Jungen ins Heim zu geben, da gab's keine Schwierigkeiten ...*

Sabine: *... überhaupt nicht, da gibt es ganz andere Fälle, wo ich gerne eingreifen würde, wo ich sehr froh wäre, wenn die Kinder woanders als in ihren Familien wären, sehr viele!*
Bei Tomi ist es dagegen so gewesen: Als der 'rüberfahren sollte, um sich das Heim anzugucken, da war die Mutter wieder angetrunken und hat gesagt: „Wollt ihr noch'n paar von meinen Kindern?“ ... Und auch wie das alles abgelaufen ist, die Reise mit dem Friedrich: Da war kaum was gepackt, keine Stulle oder irgendwie 'n bißchen Süßigkeiten für den Flug, halt das, was man sonst bei den anderen Eltern erlebt, daß die bei solchen Sachen auf einmal ihren Moralischen kriegen. Auch als Tomi dann beim zweiten Mal endgültig nach Westdeutschland geflogen ist: Nichts; die Mutter ist nicht mal bis zum Flughafen mitgekommen, Friedrich hat ihn hingebracht.

Das Jugendamt – Anwalt der Kinder: Aber du führst fast nur Gespräche mit den Erwachsenen!

Paul: *Wie du von Tomi erzählst, hast du dich da doch klar zum Anwalt dieses Jungen gemacht ...*

Sabine: *... und ich kann's auch nur so sehen, daß wir Anwalt von den Kindern sind, das Jugendamt. Also da hab' ich sowieso grundsätzlich Probleme in der Arbeit: Du sitzt auf'm* **Jugend***amt und bist eigentlich für die Kinder und Jugendlichen zuständig, aber du führst fast nur Gespräche mit den Erwachsenen. Meine Stelle ist noch 'ne Ausnahme, mit der Kita und der Jugendgruppe, weil ich mit denen noch was machen kann ... so 'ne stinknormale FaFü-Stelle, ich glaub', da würd' ich eingehen: immer nur die Eltern.*
Ja, und wo wir gerade beim Thema Jugendamt sind, zu den Problemen, die da in letzter Zeit aufgetreten sind: Wenn du 'ne Heimunterbringung vornimmst, dann kostet das für den einzelnen Sozialarbeiter wahnsinnig viel Kraft. Du mußt dich mit dem Kind auseinandersetzen, mit den Eltern, womöglich hängen noch die Lehrer dran und Nachbarn. Weil „Heim“ immer noch so'n schlechten Ruf hat, kannste dich dann noch mit Leuten rumschlagen, die hier anrufen: „Wie können Sie denn nur und, und ... und ...“ Zusätzlich ist eben noch in letzter Zeit die Schwierigkeit, daß du dich nicht einmal auf die eigene Verwaltung verlassen kannst, daß du kämpfen mußt um jede Heimunterbringung, daß das auch kostenmäßig abgedeckt ist, ...

Benedikt: *... wo bringt Ihr denn die betreffenden Kinder und Jugendlichen unter, kannst du das mal prozentual aufteilen ...*

Sabine: *... da stehen ganz oben an: Kleinsteinrichtungen. Wenn man sich in unserem Bezirk die Gruppe der bis zu 15jährigen ansieht – das sind bestimmt 80–90 Prozent aller Unterbringungen, dann geht davon ein großer Teil in Kleinsteinrichtungen. Das wird ein bißchen anders, wenn die schon 16 sind, da nehmen wir sehr viele Wohngemeinschaften hier in Berlin in Anspruch.*

Benedikt: *Warum gibt's denn dann Ärger wegen der Belegungskosten? Man kann doch allgemein davon ausgehen, daß die Pflegesätze in Kleinsteinrichtungen gegenüber Großheimen ein ganzes Stück niedriger sind.*

Sabine: *Tja, das liegt daran, daß die Heime hier in Berlin nicht genügend ausgebucht sind und vom Senat Ausfallgelder kriegen, der wiederum ist deshalb dran interessiert, die vollgestopft zu bekommen. Das ist für mich 'n unheimliches Problem: Einmal hab' ich Schwierigkeiten mit diesen Autoritäten hier im Amt, mich über solche Sachen mit denen zu unterhalten, weil die im allgemeinen nicht allzuviel Ahnung davon haben. Und denn denk' ich auch: „also so jemand wie Tomi, das sind 3 Jahre Arbeit", und wenn jetzt irgendeiner von den Leitenden sagt: „nee", also denn, denn bleibt mir auch nix mehr übrig, dann raste ich aus, und dann kann ich auch nicht mehr sachlich, fachlich argumentieren.*

Benedikt: *Was kommt denn da so? „Ist zu teuer", ist wahrscheinlich das Standardargument ...*

Sabine: *... ja, oder wenn man wie z. B. in diesem Fall 'ne neue Einrichtung ausgesucht hat, die bisher noch nicht belegt wurde: „Na, hat denn jemand Erfahrung" und so ... ich hab' da auch frech weg gelogen, hab' gesagt: „Ja, da sind auch Kinder vom Bezirk X, hab' mit den Leuten in dem Bezirk telefoniert, die sagen, ‚das Heim ist toll'". Bei diesen Verwaltungsleuten ist auch immer diese Angst da, sich auf was Neues einzulassen. Und ich schätze da meine eigene Menschenkenntnis; wenn ich da einen Erzieher von dem Heim erlebe und stundenlang mit dem rede, dann weiß ich, was da fachlich und emotional rüberkommt, und das ist viel mehr als wenn ich mit irgendjemand aus'm Bezirk X telefoniere, den ich überhaupt nicht kenne, und der wiederum kennt die betreffende Einrichtung auch nur halb.*

Benedikt: *Was würdest du dir für deine Arbeit hier wünschen, was sollte sich verändern?*

Sabine: *Also für mich ist enorm wichtig, daß mir bei 'ner Heimunterbringung nach gründlicher Vorarbeit nicht irgendwas von meiner eigenen Verwaltung in die Quere kommt.*
Wünsche wären noch, daß sich endlich mal ein bißchen die Einstellung in der Bevölkerung ändert; also es soll schon bleiben, daß man skeptisch ist gegenüber Heimen, aber es auch so langsam akzeptiert, daß es auch gute Einrichtungen gibt. Tja, daß der ganze Verwaltungskram, der mit 'ner Heimunterbringung zusammenhängt, wesentlich weniger wird.

Benedikt: *Deine – oder eure – Auffassungen erscheinen mir ziemlich außergewöhnlich für'n FaFü-Amt: Da werden verstärkt Kleinstheime belegt, gegen den Druck von oben ...*

Sabine: *Ja, wir haben in unserem Team lange an einem gemeinsamen Level gearbeitet ...*
Den Druck von oben zu erleben, das ist auch immer so 'ne Sache, wie du selber hier abgesichert bist. Ich habe da z. B. in 'nem anderen Fall jahrelang um ein Kind gekämpft, also wirklich gegen den Vater gekämpft, um dieses Kind aus der Familie rauszukriegen; wenn da jetzt hier oben der Referent oder sonstwer „nein" gesagt hätte, dann hätte ich gekündigt. Ich kann's mir erlauben, ich bin nicht total abhängig von meiner Stelle, finanziell; ich kann mich durchaus 'ne Zeit lang durchschlagen, 'nen anderen Job annehmen; das ist schon 'ne gewisse Sicherheit. Das wissen sie, das ist ein großer Vorteil für mich.

Die Aussagen unserer Gesprächspartnerin, der Sozialarbeiterin Sabine Heimann, weisen gleich auf mehrere Probleme in der Praxis der Familienfürsorge hin, die wir im vorliegenden Band behandeln.

- „Wohin mit dem Tomi?" – Deutlich werden trotz des spürbaren Engagements der Sozialarbeiterin die Schwierigkeiten bei der Entscheidung, welche Einrichtung für welches Kind geeignet ist.
- Das Wissen und die Kenntnis des Angebots der stationären Erziehungshilfe ist *eher zufällig,* die Auswahl eher subjektiv. Auf die Kleinsteinrichtung für Tomi wurde die Sozialpädagogin nur durch einen „Werbebesuch" eines Erziehers aufmerksam.
- Die Auswahl der Einrichtung muß sich an den jeweiligen *Familienerfahrungen* des betroffenen Kindes oder Jugendlichen orientieren. Warum nämlich bietet im Fall Tomis offenbar die Kindergruppe im kleinen Heim bessere Entwicklungsmöglichkeiten als eine Ersatzfamilie?
- Auch weist das Interview auf die *Notwendigkeit entwicklungspsychologischer Kenntnisse* von Erziehern und Sozialpädagogen hin. Im folgenden Grundlagenkapitel wollen wir in knapper und einfacher Form die wesentlichen Bedingungen einer gelingenden bzw. gefährdenden Erziehung nennen.

2 Was brauchen Kinder?

„Liebe allein genügt nicht" meinte Bettelheim und gab seinem eindrucksvollen und vieldiskutierten Buch über die Behandlung verhaltensgestörter Kinder diesen Titel (1950).

Doch bei der pädagogischen und therapeutischen Behandlung in der „Orthogenic-school" Bettelheims ging es eben um bereits verstörte, schon schwierige Kinder, für die deshalb ein besonderes Erziehungskonzept angebracht war. Genügt denn Liebe nicht, wenn man ein Kind erziehen und ihm eine möglichst glückliche Entwicklung ermöglichen möchte? So werden Erzieher und Eltern fragen – in der Überzeugung, daß ihre Liebe das Kostbarste ist, was sie ihren Kindern überhaupt geben können. So begründen beispielsweise auch fast alle Bewerber um eine Adoptionsvermittlung ihren Kinderwunsch mit dem lapidaren, vielsagenden Satz: „Weil wir Kinder *lieben*".

Was heißt denn hier Liebe ...

Was eigentlich „Liebe" ist, fällt jedermann schwer zu beschreiben. Wahrscheinlich deshalb ist die Sprache der Sozialwissenschaften auf so vielfältige Begriffe ausgewichen wie: „Zuneigung", „Sympathie", „Zuwendung", „affektive Zufuhr", „Anerkennung", „emotionales Klima", „Bereitschaft zu Interaktion und Kontakt" etc. etc. Die früher gebräuchlichen Umschreibungen von „Herzlichkeit", „Innigkeit", „Wärme" und „Hingabe" scheinen heute zu abgegriffen, zu ungenau oder vielleicht auch nur zu gefühlvoll, um über „Liebe" etwas „sachlich" aussagen zu können.

Immerhin werden wir hier den so oft mißverstandenen Begriff Liebe nicht ganz vermeiden, wie dies derzeit in den meisten Veröffentlichungen aus Vorsichtsgründen geschieht.

Und obwohl es überhaupt einfacher scheint nachzuweisen, was Kinder in ihrer Entwicklung hemmt, stört, hindert und verletzt – vgl. Kapitel 2.2 –, als *was sie unverzichtbar brauchen,* wollen wir zunächst einige Minimalforderungen für eine „glückende Erziehung" formulieren und im Positiven benennen, was Kindern zur Lebensgrundlage dient.

2.1 Bedingungen einer gelingenden Entwicklung

Die meisten Menschen halten Gefühle der Liebe, der Verantwortlichkeit und der Zugehörigkeit für die bedeutsamste Voraussetzung einer „guten" kindlichen Entwicklung. Auch wir wollen das Gewicht der Gefühlsbindung betonen – etwa wenn es um die Frage geht, ob Geld verdienende Erzieher(innen) und Pflegeeltern „nur professionell" erziehen, leibliche Eltern dagegen „nur mit Elternliebe".

Das bloße Gefühl „Liebe“ aber birgt stets die Gefahr, verklärt, überhöht und idealisiert zu werden, und läßt sich schnell ideologisch mißbrauchen. Es geht also auch darum, *in welchen Beziehungen* – und hier in welcher Form – Liebe tatsächlich stattfindet und Realität wird. Es besteht nämlich die Gefahr, nur idealisierten Gefühlen aufzusitzen. Denn erst das Erlebnis zufriedengestellter Wünsche in einer lebendigen Beziehung läßt schließlich Liebe zur Realität werden. Die immer bloß phantasierten Liebesbedürfnisse und deren häufige Enttäuschung bewirken ja gerade Störungen oder Verzögerungen kindlicher Entwicklung.

C. G. Jung erklärte: „‚Gefühl‘ ist ein Ausdruck, der der Erläuterung bedarf. Man spricht z. B. von ‚Gefühl‘ im Sinne von ‚Empfindung‘ (entsprechend dem französischen ‚Sentiment‘). Ebenso kann das Wort für eine Intuition verwendet werden. Oder im Sinne einer Meinung: ‚Ich habe das Gefühl, daß ...‘.“ Weiter meinte Jung: „Wenn ich das Wort ‚Gefühl‘ im Gegensatz zu ‚denken‘ gebrauche, beziehe ich mich auf ein *Werturteil,* z. B. angenehm oder unangenehm, gut oder böse usw. Nach dieser Definition ist Gefühl keine Emotion (die ja unwillkürlich kommt), sondern eine *rationale, d. h. ordnende Funktion wie das Denken, wogegen die Intuition eine irrationale,* wahrnehmende Funktion ist ...“ (C. G. Jung: Der Mensch und seine Symbole. Olten [13]1981, S. 60/61). Diese Erläuterungen Jungs sind deshalb wichtig und hilfreich, weil sie zeigen, daß es auch bei der affektiven Seite in der Erziehung und in Eltern-Kind-Beziehungen nicht um irgendwelche „schwammigen“, undefinierbaren Emotionen oder „Gefühlsduselei“ geht, sondern um gelebte, reale Gefühle auf einer Skala, die von Liebe bis Ablehnung reicht.

Haben wir nun erstens *das Gefühl Liebe* als etwas Unmittelbares, Spontanes, Inniges betont und zweitens (auch die frühkindlichen) *Beziehungen* zu den Trägern wichtigster Erfahrungen und Vermittlern der Wirklichkeit erklärt, muß endlich die dritte Frage gestellt werden: Unter welchen *Bedingungen* finden diese „Liebesbeziehungen“ zwischen Eltern/Erziehern und Kindern statt? Welchen Einfluß haben so „unromantische“ Faktoren wie die Berufstätigkeit beider Eltern, Scheidungen, Wohnverhältnisse, die Lohntüte oder der Gehaltsstreifen auf diese „Liebesbeziehung“? Und wo ist das „Familienglück“ ein Ausdruck echter Zuneigung, aber wo nur Flucht aus der Mühle des Buckelns, der Sach- und der Konsumzwänge hinein in eine private Pseudowelt von Pseudogefühlen? Und schließlich: Wie „unromantisch“ dürfen Gefühle der Zuneigung, Verläßlichkeit und Zugehörigkeit in Kinderheimen, Pflegefamilien oder alternativen Einrichtungen sein, damit diese immer noch günstiger für einen Heranwachsenden sind als die „Gefühlsfallen“ ungeeigneter Herkunftsfamilien?

Wir haben im folgenden schlagwortartig eine Übersicht der unverzichtbaren, grundlegenden Voraussetzungen einer gelingenden Entwicklung zusammengestellt – also der fördernden, positiven Anteile im Erziehungsprozeß. Diese Übersicht läßt zunächst außer acht, wo – also in welcher Einrichtung – und durch wie viele Personen Erziehung genau stattfindet. Auch bleibt dem Leser sicher bewußt, daß ein solcher „positiver Schlagwortkatalog“ nur als Orientierung gelten kann. Es scheint jedoch bei jedem der hier genannten Bereiche eine qualitative Grenze zu geben, die nicht unterschritten werden darf, ohne daß es zwangsläufig zu Störungen und Defiziten beim Kind kommt (vgl. dazu Kap. 2.2). Hier geht es also darum, für Begriffe sensibel zu machen, die wir bei der Frage nach der besten Unterbringungsform für grundlegend halten.

Übersicht wesentlicher Erziehungsfaktoren

Kontinuität der Beziehungen

- Verläßlichkeit, Zugehörigkeit, Verantwortlichkeit
- Kontinuität der Umgebung: allmähliche Erweiterung der Erfahrungsgrenzen

Qualität der Beziehungen

- Vertrauen: Sicherheit und Geborgensein als Lebensgrundlage
- Autonomie: Achtung der Freiheit und Einmaligkeit jedes Menschen
- Initiative: Selbständigwerdenkönnen, Spiel- und Lebensräume vergrößern

Gruppenerfahrungen

- Soziale Anerkennung finden
- Soziales Teilen lernen
- Solidarität erfahren
- Sich auseinandersetzen

Erziehung und Lernen

- Lernen als lebenslanger Erfahrungsprozeß
- Erziehung als ein gegenseitiger Prozeß
- Erwachsene als Modell, als Orientierung und Hilfestellung

Materielle Lebensbedingungen

- Geld und Zeit der Erwachsenen
- Erfahrungsmöglichkeiten und Lernanreize bieten
- Schichtspezifische Erziehung: Bewertungsmaßstäbe beachten
- Wohnverhältnisse, Stadt-Land-Unterschiede berücksichtigen

Kontinuität, Zugehörigkeit, Verantwortlichkeit

Kinder brauchen feste, stabile Bindungen, um Orientierung und Antwort auf ihre Fragen und Bedürfnisse zu finden. Im Kleinkindalter verkraften sie nur wenige „Hauptbindungsfiguren“. Schon in diesem Alter lösen verschiedene Personen wie Geschwister, Großeltern, Nachbarn, Spielfreunde, sogar der eigene Teddybär etc., auch verschiedene soziale Verhaltensweisen aus und es ergibt sich schnell eine Differenzierung in Haupt-, Neben- und vorübergehende Bindungen.

Die Behauptung, daß das Vorhandensein mehrerer Beziehungspersonen beim Kind zu schwächeren Bindungen, das Angebot einer einzigen bemutternden Person dagegen zu einer intensiven Bindung führe, ist nicht immer richtig. Vielmehr gehen Kinder ungehemmter, weniger ängstlich und intensiver Bindungen ein, wenn sie zunächst die Erfahrung von Sicherheit und Vertrauen in einer ersten Beziehung gemacht haben (vgl. Bowlby 1975, 279–285). Solche ersten Bindungen dienen dem Kind als emotionale Basis für erkundendes und forschendes Verhalten, müssen ihm aber stets die Möglichkeit des „Rückzugs“ bieten und im Ernstfall immer „verfügbar“ sein.

Nur eine größtmögliche Kontinuität in frühen Beziehungen erlaubt dem Kind und später Jugendlichen eine angstfreie Entfaltung und zunehmende Selbständigkeit; wo Erfahrungen von Trennung und Verlust den frühen Lebensweg prägten, bleibt anklammerndes Verhalten und die (oft unbewußte) Suche nach einer dauerhaften, sinngebenden Beziehung die Regel.

Auch Zugehörigkeit und Verantwortlichkeit werden in ersten tragenden Beziehungen erlebt und eingeübt: Erwachsene Menschen als Partner, als Modell, als Wegweiser werden also zur „tragenden“ Grundlage im Leben des Kindes. So braucht „jedes kleine Kind einen empathischen und nichtregierenden Menschen als Begleitung“ (Miller 1982, 21).

Häufig – *nicht notwendigerweise* – übernimmt die Mutter diese Rolle als „Mittlerin der Umwelt“ (Eckensberger 1973, 42) und als „Hebamme der Individuation, der psychischen Geburt“ (Mahler 1980, 66); an ihr macht das Kind „sein erstes Liebeserlebnis durch“ (Anna Freud/Burlingham 1971, 103), sie vermittelt die „Liebe zum Leben“ (Fromm 1971, 73).

„Besser eine schlechte Familie als eine gute Institution“?

Und gerade das Fehlen der angeblich so „natürlichen Mutterliebe“ in Anstalten und Heimen wurde als Hauptursache der Störungen und Delinquenzen von Kindern ausgemacht, die dort in großen Gruppen, betreut von „Berufserziehern“, hinter meist großen Gemäuern aufwuchsen. Der Satz Bowlbys – „Besser eine schlechte Familie als eine gute Institution“[3] beschreibt die historische Hinwendung der letzten Jahrzehnte von der Heimerziehung zur Pflegefamilie für Kinder, deren leibliche Eltern als Erzieher ausfallen. Doch hat es sich gezeigt, daß – wie schon viele Herkunftsfamilien – auch viele Pflegefamilien denkbar ungeeignet sind: nur „professionell“, oft lieblos, überfordert, überfordernd oder gar nur aufs Pflegegeld aus. Kontinuität ist nicht zu erreichen, wenn Kinder hin- und hergeschoben werden – sei es in Heimen oder in Ersatzfamilien. Und allein Kontinuität bewirkt ohnehin noch nicht viel, denn die Kontinuität unterdrückender, erpressender, überfordernder Beziehungen verfestigt Störungen oft ebenso dramatisch wie das Fehlen von verläßlichen Bindungen.

Jedoch ist das kindliche Zeitgefühl und sein Interesse an Dauerzuständen zu berücksichtigen. „Für das kindliche Zeitgefühl gilt, daß Zeitspannen nach der Möglichkeit der Befriedigung von Bedürfnissen erfahren werden: Je jünger Kinder sind, desto weniger ist es ihnen möglich, diese aufzuschieben, desto länger erscheinen ihnen selbst kurze Zeiträume. Erst mit fortschreitender Pubertät entwickeln Minderjährige etwa dasselbe Zeitgefühl wie Erwachsene. Damit verbunden ist das kindliche Bedürfnis nach Dauerzuständen: Für die kindliche Entwicklung sind gleichbleibende Umweltfaktoren und Gefühlsbindungen wichtig, da das persönliche Wachstum des Kindes mit zum Teil intensiver innerer Unruhe verbunden ist“ (Sozialpädagogisches Institut Berlin 1983, 5).

---

3 John Bowlby hat diesen 1951 geprägten Satz später 1965 soweit revidiert, daß er nun *„stabile, beständige Arrangements“* im kindlichen Leben für unerläßlich hält.

Vertrauen, Selbständigkeit, Initiative

Festzuhalten ist also, daß ausreichende Kontinuität gerade für kleine Kinder eine unabdingbare Grundlage ihrer Beziehungen darstellt. Hinzu kommt jedoch etwas anderes: nämlich die „Qualität" dieser prägenden Beziehungen – ihre Tiefe, ihre Gegenseitigkeit, ihre Emotionalität, die Befriedigung, welche sie erlauben, und die Realität, welche sie vermitteln.

Ohne hier einen Abriß der psychosexuellen Reifung nach der tiefenpsychologischen Theorie leisten zu können, betonen wir die Grunderfahrungen einer glückenden Individuation, wie sie E. H. Erikson (1976) beschrieb: Schon in den ersten Lebensjahren erfährt der Mensch im positiven Fall *Vertrauen* zu sich selbst und in die Umwelt; er lernt seine Autonomie und *Selbständigkeit* erproben und macht die Erfahrung, daß *Initiative* und gekonnte *Aggression* häufig zum Erfolg und zur Befriedigung seiner Wünsche führen. Das Kind baut mit den Bausteinen seiner frühen Erfahrungen eine *Identität* auf, welche „die Fähigkeit vermittelt, sich selbst als etwas zu erleben, das *Kontinuität* besitzt, das „das gleiche" bleibt, und dementsprechend handeln zu können" (Erikson 1976, 36). Dieser „Weg ins Leben" ist stets unzertrennlich ein körperlicher, seelischer, geistiger und sozialer Reifungsprozeß. Jeder neue Schritt zielt auf Homöostase – also auf ein Gleichgewicht, das zum Leben und zur Bedürfnisbefriedigung befähigt. Neue Erfahrungen und Wünsche bewirken neues Ungleichgewicht; erst deren Integration gibt den Blick für den nächsten Schritt frei (vgl. Perls 1982, 22ff.).

Stellen wir uns den Prozeß der Sozialisation als eine Baustelle vor, dann bildet *Vertrauen* das Fundament des Lebens. Dieses wird um so fester, je mehr Erfahrung von Geborgenheit, Sicherheit, Schutz, Zugewandtheit und Verläßlichkeit ein Kleinkind macht. In dieser ersten, weitgehend passiven (oralen) Phase der „Einverleibung" der Welt erlebt das Kind Anrede, Anlächeln, Getragenwerden, Gewärmtsein, Wiegen und Füttern lustvoll und mit ungetrübtem kindlichen Narzißmus. Diese Zeit ist anfangs identisch mit der von Mahler (1980, 62) beschriebenen symbiotischen Phase, in der sich das Kind zunächst noch eins mit der Mutter fühlt.

Hat das Kind genügend Bausteine der Geborgenheit und Sicherheit gesammelt und die Welt als vertrauenswürdig kennengelernt, kann es sich allmählich von der mütterlichen Person bzw. den elterlichen Personen etwas ablösen und neuen Aufgaben zuwenden: Es wird aktiver und selbständiger, damit auch aggressiver und für die Eltern unbequemer. Es entdeckt seine Umgebung, seine Körperfunktionen, seinen eigenen Willen, es will diesen durchsetzen, gerät dabei in Konflikte; es lernt, „auf eigenen Füßen zu stehen"[4]. Es lernt seine sozialen Grenzen kennen, wird dazu angehalten, das eine zu tun und das andere zu lassen – das Kind erprobt also seine Autonomie und *Selbständigkeit.*

Zu diesen Bausteinen des Vertrauendürfens und des Selbständigkeiterprobens gesellt sich allmählich die Freude an der *Initiative:* die Lust, etwas selbst in die Hand zu nehmen, also eine zweckhafte Aggressivität und „die Ausrichtung auf das Mögliche und Greifbare hin" (Erikson 1976, 253).

All diese Bausteine der frühen Jahre schaffen das Fundament, die Wände, die Freiräume, vielschichtige „Etagen" – also gleichsam das „Gebäude" menschlicher Identität, in dem später nur noch begrenzt umgebaut werden kann.

---

4 „Das Kleinkind tut nun den größten Schritt in der menschlichen Individuation. Es läuft frei in aufrechter Haltung" (Mahler, 1980, 94).

Doch wie verhält es sich, wenn schlechte oder gar keine Architekten am Werk waren? Wenn Kinder nur Mißtrauen, Zweifel und Schuldgefühle leben durften? Wenn Versagungen, Trennungen und Mißhandlungen nur diffuse Angst und ungerichtete, hilflose Aggressivität produziert haben? Über die Lebensbedingungen in verwahrenden Anstalten schrieb Gisela Konopka (1971, 62):

> „Warum sollten Kinder noch auf Versprechen bauen, wenn sie wieder und wieder erlebt haben, daß sie nicht gehalten werden? Warum sollten sie einer Freundlichkeit trauen, die sie manchmal nur dazu verführen soll, eine Beziehung einzugehen, die dann schmählich mißbraucht wird? Warum sollten sie sich mit anderen Kindern vertragen, wenn sie doch gelernt haben, daß man in der Masse der sich bekämpfenden Menschen nur oben bleiben kann, wenn man versucht, so viel wie nur möglich für sich selbst zu ergattern? Warum sollten sie Regeln anerkennen, wenn sie die Erfahrung gemacht haben, daß diese von den Mächtigen aufgestellt werden und keinen Sinn haben? ... Warum sollten sie sich bemühen, bei Entscheidungen mitzuarbeiten, obwohl sie wissen, daß man doch mit ihnen macht, was man will? ... Wir erwarten sehr viel von den Kindern in unseren Heimen oder auch von anderen Kindern, die noch nicht die Erfahrung gemacht haben, daß die Anforderungen, die an sie gestellt werden, sinnvoll sind."

Die Gruppe – soziale Anerkennung, soziales Teilen, Solidarität, Auseinandersetzung

Immer noch ist die Diskussion *Gemeinschafts-versus-Familienerziehung* zu oft von ideologischen Gesichtspunkten bestimmt. Denkbare Mischformen, welche den Kindern ohne Familien helfen könnten, werden erst gar nicht gedacht, neue Wohnformen nicht mehr erprobt, Standpunkte nicht mehr in Frage gestellt: Zur Zeit sind (Rück-)Schritte hin zu einer überholten Familienideologie erkennbar. Diese Entwicklung ist nichts als eine Neuauflage des *„Waisenhaus-Streits"*, der schon Ende des 18. Jahrhunderts Pädagogen zur einseitigen Stellungnahme für oder gegen Gruppenerziehung, für oder gegen die angeblich „heile Welt der Familie" zwang (vgl. dazu Kapitel 3.2).

Unbestritten ist heute, daß der Erziehung in Peer-Gruppen und der Gemeinschaft für die menschliche Entwicklung eine hervorragende Bedeutung zukommt. Die Gruppe ist *das* Erziehungsmittel in der Vorschule, der Schule, im Freizeitbereich, im Team der Arbeitsorganisation, ist sogar therapeutisches Medium und „setting", ist Ziel und Orientierung für Menschen, die Berührungsängste und Kontaktbarrieren überwinden wollen.

Für Kinder bringen Gruppenerlebnisse eine ganz wichtige neue Dimension in ihr Leben. Nicht allein die überlegenen Erwachsenen, sondern zusätzlich der Freundeskreis, die Schulklasse, Geschwister werden bestimmend, nehmen Einfluß, bieten Orientierung. Maßstäbe und Werturteile der Erwachsenen können in Frage gestellt werden. Die gleichaltrige Gruppe relativiert die Macht der Eltern und der Erwachsenen. Gruppen bringen hier soziale Anerkennung ein, die ein hohes Maß an Gleichberechtigung und Gegenseitigkeit ermöglicht; Gruppen lassen Durchsetzungsvermögen zu, zwingen häufig zu Rivalität und schärfen den Blick für Gemeinsames.

Gruppen überwinden das Alleinsein, die Einsamkeit und Hilflosigkeit. Sie lassen aber auch kaum ein Ausweichen oder Sichentziehen zu; in der Regel muß jedes

Mitglied einer Gruppe auf seine bestimmte Weise Stellung beziehen, sich einbringen, „teil"-nehmen. Der Einzelne wird Teil der Gruppe, in der Gruppe muß vieles geteilt werden. Das ist manchem zu wenig, er glaubt, „zu kurz zu kommen". Gerade aber das *Teilenkönnen* schafft gemeinsam mit dem *Teilnehmen* die Grundlage von Gemeinsamkeit und Solidarität. Gemeinsame Bedürfnisse und gemeinsame Interessen sind Bedingungen einer sinnvollen Abgrenzung gegen andere. Natürlich muß in freiwillige und in Zwangsgemeinschaften unterschieden werden. Mehr oder weniger macht der Mensch seine Erfahrungen mit beiden Gruppenformen.

Häufig wirken Gruppenerlebnisse sensationell, faszinierend, spektakulär, reizvoll. Lebendige Beziehungen, Machtbedürfnisse, reale Verantwortlichkeiten: Der einzelne übernimmt Funktionen, wird wichtig und unverzichtbar, „spielt eine Rolle". Meist hat der Grad seiner Popularität innerhalb einer Gemeinschaft auch mit seiner Fähigkeit und Sensibilität zu tun, die jeweiligen Motive der anderen wahrzunehmen und so deren Anerkennung zu gewinnen (vgl. Rittelmeyer u.a. 1980, 52). Die Gruppe hat eine eigene Dynamik, sie entsteht, sie entwickelt sich nach eigenen Gesetzmäßigkeiten, durchläuft Krisen, verändert sich oder löst sich auf. Für den einzelnen ist sie stets ein Experimentierfeld mit enormen Möglichkeiten zu Selbsterfahrung und Selbstfindung.

Obgleich die Gruppe auch häufig mißbraucht wurde – wo sie für den einzelnen zu Masse, Anonymität und Faschismus führte – ist es gerade sie, in der Kinder, Jugendliche und Erwachsene soziale Kompetenzen, Verantwortlichkeit und Solidarität lernen können. Zeugnisse und Erfahrungen wirklicher Solidarität und Gemeinschaft gehören zu den bewegendsten Dokumenten menschlichen Zusammenlebens, so z.B. der Bericht von A. Freud und S. Dann über das Gruppenleben der „Kriegskinder" (Freud/Burlingham 1971). Diese Kinder hatten ohne erwachsene Partner die ersten Lebensjahre in einem Konzentrationslager verbringen müssen und waren dann als Kindergruppe zusammen nach England gekommen, wo sie zunächst den Kontakt zu Erwachsenen ganz und gar verweigerten und ihre soziale sowie persönliche Integrität und Balance allein in der gleichaltrigen Gruppe fanden. Für sie war die Gruppe zum Zufluchtsort in einer kriegerischen, unheilvollen, feindseligen Erwachsenenwelt geworden.

Erziehung und Lernen

Doch was eigentlich ist Erziehung? Und welche Rolle spielen dabei die Erwachsenen? Erziehung findet ständig statt und hört mit keiner Altersgrenze auf. Alle Bedingungen und Einflüsse unserer Umwelt erziehen uns, nehmen Einfluß auf unsere Einstellungen und unser Verhalten. So ist Erziehung zum einen der direkte „pädagogische" Versuch der Einflußnahme auf andere, der auf Überzeugung oder Anpassung zielt (intentionale Erziehung). Daneben aber erziehen nicht weniger direkt alle unmittelbaren Gegebenheiten und Realitäten, denen wir ausgesetzt sind (funktionale Erziehung).

„Was erzieht", hat Brecht treffend ausgedrückt: Es sind unsere existentiellen und sozialen Bedürfnisse und *die Art, wie* diese gestillt und befriedigt werden[5].

---

5 „Was erzieht? Es erzieht der Hunger und die Art, wie er gestillt werden kann. Es erzieht die Kälte und die Art, wie ein Obdach oder die Kleidung errungen werden können. Es erzieht die Art, wie die Menschen einander begegnen, wie einander zu begegnen sie durch ihre Nöte gezwungen werden" (Bertolt Brecht: Gesammelte Werke, Bd. 20, S. 84; vgl. Augustin/Brocke 1979, 44).

Daher sitzen Paul und Peter
Jetzt vor Bokelmanns Katheder;
Und Magister Bokelmann
Hub, wie folgt, zu reden an:

„Geliebte Knaben, ich bin erfreut,
Daß ihr nunmehro gekommen seid,
Um, wie ich hoffe, mit allen Kräften
Augen und Ohren auf mich zu heften. –
Zum ersten: Lasset uns fleißig betreiben
Lesen, Kopf-, Tafelrechnen und Schreiben,
Alldieweil der Mensch durch sotane Künste
Zu Ehren gelanget und Brotgewinnste.

Zum zweiten: Was würde das aber besagen
Ohne ein höfliches Wohlbetragen;

Denn wer nicht höflich nach allen Seiten,
Hat doch nur lauter Verdrießlichkeiten,
Darum zum Schlusse – denn sehet, so bin ich –
Bitt ich euch dringend, inständigst und innig,
Habt ihr beschlossen in eurem Gemüte,
Meiner Lehre zu folgen in aller Güte,
So reichet die Hände und blicket mich an
Und sprechet: Jawohl, Herr Bokelmann!"

Paul und Peter denken froh:
Alter Junge, bist du so??
Keine Antwort geben sie,
Sondern machen bloß hihi!
Worauf er, der leise pfiff,
Wiederum das Wort ergriff.

„Dieweil ihr denn gesonnen" – so spricht er –
„Euch zu verhärten als Bösewichter,
So bin ich gesonnen, euch dahingegen
Allhier mal über das Pult zu legen,
Um solchermaßen mit einigen Streichen
Die harten Gemüter euch zu erweichen."

Flugs hervor aus seinem Kleide,
Wie den Säbel aus der Scheide,
Zieht er seine harte, gute,
Schlanke, schwanke Haselrute,

Faßt mit kund'ger Hand im Nacken
Paul und Peter bei den Jacken
Und verklopft sie so vereint,
Bis es ihm genügend scheint.

„Nunmehr" – so sprach er in guter Ruh –
„Meine lieben Knaben, was sagt ihr dazu??
Seid ihr zufrieden, und sind wir uns einig??"
„Jawohl, Herr Bokelmann!" riefen sie schleunig.

Dies ist Bokelmanns Manier.
Daß sie gut, das sehen wir.

Jeder sagte, jeder fand:
„Paul und Peter sind scharmant!!"

Aber auch für Plisch und Plum
Nahte sich das Studium
Und die nötige Dressur,
Ganz wie Bokelmann verfuhr.

Bald sind beide kunstgeübt,
Daher allgemein beliebt,
Und, wie das mit Recht geschieht,
Auf die Kunst folgt der Profit.

Auch bewältigen wir also erst durch die Aneignung und Verarbeitung unserer Umwelterfahrungen die Aufgaben der Realität.

So ist Erziehung nicht allein eine Sache der Pädagogen und Lehrer. Nur deren Sache sollte eine möglichst bewußte, sinnvolle und humane Erziehung sein. Dazu gehört eine didaktische Strukturierung des Lernfeldes: Der Pädagoge macht sich die vorhandenen Bedingungen zunutze und bezieht sie planerisch in sein didaktisches Konzept ein. Er analysiert beispielsweise die biographischen Bedingungen eines Heimkindes, die Versorgungssituation der Anstalt und die Beziehungssysteme der Gruppe im Heim. Ausgehend von diesen Bedingungen überlegt er sich sinnvolle Lernziele für das Kind und – vor allem – *wie* diese zu erreichen sind und *was* geeignete Lernschritte überhaupt sind.

Solche Didaktik ist Familien oft fremd. Erziehung gehört hier oft viel unbewußter und selbstverständlicher zum Alltag. Eltern vermitteln stets auch ihre Einstellungen zu allen unmittelbaren und langfristigen Problemen der Lebensführung. Das betrifft ein Einüben von Tischmanieren ebenso wie etwa die weitreichende Frage der schulischen und beruflichen Perspektiven. Nur stellen Familien nicht notwendigerweise jemals ihr ganzes Familiensystem in Frage, sondern sie nehmen es meist so hin, wie es ist. Korrekturen, Veränderungen, Kritik werden zwar von Generation zu Generation deutlich, die Lebensform der Familie überhaupt aber bleibt grundsätzlich unangefochten.

Anders die Heimerziehung oder das System der Pflegefamilie: Hier mußte schon immer experimentiert werden, zumal die Unzulänglichkeiten der „Ersatzerziehung“ allzu offensichtlich wurden. Die ohnehin vorhandenen Probleme wurden aber stets noch dadurch kompliziert, daß ideologische Standpunkte die pädagogische Diskussion bestimmten. Nur selten stand das einzelne Kind im Mittelpunkt der Betrachtung. Dieses hat gute Lebenschancen, wenn die Voraussetzungen gegeben sind, welche wir aufgeführt haben.

Echtheit, Direktheit, Gegenseitigkeit ...

Pädagogen übersehen zu oft, daß vor allem die spontane, unmittelbare Gefühlsäußerung erzieherisch wirkt: die Mutter, die gerade *jetzt* zornig wird; der Erzieher, der sich *echt* freut etc. Solche Echtheit läßt sich nicht planen. Doch können Berufserzieher lernen und üben, Echtheit zuzulassen, sich nicht zu verstellen und zu verstecken, sich wirklich „einzubringen“, so wie sie sind und sich gerade jetzt fühlen.

> „Teach your parents well, their childrens hell will slowly go by“ ... (Graham Nash 1970); übersetzt etwa: „Erzieht eure Eltern gut, dann wird die Hölle ihrer Kinder besser an ihnen vorbeiziehen.“

Ein Buch, aus der Kinderladenbewegung entstanden, hat den Titel „Eltern erziehen Kinder, Kinder erziehen Eltern“ (Jürgen Roth 1976): Endlich also gibt es Erwachsene, die begreifen, daß Kindererziehung ein gegenseitiger Prozeß ist! Jahrhundertelang sprach man von einer „guten Erziehung“, von „Drill“, von Zwängen und Freiheiten. Selbst die pädagogische Theorie brachte nicht mehr zustande als die Einteilung in autoritäre, demokratische und „laissez-faire“-Erziehungsstile. Aber stets blieb die *Gegenseitigkeit aller Erziehungsprozesse* unbeachtet.

Die Eltern jedoch lernen auch vom Kind. Der Alltag im Erziehungsheim bedeutet auch für den Erzieher selbst Erfahrung. Der Freizeitpädagoge gestaltet nicht bloß die Freizeit anderer, sondern auch seine eigene. Diese Gegenseitigkeit, welche Beziehungen erst lebendig macht, gilt erst recht im emotionalen Bereich:

> „Begreifen wir denn nicht, daß wir es sind, die Zärtlichkeit beim Kind suchen, wenn wir es an uns ziehen; uns, wenn wir ratlos sind, in seine Arme flüchten, daß wir in Stunden ohnmächtiger Schmerzen und grenzenloser Verlassenheit bei ihm Schutz und Zuflucht suchen, und ihm die Last unseres Leidens und unserer Sehnsucht aufbürden?“ (Janusz Korczak nach „Sozialmagazin“, 7/8, 1984, 78).

Zu oft werden Kinder einseitig von den Eltern zur eigenen seelischen Stabilisierung mißbraucht, geraten in die Gefühlsfallen der elterlichen Rollenerwartungen und werden so in ihrer altersgerechten Entwicklung behindert (vgl. auch H. E. Richter, „Eltern-Kind Neurose“ 1963 und „Patient Familie“ 1970).

Doch festzuhalten bleibt: die „nur gebende“ Mutter und das „nur empfangende“ Kind ist ein Bild frühkindlicher Symbiose, welches das Zusammenleben von Erwachsenen und Kindern in der Gesamtheit nicht zutreffend charakterisiert.

Oft ist Erziehung nichts weiter als „die Notwehr des Erwachsenen, die Manipulation aus der eigenen Unfreiheit und Unsicherheit“ (Alice Miller 1982, 121). Also die Erzieher brauchen Erziehung, müssen dazulernen, ihre verschütteten Bedürfnisse entdecken – und nicht die Versagungen und Verbote ihrer Jugend projektiv und strafend gegen die ihnen anvertrauten Kinder richten.

Erwachsene als Modell und Orientierung für Kinder

Das Verhalten der Erwachsenen wird für das Kind zum Vorbild, zum Modell und zur Möglichkeit der Identifikation: Die Art, wie der Erwachsene lernt – so wird das Kind lernen. Die Art, wie der Erwachsene Konflikte löst – so wird das Kind Konflikte lösen. Die Art, wie Erwachsene ihre Zärtlichkeit und Sexualität leben oder nicht, – so wird es das Kind voraussichtlich auch tun. Gerade diese Grundtatsache, daß sich Kinder so sehr an den erwachsenen Beziehungspersonen orientieren, verpflichtet diese über sich nachzudenken und: von den Kindern und deren natürlichen Lebensäußerungen zu lernen. So schrieb schon Paulus an die Korinther: „Denn nicht die Kinder sind verpflichtet, den Eltern Schätze zu sammeln, sondern die Eltern den Kindern“ (2. Kor. 12, 14).

Erzieher und Eltern sollten aufhören, die Kinder nach den eigenen Vorstellungen zu formen. Doch gleichzeitig müssen sie erkennen, daß kein Kind an den „Vorstellungen“ der Erwachsenen vorbeikommt und von diesen immer geprägt wird. Wichtig ist schließlich vor allem, daß Eltern und Erzieher auch andere als die eigenen Einflüsse auf das Kind zulassen und es nicht ganz an sich binden. Hier gelten die berühmten Sätze Kahlil Gibrans (1972):

> „Eure Kinder sind nicht *eure* Kinder. Es sind die Söhne und Töchter von des Lebens Verlangen nach sich selber. Sie kommen durch euch, doch nicht *von* euch. Ihr dürft ihnen eure Liebe geben, doch nicht eure Gedanken, denn sie haben ihre eigenen Gedanken. Ihr dürft ihren Leib behausen, doch nicht ihre Seele. Denn ihre Seele wohnt im Haus von morgen, das ihr nicht zu betreten vermöget, selbst nicht in euren Träumen.“

„Wollt ihr von die Blume weg, spielt mit'n Müllkasten!“

Materielle Lebensbedingungen

Entwicklungspsychologische Betrachtungen vergessen häufig den „Rahmen" der Erziehung: die materielle Situation, die das Zusammenleben in Familien, Gruppen und Heimen prägt. Gerade Sozialpädagogen müssen weiterhin auf die materiellen Nöte zeigen und den Zusammenhang von materiellem Elend und Verhaltensstörungen bei Kindern betonen.

Beengte Wohnverhältnisse, Abhängigkeit von Sozialhilfe, eine rigide Arbeitsplatzsituation oder gar Arbeitslosigkeit: Dies wirkt sich meist unmittelbar begrenzend, hemmend und belastend auf die kindlichen Erfahrungen aus. *„Lieben und Arbeiten"* (Sigmund Freud nach Erikson 1976, 259) soll der Mensch können. Die Kindheit will darauf vorbereiten. Doch bestehende Herrschaftsbedingungen verhindern Chancengleichheit für Kinder. Und Sparsamkeitsklischees von gestern oder das vom „armen, aber glücklichen" Leben trösten kein Kind, das in seiner Schulklasse auffällt, weil es sich als einziges keine Fußballschuhe leisten oder nicht die neuesten Comics kaufen kann. Das Märchen von der „sozialen Nivellierung" beeindruckt die wieder erheblich wachsende Zahl der armen Familien nicht. „Wer will, der findet schon Arbeit!": Erst wer selbst betroffen ist, merkt, daß das nicht stimmt und daß Lohnabhängigkeit immer die Möglichkeit sozialen Abstiegs birgt. Die Illusion des Sozialstaats wird weiter genährt durch den Hinweis auf unser grobmaschiges „Netz der sozialen Sicherung" und es blüht auch weiterhin das Märchen von der Selbstverschuldung sozialen Elends. In dieser Gesellschaft bleibt bekanntermaßen die Aufgabe der Sozialpädagogik dann zugleich Hilfeleistung und Kontrolle: ein doppeltes Mandat. „Sozialarbeit zeigt sich als das schlechte Gewissen einer schlechten Gesellschaft" (Hollstein 1974, 206).

Es gelingt gleichwohl vielen Menschen in Notlagen auf beeindruckende Weise, aus ihren begrenzten Lebensbedingungen „das beste zu machen". Und nicht die Bewertungsmaßstäbe der Reichen und auch nicht die unserer breiten Angestellten- und Beamtenschicht allein klären, was dem „Wohl" des Kindes dient. Die weniger wohlhabenden Bevölkerungsgruppen haben ihre eigenen Normen und Techniken entwickelt, das Leben zu meistern, und vermitteln diese ihren Kindern oft in sinnvoller und zweckmäßiger Weise: *Vitalität, Spontaneität, Direktheit, Solidarität.*

Die Stadtteile der Arbeiter, der Ausländer, der „Mischkulturen" und ländliche Regionen der verschiedensten Prägungen bieten ihre eigenen Lernreize, Erkundungsmöglichkeiten, Spiel- und Lebensschauplätze. Den Kindern gefällt es oft gerade da, wo alles nicht so pikfein, sondern ein bißchen schmuddelig ist, und schon manches Mittelschichtkind hat sich danach gesehnt, für einige Zeit einmal so leben zu dürfen, wie die Kinder von der Straße – wie die aus der verpönten Unterstadt, von denen Franz Josef Degenhardt sang:

Spiel nicht mit den Schmuddelkindern

Sie trieben ihn in eine Schule in der Oberstadt, / kämmten ihm die Haare und die krause Sprache glatt. / Lernte Rumpf und Wörter beugen. / Und statt Rattenfängerweisen / mußte er das Largo geigen / und vor dürren Tantengreisen / unter roten Rattenwimpern / par cœur Kinderszenen klimpern, / und, verklemmt in Viererreihen, / Knochen morsch und morscher schreien, / zwischen Fahnen aufgestellt / brüllen, daß man Freundschaft hält. / Schlich er manchmal abends zum Kaninchenstall davon, / hockten da die Schmuddelkinder, sangen voller Hohn: / Spiel nicht mit den Schmuddelkindern, / sing nicht ihre Lieder. / Geh doch in die Oberstadt, / mach's wie deine Brüder!

Aus Rache ist er reich geworden. In der Oberstadt / hat er sich ein Haus gebaut, nahm jeden Tag ein Bad. / Roch, wie bess're Leute riechen, / lachte fett, wenn alle Ratten / ängstlich in die Gullys wichen, / weil sie ihn gerochen hatten. / Und Kaninchenställe riß er / ab. An ihre Stelle ließ er / Gärten für die Kinder bauen. / Liebte hochgestellte Frauen, / schnelle Wagen und Musik, / blond und laut und honigdick. / Kam sein Sohn, der Nägelbeißer, abends spät zum Mahl, / roch er an ihm, schlug ihn, schrie: Stinkst nach Kaninchenstall. / Spiel nicht mit den Schmuddelkindern, / sing nicht ihre Lieder. / Geh doch in die Oberstadt, / mach's wie deine Brüder!

Und eines Tages hat er eine Kurve glatt verfehlt. / Man hat ihn aus einem Ei von Schrott herausgepellt. / Als er später durch die Straßen / hinkte, sah man ihn an Tagen / auf 'nem Haarkamm Lieder blasen, / Rattenfell am Kragen tragen. / Hinkte hüpfend hinter Kindern, / wollte sie am Schulgang hindern / und schlich um Kaninchenställe. / Eines Tags in aller Helle / hat er dann ein Kind betört / und in einen Stall gezerrt. / Seine Leiche fand man, die im Rattenteich rumschwamm. / Drum herum die Schmuddelkinder bliesen auf dem Kamm: Spiel nicht mit den Schmuddelkindern, sing nicht ihre Lieder. / Geh doch in die Oberstadt, / mach's wie deine Brüder!

Umgekehrt träumen auch weiterhin viele Arbeiter und ihre Kinder von Reichtum und sozialem Aufstieg. Dem tragen Fernsehsendungen wie „Dallas" Rechnung. Was Kinder an materiellen Minimalbedingungen brauchen, ist schwer festzulegen.

Ebenso schwierig ist es, bestimmte Wohnstrukturen als geeignet zu benennen. Jeder „*soziale* Ort" bietet eigene Erkundungsmöglichkeiten. Fläche, Wohnraum, Spielmöglichkeiten, soziale Versorgungseinrichtungen, Straßenverkehrsbeschränkungen, Verkehrsmittel etc. müssen jedoch ausreichend sein, damit eine soziale Integration und ein Hineinwachsen des Kindes in seine Umwelt stattfinden kann. *Vertrautes zu behalten und Neues zu entdecken* sollte jedem Kind möglich sein. Doch: wie verhält es sich damit in den Neubaugettos der Großstädte und in Industriegebieten? ...

Die Sozialisationsbedingungen der mittleren und unteren Schichten sind bekanntermaßen verschieden. Entsprechend unterschiedlich ist auch vieles, was das Kind an Erfahrungen macht und sich aneignet. So schrieb Marina Neumann-Schönwetter z.B. über die Arbeiterfamilie: „Die materiellen Bedingungen und die psychischen Belastungen, denen die Eltern in Beruf und Familie ausgesetzt sind, erklären, daß Verhaltenseinschränkungen und Disziplinierungen in der Erziehung überwiegen" (Neumann-Schönwetter in Gottschalch u.a. 1971, 85). Auch behauptete sie, daß das Verhalten der Arbeiterfamilie als „relativ autoritär, sexualfeindlich und formell angesehen werden" kann (ebd., 84). Was die Sexualität betrifft, halten wir uns lieber an das Kinderbuch „Hallo, Mister Gott, hier spricht Anna" des irischen Schriftstellers Fynn, in dem es heißt: „Wohnte man im East end von London, so war das Thema Sex nicht sonderlich kompliziert. ... Die Kinder kannten das einschlägige Vokabular, bevor sie bis zehn zählen konnten ..." (Fynn 1974, 56). Richtig ist jedoch, daß die Familie – besonders die der Unterschicht – „zum Übungsplatz für Autorität schlechthin geworden" ist; ein „alles durchdringender Geist der Anpassung und autoritärer Aggressivität" ist festzustellen (Max Horkheimer in Claessens/Milhoffer 1973, 85). Doch offenbar betrifft dies auch die Mittelschichterziehung; nur daß da die Mechanismen der Unterdrückung subtiler wirksam sind ...

So ist der Einfluß der materiellen Lebensbedingungen auf die kindliche Entwicklung unbestritten. Als Leitlinie ist eine grobe Einteilung in Unterschichts- und Mittelschichtserziehung mit ebensolchen Kommunikationsstrukturen, Einstellungen, Normen, Verhaltensattributen etc. weiterhin sinnvoll. Wesentlicher ist aber, daß die Lebensorganisation der Familie – auch die des Heims oder der Pflegefamilie – als ökonomische Form des Zusammenlebens „weniger der *Ort* primärer Sozialisation (ist) als dessen entscheidender *Inhalt:* Dieses Verhältnis der Geschlechter und der Generationen mit seiner spezifischen Arbeits- und Machtverteilung wird (vom Kind) als *Natur* erlebt" (C. Hagemann/White in: Kreft/Mielenz 1980, 409f.).

2.2 Was stört Kinder? Was macht sie gestört?

Denken wir über Verhaltensstörungen bei Kindern nach, fragen wir vor allem, was Kinder ängstigt, was ihre seelische Balance und Entwicklung stört – also nach den Ursachen und damit auch bereits nach den therapeutischen Möglichkeiten und pädagogischen Notwendigkeiten. Im Groben lassen sich zwei Bereiche von Störungen der kindlichen Entwicklung unterscheiden: Der eine umfaßt alle Beeinträchtigungen der kindlichen Bedürfnisse nach Aneignung, Erforschung und Selbsterfahrung in Beziehungen und Umwelt. Der andere betrifft solche Defizite, Mängel und Versagungen, die dem Kind das Gefühl vermitteln, „den Boden unter den Füßen zu verlieren" und daß seine Ansprüche auf Geborgenheit nicht „gestillt" werden. Bezeichnet der erstere Bereich also Störungen der Selbständigkeit und Ablösung von Beziehungspersonen, geht es im anderen um fehlende Nähe und mangelnde emotionale Geborgenheit. In beiden Fällen verweigern Erwachsene dem Kind die Befriedigung und Antwort auf dessen Wünsche.

Die gravierendsten Störungen entstehen da, wo das Kind die Umwelt am Anfang des Lebens als nicht vertrauenswürdig erlebt und Erwachsene nicht als liebenswert erfahren kann: wo Liebe und Zuwendung fehlen. Für viele Kinder in Heimen und Pflegefamilien ist vor allem die Erfahrung von Trennung und der Verlust der Beziehungspersonen zum Grundproblem ihres Lebens geworden. Deshalb wollen wir als erstes diesen Punkt untersuchen.

Trennungserfahrungen

„Hier geht die Welt kaputt“ (Bonhoeffer 1976, 37). Die Trennung von den Eltern ist für viele Kinder noch schwerer zu verarbeiten als soziale Verhältnisse, die uns unerträglich erscheinen. Welche Rolle schon die Androhung von Verlassen oder Unterbringung in ein Heim für Kinder in den meisten Familien spielt, ist quantitativ kaum zu beschreiben: Bowlby berichtet von Untersuchungen in Nottingham, nach denen 27% aller interviewten Eltern offen zugaben, aus disziplinarischen Gründen ihren Kindern häufig mit dem Verlassen oder der Trennung durch Heimunterbringung zu drohen (Bowlby 1976, 277); wieviele werden ein solches Verhalten wohl verschwiegen haben? Besonders verbreitet ist neben der Androhung des Verlassens oder des Selbstmordes gerade die *Drohung mit dem Kinderheim.* „In jedem Fall waren die betroffenen Kinder erst vier Jahre alt, und in diesem Alter bedarf es keines großen Nachdrucks, um zu erreichen, daß ein Kind eine derartige Drohung tödlich ernstnimmt“ (ebd., 278). Wenn also Kinder unter Trennungsängsten leiden und deshalb anklammernde „Angstbindungen“ eingehen, folgert Bowlby, ist davon auszugehen, „daß es nirgends raucht, wo nicht auch ein Feuer ist“ (ebd., 281). Die Androhung und erst recht die mehrfache Erfahrung von Trennungen führt bei Kindern nicht nur zu bleibenden Trennungsängsten, sondern zu Angst- oder Unsicherheitsbindungen an die Erziehungspersonen: Ihr Verhalten in Beziehungen ist geprägt durch die Furcht vor dem erneuten Verlust der Bindungsfigur, und als Folge davon werden Autonomiebestrebungen gehemmt.

Bei Kindern in Heimen oder Pflegefamilien wurde diese Drohung – warum auch immer – wahrgemacht: Sie leben in einer Einrichtung, in der nicht die leiblichen Eltern sie erziehen, sondern eigens dafür ausgebildete Fachleute oder „Ersatzeltern“.

Je geringer das Alter des betroffenen Kindes, desto schmerzlicher erlebt es den Schock der Trennung von den Eltern. Auch ist die Intensität der ersten Bindungen im frühen Alter nicht unbedingt abhängig von deren Eignung als „mütterlicher“ Erziehungspersonen, deshalb empfindet das Kind die Trennung – auch bei belastenden Familienverhältnissen – nicht notwendig als eine Besserung seiner Situation. Gerade frühe Eltern-Kind-Trennungen haben die schwerwiegendsten Folgen, was schon seit langem bekannt ist. Die Spätfolgen solch früher Trennungserlebnisse sind schwer oder kaum reparabel. Aktuell reagieren Kleinkinder mit einem „akuten Verlassenheitssyndrom“ (Meierhofer/Keller 1974, 223), das ununterbrochene psychomotorische Unruhe, Schreien, Erregungszustände, Schlaf- und Eßstörungen beinhaltet. Die Bereitschaft körperlicher Erkrankungen nimmt zu; rhythmisches Schaukeln und Kopfschlagen dient der Befriedigung autoerotischer und autoaggressiver Triebregungen, denen das Objekt einer zugewandten Bindungsfigur fehlt. Das traumatische Trennungserlebnis tritt abrupt an die Stelle der allmählichen Loslösung und Individuation, welche sonst „in einem setting entwicklungsgerechter Bereitschaft zu unabhängigem Funktionieren und der Freude daran“ stattfinden kann (Mahler 1980, 13/14). Die Bereitschaft eines Kindes, seine Beziehungspersonen auch nur vorübergehend zu entbehren, ist, wie gesagt, altersabhängig; entsprechend sind auch seine Reaktionen altersspezifisch. Die Auswirkungen einer Trennung werden darüber hinaus aber von Variablen beeinflußt, die neben dem eigentlichen Trennungserlebnis bedeutsam sind: nämlich von der Beschaffenheit der fremden Umgebung, der Art der Ersatzpflege und von den Beziehungen vor und nach dem Ereignis. Die Umstände und der Ablauf des konkreten Trennungsvorgangs also sind bedeutsam, aber auch das Beziehungsangebot des neuen Milieus und die bisherigen Erfahrungen und Voraussetzungen der Elternbeziehung wirken sich auf die Intensität des Trennungsschmerzes und die Bereitschaft zu neuen Beziehungen aus. Mehrere Untersuchungen der „Tavistock"-Gruppe (Bowlby, Robertson, Ainsworth u. a.) belegen bei Kindern während des Aufenthalts im Heim bei Trennung von den Eltern eine *typische Reaktionssequenz:* nämlich *Protest, Verzweiflung, Ablösung* (Bowlby 1976, 22/23).

> Zunächst wirkten die beobachteten Kinder im 2. Lebensjahr niedergeschlagen und ängstlich, als sie mit ihren Eltern in die fremde Umgebung des Heims kamen. Als diese dann weggingen, weinten und schrieen alle Kinder, jammerten und konnten nicht getröstet werden. Sie schliefen erst aus Erschöpfung infolge der Anstrengung des Rufens und Schreiens ein. Dem Rufen folgte bei manchen Kindern nach einigen Tagen ein Suchen nach der Mutter. Den neuen Schwestern bzw. Erzieherinnen brachten zunächst alle ausnahmslos Widerstand entgegen. Die Kinder klammerten sich an Lieblingsspielzeugen fest oder wollten vertraute Kleidungsstücke auch beim Ins-Bettgehen nicht ausziehen. Ihre Kontrolle über den Schließmuskel ging allgemein verloren. Der Verzweiflung folgte eine gewisse Ablösung, bei manchen eine regelrechte Entfremdung von der Mutter; dies zeigte sich durch ein ablehnendes Verhalten den zurückgekehrten Müttern gegenüber, die manche Kinder nicht mehr zu erkennen vorgaben. Der Wiedervereinigung mit Mutter oder Eltern folgte eine Phase ausgesprochen ambivalenten Verhaltens: Der erneute Kontakt zur Mutter blieb einige Zeit wesentlich bestimmt von der Angst, sie wieder zu verlieren (nach Bowlby 1976, 75–30).

Trennung: „Manchmal ist es die Wut der Hoffnung, manchmal die Wut der Verzweiflung ..." (John Bowlby)

Zwar tritt diese Reaktionssequenz bei älteren Kindern, die unfreiwillig von ihren Eltern getrennt werden, nicht mehr in dieser Heftigkeit auf, aber doch in abgeschwächter Form. Der Phase der Ablösung von den alten Beziehungspersonen folgt häufig eine ganz unrealistische Idealisierung der Eltern oder aber deren völlige Ablehnung. Es scheint für Kinder in Heimen oder in Pflegefamilien schwer zu sein, bei fehlendem Kontakt zu den leiblichen Eltern ein realistisches Bild der familiären Situation zu bewahren. Die Intensität der Trennungsreaktion kann erheblich gemildert werden, wenn etwa ein Geschwisterkind mit in das Heim kommt, oder ein Elternteil, die Großmutter oder ein vertrauter Gefährte einige Zeit in der neuen, fremden Umgebung beim Kind bleibt. Von großer Bedeutung können dabei auch vertraute Gegenstände, Puppen, ein Lieblingsspielzeug etc. sein, die als „Ersatz- oder Übergangsobjekte" einen gewissen Trost spenden (Bowlby 1976, 34 u. ders. 1975, 285f.).

Die Trennungssituation löst neben Hilflosigkeit und Angst beim Kind auch eine Reaktion der *Wut* aus: „Manchmal ist es die Wut der Hoffnung, manchmal die Wut der Verzweiflung" (Bowlby 1976, 298). Sowohl das Angst- als auch das Wutverhalten richtet sich gegen die vertraute Bindungsfigur und soll deren Zugänglichkeit sichern bzw. ihre Rückkehr bewirken. Wut als unterdrückte Aggression ist „sowohl ein Vorwurf, der sich auf das bezieht, was geschehen ist, als auch eine Abschrekkung, damit es nicht wieder geschehen soll" (ebd., 306). Die Phasen der Verzweif-

Mutter, ihre beiden Kinder umarmend. Kohlezeichnung von Käthe Kollwitz.

lung über den Verlust der Bindungsperson und die der Ablösung folgen dann, wenn Angst und Wut ihren Sinn und ihre Funktion verlieren und das Objekt der Bindungsangst und der Wut mit Sicherheit nicht mehr zu erreichen ist. Dann richten sich diese Tendenzen gegen das eigene Ich oder gegen die neuen, einzig verbleibenden Objekte. Neben der Altersabhängigkeit der Trennungsreaktion ist also vor allem die neue Umgebung und das neue Beziehungsangebot als Alternative für die Verarbeitung der Fremdunterbringung von Bedeutung. Die Trennung und Verlassenheit von den Eltern bedeutet jedenfalls immer eine schlimme Verletzung der Identität des Kindes. Viele Kinder rächen diese Trennungserfahrung an den neuen Beziehungspersonen durch permanente Aggressionen oder durch einen generellen Rückzug aus Beziehungen. Erzieher im Heim und Pflegeeltern sollten daher immer den Zeitpunkt des Alters und die Häufigkeit von Trennungserlebnissen der ihnen anvertrauten Kinder berücksichtigen, wollen sie deren soziales Verhalten verstehen.

Mangelnde emotionale Zuwendung

„So schnell es ging, fertigten sie ein Kind nach dem anderen ab. Massenabfertigung. Ein Kind nach dem anderen wurde auf den Arm gehoben. ... Das Kind schrie vor Verzweiflung. Und keiner merkte, daß es um Hilfe schrie ..." (A. Homes 1981, 7). So und ähnlich lesen sich die Berichte und Beschreibungen von Betroffenen und Beobachtern über die Beziehungswelt in Kinderheimen alter Prägung.

Das Leitbild der Familie als *der* angeblich konstanten Erziehungseinrichtung ist für die Heimerziehung und die Entwicklung anderer stationärer Erziehungshilfen bestimmend geworden. Dabei wird vergessen, woher die Heimkinder kommen ...

Auch für die Familie gilt: Im Prozeß des Unabhängigwerdens kommt es entscheidend darauf an, „wie das Kind erfährt, daß es ein von der ersten Bezugsperson getrenntes, im Grunde hilfloses, auf sie ganz und gar angewiesenes Wesen ist, ob es dies in schonender Weise erfährt oder ob es sich seiner Ohnmacht ausgeliefert fühlt" (Leber 1978, 99). Voraussetzung für die Entwicklung eines Autonomiegefühls ist das frühe „geglückte" Verhältnis zwischen Hauptbindungsfigur(en) und Kind, das Nehmen und schließlich auch das Geben des Kindes, aus dem wichtige Über-Ich-Entwicklungen folgen. Bleiben die ersten aktiven Zuwendungen des Kindes jedoch emotional unbelohnt, so wird das Verhältnis zu seiner persönlichen und materiellen Umwelt gestört. Die Welt verliert für das Kind an „Aufforderungscharakter". Verlassene Kinder „werden deshalb nicht nur von besonderer großer ‚narzißtischer Wut' erfüllt, sie müssen sich auch im späteren Alter, ja auch als Erwachsene, an jeden klammern und von jedem, der in ihr Blickfeld rückt, Erfüllung erhoffen, zumindest solange sie nicht total resigniert haben" (ebd., S. 101).

Der Prozeß der Ablösung aus der symbiotischen Einheit mit der Bezugsperson kommt nicht zustande, wenn diese nicht oder nur unzureichend existiert, ständig ausgewechselt wird oder sehr wechselhaft in ihrem Verhalten ist. Solche Kinder verzichten darauf, in die nächste Entwicklungsphase einzutreten und bleiben an die alte fixiert. Längerfristige Folgen dieser Fixierung in frühkindlichen Entwicklungsphasen können sein:

- Angewiesensein auf die ständige Anwesenheit der Bezugsperson, Verlassenheitsängste;

- Bedürfnisse kreisen ständig um Essen und Trinken;
- Sinneswahrnehmungen bleiben undifferenziert;
- Angst, nicht genug zu bekommen, nicht auf das Erwünschte warten können und deshalb in Wut geraten;
- Einnässen und Daumenlutschen bis ins Jugendalter hinein;
- mangelnde Fähigkeit, neue Beziehungen zu entwickeln;
- kein besonders entwickeltes Vermögen, Anstrengungen zu ertragen;
- durch ihre enormen Ansprüche, Wut, Reizbarkeit und destruktives Verhalten erfahren sie häufig Zurückweisungen durch andere Menschen;
- Konzentrationsschwächen in der Schule, schulische Mitarbeit sowie Hausaufgaben werden meist nur in Verbindung mit intensivster Betreuung durch die Bezugsperson erledigt;
- mangelnder aktiver Erfahrungserwerb wie z. B. Erkunden, Wißbegierde, Nachahmen, schöpferisches Erfinden (vgl. Leber 1978, 110f.).

Gestörte Erwachsene – gestörte Kinder

Bekanntermaßen sind Verhaltensstörungen bei Kindern nichts anderes als Reaktionen auf Störungen ihrer gesunden Entwicklung zu Selbständigkeit und „Ganzheit". *Diese Kinder müssen sich wehren* gegen die Erziehungsfehler der Eltern, gegen die Lieblosigkeit in Anstaltsmauern, gegen Beziehungsabbrüche, gegen Mißhandlungen seelischer oder körperlicher Art. Wie früh, wie tief und wie nachhaltig die elterlichen Erwartungen ein Kind vergewaltigen und verstört machen können, darüber belehrt Alice Millers „Am Anfang war Erziehung". Bei näherem Hinschauen erweist sich jede Störung als Protest gegen störende Lebensbedingungen. Dabei kann sich nicht nur eine intentionale Erziehung verhängnisvoll auswirken, welche bewußt und absichtlich das Kind „zu etwas machen" oder hinerziehen will. Entscheidend ist auch der Rahmen der Erziehung, sind die Lebensbedingungen der räumlichen, natürlichen und gegenständlichen Umwelt, sind Armut oder Reichtum. Stets jedoch wirkt am nachhaltigsten, was Erwachsene dem Kind „vorleben", „vormachen", für das Kind „vorstellen" – also das *Vorbild* als Modell für kindliches Verhalten.

Diese jedem Pädagogen bekannte Tatsache begründet, warum Erziehung immer erst einmal Selbsterziehung und Selbsterfahrung der Erwachsenen sein sollte. Statt von verhaltensgestörten Kindern zu sprechen, sollte präziser von „Kindern in verhaltensgestörten Familien/Heimen" die Rede sein.

A. S. Neill (1979, 105) hat den ganzen Komplex erzieherischer Probleme auf eine entscheidende Formel reduziert: Es geht um Freiheit oder Unterdrückung im Zusammenleben der Menschen.

> „Die Unfreiheit beginnt schon mit der Geburt oder vielmehr: schon lange vor der Geburt. Wenn eine gehemmte, körperlich steife Frau ein Kind kriegt, wer kann da sagen, welche Auswirkungen ihre Steifheit auf das neugeborene Kind hat?"

Über das Leben unterdrückter Erwachsener schrieb Paolo Freire (1981, 39/57), daß sie passiv und ohnmächtig „in einem Zustand der Überflutung" leben. Die Kinder und Schüler seien gleichsam „Behälter" oder „Container", deren Köpfe die Lehrer und Eltern mit ihrem Wissen und ihren Verhaltensregeln vollstopfen. Dann zählt später nur noch die Erinnerung an das „Gespeicherte“, statt eigener Erfahrung – Haben statt Sein. Entsprechend erleben so unterdrückte Erwachsene heftige Furcht vor der Freiheit: Eigene Freiheitswünsche werden als ängstigend und bedrohlich empfunden und etwa auf angeblich haltlose Randgruppen projiziert. „Furcht vor der Freiheit, die der von ihr Besessene nicht unbedingt erkennen muß, läßt Geister sehen. Ein solches Individuum nimmt in Wirklichkeit seine Zuflucht zu dem Versuch, Sicherheit zu erlangen, und zieht das den Risiken der Freiheit vor“ (Freire 1981, 26). So kommt es, daß Eltern und Erzieher oft enorme Angst vor den natürlichen, spontanen Lebensäußerungen ihrer Kinder entwickeln; und so kommt es auch zur Notwendigkeit, an den Kindern herumzuerziehen, sie zu beeinflussen, sie unter Druck zu setzen.

Der lateinamerikanische Pädagoge Paolo Freire (1981, 13) folgert daraus, daß Erziehung grundsätzlich niemals neutral sein kann. „Entweder ist sie ein Instrument zur Befreiung des Menschen oder sie ist ein Instrument seiner Domestizierung.“

„Die Eltern sprechen zum kleinen Kind mit der Stimme des allmächtigen Gottes. Was die Mutter über die Sexualität sagt, ist das Evangelium. Das Kind akzeptiert völlig, was sie ihm sagt“, schrieb Neill (1979, 215) über die Macht des elterlichen Erziehungseinflusses. Und: „Mehr als einmal hat mich ein Kind gefragt, warum man in der Öffentlichkeit nicht Scheiße, aber Kot oder Exkremente sagen darf. Ich möchte es auch gern wissen“ (ebd., 242). Also in allen Bereichen soll der „kleine Mensch“ so werden, wie es sich seine Erzeuger oder Erzieher vorstellen.

> „Lebend nach eigenen Gesetzen, das ist das Recht des Kleinkindes auf freie Entfaltung, ohne äußere Autorität in seelischen und körperlichen Dingen. Das Kind bekommt zu essen, wenn es hungrig ist, es wird selbst sauber und nur, weil es dies wünscht, es wird weder angebrüllt, geschlagen, sondern immer geliebt und beschützt“ (A. S. Neill 1979, 115).

Erscheint uns das wirklich als zu idealistisch? Hier wird vorausgesetzt, daß es einen wirklichen, wirksamen Dialog zwischen Erwachsenen und Kindern gibt: körperlicher, emotionaler, verbaler Dialog. Er ist „ein Akt der Schöpfung ... er ist die Eroberung der Welt um der Befreiung der Menschen willen“ (Freire 1981, 72). *Gespräch, Dialog, Berührung, Gegenseitigkeit sind vonnöten, damit Kinder in ihrer Entwicklung nicht gestört oder behindert werden.*

Eine Erziehung zu persönlicher Freiheit und Selbstbestimmung wird von denjenigen abgelehnt, die sich einen solchen Zustand gar nicht mehr vorstellen können. Sie müßten zu viele Anpassungsleistungen, Verpflichtungen und kleinen Vorteile ihrer großen Konformität aufgeben oder in Frage stellen, um überhaupt eine Ahnung davon zu bekommen, was Selbstverantwortlichkeit heißt. Und Kinder sind ihnen lieber als Katzen, denn man kann sie gründlicher domestizieren.

Literaturhinweise

Bruno Bettelheim: Liebe allein genügt nicht
John Bowlby: Trennung
Paolo Freire: Pädagogik der Unterdrückten
Wilfried Gottschalch u. a.: Sozialisationsforschung

Der Junge aus dem Heim

Wenn einer Dackel Heini Streifen malt
und nachts mit einer Taschenlampe strahlt,
das Treppenhaus mit Kippen gar verdreckt
und Kaugummi in Schlüssellöcher steckt,
dann hört man alle Leute lauthals schrein:
Das kann doch nur der aus dem Heim gewesen sein!

Der Junge aus dem Heim, das ist der Jan,
der wohnt bei Pflegeeltern nebenan.
Hat einer sich 'ne Dummheit ausgedacht,
wird Jan dafür verantwortlich gemacht.
Dann hört man alle Leute lauthais schrein:
Das kann doch nur der aus dem Heim gewesen sein!

Die Leute sind oft blöde und gemein,
der Jan soll immerzu der Buhmann sein.
Weil er doch unser Freund und Kumpel ist,
drum sagen wir: Das ist doch alles Mist!
Es werden alle Kinder lauthals schrein:
Der Jan ist unser Freund, wir steh'n für ihn ein!

(Text: Klaus Hoffmann, Musik Pit Budde)

3 Heime heute – (K)ein Platz für Kinder

Heime treten mit dem Anspruch an, Kindern ein Zuhause, ein neues „Daheim“ zu geben, welches sie vor der Verwahrlosung schützt. Und doch bedeuten die Alltagsbedingungen von Kinderheimen oft nicht viel mehr als *Verwahrung,* schlimmer noch: oft verstärken sie gar *Verwahrlosungs*tendenzen. Erzieherfluktuation, zu viele Verhaltensstörungen auf zu engem Raum, fehlende Zärtlichkeit, Massenverwahrung und Beziehungen, die kaum wirklich solche sind, prägen noch häufig den Lebensweg der Kinder im Heim. Andererseits bietet das Heim immerhin die Möglichkeit des Neuanfangs, als Alternative zu gestörten Familienbezügen. Die Gemeinschaftserziehung hat ihre eigenen Chancen.

Der israelische Pädagoge Benjamin Jonas behauptete, daß ein langjähriger Heimaufenthalt „sowohl eine Störung der normalen Entwicklung des Gefühlslebens als auch Veränderungen des Charakters im späteren Kindesalter verursachen kann“ (Jonas 1976, 47). Analog zum „Hospitalismus“ als Sammelbegriff schwerster Störungen aufgrund frühkindlicher Anstaltsunterbringung (Spitz 1945) gebrauchte Jonas den Begriff *„Institutionalismus“* zur Beschreibung der „starren Verhaltenskonzeptionen“, die Heimerziehung häufig bewirkt (ebd., 48).

Martin Bonhoeffer sprach schlicht von *„personenzerstörenden Institutionen“* und forderte, die „Kinder den dürren, blöden Mechanismen von Jugendhilfebürokratie“ zu entziehen (Bonhoeffer 1974, 124). Dietlind Eckensberger stellte fest, daß jede Heimunterbringung während der ersten fünf Lebensjahre eine „bedenkliche Entwicklungsgefährdung“ darstellt und „pathogen wirken muß“: Öffentliche Erziehung könne Kindern dieser Altersgruppe nur *„A-Sozialisierungsbedingungen“* bieten (Eckensberger 1971, 88f.).

Am eindrucksvollsten aber sind die Äußerungen von Betroffenen, die über ihre eigenen Erfahrungen in Kinderheimen berichten: Rosemarie Kuntzke, die von ihrem 9. bis zum 16. Lebensjahr im Heim lebte, überschreibt in ihrer Pädagogikdiplomarbeit ein ganzes Kapitel mit „Das Heim als *Verkrüppelungsinstanz“.* Sie führt aus, diesen Begriff zutreffender zu finden als den der Sozialisationsinstanz, will sie doch „von den Wirkungen einer Institution berichten, die ausschließlich zum Zwecke der Erziehung eingerichtet ist und der man somit Vorsatz zusprechen kann“ (Kuntzke 1980, 85).

Wie kommt es dazu, daß sich Kinder und Jugendliche durch das Heim behindert und gefühlsmäßig verkrüppelt fühlen? Ist die Intention der Heimerziehung nicht gerade, Kindern aus unzumutbaren Familienverhältnissen einen *Schonraum der Entlastung* zu bieten? „Eine Entlastung von jenen Beziehungen und Aufgaben, an und in denen die Kinder bisher scheitern mußten“ (Colla 1976, 52)? Tatsächlich entlastet und geschützt aber wird anscheinend nur die Gesellschaft. Anpassungsschwierige Kinder aus sozial auffälligen Familien werden abgeschoben und interniert, sei es auch zum erklärten Zwecke der „Nacherziehung“ und Resozialisierung.

Jonas möchte „fast zu einem Schluß des Absurden kommen, daß die Gesellschaft von der Reedukation in einem Heim verlangt, *das* wieder zu ordnen, was sie selbst in Unordnung brachte und weiter bringt" (Jonas 1976, 52).

Dies bedeutet immer Sisyphusarbeit und wirft die Frage nach der gesellschaftlichen Funktion der Heimerziehung auf.

Über einige Wenn und Aber der Heimerziehung wollen wir im folgenden nachdenken. Zunächst stellt sich ein Heim selbst als zeitgemäß dar, dann folgt ein Ausflug in die Geschichte, die Betonung des institutionellen Charakters und schließlich geht es um die alltäglichen, prägenden Beziehungen im Heim. Diese Darstellungen werden begleitet von Kommentaren einer erfahrenen Heimerzieherin.

3.1 „Zeitgemäße Heimerziehung" – Die Selbstdarstellung eines Heimes

Zeitgemäße Heimerziehung

„Heim" nennt man den Aufenthaltsort von Kindern und Jugendlichen, die sonst keine Heimat mehr haben. Die einen sind im Heim, weil Gerichte den Eltern die Fähigkeit abgesprochen haben, weiterhin für ihre Kinder sorgen zu können. Die anderen sind im Heim, weil die Eltern oder sonstige Bezugspersonen, aus welchen Gründen auch immer, mit der Erziehung ihrer Nachkommenschaft nicht mehr klarkommen. Aber da gibt es auch das begabte Mädchen, das aufgrund der katastrophalen häuslichen Wohnverhältnisse *seine Schularbeiten nicht erledigen kann und im Heim endlich einen Ort der Ruhe, ein kleines persönliches Reich findet.*

Im Heim hat jedes Kind sein eigenes Schicksal, und die Akten, die das Jugendamt angelegt hat, sind bisweilen Romane von der Deutlichkeit eines Balsac. Trotzdem wollen wir das Martyrium dieser Kinder nicht zur Kenntnis nehmen. Die intakte Familie ist das unumstößliche Vorbild, und Heimkinder gelten eben irgendwie als Gestrauchelte. Aber fast immer sind Erwachsene für „Heimkarrieren" verantwortlich, und *unsere Anschauung: „Kinder gehören zu ihren natürlichen Eltern" verlängert so manches kindliche Leiden, das durch eine Heimunterbringung geheilt werden könnte.* Hinzu kommt, daß auch für die Eltern das Thema eine Prestigesache ist. Was sollen die Nachbarn denken? – Wer aber denkt an die Kinder?

Die städtischen Familienfürsorgen sind heute meist personell so ausgestattet, daß sie sich massiv um sozial schwache Familien kümmern können. Zusätzlich sind sie seit einigen Jahren in Berlin in der Lage, sogenannte Familienhelfer auf Honorarbasis einzusetzen. Da *wird rundum beraten und geholfen und therapiert, nur allzuoft leider mit dem Erfolg, daß die vorprogrammierte Zerstörung der Familie lediglich hinausgezögert wird. Das Kind kommt also nicht mehr im Alter von 10, sondern erst mit 14 Jahren ins Heim.*

Was sollen noch so motivierte Erzieher mit einem solchen Geschöpf noch anfangen, das in seinem kurzen Leben bislang nur Schmutz, Alkohol, Gezänk der Erwachsenen und deren Schläge erleben durfte? Die Heimerziehung wurde auch durch die Herabsetzung des Volljährigkeitsalters getroffen. Wer mit 18 schon erwachsen ist, will mit 16 oder 17 Jahren nicht mehr „erzogen" werden. *Sie sehnen sich nach Wohngemeinschaften und neuerdings nach besetzten Häusern. Es fehlt ihnen allerdings die soziale Reife. Sie bestreiten alles, nur nicht ihren persönlichen Lebensunterhalt. Ein schwacher Staat hatte bislang die Einrichtung von Wohngemeinschaften nur allzu nachgiebig gefördert. Es muß den Jugendlichen unmißverständlich klargemacht werden, daß sich kein Mensch auf Dauer um die eigene persönliche Leistung herummogeln kann.* Wohngemeinschaften sind eine gute Sache für über 18jährige, die bereits einem Broterwerb nachgehen. Sie können keine Alternative zur Erziehung sein. *Wer sich als junger Mensch der Erziehung entziehen will, kann mit seinem künftigen Leben nicht fertig werden.* Er wird wieder eine Ehe eingehen, die von Anfang an den Keim der Zerstörung in sich birgt. Aus dieser Ehe werden wieder Kinder hervorgehen, deren zukünftige „Heimkarriere" vorprogrammiert ist. Der unselige Kreislauf schließt sich. Zwei Drittel der von den Jugendämtern zu bearbeitenden Akten sind in der zweiten, dritten oder vierten Generation anhängig.

Dieser Text gibt Aufschluß über die Einstellungen und Interessen der Leitung dieses Heims: Der zahlenmäßige Rückgang der in Heimen untergebrachten Minderjährigen bewirkt hier, daß sich das Heim als attraktivere und bessere Alternative zur Familienhilfe, ambulanter Beratung etc. empfiehlt. Die Behauptung, daß Heranwachsende in diesem Heim „endlich einen Ort der Ruhe, ein kleines persönliches Reich" finden könnten, zeugt von einer anspruchsvollen Selbsteinschätzung. Was die Kinder und Jugendlichen hier aber auch erwartet, zeigt sich weiter unten: Erzieher und eine Heimleitung, die „solchen Geschöpfen ... unmißverständlich klarmachen wollen, daß sich kein Mensch auf Dauer um die eigene persönliche Leistung herummogeln kann". Dieser Kasernenhofton ist nicht zufällig und bezeichnet offenbar den Umgang der Erwachsenen und Kinder in dieser Einrichtung. Dem Text folgend wird derjenige mit seinem künftigen Leben nicht fertig werden, der „sich als junger Mensch der Erziehung entziehen will". Diese Formulierungen sind voll von Drohung, Strafbedürfnis und Zwang. Findet hier Erziehung statt, die sich an den Bedürfnissen der Kinder orientiert, Verständnis für ihre Probleme aufbringt oder sogar Regression und das Ausagieren feindseligen Verhaltens als Heilungsphasen begreift?

Leistungsverweigerern – z.B. „Schulschwänzern" – muß „unmißverständlich klargemacht werden", daß es hier um Leistung und schulischen Erfolg – man könnte auch hinzufügen: um Anpassung und Unterdrückung – geht. Man will ja nur das Beste für die Heranwachsenden: „kindliche Leiden" im Heim „heilen". Die pädagogischen Grundsätze der Heimleitung geben vor, sich am Wohl des Kindes zu orientieren; tatsächlich sind sie weit von einer „Pädagogik vom Kinde aus" im Sinne Korczaks entfernt und setzen auf Unterwerfung, „Besserung", Exempelstatuieren und auf Strafandrohung. Und das will sich als heilende Erziehung verstanden wissen!

Bemerkenswert ist in diesem Text jeder Satz, besonders aber auch die Einstellung des Heimes zu den Herkunftsverhältnissen der Kinder und Jugendlichen: *„Schmutz, Alkohol, Gezänk, Schläge"*. Ohne jegliches Verständnis für soziale Notlagen wird hier ein schlimmes Bild der Herkunftsfamilien gemalt, werden die Eltern der Kinder pauschal und radikal verurteilt, wird der Bruch mit dem Elternhaus und einseitig die Umerziehung und Neuorientierung der Heranwachsenden propagiert. Wie soll bei einer solch grundlegenden Ablehnung der Familien in Not die Elternarbeit des Heimes aussehen? Findet sie überhaupt statt?

Wie eng pädagogische und politische Anschauungen immer verknüpft sind, erweist sich im Text bei der Einschätzung von Wohngemeinschaften und besetzten

Häusern, aber auch bei dem hier vorliegenden Verständnis von „sozialer Reife", bei Begriffen des „schwachen Staates" sowie den unqualifizierten Vorurteilen gegenüber Beratung, Therapie und Familienhilfe. Die Einschätzung der Arbeitsbedingungen der örtlichen und bezirklichen Familienfürsorgen ist völlig falsch. Nur wer die Familienfürsorge nicht kennt, kann zu der Behauptung kommen, daß deren personelle Ausstattung ein „massives Sichkümmern um sozial schwache Familien" ermögliche. Woran also orientieren sich die hier vorgelegten Erziehungsleitgedanken? Nicht an der individuellen Situation des Heranwachsenden, denn sonst hielte man Drohungen, Leistungsdruck und die Abwertung jugendlicher Wünsche („sie sehnen sich ...") nicht für Erziehungs- und Heilmittel; nicht an der gesellschaftlichen Lage und sozialen Notsituationen der Herkunftsfamilien, denn sonst wäre man um Verständnis und Zusammenarbeit bemüht und an einer begleitenden Erziehungshilfe sowie echten Vorbereitung der Reintegration interessiert. Sondern: An der Absicherung der bestehenden Heimstruktur mit ihrem Macht- und Kompetenzgefüge und daran, die Kinder gemäß der eigenen Weltanschauung zu erziehen.

Normen wie *Leistung, Schulerfolg, Anpassung, Ordentlichkeit, Sauberkeit und Fleiß* sollen als Selbstzweck an die Stelle der Wertvorstellungen der Herkunftsfamilien treten. Ohne im persönlichen Lebenszusammenhang der Kinder und Jugendlichen familiäre und Heimerfahrung zu verbinden, Vergangenes aufzuarbeiten und somit für die Zukunft eine mögliche Integration und Bewältigung aller Erfahrungen zu ermöglichen, wird hier der Bruch mit der Familie betrieben: Kontakte zu Müttern und Vätern sind wohl nur formale Pflichtsache. Erzieher zeigen bei Elternbesuchen im Heim oft unverhohlen ihre Verachtung und Abscheu gegen die „schlechten" Mütter. Wie wir selbst in Einrichtungen häufig erlebt haben, werden solche Kontakte schnell zum „Spießrutenlauf" der Eltern.

Sicherlich stellt sich nicht jede Einrichtung derart kämpferisch vor – andere verschicken Bilder mit Kindern auf Pferden, verweisen auf Erfolge und ihre guten Lebensbedingungen. Stets aber ist es für den Außenstehenden schwierig zu erspüren, welche Erziehungsgedanken tatsächlich den Alltag bestimmen: Konzeption und Wirklichkeit haben nämlich oft nichts miteinander zu tun.

3.2 Der „Waisenhausstreit" – Ein Ausflug in die Geschichte

Durch die Geschichte der Heimerziehung zieht sich als „roter Faden" ein stetiger Vergleich der Anstaltserziehung mit familiären Erziehungschancen. Die „Natürlichkeit" der Familie zeigte sich immer wieder als sinngebendes Hilfsideal, das meist dann bemüht wurde, wenn die Familie tatsächlich keinen Halt mehr gab und mit der Funktion der psychischen Stabilisierung und der Kindererziehung überfordert war. Wir weisen hier auf den *„Waisenhausstreit"* Ende des 18. Jahrhunderts hin, der schon fast alle heutigen Streitfragen der Heimerziehung, der Familienpflege und anderer Erziehungssysteme vorwegnahm.

Zum Vorbild vieler deutscher Anstalten wurde im Mittelalter das 1596/97 gegründete *Amsterdamer Zuchthaus für straffällige Jugendliche:* Die Jugendlichen waren hier nicht – wie früher – mit Erwachsenen zusammengesperrt. Sie sollten durch Arbeit erzogen werden: Solche Erziehung bestand aus Schwerstarbeit – die Jungen raspelten eisenharte Hölzer aus Holzmehl, die Mädchen arbeiteten im Spinnhaus – und in religiöser Unterrichtung. Verstöße zogen Schläge, Essensentzug, Auspeitschen und Kerker nach sich.

Dies bedeutete damals den Anfang einer *gesonderten Anstaltserziehung für Jugendliche:* Die ideologische Intention von Staat und Kirche zielte darauf ab, die Kinder ihren Betteleltern wegzunehmen und sie zwecks strenger sittlicher Erziehung und Ausbildung in der Arbeitsschule unterzubringen. Tatsächlich aber waren in dieser Zeit alle billigen Arbeitskräfte gefragt, so auch die Kinder und Jugendlichen in Waisen- und Arbeitshäusern. Diese Tendenz wurde u.a. abgesichert durch die Vertreter des *Pietismus* (u.a. der Theologe Philipp Jakob Spener, 1636–1705), die Nichtarbeit schlicht zur Sünde erklärten und die Zwangs- und Schichtarbeit in den Anstalten als Teil christlicher Erziehung propagierten.

1695 gründete der pietistische Pfarrer August Hermann *Francke* (1663–1727), ein Freund Speners, die *„Halleschen Waisenhäuser“:* Er trieb die Trennung der Waisenhäuser von den Armen- und Zuchthäusern voran. Seine Anstalten waren in ihrer Klassenstruktur das genaue Abbild der Gesellschaft. Neben der Waisenanstalt gab es eine Bürgerschule, ein Pädagogium für Adels- und Reichenkinder, und ein Seminar für die Lehrerausbildung. Das pädagogische Grundprinzip Franckes hieß: Der natürliche Eigenwille des Menschen muß gebrochen werden; dies erfordert strenge Zucht und frühe Gewöhnung an Arbeit. „Das neue an den Franckeschen Anstalten ist die planmäßige, rationelle Organisation“ (Autorenkollektiv 1978, 28). Im Jahre 1727 besuchten etwa *2300 Kinder und Jugendliche* die Anstalten! „Zu Recht hat man Francke als den ersten Fürsorgeunternehmer bezeichnet“ (ebd., 29). Die Halleschen Waisenhäuser waren Vorbild vieler neugegründeter Anstalten, welche ökonomischen Interessen folgend eine Erziehung durch Arbeit proklamierten und damit erhebliche Gewinne erzielten.

Mit der Entwicklung der Haus- und Manufakturindustrie waren auch sogenannte *„Industrieschulen“* entstanden, in denen die Zöglinge frühzeitig Ausdauer, Maßhalten und Umstellungsbereitschaft erlernten. Mit der Durchsetzung der großen Maschinerie in der ersten Hälfte des 19. Jahrhunderts löste die Fabrikschule dann die Industrieschule ab.

Der Waisenhausstreit

Zum Ende des 18. Jahrhunderts gab es heftige Kritik, vor allem der Philanthropen – „Menschenfreunde“ – an den pietistischen Waisenhausanstalten: denn die Kindersterblichkeitsrate betrug dort nicht selten 25%! Die Philanthropen – unter ihnen Christian Gotthilf Salzmann – griffen heftig die maßlose Profitgier, die brutale Arbeitszucht und scheinheilige Religiosität dieser Häuser an. Als Alternative forderten sie eine *„vernünftig-natürliche“* Erziehung in Landerziehungsheimen oder in ländlichen Pflegefamilien.

In der ersten Phase dieses Waisenhausstreites wurden öffentlich mehrere Argumente *gegen* die Anstaltserziehung diskutiert: Die hygienischen Verhältnisse seien unzureichend, die Verpflegung ungesund, die Masse der Kinder im Waisenhaus lasse keine individuelle Erziehung zu: die gelegentliche Vereinigung unterschiedlichster Klientengruppen in einem Haus wie Kinder und Erwachsene, Gesunde und Kranke, Alte und „Irre“, Zöglinge und Züchtlinge, führe zu größerer Verführung, heimlicher Bosheit und „Verdorbenheit des Herzens“. Die Waisenhausschulen und ihr Unterricht seien zu schlecht, das Übermaß religiöser Erziehung unerträglich und führe zur Frömmelei. Die überstrenge Arbeitszucht sei in diesem Ausmaß der Kinderarbeit gesundheitsschädigend. Schließlich gab es noch zwei „schlagende“ Argumente gegen die damalige Anstaltserziehung, wie sie noch heute gegen die Heimerziehung zu hören sind: die Kinder würden nicht auf das *Leben „draußen“* vorbereitet; die Knaben lernten keinen Beruf, die Mädchen keine hauswirtschaftlichen Fähigkeiten. Und: *Privatpflege sei billiger.* Bei gleichem Kostenaufwand könnten mehrere Kinder in Pflegefamilien untergebracht werden. *Auch hieß es, die Familie könnte all das bieten, was der Anstalt fehlt:* Kinder könnten auf natürliche Weise die Berufs- und

Geschlechtsrollen der (Pflege-)Eltern übernehmen. Sie seien mitten hineingestellt in das soziale Leben und würden schon bald erfahren, was später von ihnen verlangt werde; Fleiß und Arbeitsamkeit wären dann die Folge schulischer und familiärer Erziehung (vgl. Sauer 1979, 27ff.).

In dieser ersten Phase des Waisenhausstreites wurden viele Häuser aufgelöst und *Tausende von Kindern in Pflegefamilien* verlegt. Schon bald gewannen aber die Waisenhausbefürworter wieder mehr Gewicht. Sie verteidigten zwar nicht die unbestreitbaren Mißstände in den Anstalten, griffen aber die Pflegefamilienerziehung heftig an: *Selten sei irgendwo eine „heile Welt der Familie" zu finden,* überwiegend hätten bitterarme Familien mehr aus sozialer Not wegen des Pflegegeldes als aus christlicher Nächstenliebe Kinder aufgenommen. Um überhaupt existieren zu können, müßten diese Familien schon ihre eigenen Kinder zur Arbeit anhalten und ausbeuten, so auch die Pflegekinder. Und diese Kinder seien meist unbeaufsichtigt, da ja alle Erwachsenen zur Arbeit gezwungen seien. Die hygienischen Verhältnisse seien auch nicht besser als in den Anstalten; und schließlich stelle die Auswahl und Überwachung geeigneter Pflegefamilien ein großes Problem dar.

Ergebnis dieses Streits war, daß Reformen der Anstalten und das Erproben alternativer Möglichkeiten wie Mischsysteme von Anstalts- und Familienunterbringung stattfanden.

Angesehene Pädagogen wie Salzmann und *Pestalozzi* schließlich griffen die Verhältnisse in den Anstalten wie in den Familien gleichermaßen an und glaubten, daß auch in Anstalten in gewissem Umfang die Vorzüge der Familien nachzuahmen seien und eine „naturgemäße" Erziehung erfolgen könne.

Johann Gottlieb *Fichte* (1762–1814) forderte eine völlig neue Erziehung für die junge Generation, eine deutsche Nationalerziehung. Weil er die Jugendlichen den schädigenden Gegenwartseinflüssen und den überkommenen Normen der älteren Generation entziehen wollte, wandte er sich strikt gegen jede Familienerziehung und empfahl einen trennenden Einschnitt: In isolierter, ländlicher Gegend sollten Erzieher und Jugendliche gemeinsam leben und autark wirtschaften. Lernen und Arbeiten sollten in dieser *„pädagogischen Provinz"* eins sein.

Johann Heinrich *Pestalozzis* (1746–1824) Wirken hatte nicht nur für die schulische, sondern auch für die damalige Heimerziehung große Bedeutung. Er machte den Versuch einer pädagogischen Theorie der Heimerziehung: Arbeitserziehung sei zwar nötig, jedoch nur, wenn sie dem *Ziel der allseitigen Menschenbildung* diene und untergeordnet sei. Jede einseitige Arbeit würde den Menschen verkrüppeln. Sein berühmter Gedanke der allgemeinen Volksbildung war an eben diesem Ziel der menschlichen Allseitigkeit orientiert und stand im Gegensatz zur fortschreitenden ökonomischen Entwicklung, in deren Verlauf die Industrialisierung einseitige und entfremdete Arbeitsvorgänge erforderlich machte. Das Leben dachte sich Pestalozzi in konzentrischen Kreisen aufgebaut, vergleichbar den Schalen einer Zwiebel: die erste sei die „Wohnstube" und das Vaterhaus, dann folgen Beruf und Vaterland. Die Gesundheit der Wohnstube und des Familienkreises sei dann auch die Grundlage des Menschen, seiner Sittlichkeit und Bildung. So zielten Pestalozzis Erneuerungsgedanken auf die Einwirkung auf das Familienleben; die Reform der Schule war erst sein sekundäres Anliegen. „Das Heiligtum der Wohnstube" sei der Inbegriff des liebevoll Geordneten, der herzlichen Bindungen und der gemeinsamen Arbeit" (vgl. Sauer 1979, 36).

Lebensgemeinschaft von Erziehern und Zöglingen

Hinsichtlich der Anstaltserziehung war sein Anliegen, die Vorzüge häuslicher Erziehung durch die öffentliche nachzuahmen: Dies versuchte er 1798/99 als Leiter des Waisenhauses Stans. Erzieher und Zöglinge sollten nach seiner Auffassung ihr Leben teilen und ganz füreinander da sein. „Sie waren außer der Welt, sie waren außer Stans, sie waren bey mir, und ich war bey ihnen" (Pestalozzi nach Sauer 1979, 36f.). Pestalozzis einseitig am Individuum orientierte Denkweise aber ließ seine Modellversuche scheitern. Seine Wohnstubenideologie war ungeschichtlich: Denn schon zu seiner Zeit waren die Familienverhältnisse in Auflösung und Verfall geraten, entsprach die Realität der Unterschichtsfamilie nicht seinem Ideal und forderte die wirtschaftliche Situation von der Familie den Preis der Trennung von Wohnen und Arbeiten. Zukunftsweisend dagegen war Pestalozzis Idee der *„Hilfe zur Selbsthilfe"* ebenso wie sein Hinweis auf die Notwendigkeiten von Geborgenheit, Menschlichkeit, Nähe und Liebe in der Erziehung.

Schon dieser Auszug aus der Geschichte zeigt, daß der Streit um die Möglichkeiten fremder Erziehung nicht neu ist. Auch wird hier ansatzweise deutlich, daß die Entwicklung der stationären Erziehungshilfen nicht losgelöst von gesellschaftlichen und ökonomischen Veränderungen stattfindet.

Die öffentliche, „fremde" Anstaltserziehung im Heim auf der einen Seite – die private, „vertraute" Familienwelt auf der anderen: Schlagwörter damals wie heute! Und schon damals hatten Pädagogen wie Pestalozzi die Idee, Familienatmosphäre in die Anstalten zu „transportieren".

Bevor wir auf die „Ersatzfamilie" und heutige Modelle zwischen Heim und Familie eingehen, soll es jetzt um die speziellen Gegebenheiten im traditionellen Kinder- und Jugendheim gehen: um die Erziehung in einer „Institution".

3.3 Zwänge und Möglichkeiten der Institution

Die Überschrift legt es nahe: Heimerziehung ist ein Bereich im Spannungsfeld zwischen *Unterdrückung* und *Hilfe.* Die historische Entwicklung der Anstalten zeigt, daß abwechselnd und oft vermischt Disziplinierungs- und Hilfsfunktionen im Vordergrund standen. Dabei war und ist „das Heim keine Insel und darf auch nicht als solche verstanden werden" (Jonas 1976, 59).

Auch im subjektiven Erleben der betroffenen Kinder und Jugendlichen findet Heimerziehung zwischen den Polen von Unterdrückung und Hilfe statt. Es stimmt nachdenklich, daß trotz pädagogischer und therapeutischer Konzeptionen, trotz Professionalisierung und zeitweiliger öffentlicher Fachkritik die Betroffenenberichte negativen Inhalts immer noch bei weitem überwiegen. Das kann man nicht darauf zurückführen, daß der sich nicht rührt, dem es gut geht. Im Gegenteil: es ist erstaunlich, daß hin und wieder solche Jugendlichen den Weg in die Öffentlichkeit gehen, welche sich jahrelang der Gewalt institutioneller Unterdrückung beugen mußten.

Es gibt im Groben nur wenige Möglichkeiten, auf repressive Erziehung zu reagieren: *sich entziehen,* also entweichen, *Anpassung* – und hier verschiedenes Anpassungsverhalten (vgl. Goffman, Merton) – und *Widerstand.* Auch psychosomatische Störungen können eine Form des Widerstandes gegen erfahrene Unterdrückung darstellen. Erst recht sind dissoziale Verhaltensweisen, die mit Sanktionen belegt werden, Ausdruck von Widerstand. Bei solchem Verhalten Einzelner und Gruppen ist schließlich von zentraler Bedeutung, wie weit der Ausdruck des Widerstandes zielgerichtet und zweckmäßig ist und somit Unterdrückung und erzwungene Anpassung verhindert; oder ob das dissoziale Verhalten bereits ein unfreiwilliges Arrangement mit den Bedingungen der Realität und insofern schon wieder Anpassung darstellt. So sind also auch Anpassung und Widerstand nur die extremen Pole einer breiten Skala von Verhaltensmöglichkeiten. Die Heimstrukturen geben die Bedingungen vor, unter denen der Erziehungsalltag stattfindet.

Die Erzieherin Petra über das Heim, in dem sie arbeitet:
„Als ich anfing, waren's 10 Gruppen – nein: 11 – und jetzt sind's 8 Heimgruppen. sogenannte Regelgruppen, und 3 V-Gruppen: das heißt Verselbständigungsgruppen.
Und das wirkt ja von außen so, wie man sich ein Kinderheim halt vorstellt: Stadtrandlage, weitab vom Schuß, eigentlich ganz schön gelegen, aber so'n richtiger Kasten, mit viel Beton, mit viel Glas, fertig geworden um 1974 oder 1975, Riesengelände mit viel Grünfläche. Und ich war da fast von Anfang an mit dabei.
Das ist so, daß das Haus drei Geschosse hoch ist, in jedem Stockwerk sind jeweils links und rechts eine Wohnung. Und eine Wohnung hat ungefähr 220 qm. In jeder Wohnung sind vier Erzieher, manchmal auch Halbtagskräfte beschäftigt, und dort wohnen dann 12 Kinder oder Jugendliche. Zwölf pro Gruppe. Im Moment sind nicht alle voll belegt. ... Insofern hat aber jede Wohngruppe ihren eigenen Charakter, sind auch verschieden eingerichtet und so ...“

Totale Erziehung und totale Institution

Es stehen sich zwei Modelle der Anstaltserziehung gegenüber: das Heim als *„totale Institution“* (vgl. Goffman 1961 und Widemann 1974, 115) und das Heim als ein *pädagogischer Entlastungsraum,* der bewahrenden, (re-)edukativen oder therapeutischen Charakter haben kann. Auch diese Modelle der totalen Institution und des Entlastungsraums sind nur die Extrempole einer breiten Skala von Möglichkeiten und ohnehin nicht zwangsläufig Gegensätze.

Ein gestaltbarer Lebensraum?

„Heimerziehung ist sinnvoll da, wo sie ihre Intention, den Entlastungsraum realisiert“ (Thiersch 1973, 67). Sie kann Kindern und Jugendlichen Distanz und Entlastung von Beziehungen und Familien anbieten, in und an denen die Heranwachsenden gescheitert sind. Die Anstalt als Institution kann ein gestaltbarer Lebensraum sein, der sich an der Belastbarkeit und Bedürfnislage der einzelnen Kinder orientiert und z.B. zusätzliche therapeutische Hilfen anbietet, welche regressives Verhalten und das Aufarbeiten früherer Konflikte zulassen. Auch ist denkbar, daß ein Heim stabile affektive Beziehungen im Umgang mit professionell vorgebildeten Erwachsenen möglich macht. Schließlich kann das Heim Lernfelder eröffnen, die attraktiv und am Leben außerhalb der Anstalt orientiert und in dieses soziale Umfeld integriert sind, so daß die Kinder und Jugendlichen allmählich realistische Perspektiven für ihre eigene Zukunft entwickeln (vgl. ebd., 57).

Die totale Erziehung?

Im Unterschied zu anderen Maßnahmen der Jugendhilfe setzt die Heimunterbringung stets auf die Chance des Milieuwechsels, auf Internierung und Bemächtigung, denn „im Heim lassen sich endlich alle Einflüsse kontrollieren“. Das „Ziel, durch

Erziehung zu helfen“ (Bonhoeffer 1973, 76), soll auf diese Weise erreicht werden. Erziehung und Unterdrückung waren in der Geschichte jedoch häufig Synonyme: Besonders in Anstalten mit ihren institutionalisierten Hierarchien ist deshalb zu prüfen, ob sich hinter gut gemeinten Absichtserklärungen und Erziehungszielen nicht bereits wieder Bemächtigung, Erfassung und Unterdrückung verbergen. Dies weist auch auf die Notwendigkeit von Rückzugsbereichen, „Zwischenräumen“ und „unbeobachteten Momenten“ im Leben der Heranwachsenden hin, wie sie der Kindertherapeut Bettelheim forderte. Und allein die permanente, dauernde Erziehung scheint schon so unnatürlich und unrealistisch, daß ihre Auswirkungen auf ein späteres selbständiges Leben von Heimkindern verheerend sein kann.

Unterdrückung beginnt mit dem ersten Eindruck: *„Monsterheim“* („Micha“ im Berliner Tagesspiegel v. 1./2.5.1982), *„Riesenheim“* (Homes 1981, 15), *„Riesenkasten mit 120 Kindern drin“* (Kuntzke 1980, 91) – so war der erste Eindruck betroffener Kinder. Die Bedeutung der Aufnahmesituation für den Betroffenen kann gar nicht überschätzt werden. Die Gefühle, welche die Anstalt als „Verkrüppelungsinstanz“ unterdrückt oder bewirkt, hat Rosemarie Kuntzke am eigenen Beispiel eindringlich geschildert: „Die Gefühle, die in dieser Zeit mein Leben bestimmten, waren die von *Leid, Ausgeliefertsein, Ausweglosigkeit und Unbestimmtheit, vielleicht schon Verlassenheit“* (ebd., 88). Auf die Trennung von den Eltern habe sie zwar mit „Verständnis“ und „vernünftig“ reagiert, jedoch sich nicht „mit der Situation abfinden“ können. Während der Zeit im Heim fühlte sie sich „wie erstarrt, wie *innerlich gelähmt“*, *„total leer, leblos“* ... „Es war ein *ewiges Warten auf später.* Gegenwärtig blieb mir nur der Haß, den ich aber gleichzeitig versuchen mußte zu verstecken, zu vergessen, um nicht dauernd in Schwierigkeiten zu kommen“ (ebd., 89). Dieser Haß richtete sich gleichermaßen gegen die „Eltern, die mich im Stich ließen“, gegen die anderen Kinder, auf die Erzieherinnen, den Hausvater und die Leute und Nachbarn, die „gaffend am Zaun standen, als wären wir im Zoo und zur Besichtigung freigegeben“. Ihre „persönliche Lösung“ dieser Situation war die, sich einen „möglichst perfekten Panzer zuzulegen. Ich versuchte, nichts an mich herankommen zu lassen und gewährte niemandem Einblick in mein Denken und Fühlen. Auf diese Weise suchte ich mich vor Verletzungen zu schützen“ (ebd., 89). Rosemarie Kuntzke führt als Grund für das „relativ gute Überstehen“ dieser Zeit im Heim an, daß „glücklicherweise ... (ihre) Hoffnung auf später recht stark und (ihr) Panzer dick genug“ gewesen sei (ebd., 90).

Ihre Erfahrungen zeigen, wie eng die Gefühle von Leid, Haß und Ohnmacht beieinanderliegen. Unterdrückte Aggression, die ohne Objekt und Ziel bleibt, drückt sich in Wut, Ohnmacht und Angst aus; sie kann sich gegen die eigene Person richten. Bewegend ist Rosemarie Kuntzkes Darstellung in der Situation des Ausgeliefertseins und der Verlassenheit, ihrer Gefühle der Leere, der Leblosigkeit und der Zustand des „ewigen Wartens auf später“. Denn das bedeutet, sich nicht abzufinden, sich nicht oder nur zum Schein anzupassen, sich einen „Panzer“ zuzulegen. Dieses von ihr als persönliche Lösung beschriebene Verhalten ist charakteristisch für Kinder und Jugendliche in Anstalten, in denen kein Interesse an der Persönlichkeit und den Gefühlen der Heranwachsenden besteht und diesen folglich auch nicht die nötige Geborgenheit und Sicherheit geboten wird. Rosemarie Kuntzke meint, daß ihr Bericht eigener Anstaltserfahrung beileibe nicht der „eines Horrorstücks aus der Historie“ sei, und zweifelt an den „großen Veränderungen in der Heimerziehung“ heute: Die Zustände in den Heimen seien mehr verschwiegen als verändert worden.

Eine Einrichtung für etwa 130 Kinder und Jugendliche in Baden-Württemberg bietet ihren Kindern, Mitarbeitern und Besuchern diese Orientierungshilfe, um sich auf dem Heimgelände zurechtzufinden, welches sich über eine ganze Ortschaft erstreckt und verzweigt.

Langeweile, Inhaltsleere, Warten auf später

Sie vermutet eine „potentielle Kälte" in den Beziehungen von Menschen zu Menschen, wenn – wie im Heim – „die einen zu Gegenständen von Arbeit für die anderen werden" (ebd., 90). Zum Erziehungseinfluß der Anstalt schreibt sie, daß die Verhältnisse, Gegebenheiten und Erfordernisse der Institution „gerade da ... (erziehen), wo keine intentionale Erziehung stattfindet" (ebd., 116). Für ihre Heimerfahrung war bezeichnend „der Charakter des Heimes als *Bewahranstalt;* die *Langeweile,* die *Inhaltsleere*" (ebd., 115). Wie also und wozu erzieht diese Langeweile und Inhaltsleere ...?

Disziplin, Regeln und Verbote sollten einen reibungslosen Ablauf des Alltags garantieren. „Wir mußten immer wieder Regeln brechen, wollten wir nicht gänzlich in Passivität und Öde ersticken. Man könnte auch sagen: wir besaßen noch zu viel Spontaneität und Aktivität" (ebd., 97). Regelübertretungen hatten Strafen und Sanktionen zur Folge oder aber: Diffamierungen, das „Herausgreifen Einzelner", „Bloßstellen", „Herunterputzen vor der Gruppe", „Vereinzelungstaktik" also (vgl. ebd., 97ff.). Die Heranwachsenden sind hier nur Objekte von Erziehungsplänen, professioneller Bemühung und einer bestimmten Anstaltsorganisation, die eben auch diese Wirkung „extremer Langeweile" (Goffman 1981, 21) hat.

Die entscheidenden Merkmale einer totalen Institution hat *Goffman* folgendermaßen beschrieben: „Alle Angelegenheiten des Lebens finden an ein und derselben Stelle unter derselben Autorität statt. Die Mitglieder der Institution leben ständig in der unmittelbaren Gesellschaft einer großen Gruppe von Schicksalsgenossen, wobei alle nahezu die gleiche Behandlung erfahren. Alle Tagesabläufe sind geplant und vollziehen sich nach einem System formaler Regeln und der Vorschrift von

„Funktionären". Die Handhabung menschlicher Bedürfnisse durch die Organisation ganzer Gruppen von Menschen ist das zentrale Faktum totaler Institutionen.

Folge dieser Programmierung fast aller Lebensabläufe ist die Entziehung jeglicher Handlungsinitiative. Die totale Anstalt zeigt sich als umfassend, hierarchisch, autoritär und anonym; sie fördert eine *falsche Anpassungshaltung, Realitätsverlust und Depersonalisation* (vgl. Colla 1981, 55). Ein weiteres wesentliches Merkmal dieser Anstalt ist ihr *abgegrenzter Bereich* und der *beschränkte Kontakt der Insassen mit der Außenwelt.* Symbole ihrer umfassenden und eingeschlossenen Welt sind die Beschaffenheit der Gebäude, Mauern, Fenster, Türen, Schlösser, Sprechanlagen, eigene Freizeitanlagen und Gruppenbezeichnungen – „die Zwei", „auf der Drei" –, sind die Stadtrandlage und die fehlende soziale und architektonische Integration in den Stadtteil oder das Gebiet.

Ein Autoritätssystem – Goffman (1981, 48) unterscheidet die Personalklasse und die Insassenklasse – verschafft sich durch die Hausordnung, Strafen, ein Privilegiensystem und durch Diffamierungen mittels einer „sozialen Typologie" – „Kriecher", „Drückeberger", „Petzer" etc. – Geltung und läßt allein die Anpassung an die gegebenen Bedingungen, nicht aber deren Veränderung zu. Neben vereinzelten „kollektiven, subversiven Aktionen" gibt es verschiedene individuelle Möglichkeiten, sich mit diesen Bedingungen zu arrangieren. Ein „Rückzug aus der Situation" – „Stumpfsinn" – ist häufig zu beobachten; dagegen ist ein „kompromißloser Standpunkt", der zur offenen Konfrontation mit der Anstalt führt, meist nicht lange durchzuhalten. Eine andere Anpassungsform ist die „Kolonisierung". In diesem Fall nimmt der Insasse den Ausschnitt der Welt, den die Anstalt darstellt, für die ganze Realität, paßt sich *in* der Anstalt bestens an und versucht, „das Beste draus zu machen". Als vierte Anpassungsstrategie nennt Goffman die „Konversion", bei der sich der Insasse offenbar das amtliche Urteil über seine Person zu eigen macht und versucht, die Rolle des perfekten Insassen zu spielen. Häufig findet sich auch die Einstellung des „Ruhig-Blut-Bewahrens", eine Vermeidungsstrategie, mittels derer man Schwierigkeiten aus dem Weg gehen will (ebd., 65–69).

Ein besonderes wichtiges Charakteristikum der Anstaltsunterbringung ist das *veränderte Zeitgefühl,* nämlich das auch von Rosemarie Kuntzke erwähnte „Gefühl, daß die in der Anstalt verbrachte Zeit *verlorene, vergeudete und nicht gelebte Zeit* sei"; diese müsse „durchgestanden", „abgesessen" oder „hinter sich gebracht" werden. Dieses Gefühl der *toten und bleischweren Zeit* (ebd., 71f.) führt zu kollektiven Ablenkungsbeschäftigungen, zu privaten Phantasien, Träumen und Ersatzbefriedigungen wie Glücksspielen, promiskuitiver Sexualität, Drogen und Alkohol. „Jede totale Institution kann man mit einem toten Meer vergleichen, in dem es einige wenige Inseln lebendiger, fesselnder Aktivität gibt" (ebd., 73).

Die Unterbringung zielt auf Erziehung und Veränderung der Insassen. Dies wird wenigstens behauptet. Tatsächlich findet selten ein Wandel statt, „und selbst dann, wenn ... (er) eintritt, beinhaltet er oft nicht die vom Personal intendierten Veränderungen" (ebd., 74). Die falsche Anpassungshaltung und der Realitätsverlust der Betroffenen jedoch gipfelt in der *Angst vor der Entlassung* und der Frage: „Werde ich es draußen schaffen?" Nach der Entlassung läßt die Unmöglichkeit, mit der „Welt draußen" fertig zu werden, Erlittenes vergessen und schafft oft sogar Heimweh nach dem beschützenden Bereich der Anstalt, in dem eigene Regeln galten, welche man kannte. Goffman betont neben der Macht der *Stigmatisierung* besonders den Faktor der *Diskulturation.* Diese besteht im Verlust vertrauter Gewohnheiten und in der Unkenntnis der neuen Bedingungen.

Über den Entlassenen schreibt Goffman (1981, 76): „Kurz, er wird feststellen, daß die Entlassung dem Sturz von der obersten Stufe einer kleinen Welt auf die unterste einer größeren Welt gleichkommt."

Rosemarie Kuntzke (1980, 101) beschrieb die Beziehungen in einem verwahrenden Heim, das viele Merkmale der totalen Institution aufwies: Die Kindergruppe sei ein „Terrorzusammenhang" mit strenger Hierarchie und „Hackordnung" gewesen. „Ich denke, das Klima unter uns Kindern war so repressiv und brutal, wie es die äußere Ordnung uns vorgab." Die Jungen standen „über" den Mädchen, die Großen unterdrückten die Kleinen – es gab „Bosse", „Mutterfiguren", „Dienende". Im Rückblick hält Rosemarie Kuntzke diese Beziehungen unter den Kindern für „verhängnisvoller als alles andere" (ebd., 102).

Die „Nichtbeziehungen" zu den Erziehern ...

Auch die Beziehung zu den Erzieherinnen sei „ohnehin normalerweise gekennzeichnet durch *Nichtbeziehung*" gewesen. Die Kinder waren lediglich „Objekte von Arbeit; Vertrauen war nicht möglich, denn persönliche Mitteilungen seien ausgetratscht worden: es war uns klar, daß das über uns gesammelte Wissen sozusagen im pädagogischen Prozeß wieder gegen uns verwendet werden konnte" (ebd., 103). Das Verhältnis zu den Eltern wandelte sich von einer anfänglichen Glorifizierung allmählich zum Haß: „Es waren meine eigenen Eltern, die mich in diese mißliche Lage gebracht hatten, niemand sonst" (ebd., 105).

„Wir hatten kein Bewußtsein von uns selbst und hatten keine Veranlassung, Vertrauen in unsere Umgebung zu setzen. Wir existierten nur in bezug auf etwas. Wir waren nur gewohnt zu funktionieren. Uns selbst kannten wir nicht. Wir waren als Persönlichkeit sozusagen überhaupt nicht vorhanden. Reaktionen auf unsere Person waren in überwiegendem Maße in negativer Form erfolgt. Zumindest im Heim waren wir von niemandem ernstgenommen worden, niemandem etwas wert gewesen. Das Gefühl, angenommen und geborgen zu sein, war uns fremd.

...

Uns war klar, daß wir auf uns selbst gestellt waren, daß wir allein waren, daß wir unsere Stärke aus uns selbst beziehen mußten, auch wenn jede von uns mehr oder weniger lang andauernde Anfälle von Selbsttäuschungen hatte. Wir leisteten uns nicht, unsere Schwäche zu zeigen, bauten vielmehr einen Panzer um uns auf.

...

Was ging es andere an, wie wir dachten, fühlten und wer wir waren? Was gingen uns die anderen an? Jeder mußte für sich selbst sehen, wie er klarkam. Ich setzte damals meinen ganzen Ehrgeiz darein, undurchschaubar zu sein, alles allein zu können, auf niemanden angewiesen zu sein, von niemandem abhängig zu sein. Ich wollte mich nie mehr verletzen lassen.

...

Ich lief mit einer totalen Maske herum und war stolz darauf, wenn das registriert wurde. Ich versuchte die Überlegene zu spielen, die Rationale. Ich ließ keine mögliche Nähe zu, obwohl ich sie suchte. Ich denke, daß ich mir auf diese Weise viele Kontakte selbst verbaute und mir dadurch der Weg heraus aus der Isolation lange Zeit versperrt blieb" (Rosemarie Kuntzke 1980, 111f.).

Dressur und Anpassung

Beispiele repressiver Erziehung und skandalöser Verhältnisse in der Heimerziehung gelangten nur gelegentlich in die Öffentlichkeit.

„Ich wurde wach, als die Rolladen hochrasselten. Die Nonne Vera befahl ‚Aufstehen!' Also standen wir auf. Sie befahl ‚Marsch, in den Waschraum!' Also gingen wir in den Waschraum. Sie befahl ‚Zieht euch an, aber ordentlich!' Also zogen wir uns ordentlich an. Sie befahl ‚Ab, in den Tagesraum!' Also gingen wir in den Tagesraum. Sie befahl ‚Hinsetzen!' Also setzten wir uns hin. Sie fing nun an zu beten. Das war auch ein Befehl, also beteten wir mit. ... Wir versprachen Gott, den ganzen Tag über dem Personal zu gehorchen" (Alexander Homes 1981, 18).

Solche Verhältnisse wurden im Zuge der Heimkampagne heftig kritisiert: „Erziehung zum Sozialverhalten bedeutet für das Heimkind Dressur" (Roth 1973, 48). Der Anpassungsdruck könne höchstens eine Scheinanpassung, nicht aber die Entwicklung von Kritikfähigkeit bewirken. Kinder in Heimen seien hier nur *Objekte von Versorgungsprozessen.* Und darin besteht ein „Widerspruch der Heimerziehung: daß die Kinderpflege, deren zweckrationale Struktur die Homogenität von Bedürfnissen voraussetzt, zugleich die Aufgaben der affektiven Beziehung erfüllen soll, die nur individuiert möglich ist" (Eckensberger 1973, 88).
Vor dem Hintergrund viel zu großer Gruppen in den Heimen – damals zwischen 25 und 60 Kindern pro Gruppe –, strengen Erziehungsdrills und einer Vermassung aller Lebensabläufe prägte Andreas Mehringer in den Nachkriegsjahren die „familienanalog" gegliederte Gruppe und kämpfte als Direktor des Münchener Waisenhauses als erster für die Durchsetzung des *Familienprinzips* in der Heimerziehung. Mehringer berief sich auf seine eigenen Internatserfahrungen und verwies darauf, daß das damals erlebte „Gefühl der Verlassenheit" das Schlimmste an seiner Fremdunterbringung gewesen sei (Mehringer 1976, 9). Nach seiner Überzeugung leiden die Kinder in Heimen vor allem unter *„mangelnder Nestwärme"*. Die „Wirkweise der Wohnstube" und das persönliche Bejahtwerden des einzelnen Kindes fehle. Mehringer forderte deshalb „die eigenen vier Wände" für jeweils eine kleine, alters- und geschlechtsgemischte Kindergruppe. Ein Vorteil dieses Systems besteht darin, daß die Kinder in den nach dem Familienprinzip strukturierten Heimen fortan nicht länger mehrmals die Altersgruppe wechseln müssen. Mehringer versprach sich auch eine geringere Konkurrenz der Kinder untereinander als in der gleichaltrigen Gruppe, mehr Geborgenheit und Stetigkeit sowie eine größere Natürlichkeit der Beziehungen, z. B. durch die koedukative Erziehungsform. „Ein natürliches Spiel der Kräfte macht die Atmosphäre in sich lebendig – und zugleich ruhiger". Die familiengegliederte Gruppe sollte es auch ermöglichen, daß Erziehung „wie in der natürlichen Familie fast wie nebenbei" stattfinden kann und an die Stelle des dauernden Erzogenwerdens ein wirkliches Zusammenleben tritt (ebd., 64).

Zur Rechtfertigung des Familienprinzips in der Heimerziehung und bezugnehmend auf die Kritik der isolierten, engen Kleinfamilie schrieb Mehringer später: Kinder in Heimen „leiden nicht unter zu viel Nähe, sondern unter zu wenig Nähe, an ihrer Heimatlosigkeit" (ebd., 61). Die Kinder würden sich in der Anstalt selten „mit ihrer Seele zu Hause" fühlen: das Familienprinzip dagegen ermögliche ein höheres Maß an Kontinuität, Flexibilität und die „Möglichkeit organischen Wachsens ohne Brüche" (ebd., 61).

Inzwischen hat sich das Prinzip der altersgemischten Gruppe in sehr vielen Heimen durchgesetzt, der Ursprungsgedanke des Familienprinzips aber muß als gescheitert gelten. Zwar wurde manchmal eine größere Kontinuität der Beziehungen der Kinder untereinander – durch den verlängerten Zeitraum des Zusammenlebens – erreicht, nicht aber der Beziehungen zum Erziehungspersonal. Zwar ist die Erfahrungswelt in der überschaubaren heterogenen Gruppe für das Kind kleiner, schafft mehr Emotionalität und ein geringeres Maß an „Fremdheit", die Organisationsprinzipien der Heime aber sind im Groben davon wenig beeinflußt worden. *Eine wirklich familiengerechte Erziehung im Heim ist schlicht unmöglich.* Auch eine „Familiengruppe" im Heim muß sich den heimeigenen Normen, Regelungen und organisatorischen Prinzipien fügen. Das Stigma, „Heimkind" zu sein, wird durch die heiminterne Gruppenstruktur nicht berührt. Auch die alters- und geschlechtsgemischte Gruppe kommt ohne ein hohes Maß an „gleichmachender Gerechtigkeit" nicht aus. Die meist streng hierarchische Gliederung des Heimes mit der Konzentration fast aller Ordnungs-, Regelungs- und Kontrollfunktionen beim Heimleiter bleibt weiterhin Realität (vgl. auch Sauer 1979, 89f.).

Das Scheitern des Familienideals in der Heimwirklichkeit beruht aber in erster Linie auf der Tatsache, daß der Erzieher im Heim seine Arbeitskraft genau wie andere auch gegen Lohn verkauft und den Marktgesetzen unseres Gesellschaftssystems unterliegt. Schichtdienst, die Trennung von Privatleben und der Arbeitsstelle und die fast allerorts große Fluktuation der Erzieher lassen keine familienähnlichen Beziehungen der Kinder zu den Erwachsenen als Elternersatz entstehen.

Die Isolation des Heimes

Ehe wir nun auf reedukative und therapeutische Chancen der Heimerziehung eingehen, wollen wir noch einmal das wichtigste Problem der Heimsituation neben der Stigmatisierung und der dazugehörigen „self-fulfilling-prophecy" (sich selbst erfüllende Prophezeiung) aufgreifen: die *Isolation* des Heimes von der Gesellschaft und als Welt mit eigenen Gesetzen. Dieses Problem der totalen Institution kann heute kein Heim ganz lösen. Es gibt aber erhebliche Unterschiede im Umgang mit der Frage der Isolation. *Denn ein wirklich gutes Heim darf nicht „zu öffentlich" und nicht „zu privat" sein!* Die Bedeutung der Beziehungen zur Umwelt, zum Stadtteil der Einrichtung kann gar nicht überschätzt werden. Die Kontakte des Kindes zur Außenwelt sollten vielfältig sein; die Aufgabe des Heimes und der Erzieher(innen) muß es in diesem Zusammenhang sein, solche Kontakte zu ermöglichen, positiven Einfluß auf die Art dieser Außenbeziehungen zu nehmen und hierbei insbesondere bestehende Vorurteile und Barrieren der Umwelt abbauen zu helfen. Die Isolation des Kindes im Heim nämlich birgt die Gefahr der „Uniformierung von seelischen und geistigen Eigenschaften" (Jonas 1976, S. 52), auf jeden Fall aber die erhöhte Wahrscheinlichkeit des sozialen Scheiterns nach der Entlassung.

Milieuverbundene Heimerziehung und soziale Integration

Milieuverbundene Heimerziehung (vgl. Colla 1981, 24) geht von folgender Erkenntnis aus: Die von Kindern in Heimen erlebten Realitätsebenen umfassen einmal die tatsächliche Realität des Heimes und zum anderen das phantasierte Herkunftsmilieu. Heimerziehung sollte deshalb das Kind oder den Jugendlichen nicht von seinem vertrauten *sozialen Ort* trennen, sondern die Rückkehr nach Hause im Auge behalten. In diesem Fall bleibt das Heim Episode im Leben des Heranwachsenden und dient der vorübergehenden Entlastung und Hilfe.

Das Kind und sein sozialer Ort. Kinderzeichnung.

In der Regel aber setzt Heimerziehung nach wie vor gerade auf die Trennung vom Elternhaus und verspricht sich Erziehungserfolge da, wo das Herkunftsmilieu weit entfernt ist. Nicht für alle Kinder aber ist eine solche Trennung und Loslösung aus all ihren bisherigen sozialen Bezügen nötig. Für viele ist der Heimaufenthalt ja nur „Episode", zeitlich begrenzt und bereitet sie dann nicht sinnvoll auf die Rückkehr ins Herkunftsmilieu vor, wenn das Heim „eine künstliche Welt" – weit außerhalb und mit eigenen Gesetzen – darstellt.

Als Bedingungen einer milieunahen Heimerziehung nannte eine Gruppe Hamburger Pädagogen

1. den *Verbleib der Kinder im Ursprungsmilieu,* um bestehende Bindungen unter erzieherischer Mithilfe positiver gestalten zu können;

2. die *räumliche Nähe des Heims zu den Elternhäusern,* um wirkliche Elternarbeit zu leisten;
3. die *Integration des Heimes in den Stadtteil.* Damit soll eine Öffnung der Einrichtung für die Umgebung und ein lebendiges Zusammenleben mit den Nachbarn und Anwohnern erreicht werden (vgl. Heins-Rueß u. a. 1980, 5).

Aber auch für Heime, bei denen Kinder nicht im Herkunftsmilieu bleiben, muß die soziale Integration eine bedeutende Aufgabe sein. Häufig jedoch bieten die Heime „alles, was das Kind braucht“: Gruppe, Schule, Turnhalle, Freizeitmöglichkeiten, Werkstätte etc. etc. Geographisch abseits gelegen, am Stadtrand oder in ländlicher Gegend, fördern solche Einrichtungen die soziale Isolation der Kinder. Die Teilnahme am alltäglichen Leben in Wohngebieten, der Austausch mit anderen (Familien-)Kindern, das Kennenlernen anderer Berufsgruppen (als der im Heim) – meist ist dies den Kindern unmöglich. Zwar veranstalten manche Heime sogenannte „Tage der offenen Tür“, doch was hilft schon *ein* solcher Tag im Jahr?

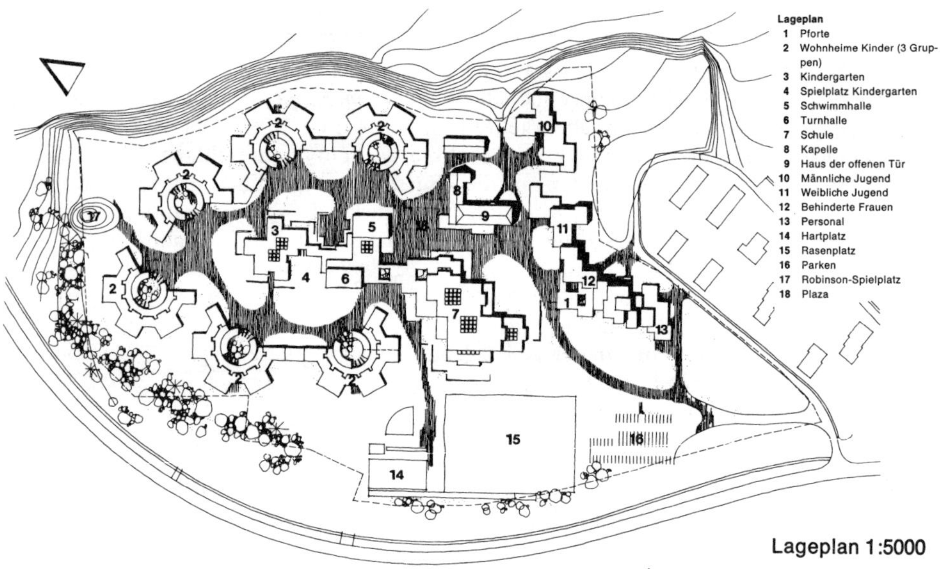

Konzeption eines nach „modernen“ Gesichtspunkten gebauten Großheimes: Das „Kinderdorf“ in Liebenau bei Tettnang – eine komplette Welt für sich.

Heilpädagogik und Therapie im Heim

Ein entscheidender Vorteil des Heimes gegenüber der Familie kann unter Umständen das Vorhandensein verschiedener Beziehungspersonen sein, falls diese tatsächlich echte Beziehungen anbieten. In diesem Sinn kann Heimerziehung eine *„menschliche Landschaft“* darstellen, die dem Minderjährigen die Wahl und Entscheidung beläßt, bei welchem Erzieher oder welcher Person er sich zu welcher Zeit am wohlsten fühlt. Die im Vergleich zur heutigen Kleinfamilie komplizierte Beziehungsstruktur des Heimes bewirkt dann, daß „der Nachteil des künstlichen Ganzen eines Heimes zu seinem Vorteil“ wird (Jonas 1976, 228) – nämlich dort, wo dem Heranwachsenden eine freie Identifikationswahl bleibt.

Auch bietet das Kinder- und Jugendheim die Chance, einen bewußt hergestellten Lern- und Erfahrungsraum zu schaffen. Diese Kontrolle der pädagogischen Einflüsse birgt zwar wieder die Gefahr der totalen Bemächtigung, aber gleichzeitig auch die Chance gezielt pädagogischen oder therapeutischen Eingreifens. Heimerziehung ist dort pädagogisch berechtigt und vertretbar, wo sie nicht als disziplinierendes Instrument mit Strafcharakter wirkt, die Wahrung von Intimität und Privatheit garantiert, gleichzeitig Lernprozesse in Gruppen und echte soziale Integration möglich macht. All dies muß von einem hohen Maß an Fremd- und Selbstkontrolle der Institution begleitet sein. Dann kann die Anstaltserziehung ihren befürchteten totalen Charakter verlieren und sich an den Bedürfnissen der Minderjährigen orientieren.

Die Heimkritik der 70er Jahre und die Tendenz zur Pflegefamilie führten dazu, daß in Heimen verstärkt Kinder mit erheblichen Verhaltensstörungen zurückblieben, die sonst keiner wollte. Fortschrittlich denkende Pädagogen reagierten darauf mit neuen Konzeptionen und Modellen, wie sie beispielsweise 1976 in der Zeitschrift „betrifft: erziehung“ gleich mehrfach dargestellt wurden.

Unter anderem am Beispiel des städtischen Kinderheims Dortmund-Brüninghausen wurde gezeigt, wie sich der konzeptionelle Wandel *vom Kinderheim zum heilpädagogischen Heim* vollziehen kann: über die Reduzierung der Gruppengröße, über bauliche Veränderungen, die Anstellung von Fachkräften und Weiterbildung, über echte Zusammenarbeit aller Beteiligten und die Einrichtung sogenannter Erziehungswohngruppen. Der dortige „Stufenplan“ beinhaltet zunächst das „Stammheim“ als diagnostisches und therapeutisches Zentrum für Untersuchung, Behandlung und kurzfristige Unterbringung. Die „zweite Stufe“ der *Erziehungswohngruppe* ersetzt das herkömmliche Heim. In einem Einfamilienhaus leben ein Erzieherehepaar oder zwei Erzieher(innen), eine Wirtschaftshilfe und maximal 6 Kinder bzw. Jugendliche. Als „dritte Stufe“ gilt die *Gruppenwohnung,* in der drei Jugendliche zur Vorbereitung der Selbständigkeit zusammenwohnen. Auch nach der Heimentlassung soll ein *Besuchskontakt* zu Heim und Gruppe bestehen bleiben.

Natürlich muß eine solche zunächst formale Konzeption erst mit Leben – d.h. mit Auseinandersetzungen, Sympathien, Beziehungen – gefüllt werden: aber das ist möglich!

Besonders hervorheben möchten wir bei dieser Konzeption die Idee, in jeder Gruppe *Erzieher* einzusetzen, *deren Partner einem Beruf außerhalb des Heimes nachgehen.* Den Dortmunder Pädagogen war nämlich aufgefallen, daß ihre Kinder praktisch nur den Beruf des Erziehers kennenlernten und dessen Tätigkeit oft noch nicht einmal als „Arbeit“ erlebten! In diesem heilpädagogischen Heim ist auch von Therapieplanung und Beratung der Erzieher durch „Fachdienste“, von Selbständigkeitserziehung der Kinder – Beteiligung an hauswirtschaftlichen Arbeiten, kleinen Einkäufen, Essenspläne, Bekleidungseinkäufen – und von der Notwendigkeit sozialer (Außen-)Kontakte die Rede. Denn Heimkinder verstärken oft ihre Verhaltensstörungen gegenseitig.

Doch interessant ist, daß die „Heimdifferenzierung“ auch in dieser Einrichtung nicht die Berufszufriedenheit der Erzieher förderte – im Gegenteil: Durch die Vielzahl von Personen wurden Absprachen immer problematischer, der Schichtdienst machte unzufrieden; auch reagierten die Kinder auf die nun häufiger wechselnden Kontaktpersonen mit verstärkten Verhaltensauffälligkeiten.

Welche Entwicklung aber sehen wir heute? Die Zeitschrift „Sozialmagazin" veröffentlichte 1984 (Heft 8) folgenden Artikel, der aktuelle Tendenzen beschreibt:

BAYERN

Verelendung der Heimerziehung

Im Jahre 1966 wurden in Bayern Heimrichtlinien erlassen, in denen eine Gruppengröße von 12 bis 15 und eine Betreuung durch eine sozialpädagogische Fachkraft und möglichst eine Hilfskraft vorgeschrieben sind. Diese Heimrichtlinien wurden mit den Jahren immer differenzierter und mit ihnen die Heime. Doch damit ist jetzt leider Schluß.

In einer gemeinsamen Sitzung haben der Vorstand und der Hauptausschuß des Landkreisverbandes Bayern folgenden Beschluß gefaßt: „Die Heimrichtlinien von 1966 sind kostenneutral fortzuschreiben. ... Die bisher durch die Heimaufsicht veranlaßte Umstellung der Heime auf die Richtlinienänderung ist sofort rückgängig zu machen, damit Personalverringerungen und Kostensenkungen verwirklicht werden.

Das Spezialisierungsprinzip des Heimdifferenzierungsprogramms ist aufzuheben. ... Die Änderungsvorstellungen zu den Heimrichtlinien von 1966 enthalten überzogene Forderungen in räumlicher und personeller Hinsicht.

Die weitere Spezialisierung der Heime führt zur Bildung kleiner Gruppen, größerem Personaleinsatz und damit zu weiterer Verteuerung. ... In Spezialeinrichtungen besteht wegen des dort versammelten Elends keine gute therapeutische Atmosphäre. ... Heimunterbringungen (sind) auf unabweisbare Fälle (zu) beschränken. ... Vor Inanspruchnahme von Heimen sind deren Leistungsangebote im Verhältnis zum Preis (Pflegesatz) sorgfältig zu prüfen. Bei der Belegung von Kleineinrichtungen (Wohngemeinschaften) ist Vorsicht geboten. ... Die Schaffung von Pflegestellen erspart Kindern die Heimunterbringung. Die Erziehungsfähigkeit der Eltern ist zu wecken und zu fördern ..."

Soweit die wichtigsten Passagen aus dem Abschnitt über „Jugendhilfe". Sollte dies wahr werden und daran besteht leider kein Zweifel, wird wieder alles wie 1966: Ein Sozialpädagoge – eventuell unterstützt von einer Hilfskraft – muß 12 bis 15 Kinder beaufsichtigen, denn zu mehr ist er bei dieser Gruppengröße nicht in der Lage.

Auch wenn man der zunehmenden Spezialisierung der Heime in den 70er Jahren kritisch gegenübersteht, ist die Forderung nach Durchschnittsheimen für alle Kinder und Jugendlichen fachlich unsinnig, wie der Landesverband katholischer Einrichtungen der Heim- und Heilpädagogik in Bayern in seiner Kritik schreibt. Der Hinweis auf das in diesen Heimen „versammelte Elend" wird von den Trägern solcher Heime als blanker Zynismus gewertet, denn schließlich ist der Landkreisverband Bayern für die Einweisung zuständig.

Nach diesen Beschlüssen des Landkreisverbandes Bayern sieht die Zukunft bayerischer Heime düster aus: es gibt nur Durchschnittsheime, in denen Zucht und Ordnung herrschen, und wer sich nicht fügt, kommt in die Kinder- und Jugendpsychiatrie.

Jonas (1976, 43) forderte ein „lustbetontes Milieu", damit Heimerziehung versäumte Erziehungsprozesse nachholen kann und Defizite ausgleichen hilft. Er meint, daß die „Reedukation" von Kindern mit zwei seelischen Elementen zu tun habe: mit *Verzicht* und *Übernahme*. Denn das Kind bringt in das Heim mehr oder minder fixierte Erfahrungen mit und ist gezwungen, sich auf neue Lebensbedingungen mit teils veränderten Normen einzulassen. Es ist von ganz entscheidender

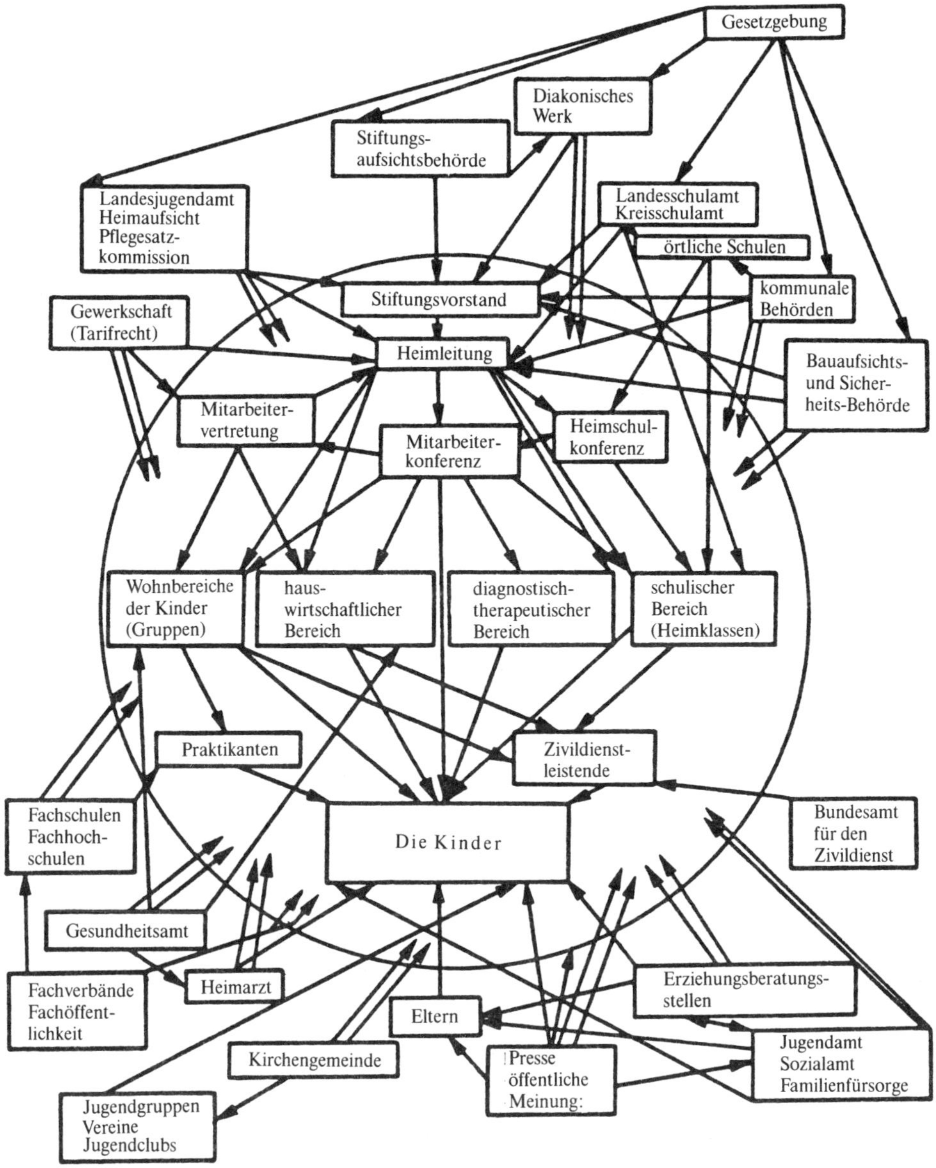

In diesem Geflecht von Entscheidungsnotwendigkeit, Entscheidungsfreiheit und Entscheidungsbeeinflussung müssen sich letztlich alle Beteiligten zurechtfinden. Da, wo dies nicht gewährleistet ist, kommt es zu Interessenkollisionen.

Dies ist keine Karikatur, sondern ein Schaubild aus einem Fachbuch (Asmussen u. a. 1981, 9). Das für uns eigentlich Deprimierende an dieser Darstellung ist nicht, daß die bemühten Kollegen und Autoren die Erzieher als Beziehungspersonen der Kinder einfach gänzlich vergaßen, sondern daß ansonsten alle Personen, Stellen und Pfeile gerichteter Entscheidungen tatsächlich ihre Berechtigung haben. Das heißt: Das Chaos ist Realität. Natürlich stimmt erst recht nachdenklich, daß *von den Kindern gar keine Pfeile ausgehen.* Dies läßt vermuten, was die Verfasser von kindlicher Autonomie und Selbstbestimmung halten; oder doch wenigstens, wie es in der Heimpraxis ausschaut, aus welcher sie ihre Erfahrungen und Reflexionen beziehen!

Bedeutung, ob der Heranwachsende aus eigener Überzeugung auf Altes verzichtet, um Neues anzunehmen, oder ob er dazu gezwungen wird! Ein „reedukatives Heim ist ein institutionelles Reizsystem" (ebd., 54), das durch Reize, Angebote und Aufforderungen den freiwilligen Verzicht des Heranwachsenden auf unerwünschtes Verhalten bewirken will. Es geht also auch sehr wohl um erhebliche Einflußmöglichkeiten der Pädagogen; diese aber sollen der Entfaltung und den Bedürfnissen der Jugendlichen dienen und nicht Internierungszwecken. Den größten Reiz- und Aufforderungscharakter bilden nach unserer Ansicht stets Lebenszusammenhänge, welche die Heranwachsenden selbst und mit echter Mitbestimmung aktiv werden lassen. So sind auch die Nachteile der Administration dadurch aufzufangen, daß die Betroffenen über die Vorgänge von Anschaffungen, Arbeitseinteilung, Einkäufen, geplanten Aktivitäten etc. bestens informiert und dadurch selbst beteiligt sind. Dann braucht auch nichts verheimlicht zu werden und in den Akten steht nichts über die Kinder, was sie nicht selbst wüßten (vgl. Bettelheim 1979, 251).

Heimerziehung heute könnte also Interimshilfe oder längerfristige Hilfe sein. Auch ist denkbar, daß sie nur begleitend als Familienersatz oder -hilfe fungiert, also einen gleichermaßen stationären wie ambulanten Dienst anbietet.

Die Heimkampagne und ihre Reformbewegung forderten vor mehr als 15 Jahren eine Demokratisierung der Heimerziehung, mehr Elternberatung, bessere Ausbildung der Erzieher und Spezialkräfte, eine Verbesserung der räumlichen Verhältnisse, mehr Öffentlichkeit und Transparenz sowie den Ausbau ambulanter Jugendhilfemaßnahmen. Nach dieser „Heimrevolte" aber war schon 1976 „eine Rückentwicklung in allen Bereichen festzustellen. Neue Konzepte ... werden wieder ausgetrocknet. Die knappen Haushaltsmittel der Träger sind als Alibi allemal gut, um fortschrittliche Entwicklungen in den Heimen zu stoppen" (b:e 11/1976, 33). So einfach ist das also! Zurückgehende Geburtenziffern und die öffentliche Kritik an den Heimen haben zum weitgehenden Ausbau von Pflegekinderdiensten geführt; durch das Zögern bei Heimeinweisungen entstand (aber) eine nach fiskalischen Grundsätzen nicht tragbare *Heimleere:* Heimbelegungen geschehen vielerorts verstärkt nach Effizienzgesichtspunkten: *„Dreht euch nicht um, der Kinderklau geht um"* (Sozialmagazin 7/8/1980, 10).

- Zu begrüßen ist, daß dieses Heim solche Statistiken überhaupt veröffentlicht – das ist nicht selbstverständlich.
- Auffällig ist der hohe Prozentsatz Jugendlicher im Alter von 13 bis 18 Jahren in dieser Einrichtung: Dies entspricht der Tendenz: „Kinder in Ersatzfamilien und Jugendliche in's Heim" und deckt sich mit Zahlen aus anderen Bundesländern.

Eine Einrichtung Baden-Württembergs informiert ihre Freunde, Förderer und Interessenten wie folgt über Statistisches:

Wir sind	ein Dauerkinderheim für 131 Kinder und Jugendliche mit Wohn- und Betreuungsmöglichkeiten zum Abschluß der berufskundlichen Phase.
Statistische Zahlen:	
1. Aufnahmen von Februar 1982 bis April 1983:	insgesamt 38 (16 Mädchen und 22 Jungen)
	Alter: 6–11 Jahre = 6 11–16 „ = 29 16–18 „ = 2 18–21 „ = 1
Unterbringung vor Einweisung:	Herkunftsfamilie = 13 Pflegefamilie = 7 Heim = 21
Entlassungen:	insgesamt 21 (11 Mädchen und 10 Jungen)
Dauer des Heimaufenthaltes:	bis 1 Jahr = 1 bis zu 2 Jahren = 0 bis zu 3 Jahren = 5 bis zu 4 Jahren = 2 bis zu 5 Jahren = 1 5 Jahre u. mehr = 12
Aufenthalt nach dem Verlassen der Kinderheimat:	Herkunftsfamilie = 7 anderes Heim = 3 eigene Wohnung/Zimmer = 11
Altersstruktur:	Zur Zeit leben in den Wohngruppen des Heimes 121 Kinder und Jugendliche im Alter von 6–10 Jahren = 16 11–13 Jahren = 14 13–15 Jahren = 40 15–18 Jahren = 41 18 und älter = 10

- Besonders aber möchten wir das Augenmerk lenken auf die Fluktuation der Kinder, auf Aufnahmen und Entlassungen: Während eines Jahres gingen 21 Kinder, 38 „Neue“ kamen. Ein Viertel der gesamten Belegung ungefähr scheint hier jährlich zu wechseln: Ein permanentes *„Kommen und Gehen“ als Grunderfahrung im kindlichen Erleben* der Heimsituation.
- Über die Fluktuation des Erziehungspersonals wurden hier keine Angaben gemacht. Warum nicht?

Ein besonderes Gebiet der Heimerziehung repräsentieren *therapeutische Heime,* die nicht allein zusätzliche therapeutische Hilfen bieten, sondern die den Alltag selbst therapeutisch nutzbar machen wollen. Zwar lassen sich nach unserer Überzeugung die Bereiche pädagogischen und therapeutischen Handelns oft sowieso nicht präzise trennen; genau aber getrennt werden können repressive Anstaltserziehung und *therapeutisches Klima.* Das zuletzt gemeinte „Wachstumsmilieu" soll die Ich-Stärkung, die Selbstachtung und das Gefühl der eigenen Zulänglichkeit beim Kind fördern (vgl. Bettelheim 1979, 153 und Kok 1976, 9). Dieses Milieu des Wachstums dient dann ganz und gar nicht der Anpassung und erzwungenen Leistung, sondern erfordert eine „gute Pflege" sowohl der Person des Heranwachsenden wie seiner Umgebung. Geborgenheit ist stets nur möglich, wo ein mögliches Interesse an den Bedürfnissen und Möglichkeiten des Kindes besteht. Deshalb setzt eine „heilende" Atmosphäre zunächst das „Da-sein" und „Sich-zur-Verfügung-stellen" der Erzieher für das Kind voraus: Verständnis, Toleranz, Akzeptieren und die sichere Hoffnung auf die Bewältigung der bestehenden Probleme. Die wesentlichen Bestandteile dieses therapeutischen Klimas müssen demnach sein: der Schutz vor „traumatisierender Behandlung", das Gewähren von Befriedigungen durch die Planung von Freizeitbeschäftigung, durch Symptomtoleranz und Raum für Regression. Die „liebevolle Zuwendung der Erwachsenen ... muß absolut von jeder Überlegung getrennt werden, ob das Kind sie aufgrund seines Verhaltens verdient oder nicht". Schließlich darf das Heim dem „sozialen Geschmacksmuster" des Kindes nicht allzusehr widersprechen (vgl. Redl 1979, 37). Die Gewährleistung einer solchen Erziehung setzt ein hohes Maß an gefühlvoller Teilnahme, an Reflexionsvermögen und Selbsterfahrung seitens der Erwachsenen voraus, wenn diese nicht eigenen Gefühlen – Sympathien oder Abneigung – zuwider und unecht handeln wollen.

Therapie im Alltag – Alltag als Therapie

Bettelheim wies auf die große Bedeutung und Wirkung „normaler Alltagstätigkeiten auf das Individuum" hin (1979, 15) und bewies am Beispiel der von ihm geleiteten „Orthogenic-School", daß Routinehandlungen sehr wohl für die Therapie milieugestörter Kinder und Jugendlicher nutzbar zu machen sind: Und zwar sämtliche alltäglichen Handlungsabläufe und Erlebnisse wie Aufstehen, Schulunterricht, Spiel, Essen, Waschen, Ausruhen, Schlafen, die Erfahrung der Außenwelt oder auch „Zwischenräume" und „Zwischenzeiten" des Sich-selbst-Überlassenseins. „Jeder Zeitpunkt und jede Umgebung haben ihre besonderen therapeutischen Möglichkeiten, die wir uns zunutze machen müssen. Auch hat jede Routinetätigkeit ihre besondere Chance, zum Träger spezifischer Erfahrungen zu werden" (ebd., 76). Das kindliche Verhalten in den verschiedenen Situationen gibt Aufschluß über die zugrundeliegenden Konflikte und bietet gleichzeitig aktuellen Anlaß, frühere Erfahrungen durch neue Erlebnisse zu revidieren und zu korrigieren.

Es ist hier nicht möglich, auch nur einigermaßen vollständig die Grundgedanken darzustellen, die Bettelheim in seinem Buch „Liebe allein genügt nicht" entwickelte. Wir wollen aber immerhin darauf hinweisen, daß es den Anhängern einer therapeutischen Heimerziehung darum geht, den Kindern und Jugendlichen sowohl Bereiche der Autonomie, des eigenen Organisierens und Erkundens als auch solche der Verläßlichkeit, Geborgenheit und sogar Regression zu bieten. Regressives

Verhalten – z. B. „Babysein“ – ist dort ebenso möglich wie der Wunsch nach Unabhängigkeit; die Erzieher und Therapeuten gestehen den Kindern ein „Recht auf vorsoziale Aggressivität“ zu (Röhm 1980, 114): sie bemühen sich um ein Verständnis der Gefühls- und Bedürfnislage der Kinder und suchen mit ihnen nach den Ursachen ihres dissozialen Verhaltens.

„Kinder, durch ihre bisherigen Erfahrungen in verhärtet ungekonnte Aggressionen getrieben, müssen zunächst lernen, daß ihr Verhalten nicht notwendig neue, größere Schwierigkeiten provoziert. Indem sie ihre verletzte und geschädigte Identität ausleben können, finden sie die Freiheit, für Alternativen zugänglich zu werden. Solchem Ausleben sind Grenzen gesetzt, z. B. in minimalen Spielregeln des Umgangs in der Gruppe“ (Thiersch 1977, 21).

Ein solches pädagogisches und therapeutisches *Modell sanktionsloser Aggressionen* arbeitet weitgehend ohne Zwang; es erleichtert vielmehr das Aufspüren früherer Zwänge und ermöglicht die Einsicht in Zusammenhänge von früher Erlebtem und aktuellen Verhaltenskonflikten. Demnach dient die allmähliche Befreiung von Ängsten immer eine Zeitlang der zunächst ungerichteten Feindseligkeit (vgl. Bettelheim 1979, 95) des Kindes, ehe solche Aggressionen für konstruktive Aufgaben zur Verfügung stehen.

Am Konzept des „therapeutischen Milieus“ wurde vielfach kritisiert, daß eine solche Erziehung und Behandlung enorme finanzielle Aufwendungen für Personal, Ausstattung etc. verursacht und schon allein von daher nicht auf viele Heime übertragbar sei. Hier fragt sich, wer überhaupt ein Interesse an Therapie im Heim haben kann. Eine andere Kritik zielt vornehmlich darauf ab, daß auch dieses therapeutische Milieu des Kinderheims nichts anderes als eine „pädagogische Provinz“ sei und die Heranwachsenden erst recht von den natürlichen sozialen Lebensbedingungen ausschließe (vgl. Autorenkollektiv 1978, 183). Der „Schonraum“ dieses Wachstumsklimas wäre danach nur eine Täuschung über die gesellschaftliche Realität, welcher bei der Entlassung notwendig die Enttäuschung folgen muß.

Öffentliche Erziehung gleich „fremde“ Erziehung?

Ein charakteristisches Grundproblem der Heimerziehung ist der Widerspruch, daß die Einrichtungen im Interesse der Betroffenen gleichzeitig ein hohes Maß an *Öffentlichkeit* und *Privatheit* gewährleisten sollten.

Eine ausreichende Öffentlichkeit kann dem Schutz der Heranwachsenden vor institutioneller Bemächtigung und totaler Unterdrückung dienen, indem sie Mißstände rechtzeitig anprangert und politisiert; auch kann sie die Ausgrenzung und Ferne der Heime von gesellschaftlichen Realitäten weitgehend verhindern und das „soziale Abseits“ vieler Heime durch eine soziale Integration der Einrichtung und der darin lebenden Menschen ersetzen helfen.

Eine ausreichende Privatheit dient gleichermaßen dem Schutz der Betroffenen, welche allenfalls mit großem Widerwillen und unterdrückter Wut die häufigen „Zoobesuche“ über sich ergehen lassen. Rückzugsbereiche, Zwischenräume, das eigene Zimmer, Bereiche von persönlicher Integrität und Intimität anstelle dauernder Zugänglichkeit und Kontrolle sind notwendige Bestandteile kindlicher und jugendlicher Freiheit und Entfaltung. Dieser Schutz der kindlichen Persönlichkeit vor institutioneller und öffentlicher Bemächtigung ist ein zentrales Problem der Heimerziehung. Nur wo eine solche ausreichende Privatheit im Leben der Heranwachsenden möglich ist, bedeutet Sozialisation mehr als Scheinanpassung – nämlich das Hineinwachsen des Einzelnen durch seine Gruppenerfahrungen in die Gemeinschaft.

Die gleichzeitige Forderung nach ausreichender öffentlicher Kritik und nach der Gewährleistung ausreichender Privatheit der Heranwachsenden in den Anstalten stellt die Praktiker und Kritiker der Heimerziehung vor einige Probleme. Die Achtung der betroffenen Kinder und Jugendlichen läßt neben allerhand pragmatischen Vorgehensweisen nur *eine* befriedigende Lösung zu: die *Mitbeteiligung der Betroffenen* in Entscheidungen über sie und ihre Einbeziehung bei solch grundlegenden Fragen nach der Öffentlichkeit und Privatheit ihres Heimes. Jede Form der Selbstverantwortung von Kindern und Jugendlichen setzt dann natürlich bei den erwachsenen Beziehungspersonen ein nötiges Maß an Kritikfähigkeit und Kompetenz voraus. Erzieher müssen bereit sein, allmählich „autokratisches" Verhalten durch demokratisches zu ersetzen (vgl. Jonas 1976, 197).

Flexibilität oder Stabilität?

Ein anderes charakteristisches Grundproblem heutiger Heimerziehung ist der Widerspruch, daß die Einrichtungen – wieder ganz im Interesse der Betroffenen – gleichzeitig ein enormes Maß an *Flexibilität,* was Beziehungsarrangements betrifft, und an *Stabilität,* Verläßlichkeit und Kontinuität in Beziehungen bieten sollten.

Letzteres trifft den wesentlichen Punkt der weitverbreiteten Kritik an Heimunterbringungen: Die Heime ermöglichen Kindern und Jugendlichen nur selten echte Gefühlsbindungen und andauernde Beziehungen zu Erwachsenen. *„Nichtbeziehung"* statt Beziehung nannte Rosemarie Kuntzke ihr Verhältnis zu Erziehern. „Der Widerspruch besteht darin, daß das Arbeitsverhältnis, dessen Prinzip die Vertragsfreiheit ist, die Funktion einer primären Objektbeziehung erfüllen soll, deren Bestimmungsgrund die Bindung (Konstanz) ist" (Eckensberger 1973, 83), so stellte die Theorie fest. Dieser Grundwiderspruch der Erziehertätigkeit ist nur da zu lösen, wo sich Erzieher in hohem Maße persönlich mit ihrer Berufsrolle identifizieren und die Institution dies auch zuläßt. Die Einsicht, daß allein verläßliche, echte Gefühlsbindungen eine gelungene Sozialisation bewirken, hat Kritiker und Reformer traditioneller Heimerziehung stets zu neuen Entwürfen veranlaßt – über Mehringers familienanaloge Heimkonzeption, die SOS-Kinderdorfbewegung (vgl. Sauer 1979, 96ff.) bis hin zu den neueren Modellen der Kinderhäuser, Großpflegestellen oder Kinderwohngruppen (vgl. Kap. 5).

Ist eine solche Stabilität der Beziehungen im Heim schon kaum zu gewährleisten, so ist noch viel weniger eine Flexibilität zu erreichen, die den Heranwachsenden wirklich dient. Die „menschliche Landschaft" des Heimes, von der Jonas sprach, entsteht in der Regel durch Zufälle oder Gesetzmäßigkeiten, die sich meist ganz dem Einfluß der Betroffenen entziehen. Denn die Heranwachsenden suchen sich ihre Erzieher nicht aus, ebensowenig wie ihre Familie oder ihre Pflegefamilie. Besteht die Chance, welche das Angebot einer menschlichen Landschaft bietet, also aus Zufällen oder aber in einem „vorstrukturierten" Lern- und Beziehungsfeld?

Unter Flexibilität in den Beziehungsarrangements verstehen wir hier die Möglichkeit, jeweils nach den Notwendigkeiten der Lebenssituation des Kindes die beste Unterbringungsmöglichkeit zu wählen sowie Veränderungen und Verlegungen vorbereitet und ohne tiefe Brüche stattfinden zu lassen. Die Notwendigkeit, mit den Alternativen der Unterbringung flexibel und doch gewissenhaft umzugehen, ist heute größer denn je. Denn durch den jahrzehntelangen Trend zur Dauerunterbringung in der Ersatzfamilie wurde das Heim immer mehr zur „ultima ratio" – man könnte frei übersetzen: zu der Weisheit letztem Schluß – oder aber zur Interimshilfe.

Nach Berliner Statistiken z. B. befanden sich schon 1974 fast die Hälfte aller in Heimen lebenden Kinder erst seit höchstens eineinhalb Jahren dort; nur etwa jedes 6. Kind lebte schon länger als 5 Jahre im Heim (Augustin/Brocke 1979, 35). Diese Entwicklung hält im Groben an (vgl. auch 3.5); solche Zahlen betonen erneut die Bedeutung von Trennungs-, Wechsel- und Verlegungssituationen. Mit Flexibilität ist also insbesondere der situationsangepaßte Umgang des Heimes mit der Realität und den Bedürfnissen der Heranwachsenden gemeint. Eine intensive Elternarbeit ist demzufolge unerläßlich. Denn entweder bleibt das Heim nur Interimshilfe, also Zwischenlösung, und die Rückkehr in die Herkunftsfamilie ist das Ziel. Oder das Heim wird zum Familienersatz: Dann ist der Elternkontakt meistens gleichwohl sehr wichtig, um eine realistische Verarbeitung vergangener Familienerfahrungen zu gewährleisten. Oder das Heim dient nur der Ablösung vom Elternhaus und es kommt zur Vermittlung in eine Pflegefamilie oder zur Adoption.

3.4 Beziehungen und Bindungen im Heimalltag

Elternkontakte und Elternarbeit: Das Beziehungsdreieck von Kind, Heim und Familie

> *„Ich hatte, als ich anfing, im Heim zu arbeiten, etwas Schwierigkeiten mit den Jugendlichen, weil die aus einem proletarischen Elternhaus kamen und weil die Eltern von den Kindern sehr oft alkoholkrank sind oder waren ...*
>
> *Wir bemühen uns, den Elternkontakt zu halten. Und erst langsam habe ich von den Kindern gelernt, ihre Eltern zu akzeptieren. Wenn halt die Kinder im Heim leben und die Eltern vom Alkohol abhängig sind. ... Und trotzdem haben die sich gerne. ... Ich habe das nicht begriffen, daß Alkoholkonsum bei denen über den eigenen Kindern steht ...*
>
> *Wir haben drei Geschwisterkinder bei uns in der Gruppe, wo die Eltern alkoholkrank sind und im Obdach leben. Denen wurde das Aufenthaltsbestimmungsrecht entzogen und man sagte ihnen, wenn ihr in der Lage seid, vom Alkohol loszukommen, kriegt ihr eure Kinder wieder. ... Und ich habe mich gefragt, warum geht das nicht? Das sind die eigenen leiblichen Kinder. ... Und immer, wenn wir die Eltern bei uns hatten, waren die unheimlich nett und liebevoll zu ihren Kindern. Aber sie können sich halt nicht um die Kinder kümmern, wenn sie trinken ..."* (so die Erzieherin Petra).

Die Bedeutung einer Zusammenarbeit der Heime mit den Herkunftsfamilien und gegebenenfalls mit Pflegefamilien kann überhaupt nicht überschätzt werden, denn meistens gilt: „Das Heim ist *Episode*" (Bonhoeffer 1974, 139). Nur noch bei einer

Minderheit der Kinder in Heimen kann man davon sprechen, daß sie dort über viele Jahre ihrer Kindheit „heimisch" und erzogen werden. Nur in wenigen Fällen ersetzt die Heimerziehung heute gänzlich die primäre Sozialisationsinstanz der Familie. Wesentlich ist, ob das betroffene Kind die oft unvermeidlichen Unterbringungen und Lebensveränderungen als unverarbeitete Brüche in seinem Leben erfährt oder ob es eine Integration und Bewältigung aller Erfahrungen erreicht. Der psychischen Belastbarkeit von Heranwachsenden sind in jedem Fall aber entwicklungsbedingte Grenzen gesetzt. Eine Heimunterbringung im Kleinkindalter beispielsweise oder in den ersten Lebensjahren bedeutet in der Regel für das betroffene Kind einen viel radikaleren Lebensumbruch als die vorübergehende (womöglich freiwillige) Heimunterbringgung eines Jugendlichen. Der von uns verwendete Begriff „radikaler Lebensumbruch" weist schon auf ein wichtiges Bewertungskriterium der Heimerziehung und die Notwendigkeit der Elternarbeit hin: Bedeutet die Heimunterbringung eine Entwurzelung oder nicht? *Entwurzelung* und Orientierungsverlust lassen sich nur dann vermeiden, wenn Kinder, Eltern, Heim und Beratungsinstanzen wie das Jugendamt etc. wirklich zusammenarbeiten.

Bonhoeffer wies darauf hin, daß die Heime bisher meist kaum ernsthaft versucht haben, Elternarbeit zum Nutzen der Kinder zu leisten. Die übliche Elternarbeit könnte das Herkunftsmilieu der Kinder kaum erreichen, geschweige denn in irgendeiner Form beeinflussen. „In Wirklichkeit leben die Kinder in zwei Welten, wovon die eine ständig ausgeklammert wird" (ebd., 139). Und dies, obwohl für viele Kinder die Herkunftsfamilie die eigentliche „Welt mit Perspektive" darstellt. Aber auch bei Kindern, die in Pflegefamilien wechseln oder bei Jugendlichen, für die das Heim nur noch die Vorstufe zur selbständigen Lebensführung ist, muß vom Heim eine mögliche Bereitschaft aufgebracht werden, mit anderen und „außerhalb" lebenden Beziehungspersonen der Kinder zusammenzuarbeiten.

Schon 1925 hat der Schweizer Heilpädagoge Heinrich Hanselmann eine modellhafte Konzeption entwickelt, nach welcher das Heim zum Mittelpunkt von vielen Pflegefamilien in der weiteren Umgebung wird, ein kontinuierlicher Kontakt zwischen Heim und Ersatzfamilie besteht und bei eintretender Notwendigkeit auch eine Rückführung einzelner Kinder möglich ist (Mehringer 1974, 77). Ein solches Modell der Fremdunterbringung könnte noch ergänzt werden durch die Einbeziehung der Herkunftsfamilien und die Zusammenarbeit von Erziehern, Eltern und eventuellen Pflegeeltern. *Nur die Mischung von Elementen herkömmlicher Heim- und Familienerziehung bietet wirklich neue Lösungen für die Betroffenen.* Eine kibbuzähnliche Funktionsteilung etwa in Zuwendung durch die Eltern einerseits und Versorgung durch die Erzieher andererseits klingt zwar erst einmal bloß theoretisch gut; denn emotionale Konflikte der Erwachsenen in der Kindererziehung – Ambivalenzen, Ablehnungen, Überprotektion etc. – machen die alltägliche Praxis schwierig. Warum aber muß der Elternkontakt im Heim ganz abreißen oder zur Farce werden? Und dies, obwohl die leiblichen Eltern ohnehin auch in ihrer Abwesenheit eine wichtige wirksame Realität im Leben des Kindes bleiben: entweder eine wirklich erfahrbare oder nur eine phantasierte.

Wie aber ist zu erreichen, daß dieser geforderte flexible Umgang mit dem Beziehungsangebot der Herkunftsfamilie, der Familienhilfe, des Heimes, der Pflegefamilienunterbringung, von Jugendwohngemeinschaft und Kinderwohngruppe wirklich den Bedürfnissen der Betroffenen dient und nicht zum *Verwirrspiel* wird? Wie kann ein solches Hilfsangebot gewährleisten, „was *alle Kinder brauchen: Liebe und Stetigkeit*" (Mehringer 1974, 78)? Unter welchen realen Bedingungen wirkt sich die „menschliche Landschaft“ öffentlicher Erziehungsangebote auch in dem Sinne menschlich aus, daß sie die Minderjährigen nicht überfordert? Hier gibt es keine Rezepte; und auch handlungsorientierte und kindgerechte Konzeptionen werden nur hier und dort entwickelt. Wünschenswerte Alternativen und Mischformen von Gemeinschafts- und Familienerziehung wollen wir später anhand von Beispielen untersuchen (vgl. Kap. 5).

Kinder- und Jugendheime also sollten im Interesse der Heranwachsenden eine Verbindung des Kindes zu den eigenen Eltern oder auch zu einer späteren Pflegefamilie in der Regel ermöglichen, ohne damit eine permanente Unsicherheit über den künftigen Verbleib – mit Bindungs- und Trennungsängsten – herzustellen. Auf der Grundlage fester Abmachungen sollten diejenigen Kontakte gepflegt werden, die das Kind braucht.

Eine Neuschöpfung der Persönlichkeit gibt es nicht (Jonas)!

Der Einfluß der leiblichen Eltern auf die kindliche Entwicklung bleibt bei jeder beliebigen Form des Elternkontaktes oder Beziehungsabbruchs sehr entscheidend; Heime sollten in dieser Hinsicht ihre Möglichkeiten nicht überschätzen. Denn: „Eine Neuschöpfung der Persönlichkeit eines Kindes gibt es nicht, es gibt vielleicht ein Brechen der Persönlichkeit“ (Jonas 1976, 229). Zu fordern ist also der „Grundsatz, daß das Heim das Kind seiner Familie nicht beraubt, sondern daß die Familie ‚seine‘ Familie bleibt, das Heim aber der Familie hilft, die bestmögliche Zukunft des Kindes zu gestalten“ (ebd., 85).

Nur bei Anwendung dieses Grundsatzes der Elternarbeit bleiben „die Familie und das Heim intakt, baut nicht eines auf die ‚Vernichtung‘ des anderen auf und begrenzt die Aufgabe in eine Teilung von Funktionen“ (ebd., 85). Solche Beziehungen zwischen Heim und Familie lassen sich z. B. auch durch feste Ausflüge, Einbezug der Eltern in pädagogische Entscheidungen oder durch ihre Beteiligung an kleineren Projekten regelrecht „institutionalisieren“ und müssen stets den Charakter der Freiwilligkeit tragen. Die Herkunftsfamilie kann nur auf diese Weise das Gefühl bekommen, nicht völlig aus dem Erziehungsprozeß ausgeschieden zu sein.

Über die Möglichkeiten einer Familie, sich nach der Heimunterbringung des Kindes in kurzer Zeit wesentlich zu ändern – aus eigener Kraft oder durch begleitende oder beratende Hilfen –, darf man sich keine Illusionen machen. Die *„emotionelle Ökonomie“* (ebd., 232) einer Familie ändert sich meist nur sehr allmählich, wenn überhaupt.

Die „Gefühlsfalle“: Ich bin die bessere Mutter!

Die tatsächlichen unmittelbaren Gefühle der Erzieher im Bezug auf die Herkunftsfamilien der Kinder, genauso wie die der Eltern im Bezug auf das Heim und Erzieher, machen die alltägliche Umsetzung dieser Forderung der Zusammenarbeit von Eltern und Heim schwierig. Die Erzieher, welche ja häufig gerade wegen ihrer Beziehungs- und Bindungswünsche diesen Beruf gewählt haben, befinden sich in einer *„Gefühlsfalle“* (Augustin/Brocke 1979, 100) und im Konflikt mit eigenen Interessen. Sie reagieren oft verdeckt oder offen mit Eifersucht, Ablehnung oder

Rivalität auf die leiblichen Eltern der Kinder nach dem Motto: „Ich bin die bessere Mutter!" (Eckensberger 1973, 118ff.). Die Einstellungen der Erzieher zu den Familien der Kinder sind meist voll von Vorurteilen und Verständnislosigkeit dem proletarischen Herkunftsmilieu gegenüber und von dem Wunsch getragen, sich selbst als Mittelschichtangehörige und als die besseren Erziehungspersonen zu präsentieren. Sigrun Schmidt-Traubs umfangreiche Untersuchungen über das Berufsfeld der Erzieher in Berliner Heimen vor über 10 Jahren ergab u. a.: „Von allen Befragten (Erziehern) sind 66% der Meinung, eine Einengung des Elternrechts würde ihre erzieherische Tätigkeit im Heim erleichtern" (Schmidt-Traub 1974, 109)! Die Bereitschaft der Erzieher zur Kooperation mit den Eltern ist also meist sehr begrenzt.

Die Einstellungen der Eltern dem Heim gegenüber sind ebenfalls sehr vielschichtig: „Ein breites Spektrum von Gefühlsschattierungen, die von Schuld, Ambivalenz oder kalter Verwerfung zeugen" (Jonas 1976, 237) ist anzutreffen; zwischen Ablehnung und Kooperationsbereitschaft gibt es jede denkbare Einstellungsnuance.

Um solche *„Bedürfniskonflikte"* zu entschärfen, werden Vermittler und Berater, also unbefangene Dritte, nötig. Jonas schlägt für diese Aufgabe den Sozialarbeiter des Heims vor, welcher die relevanten Probleme im *Beziehungsdreieck von Kind, Heim und Familie* kennt, ohne gleichzeitig emotional zu sehr engagiert zu sein.

Die Einstellung der Kinder in Heimen ihren Eltern gegenüber schwankt erheblich zwischen Idealisierung, realistischer Einschätzung oder radikaler Ablehnung. Häufig zeigt sich jener Zustand der *Gleichgültigkeit* wie wir ihn als Phase der Trennungssequenz bereits beschrieben haben. Da es nicht möglich ist, Schmerz in akuter Intensität dauernd zu ertragen, kommt es zu einer Scheinanpassung an das neue Milieu. Diese Scheinanpassung „wird häufig in dem Sinne interpretiert, als gefalle es (dem Kind) ... im Kinderheim besser als in seiner Familie" (Eckensberger 1973, 65). Dies ist in Wirklichkeit selten der Fall! Besonders bedenklich wirkt sich der Kontakt von Heim und Familie dann aus, wenn der Heranwachsende das Gefühl bekommt, daß das Heim *und* seine Eltern gegen ihn zusammenarbeiten. Die Frage des Elternkontakts betrifft also jede Wechselwirkung im Beziehungsdreieck Kind, Heim, Familie. Zweifellos gibt es in Ausnahmefällen auch solche Eltern-Kind-Beziehungen, denen nahezu alles fehlt, was eine Gefühlsbindung ausmacht. Solche Nichtbeziehungen und Nichtbindungen hat Redl (1979, 58f.) beschrieben: Hier waren und blieben Eltern und Kinder stets Fremde füreinander; der Abbruch des Elternkontaktes wird hier zur Notwendigkeit.

Praxishilfe: Elternkontakt im Heim

Wir wollen einige Vorschläge zur Gestaltung des Elternkontaktes geben. Dieser ist insbesondere deshalb so bedeutsam, weil heute ein hoher Anteil von Kindern und Jugendlichen nur vorübergehend im Heim lebt und für viele die Rückkehr in die Herkunftsfamilie nicht ausgeschlossen ist.

(1) Wer macht die Elternarbeit im Erziehungsheim?

- Oft sind *Sozialarbeiter oder Erziehungsleiter des Heims die Vermittler* zwischen den Gruppenerziehern und den Eltern. Sie können klärend, beratend und oft sachlicher dort Entscheidungshilfen geben, wo sich Erzieher und Eltern rivalisierend, eifersüchtig und zu emotional begegnen.

- Die *unmittelbare Zusammenarbeit zwischen Erziehern und Eltern* ist trotzdem unerläßlich. Gegenseitiges Verständnis, regelmäßiger Austausch über die Entwicklung des Kindes und Gespräche über Erziehungsfragen können dem Kind das Gefühl nehmen, „in's Heim abgeschoben" zu sein, z. B. durch Elternbriefe.
- Auch kann so eine *Rückkehr in die Familie* vorbereitet werden, ohne daß das betroffene Kind/der Jugendliche dies wiederum als belastende Zäsur und Bruch in seinem Leben erfährt.
- Regelmäßig stattfindende *Aussprachen von Erziehern, Eltern, Kind und einem Berater* (Sozialarbeiter, Supervisor o. ä.) helfen auch den Eltern, ihr früheres erzieherisches Verhalten zu überdenken und etwaige Fortschritte in der Entwicklung ihres Kindes im Heim wahrzunehmen und erklärbar zu machen.
- Also *weg von der Konkurrenz,* Rivalität und Mißtrauen – hin zu gegenseitigen Hilfen und Aussprachen.
- Erziehung im Heim muß hinsichtlich der alltäglichen Lebensführung die Orientierungen, Gewohnheiten und *Normen des Herkunftsmilieus* berücksichtigen. Eine typische „Mittelschichterziehung" ist da nicht angebracht, wo der Heranwachsende beispielsweise wieder in seine Arbeiterfamilie zurückkehren soll.

(2) Wie können Kontakte zu Eltern praktisch gestaltet werden?

- Wir alle kennen Anlässe wie *Ferienaufenthalte in der Familie,* wenn Heimleitung und -team oft froh sind, Kinder zeitweilig „untergebracht" zu haben. Solche Ferien, Wochenendbesuche etc. sind viel zu häufig schlecht vorbereitet und bedeuten für das Kind Hin- und Hergeschiebe.
- Eltern können aber auch an *Einladungen zu Kinderfesten, Freizeitabenden oder Ausflügen* teilnehmen und erleben hier eine gelockerte Atmosphäre, die ihnen Anteilnahme an der Entwicklung ihres Kindes und ein unbefangenes Zugehen auf den Erzieher ermöglicht.
- Noch besser geeignet sind *Anlässe, bei denen Eltern selbst eine Feier, ein Treffen, einen Ausflug gestalten* oder doch wenigstens in die Planung einbezogen sind.
- Kinder entwickeln bei zu großer zeitlicher und räumlicher Distanz oft ein idealisiertes Bild ihrer Eltern. Allein deshalb ist es gut, wenn Eltern z. B. mit ihrem Kind regelmäßig ein Hobby pflegen und *wenn das Kind/der Jugendliche die Erzieher und Eltern als gegenseitige Ergänzung und nicht als Konkurrenten erlebt.*
- *Familienhelfer* (vgl. 5.1) könnten den Übergang vom Heim zurück in die Familie vorbereiten und die Nachbetreuung übernehmen.
- Die Elternarbeit darf das Heim nicht der zuständigen Familienfürsorge überlassen. Von *Elternkreisen* in Heimen haben wir noch nichts gehört. Warum eigentlich? Sind denn Eltern stets nur Störer?
- *Gemeinsamkeiten* können betont werden *durch eine aktive und passive Beteiligung* der Eltern am Geschehen im Heim. Eine Reparatur durch einen Vater, Kaffeetrinken im Garten etc. ...

(3) Wo ist der Elternkontakt einzuschränken oder abzubrechen?

- Wo das Verhalten oder z. B. sporadisches „unerwünschtes Auftauchen" der Eltern im Heim den erzieherischen Alltag stören und belasten, z. B. durch bloßes Überhäufen mit Geschenken.
- Wo das Kind nur hin- und hergerissen wird und so die Orientierung verliert, also wo eine Abstimmung zwischen Heim und Eltern mißlingt.
- Wo aufgrund der familiären Situation ein Elternkontakt für das Kind/den Jugendlichen ohnehin nur Gefährdung bedeutet und eine Rückkehr in die Herkunftsfamilie ausgeschlossen ist.

Als *Praxishilfen*

- zum Thema *„Aufnahmeverfahren"* verweisen wir auf die ausgezeichnete Darstellung bei Dalferth: „Erziehung im Jugendheim", S. 80–90;
- zum Thema *„Erziehungsplanung und Verhaltensbeobachtung"* ebenfalls Dalferth, S. 91–125;
- zum Thema *„Team und Leitung im Heim"* auf Augustin/Brocke: „Arbeit im Erziehungsheim", S. 59–97.

Die Erwachsenen im Heim

„Der Alltag streßt schon. Wenn ich nach Hause komme, bin ich oft ganz schön fertig: vor allem, wenn ich mehrere Nachtdienste nacheinander mache. ... Aber widerwillig gehe ich eigentlich nie hin. *Ich bin eigentlich immer gerne da. ... Das liegt sicher auch daran, daß die Kinder mich mögen.* Wir sind für die schon irre wichtig. Wir sind richtig Bezugspersonen für die. Es gibt auch manchmal Streit. ... Es gibt oft Streit, aber trotzdem. ... Ich werde auch oft von den Jugendlichen angemacht, und für manche Mädchen bin ich Vorbild. Und wenn man jünger ist, hat man halt auch einen viel besseren Kontakt zu den Jugendlichen ...

Ich versuche auch, mich immer auf die einzelne Persönlichkeit einzustellen und einzufühlen ..." (Petra, Heimerzieherin)

Asterix' Sohn. Zeichnung von Uderzo.

Wie sehen die Beziehungen zwischen Erziehern und Kindern im Heim aus? Wie sollten sie aussehen? Die Erzieherin Petra, die ihr Verhältnis zu „ihren" Kindern hier als so gut schildert, arbeitet seit etwa 10 Jahren in derselben Gruppe eines großen großstädtischen Heimes: Wechsel in der Kindergruppe und im Erzieherteam hat es kaum gegeben; ihre „Kinder" sind längst alle Jugendliche, einige bereits über 18 Jahre alt, und diese Kinder hat sie über 10 Jahre begleitet. Eine Familie ist zwar nicht daraus geworden, doch sind die Beziehungen sehr „familiär" und persönlich:

„Das sind irgendwie richtig *meine* Kinder. Ich weiß auch so viel über die und die so viel über mich, weil ich die auch an meinem Leben teilnehmen lasse.“ (Petra, Heimerzieherin)

Die häufig diskutierte Frage, worin eigentlich die Aufgabe, Rolle und Funktion des Erziehers im Heim besteht und wie er seinen pädagogischen Ansprüchen genügen kann, beantwortete Bettelheim (1979, 22) klar und einfach:

Der Erzieher soll er selbst sein und sich seinem Alter entsprechend verhalten.

Denn dann haben die Kinder ein „Beispiel zur Verfügung, das sie nachahmen können“. Nur wenn er – der Erzieher – selbst echte Gefühle statt „leerer Gesten des guten Willens“ (ebd., 290) zeigt, spricht er auch die echten Gefühle der Heranwachsenden an. Allein auf diese Weise kann an die Stelle der vordergründigen Anpassung, wie sie Rosemarie Kuntzke aus eigener leidvoller Erfahrung beschrieb, eine wirkliche Auseinandersetzung und eine echte wechselseitige Beziehung zwischen Erwachsenem und Kind treten. „Kein Kind wird versuchen, eine Welt, die äußerst sinnlos erscheint, zu verstehen oder zu bewältigen“ (Bettelheim 1979, 37). Wenn es also gilt, dem Kind dabei zu helfen, daß es seine Erlebniswelt in Ordnung, d. h. in einen sinnvollen Zusammenhang bringen kann, müssen Erwachsene als Vorbilder, als Identifikationsfiguren und Verhaltensmodelle da sein. Dieser bedeutsamen Aufgabe kann sich kein Erwachsener entziehen; denn ob er dies bewußt will oder nicht, er spielt in einem bestimmten Umfang ohnehin diese Rolle für das kindliche Erleben. Wenn – wie im Heim – verschiedene Erwachsene mehrere Kinder betreuen, wird jedes Kind gewöhnlich nach einiger Zeit eine bestimmte Person seiner Gesamtumwelt „in einer elterlichen Rolle“ (ebd., 27) akzeptieren.

Wesentliches Entscheidungsmerkmal im Umgang mit diesem bedeutsamen Erwachsenenmodell ist, daß eine emanzipatorische Erziehung den Kindern wirklich die Freiheit läßt, sich nach den eigenen Gefühlen zu den jeweiligen Erziehern zu verhalten. Eine repressive Erziehung dagegen zwingt den Kindern – und den Erziehern – bestimmte, festgelegte Verhaltensmodelle auf, unterdrückt und bemächtigt sich somit der Bedürfnisse nach Beziehung und benutzt die kindliche Angewiesenheit auf Erwachsenenfiguren zum Zweck der Zwangsanpassung. Weil Emanzipation den Prozeß des „Sich-dem-Zugriff-Entziehens“ meint, besteht also die Aufgabe des Erziehers im Heim darin, *„nicht“ zuzugreifen,* sich *nicht* der kindlichen Wünsche zu bemächtigen und damit die Beziehungen für eigene Zwecke auszunutzen. Vielmehr sollte der Erzieher „er selbst sein“ und die Kinder „sie selbst sein“ lassen. Nur so kann Erziehung nicht Bemächtigung und Unterdrückung sein: dieser Grundsatz gilt für Heim und Familie gleichermaßen.

„Unsere Jugendlichen fühlen sich doch meistens ziemlich frei bei uns in der Gruppe, obwohl sie auch ihre Pflichten haben. ... Täglich, pausenlos gibt es Konflikte, aber das gehört dazu. Es gibt auch einen, der dauernd die Schule schwänzt. Er geht mal hin, eine Woche lang, und dann wieder nicht. Da gibt es immer – jeden Tag – Auseinandersetzungen ...“ (Petra, Heimerzieherin)

Zum Verhältnis Erwachsene–Kinder in der alltäglichen Erziehung meint die Erzieherin Petra kurz und bündig:

> *„Man sagt zwar immer: Die Kinder sollen von uns lernen. Genauso wichtig aber finde ich, daß wir von den Kindern lernen ...“*

Daß sich stets Vorlieben und Sympathien entwickeln, ist hier Selbstverständlichkeit. Kein Mensch erwartet hier, daß jeder Erzieher jedem Kind genauso nah oder fern ist. „Bei uns kriegt auch jeder seinen Gute-Nacht-Kuß, auch wenn er 19 ist. Jeder Jugendliche hat auch seine ganz bestimmte Erzieherin, zu der er auch mit seinen speziellen Problemen gehen kann. Und die erzählt dann auch nichts davon im Team. ... Daß das so gut läuft, liegt sicher auch daran, daß ich nicht so'n Typ bin, der bei Problemen so schnell aufgibt ...“ (Petra). Hier sind gleich mehrere wichtige Einstellungen zur Heimerziehung genannt: die Beziehung zum Kind als etwas Vertrautes zu sehen, über welche im Team oder sonstwo nicht unnötig palavert wird; die Bedeutung von Zärtlichkeit und Berührung als etwas ganz Natürlichem, und der Wille, nicht so schnell aufzugeben, d.h. die Einsicht, daß Verhaltensänderungen oft viel Zeit brauchen.

Konflikte, die sich dann ergeben, scheinen natürlich und entwicklungsbedingt, z.B., wenn es um die sexuelle Anziehung zwischen Erzieherin und Jugendlichen geht:

> *„Den ich jetzt meine, der heißt Udo, 19 Jahre alt, lernt Maler. Ich merke ganz deutlich, daß der auf mich abfährt und pausenlos so Anspielungen macht. Willst du nicht mit ins Bett kommen und so. ... Das stört mich aber weiter nicht. Ich mag ihn, weil ich ihn seit 8 Jahre kenne; insofern ist mir das nicht unangenehm. Ich kann damit auch umgehen und ihm zeigen, daß da die Sympathie bestimmte Grenzen hat ...“* (Petra)

Fast zu schön, um wahr zu sein, werden sich spätestens jetzt manche Praktiker mit leidvollen Erfahrungen sagen. Doch tatsächlich kann Heimerziehung auch so selbstverständlich und gut stattfinden wie hier dargestellt. Sicher sind bestimmte Probleme dagegen kaum zu bewältigen, z.B. das Drogenproblem: „... Die flog dann raus, weil wir dieses Problem nicht wieder in den Griff gekriegt haben. Sie hat gespritzt und die Jüngeren zum Schnüffeln verleitet ...“.

Das Problem der Erzieherfluktuation

Gegen Heimerziehung werden stets zwei Grundprobleme angeführt: Die Fluktuation und der Wechsel von Erziehern und Kindern sowie die „Zerrissenheit“ der Beziehungen infolge des Schichtdienstes.

Dabei sind es überhöhte Berufsideale und institutionelle Zwänge, die mit Berufsunzufriedenheit und dem Drang der Erzieher, sich zu verändern, korrelieren. Völlig zu Recht hat Eckensberger (1973, 80) die große Erzieherfluktuation als „*die* charakteristische Sozialisationsbedingung der Heimerziehung“ bezeichnet. Untersuchungen ergaben beispielsweise, daß es 1975 nur in 8% der Erziehungsgruppen Berliner Heime *keine* Erzieherwechsel während der vergangenen zwei Jahre gegeben hatte. Nach derselben Befragung fanden in 68% aller befragten Erziehungsgruppen im Laufe des letzten Jahres ein oder mehrere Erzieherwechsel statt (Schmidt-Traub 1975, 135)! Die Konstanz der Beziehung zwischen Erzieher und Kind muß also weiter die oberste Forderung an Heimerziehung bleiben: Doch wie ist sie zu erreichen? Auf welche Weise kann der Arbeitsplatz des Erziehers attraktiver werden, so daß sich die Fluktuation verringert? Denkt man an die schlechte Bezahlung, an die oft ungünstigen Arbeitsbedingungen und den relativ niedrigen sozialen Status dieses Berufsfeldes, so erweisen sich diese Fragen als sozialpolitische Probleme, die individuell nicht mehr lösbar sind.

Also auch, wo die Heranwachsenden selbst nicht mehr häufig im Laufe ihrer Kindheit „verlegt" werden und mehrere Heimwechsel erfahren, bleibt ihre menschliche Umwelt nicht konstant: *nicht mehr das Heim wechselt, sondern die erwachsenen Beziehungspersonen.* Diese Tatsache weist verstärkt auf die Bedeutung der Kindergruppe hin, welche oft als einziges Kontinuum weitgehend gleich bleibt. Trennungserfahrungen bestimmen also in der Regel den Kontakt der Kinder in Heimen zu Erwachsenen. Zu der Trennung von den Eltern kommt dann die häufige Trennung von mehr oder weniger bedeutsamen Beziehungspersonen im Heim. Aus der Furcht vor der speziellen Situation *einer* Trennungserfahrung wird die Angst der *häufig* erlebten Trennungen. Dieses umfassende und bedrohliche Gefühl der Angst bestimmt fortan das Beziehungsverhalten der Kinder: Anklammernde „Angstbindungen" treten an die Stelle von Beziehungen, welche Austausch, Berührung und Veränderung ermöglichen.

Das Gefühl der Unsicherheit des Kindes über seine Zukunft wird zur Perspektivlosigkeit. Die Beziehungen zwischen Erzieher und Kind bleiben viel zu oft nur „Durchgangsstadium" (Bonhoeffer 1973, 72), ihre Gemeinschaft nur eine vorläufige. Die drängende, verzweifelte oder schon resignierende Frage des Kindes im Heim – *„Was wird aus mir?"* – ist die Konsequenz der Erfahrung, daß aus vielen Beziehungen zu Erwachsenen „nichts geworden" ist.

An dieser charakteristischen Situation des Kindes im Heim – am häufigen Wechsel der Beziehungspersonen und der daraus resultierenden Perspektivlosigkeit – hat sich wenig geändert. Solange in dieser Hinsicht keine Abhilfe und Veränderung möglich ist, wird Heimerziehung gegenüber der Ersatzfamilie weiterhin im Nachteil bleiben.

> *„Wir arbeiten im Schichtdienst, d.h. wir fangen um 11 Uhr an und arbeiten bis zum nächsten Tag um 12 Uhr. Um 11 Uhr kommt die Ablösung. Und man muß sich darauf verlassen können, daß die Ablösung kommt. Schwierig wird es, wenn jemand kurzfristig krank wird. ... Die Zeit wird mit 19 Stunden gerechnet. Es rechnet immer 11–24 Uhr und dann von 6–12 Uhr, wobei die Stunde von 11–12 Uhr Dienstübergabestunde ist. Und dazu kommen drei Stunden Team in der Woche. Wir machen pro Woche zwei Nachtdienste, manchmal auch drei. Wir sind fünf Kollegen, wo jeder seinen Urlaub macht. Mit dieser Regelung bin ich zufrieden. ...*
>
> *In einem Kinderheim, in dem ich früher gearbeitet habe, gab es drei unterschiedliche Dienste: einen, wo man früh um 5 Uhr da sein mußte; dann hast du die Kinder geweckt, die gingen zur Schule, du hattest dann Leerlauf und hast schriftliche Dinge erledigt. Dann kam ein Dienst um 14 Uhr, der ging bis um 9 Uhr abends und dann war noch ein Nachtdienst da. Die Kinder mußten sich jedesmal wieder umstellen, also am Tag auf drei verschiedene Erzieher."* (Petra, Erzieherin)

Nicht nur die hohe Erzieherfluktuation beraubt die Kinder ihres Vertrauens in die Erwachsenenwelt: auch der Heimalltag. Erzieher sind keine Bergbaukumpels und ein Kind ist kein Stück Kohle. Doch auch die Erzieher gehen „auf Schicht" und genauso erleben das die Kinder. Im Dienst aber haben die Erzieher dann immer da zu sein, können nicht einmal zwischendurch etwas für sich selbst erledigen, weggehen oder sich entziehen, wie dies eine Mutter oder ein Vater in der Familie selbstverständlich häufig tut. *Der zeitliche Ablauf, der Tages- und Wochenrhythmus ist schlicht unnatürlich.* Der wechselnde Schichtdienst von drei bis fünf Erziehern pro Gruppe wird zu einem permanenten Beziehungswechsel und zur *„sozialen Zerstückelung"* (Bonhoeffer 1974, 128). Der Erwachsene ist nur dann im Heim anwesend und verfügbar, wenn er Dienst hat, nicht wenn er gebraucht wird. Der diensthabende Erzieher seinerseits erlebt immer nur einen zeitlichen Ausschnitt der Heimrealität, ist über Vorgefallenes oft unzureichend informiert, hat intensiven Kontakt zu Kollegen meist nur im Ausnahme- (gleich Freundschafts-)fall und verhält sich im alltäglichen Umgang mit den Kindern womöglich auch noch ganz anders als der Kollege vor ihm. Konzeptionen, Dienstbesprechungen, Dienstbücher und Fortbildungen helfen hier oft nur wenig! Denn eine einigermaßen reibungslose Kooperation der Erwachsenen hebt noch lange nicht die Tatsache dieser sozialen Zerstückelung für das Kind auf.

Forderung: Das Sabbatjahr!

Eine sinnvolle Alternative kann nur in einer Überschaubarkeit der Organisation aller Lebensabläufe und in einer Reduzierung und im stärkeren Engagement der Beziehungspersonen liegen: dafür liegen längst mehrere praktikable Konzepte und Lösungen vor, etwa die, ein zeitliches Mehrengagement der Erzieher endlich durch ein angemessenes Gehalt – gleich Lehrergehalt – und durch die Möglichkeit eines sogenannten Pausen- oder Sabbatjahres nach mehreren Jahren großer Inanspruchnahme zu entlohnen.

Praxishilfe: Dienstplangestaltung

Neben der bedeutsamen Forderung des Sabbatjahres für Erzieher wollen wir einige praktische Hinweise zur Diensteinteilung im Erzieherteam geben:

(1) Wer soll die Diensteinteilung vornehmen?

- Dienstpläne sollten nach *Absprachen zwischen Erziehungsleitung und Erzieherteam* entstehen. Dabei sollten die Vorschläge aller Beteiligten soweit Berücksichtigung finden, daß
- *keine Benachteiligung* einzelner Kollegen entsteht und auch
- auf *persönliche Interessen* der Beteiligten eingegangen wird.
- Denn ein wirklicher *Ausgleich des Erziehers im Privatleben,* in Familie, Freizeit und Beziehungen außerhalb des Heims ist dringend nötig. Nur so kann Überlastung infolge von Nacht- und Wochenenddiensten, einsetzende Routine und ein „Dienstabsitzen" vermieden werden.

(2) Wie sieht eine sinnvolle Dienstplangestaltung aus?

- Oberstes Gebot ist die *Regelmäßigkeit der Dienste. Erzieher, Team und Kinder müssen genau wissen, wer wann Dienst hat.*

- Dienste zu ungünstigen Zeiten (Wochenende, Nacht, Vertretungen etc.) können *z. B. im Zwei-Wochen-Turnus* verteilt werden, so daß sich diese Belastungen auf die Schultern aller verteilen.
- *Überschneidungs- und Doppeldienste* sind regelmäßig nötig, um Absprachen und den Kontakt unter den Kollegen zu gewährleisten – auch außerhalb wöchentlicher Dienstbesprechungen.
- Die Stundeneinteilung sollte *einen Teil der wöchentlichen Arbeitszeit offen lassen für zusätzliche Aufgaben* und Anlässe, z. B. Einzelförderung, Krankheitsvertretung, Feiern, Arzt-, Schul-, Behörden-, Psychologentermine usw. So könnte der Erzieher zeitweise auch für ein Kind erreichbar sein, wenn er nicht im Gruppendienst ist.
- *Zuständigkeiten und Prioritäten in den Beziehungen zwischen Erziehern und Kindern* zu klären, erweist sich häufig als sinnvoll: Welcher Erzieher ist für welche Aufgaben bei welchem Kind verantwortlich? Wie sieht das Vertrauensverhältnis zwischen Erwachsenen und Kindern im einzelnen aus?

(3) Warum ist die Diensteinteilung so wichtig?

- Die *Zerrissenheit der sozialen Bezüge* im Heim kann sich hier im negativen Fall am drastischsten auswirken, wenn z. B. Erzieher ihre 40-Stunden-Woche an zweieinhalb Tagen „ableisten“ und dann die ganze folgende Woche ausfallen.
- Die *Abstimmung im Team* ist ein „Muß“ der Heimerziehung: Sonst machen zu unterschiedliche Erziehungsstile den erzieherischen Prozeß in der Kindergruppe kaputt. Der *Informationsfluß* muß durch Teamgespräche, Supervision, Absprachen „nebenbei“, durch ein täglich geführtes „Gruppenbuch“ etc. sichergestellt sein.

Was Kinder in Heimen noch heute angesichts der dortigen Arbeits- und Organisationsstruktur oft wirklich fühlen, sagte Anne, ein Mädchen aus den „Hampstead Nurseries“ (London) folgendermaßen: „Es ist gleich, wo sie (die Betreuerin) arbeitet, es kommt darauf an, wo sie schläft“ (Freud/Burlingham 1971, 136)! Auch für ältere Kinder und Jugendliche gilt, daß zunächst nur die Verfügbarkeit und Anwesenheit der Erzieher ein Gefühl der Geborgenheit vermitteln kann. Dies auch gerade nachts, wenn das Kind nicht durch den sozialen Kontakt des Alltags und durch die Kontrolle seines Bewußtseins vor seinen Wünschen, Trieben, Ängsten und Konflikten geschützt ist. *Gerade nachts brauchen Kinder Erwachsene als Beschützer.* Bettelheim (1979, 78) forderte aufgrund solcher Erkenntnis, daß Betreuer zumindest vorübergehend auch außerhalb der regulären Dienstzeiten verfügbar sein sollten.

Die Chance der Heimerziehung, die darin besteht, daß der Heranwachsende angesichts mehrerer bedeutsamer Beziehungen eigene Vorlieben entwickeln und der „lebensgeschichtlichen Unentrinnbarkeit von den Eltern“ (Dalferth 1982, 44) entgehen kann, wird dort vergeben, wo das Kind nur ein Objekt im Kompetenzgefüge der institutionellen Organisation ist. Dann gilt Thierschs (1973, 62) Bemerkung: *„Der Heranwachsende ist damit überanstrengt, immer erzogen zu werden.“* Dann bleibt die künstliche Lebenssituation das Hauptmerkmal des Heimes. Und dann bleibt Heimerziehung eine völlig unlösbare Aufgabe für den Erzieher und der Mißerfolg die Regel.

Arbeitnehmerinteressen, Erziehungsziele und falsches Helferideal.

Erziehungsziele und Heimalltag haben oft wenig miteinander zu tun und weichen erheblich voneinander ab. Und doch haben Berufsmotivation und Absichten der Erzieher einen großen Einfluß auf ihr Verhalten in Alltagssituationen. Denn die Erkenntnis, daß manches Ideal in der Praxis nicht zu realisieren ist und die Kinder einfach *anders sind,* als man sie gerne hätte, führt nicht notwendig zum Aufgeben des falschen Ideals. Oft wird dieses Ideal gar nicht als ein falsches erkannt, sondern die Realität wird uminterpretiert oder dem Ideal entsprechend umstrukturiert. Menschen haben in der institutionalisierten Arbeit mit anderen Menschen einige Machtmöglichkeiten, Realitäten dergestalt zu „verbiegen". Solche pädagogischen Ideale und ihre Durchsetzung bedeuten für die Heranwachsenden dann stets Unterdrückung, Scheinanpassung oder Flucht in die Illegitimität. Die Erziehungsberichte der Heime strotzen nur von solchen Idealen falscher Anpassung, erzwungener Integration und scheinbar sozialen Verhaltens. *Dabei wird meist genau das Verhalten als positiv für die kindliche Entwicklung gewertet, welches den Erzieher und den Gruppenalltag am wenigsten stört.* Dies, auch wenn viele Erzieher heute vor dem Gebrauch der Wörter „schlimm", „lieb", „böse", „brav" oder „ordentlich" zurückschrecken.

Aber die „liebsten" Erzieher sind oft auch die „schlimmsten": sie erheben das Vermeiden von Konflikten und gelebter Aggressivität zu ihrem und dem Ideal der ihnen anvertrauten Kinder. „Das Helfersyndrom, die zur Persönlichkeitsstruktur gewordene Unfähigkeit, eigene Gefühle und Bedürfnisse zu äußern, verbunden mit einer scheinbar omnipotenten, unangreifbaren Fassade im Bereich der sozialen Dienstleistungen, ist sehr weit verbreitet" (Schmidbauer 1978, 12). Das *Ideal des perfekten Helfers* aber kann kein sinnvolles, d.h. zukunftsweisendes Modell für die Kinder in Heimen sein. Dieses Ideal hat deutlich mit Schuldgefühlen zu tun; es vermittelt solche Schuldgefühle und es legt die Vermutung nahe, daß schon die Berufswahl vieler Erzieher durch solche motiviert war. Beruhigt Sozialarbeit das „schlechte Gewissen der Gesellschaft", wie Hollstein schrieb, so tut das für den Einzelnen oft sein Helferideal. Kinder in Heimen werden dabei zur Entlastung von eigenen Problemen projektiv mißbraucht. Nur „wer fähig ist, seine Schuldgefühle zu akzeptieren, kann sich von ihnen leiten lassen, sich zu ändern und z.B. reale Schuld abzutragen" (Richter 1974, 234). Aber welcher Erzieher denkt beim Thema „Berufsqualifikationen" schon an solche Fähigkeiten wie die, seine Schuldgefühle zu akzeptieren, oder wie bewußt sind ihm überhaupt die Gründe seiner Berufswahl?

Das Problem der Ideale, auch des Helferideals, ist, daß sie unbewußt wirken und durch allerhand „vernünftige" Gründe abgesichert sind. Welcher Erzieher würde schon zugeben, aus egoistischen Motiven seinen Beruf auszuüben? Der indische Philosoph Krishnamurti (1973, 36) meinte dazu banal: „Sie mögen sagen, daß es befriedigender sei, anderen zu helfen, als an sich selbst zu denken. Worin liegt der Unterschied? Auch das ist Ichbezogenheit. Wenn es ihnen größere Befriedigung gibt, anderen zu helfen, befassen sie sich eben damit, weil es sie mehr befriedigt."

Rosemarie Kuntzke (1980, 56) schrieb, daß hinter dem Wunsch, jemand anderem zu helfen, „ganz für ihn da zu sein", wohl auch die Hoffnung steht, daß dabei auch etwas für den Helfer selbst abfällt. Sie glaubt allerdings nicht recht daran, daß diese Hoffnung im Heim in Erfüllung geht; denn der Erzieher „verzichtet in seiner

Tätigkeit darauf, selber produktiv zu sein, fördert aber die Produktivität anderer" (ebd., 75). Bedeutet denn Erziehungsarbeit nur Verzicht?

Konopka beispielsweise wünscht sich, daß „das Kind die Erzieherin so realistisch wie möglich erlebt" (1971, 73), schreibt aber dann mit unglaublich hohem Anspruch: „Welche Überlegungen erwarten wir von einer Erzieherin, die wirklich helfen will? Der wesentlichste Grundsatz ist, daß sie ... *nicht an sich selber denken darf*" (ebd., 82). Diese Bemerkung – zugegebenermaßen aus dem Zusammenhang losgelöst – fordert von Erziehern eine schon fast „bedingungslose" Hilfe: „Die helfende Beziehung ist von besonderer Art. Sie gründet sich nicht auf persönliche Sympathie oder Antipathie, sondern auf die Notwendigkeit, einem Menschen zu helfen und auf die Rolle, die der Helfende dabei spielt" (ebd., 74). Dieses falsche, überhöhte und unerfüllbare Ideal Konopkas, natürlich in bester Absicht formuliert, treibt Erzieher(innen) in die Enge, schafft Schuldgefühle angesichts einer schwierigen Realität im Heim und ist meilenweit entfernt von Bettelheims Aufforderung an Erzieher(innen), sie selbst zu sein.

> *„Die Arbeit ist ein großer Teil meines Lebens und ich muß sagen, daß ich mich häufig auch noch privat engagiere, außer der Reihe ..."* (Petra, Erzieherin)

In Berlin waren es 1975 immerhin 53% aller befragten Erzieher(innen) unter 40 Jahren, die *im allgemeinen nicht* bzw. wechselnd mit ihrem Beruf zufrieden waren (Schmid-Traub 1975, 128). Bereits hingewiesen haben wir darauf, daß *Erzieher als Arbeitnehmer* berechtigte Interessen haben, die nicht unbedingt die der Heranwachsenden sind (vgl. Augustin/Brocke 1979, 69). Eine große Berufsunzufriedenheit aber erhöht ganz sicher das Maß an „potentieller Kälte in Arbeitsbeziehung", welche Kuntzke feststellte. Denn eine falsche, d.h. unrealistische pädagogische Anspruchshaltung, verbunden mit geringem Einkommen, schlechtem Sozialstatus und dauernder Aufreibung zwischen Einrichtung und Kindern muß notwendig zur Unzufriedenheit führen: zur Sisyphusarbeit. Das Gefühl der Vergeblichkeit der Arbeit, also Frustration, ist das Ergebnis.

Die logische Folge dieser Situation für die Erzieher ist dann

1. ein wirklich pragmatischer – und damit ist hier gemeint: zielloser – Umgang mit den meisten Alltagsproblemen der Heimerziehung und
2. eine verdeckt oder offen aggressive Haltung den oder einzelnen Kindern gegenüber.

In eklatantem Widerspruch zum formulierten Helferideal und zur Berufsmotivation handelten dementsprechend 1975 55% aller befragten Berliner Erzieher *„ohne jegliche Erziehungsplanung"* (Schmid-Traub 1975, 144). Nur wenige Erzieher glauben an die Möglichkeit von Verhaltensänderungen bei Kindern in Heimen; sie orientieren sich vielmehr an verhängten Verhaltensetiketten: Eine Verfestigung abweichenden Verhaltens ist die Folge. Wünscht sich Thiersch (1977, 22f.) von Erziehern Solidarität mit der „ungekonnten Aggression" der Kinder in Heimen und verlangt Verständnis für deren berechtigte Feindseligkeit gegenüber der Erwachsenenwelt, so führt die Berufsunzufriedenheit vieler Erzieher tatsächlich zur Feindseligkeit gegen ihre Tätigkeit und gegen die „Objekte" dieser Arbeit: die Kinder. So befürworteten immerhin 1975 noch 11% der befragten Berliner Erzieher offen

Körperstrafen. Ganze 34%, also jeder dritte, hielt die *geschlossene Unterbringung* als pädagogische Sanktion für nötig und sinnvoll! Lediglich 16% der Erzieher glaubte, ohne Strafen und Sanktionen auszukommen (Schmid-Traub 1975, 143). Dies waren unverdeckte Angaben, aber wieviele Erzieher werden wohl heimlich mit solchen Strafen sympathisieren? Neuere Vergleichszahlen sind uns nicht bekannt, eine erneute Untersuchung wäre von Interesse.

Die Zufriedenheit im Beruf schlägt sich also unmittelbar auf das Verhältnis zu den Kindern um. Die Erzieherin Petra gibt im Interview wichtige Hinweise darauf, wie ihre Zufriedenheit zustandekommt: vor allem durch eine glückende *Zusammenarbeit im Team* und durch die emotionale Beziehung zu den Kindern.

> *„Mir gefällt die Arbeit deshalb so gut, weil ich mit den Kollegen teilweise schon zehn Jahre zusammenarbeite – in derselben Gruppe –, und weil wir die einzige Gruppe im ganzen Haus sind, bei der das der Fall ist. In allen anderen Gruppen haben die Kollegen halt ziemlich häufig gewechselt. ... Bin eigentlich nur dageblieben, weil ich eigentlich 'nen ganz guten Kontakt zu den Kindern bekam ...“* (Petra, Erzieherin).

Das Verhältnis zu den Kollegen im Heim ist für die alltägliche Erziehung mindestens so wichtig wie das Verständnis von Ehepartnern in der Familienerziehung. Über ihre Erfahrungen im Team berichtet Petra weiter:

> *„Wir haben Team einmal in der Woche. Da werden nicht nur pädagogische Sachen besprochen, sondern wir reden auch über uns. Wir haben drei Stunden zur Verfügung und von 9–10 Uhr bringt immer einer Frühstück mit. Der sorgt also dafür, daß es ein bißchen gemütlich wird. Und während dieses Frühstücks erzählen wir uns auch private Sachen, die für uns wichtig sind. So kann man begreifen, warum mal ein Kollege nicht so voll einsatzfähig ist. Es passieren halt oft mal solche Dinge, daß einer auf den anderen Rücksicht nehmen muß ...*
>
> *Da sind wir dann unter uns, ohne Heimleiter. Wenn es um pädagogische Probleme geht, ist es bei uns so, daß wir oft einer Meinung sind oder mindestens einen gemeinsamen Erziehungsstil finden. Aber wir sagen uns auch Sachen, die uns am anderen aufgefallen sind, wo wir meinen, daß das nicht so gut war: wenn z. B. der Kollege was vergessen hat oder er sich nicht an Absprachen gehalten hat, weißte? ... Und die Situation beim Frühstück ist halt meistens 'ne ganz lockere ...“* (Petra, Erzieherin)

Konfliktlösungen sind nur da möglich, wo Konflikte überhaupt einigermaßen ehrlich angesprochen werden können:

> *„Zuerst haben wir nicht über Konflikte geredet: weil jeder Angst hatte, dem anderen halt die Wahrheit zu sagen. Hör mal zu, das hat mir an deiner Arbeit nicht gefallen und so ...*
>
> *Und wir hatten auch mal so 'ne Kollegin bei uns, die – wenn wir mit ihr über Probleme gesprochen haben –, na ja, dann war es halt so, daß sie sich in irgendwelche Krankheiten flüchtete. Und das sind dann so Sachen, weil du ja aufeinander angewiesen bist ...“* (Petra).

Die „Erziehungsarbeit“ macht also da häufig sogar Spaß, wo der Erzieher sich nicht alleingelassen fühlt, wo er nicht gegen den Kollegen arbeiten muß, wo die

Erziehungslinie und -planung im Team abgestimmt und konsequent vertreten wird. Da übernimmt der Einzelne gern Verantwortung, der „Frust wird weggesteckt".

> *„Ich fühl' mich eigentlich deshalb so wohl, weil ich mit duften Kollegen zusammenarbeite ...*
> *Was mich oft so nervt bei vielen Erziehern und Sozialarbeitern, ist diese Luschigkeit: Keiner ist pünktlich, so 'ne Laxheit, Schlampigkeit, keiner fühlt sich für nichts verantwortlich ...*
> *Ich erzähl' das eigentlich nicht gerne: Wenn ich nicht da wäre, würde, glaube ich, vieles schieflaufen. Viele Sachen, die halt keiner gerne macht: Koordination, Schriftkram, Teamgespräche, Vollversammlungen ..."* (Petra, Erzieherin).

„Strafe muß sein?" – Ordnung und Aggressionen im Heim

„Haßgefühle des Erziehers begleiten die Entwicklung des Kindes gleichermaßen wie Liebesgefühle" (Röhm 1980, 111). Insbesondere die schon dargestellten Spannungen und Frustrationen der Erzieher, die sich aus Alltags- und Persönlichkeitsproblemen ergeben, führen dazu, daß häufig die Kinder zu Adressaten der Erzieheraggressionen werden. Denn Kinder, gerade im Heim, sind ja fast ideale Objekte für Macht und Aggressionsimpulse Erwachsener. Noch dazu lassen sich im pädagogischen Prozeß *Erzieheraggressionen als Strafen* mit allerlei Begründungen tarnen. Zurückweisen, Schelten, Vorwürfe machen, Versagungen und *Liebesentzug* werden oft gar nicht als Strafen gewertet. Freizeitbeschränkungen, Ausgangssperren, *Einschließen,* Fernseh- und Taschengeldentzug gelten als milde Strafen; auch sind in Heimen *Kollektivstrafen* sehr beliebt; denn sie zwingen die Gruppe, den Einzelnen bloßzustellen und verhindern solidarisches Verhalten.

Sicherlich muß immer wieder auf unsoziales Verhalten eine sinnvolle Konsequenz folgen. Diese muß in einem unmittelbaren Bezug zum unsozialen Verhalten stehen. Daran beißen sich alle Erzieher die Zähne aus: was ist noch vertretbar und was geht nicht? Jonas (1976, 201ff.) unterscheidet als denkbare, also nach seiner Ansicht vertretbare Strafen erstens das *„Vorenthalten von normalerweise Zustehendem"*, zweitens *„zusätzliche unbeliebte Aufgaben"* und schließlich als nicht vertretbare Form solche Strafen, die nur zu einem *„Brechen der Persönlichkeit"* führen. Nur, wo ist hier die Grenze des Erträglichen? Und: Ist es für ein Kind erträglich und verständlich, ihm den normalerweise zustehenden Nachtisch zu entziehen, weil es z.B. die Türen knallt? Welche Möglichkeiten der Kinder sind auf der anderen Seite vorhanden, Erzieher zur Rechenschaft zu ziehen, sich gegen ungerechte Strafen zu wehren, Fehlentscheidungen zu beeinflussen oder sich gegen eine Gruppenmajorität zu behaupten? Wenn es um die Berechtigung von Strafen aufgrund erzieherischer Autorität geht, fragen wir nach der Autorität der Kinder und der Kontrolle des Erzieherverhaltens. Nach allen Skandalen und Berichten über Heimerziehung der letzten zwei Jahrzehnte, scheint diese Frage bedeutsamer als das Auflisten „berechtigter Strafen"!

Die Form der Strafe, die am hemmungslosesten von Erziehern angewandt wird, ist der Liebesentzug oder seine Androhung. Dies ist das ideale Druckmittel für Erzieher, sich Kinder gefügig zu machen.

„Liebesentzug ist deshalb so wirksam, weil gerade Heimkinder Kinder sind, die an einem extremen Defizit an emotionaler Zuwendung und personaler Zärtlichkeit leiden. So wird die emotionale Bindung der Erzieher an die Kinder pathologisch ausgenutzt. Nach Zärtlichkeit hungernde Heimkinder erfahren im Heim, wenn überhaupt, nur geringe emotionale und affektive Zuwendungen. Diese Zuwendungen müssen sie sich durch angepaßtes Verhalten erkaufen. Ärgert sich der Erzieher über das Kind, ist das Kind nicht lieb, dann entzieht der Erzieher auch noch den Rest von Zuwendung" (Roth 1973, 62).

Zum Unglück vieler Kinder begreifen viele Erzieher noch immer Strafen und deren „richtige" Anwendung als den eigentlichen Inhalt ihrer erzieherischen Tätigkeit. Denn hier wird ja schließlich sichtbar gehandelt, beeinflußt und verändert – nämlich gewährt oder verboten! Einziges Ergebnis einer solchen Erziehungsauffassung und Handhabung aber kann nur der erzwungene *Gehorsam* des Kindes sein.

Der handelnde Erzieher wird nun selber zum Modell für den kindlichen Umgang mit Aggressionen: „Sicherlich ein erzieherisch unbeabsichtigter Nebeneffekt, der den eventuellen momentanen Bestrafungserfolg äußerst problematisch erscheinen läßt" (Röhm 1980, 60). Sein Verhalten in einzelnen Situationen wird von den Kindern nachgeahmt; erst recht aber wird seine gesamte pädagogische Haltung von den Kindern als Ganzes übernommen. „Verstörende Strafen" führen zum Zwang, erlittene Aggressionen an einen *Sündenbock* weiterzugeben. Das Schicksal kindlicher Unterdrückung durch die Familie setzt sich dann „nahtlos" im Heim fort. Neben den vielen Ursachen von Erzieheraggressionen, von denen wir einige nannten, ist vor allem die gesellschaftliche Hochbewertung der Strafe bedenklich: „Strafe muß sein!" So sind auch die Erzieher „zunächst einmal Repräsentanten eben der Gesellschaft, deren Zwänge Aggressionen erzeugen" (Thiersch 1977, 16).

„Schläge, Druck, Gewalt"

- Schläge provozieren Rückschläge.
- Druck erzeugt Gegendruck.
- Gewalt antwortet Gewalt.

Die unterdrückten, geschlagenen Kinder werden später zurückschlagen: Der Grundstein zur delinquenten Karriere ist da gelegt, wo unfähige Erzieher im Heim mit reinem Gewissen „die Notbremse ziehen" und zuschlagen. Gewalt als Vorbild für Gewalt. Unterdrückung aber ist keine Erziehung. Schläge sind keine Lösung, auch keine Notlösung. Sind Berührung, Zärtlichkeit, Umarmung und körperliche Nähe zwischen Erzieher und Kind noch immer unerwünscht und tabuisiert? Die Hand, die ausrutscht, dagegen ...

Gekonnte Erzieheraggression: Was ist das?

„Gekonnte Erzieheraggression" wendet sich nicht *gegen* den Heranwachsenden, sondern berücksichtigt, daß die *Fähigkeit zur Aggression* eine Voraussetzung der menschlichen Entwicklung überhaupt und darüber hinaus auch der Motor gesellschaftlicher Veränderungen ist. „Konstruktiv gehandhabte Aggressivität ... (stellt) eine notwendige Bedingung zur Befriedigung berechtigter Ansprüche (dar)" (Röhm

1980, 107). Eng verbunden mit einer solchen Aggressivität, die der Aneignung der Umwelt dient, ist die *Neugierde* an Dingen und Personen. Neugierde wird da gehemmt, wo Aggressionen „um des lieben Friedens willen" unterdrückt bleiben. Eine echte Aggressivität also geht nicht zwangsläufig „auf Kosten anderer", eine natürliche Aggressivität der Erzieher nicht auf Kosten der Kinder. Genauso gibt es auch eine *Disziplin,* die nicht allein Mittel für einen fremdbestimmten Zweck ist, sondern dem glücklichen Zusammenleben einer Gruppe dient (vgl. Neill 1976, 59). Und ebenso ist persönliche Freiheit in der Erziehung nicht gleich Zügellosigkeit (ebd., 116).

Das Akzeptieren des Kindes muß also für den Erzieher nicht heißen, seine eigenen Gefühle auszuschalten und zu unterdrücken – im Gegenteil: erst wenn er sich über seine wirklichen Sympathien und Abneigungen immer wieder klar wird, kann er „er selbst sein" und zum sinnvollen Modell für das Kind werden. Dies bedeutet auch nicht allein pädagogisches Handeln nach dem Grundsatz „das Kind zu akzeptieren wie es ist", sondern berücksichtigt die Tatsache, *daß das Kind nicht nur „ist", sondern gleichzeitig „wird"* (vgl. Kock 1976, 145).

„Wir haben zwar Regeln, an die sich jeder halten muß, aber keinen Katalog von Vorschriften. Wir haben lediglich einen Ämterplan, aber keine übertrieben starke Regeln. ... Natürlich gibt es z. B. eine Zimmerordnung, wir kleben aber daran nicht fest, die kann von Tag zu Tag verschoben werden. ... Die können sich auch in ihr Zimmer zurückziehen, wir klopfen immer an. ... Das ist deren eigener persönlicher Bereich, der wird ihnen gewährt ..." (Petra, Erzieherin).

Der Erziehungseinfluß der Kinder- und Jugendgruppe

„Die lernen natürlich oftmals auch die negativen Seiten voneinander. Positiv wirkt sich die Gruppe aus, wenn z. B. alle darauf achten, daß bestimmte Ämter von allen erledigt werden ..." (Petra, Erzieherin).

Die Bedeutung der Kindergruppe im Heim für die „gegenseitige Erziehung" wird noch immer oft unterschätzt: das Leben in der Gruppe ist ein weiterer wesentlicher Unterschied zur Familienerziehung.

„Eine Gruppe ist eine Ansammlung von Personen, die – als Gruppenmitglieder – im Interesse für sie relevanter Angelegenheiten direkte soziale Beziehungen zueinander unterhalten" (ten Have 1977, 19).

Viele Fragen drängen sich auf: Kann denn eine Kindergruppe als Lebensgemeinschaft die Vorteile familiärer Erziehung ausgleichen oder ersetzen? Kann sie womöglich den einzelnen entlasten von der Enge privaten familiären Zusammenlebens? Ist denn ein „demokratisches Zusammenleben" in der Gruppe des Heims vorstellbar – angesichts institutioneller Zwänge, Hierarchien und Versorgungsabläufe? Oder handelt es sich hier nur um eine willkürlich zusammengestellte Gruppe, die Anpassung und Konformität vom einzelnen erzwingt? Und schließlich: Wie wird aus einer solchen Gruppe eine Gemeinschaft, der man Attribute wie demokratisch, solidarisch, freundschaftlich etc. zusprechen kann?

Zur ersten Frage:

Die Gruppe als Familienersatz?

Das klingt polemisch, weckt Ängste vor kollektiver Erziehung, ruft Makarenkos Gorki-Kolonie und das israelische Modell frühkindlicher Gruppenerziehung ins Gedächtnis. Wenn schon die erwachsenen „Profis“ im Heim nicht alle Elternfunktionen erfüllen können, vielleicht kann dann die Kindergruppe zu einer Art Ersatzfamilie werden! Vielleicht kann hier in der Gemeinschaft der für jedes Kind so wichtige Raum der Geborgenheit, Emotionalität, Privatheit und Zugehörigkeit entstehen! Vielleicht – und vor allem: Kann die Gruppe der Gleichaltrigen oder die familiengegliederte Gruppe die Eltern als Modelle, als Identifizierungspersonen und als Orientierung für das Erwachsenwerden ersetzen?

Das Leben in der Gruppe kann immerhin bei deren Mitgliedern die Lust und Motivation erwecken, mit verschiedenen und neuen, bisher unerprobten Rollen zu experimentieren. Denn das Vorhandensein mehrerer erwachsener Beziehungspersonen und verschiedenaltriger Kinder und Jugendlicher ermöglicht auch eine wechselnde Orientierung an verschiedenen Modellen: das Heim als „Beziehungslandschaft“. In der Tatsache dieser Flexibilität hinsichtlich der emotionalen Bindungen liegt – unter günstigen Umständen – die enorme Sozialisationsstärke einer guten Heimerziehung für ältere Kinder und Jugendliche. Für jüngere und Kleinkinder gilt dies so nicht; denn diese verkraften nur einige, wenige Beziehungspersonen.

Schlechte Erfahrungen mit der Erwachsenenwelt

Viele Kinder in Heimen haben überwiegend schlechte Erfahrungen mit den ihnen nächsten Repräsentanten der Erwachsenenwelt, nämlich ihren Eltern, gemacht: Entwicklungsstörungen und soziale Auffälligkeiten sind bei ihnen auch als ein Ausdruck von Widerstand, Ungehorsam und als Weigerung dagegen zu verstehen, so zu werden wie die Eltern. Anders ausgedrückt: *Diesen Kindern und Jugendlichen fehlen in der Regel überzeugende Erwachsene, welche ihnen die Angst vor dem Älterwerden nehmen.* Solche „Orientierungsmodelle“ sind natürlich in der Kindergruppe selbst fast nie zu finden. Auch in einer „familiengegliederten“ Gruppe werden die älteren Kinder nur selten zum Elternersatz für Jüngere. Und wo dies geschieht, ist es durchaus problematisch.

Die Gruppe als Entlastung und Schutz

Ganz sicher aber bietet die Kinder- oder Jugendgruppe im Heim zunächst auch eine gewisse Entlastung und einen Schutz vor dem Zugriff und der Willkür der Erwachsenen.

Und gerade für Kinder mit schlechten Familienerfahrungen *„ist das Verhalten Erwachsener ein schlechter Ersatz für die Überzeugungskraft, die den Äußerungen* *und Verhaltensweisen anderer Kinder innewohnt*“ (Bettelheim 1979, 63). Tatsächlich stellt die Kindergruppe für viele Kinder in Heimen einen gewissen Familienersatz dar, insofern, als sich hier die Gesamtheit bedeutsamer Alltagsprozesse abspielt. Die Wohn- oder genauer: die Lebens- und Schlafraumgruppe übernimmt entscheidende Familienfunktionen, ehe vielleicht wieder neue, andere Erwachsene im kindlichen Leben bedeutsam werden.

Anders als bei Geschwistern in der Familie sind die Kinder in der Gruppe des Heimes gegenseitig oft die „direkten Objekte ihrer Gefühlsregungen“ (Freud/Burlingham 1971, 81) – jedenfalls häufiger und viel intensiver. Ohne den Umweg von Rivalitäts- und Eifersuchtsregelungen „über“ die Eltern zu gehen, prallen in der Lebensgruppe des Heimes die Liebesbedürfnisse und Aggressionen der Kinder oft direkt aufeinander. Freundschaften und Feindschaften bekommen dann ein ganz anderes Gewicht als die Sympathien und Antipathien in Geschwisterbeziehungen. Zwar „haben Anstaltskinder überreichliche Gelegenheiten, Beziehungen zu Altersgenossen herzustellen“ (ebd.), während die erwachsenen Bezugspersonen häufig kommen und gehen. Jedoch bleibt ihr Bindungsverhalten in der Kindergruppe nur selten diffus: *Vorlieben, Sympathien und Freundschaften* entstehen, die von der emotionalen und somit psychosozialen Bedeutung oft weit über das normale Maß anderer Kinderbeziehungen hinausgehen. Dies berichteten am Beispiel der Gemeinschaftserziehung im Kibbuz auch Bettelheim (1971) und Liegle (1971). Anna Freud und Dorothy Burlingham (1971, 80ff.) beschrieben schon 1950 die Elternersatzfunktionen der Kindergruppe in der Anstalt. Ganz anders als bei Kindern in Familien beispielsweise übernehmen im Heim nach ihren Beobachtungen schon Kleinkinder untereinander die *Rolle des Trösters, des Beschützers oder Verteidigers* – was Geschwister ja oft nur unfreiwillig füreinander tun! Was die Autorinnen als „Mitleidshandlungen“ der Kinder untereinander bezeichneten und auf „eine Identifizierung mit den Gefühlen des angegriffenen Kindes“ (ebd., 89) zurückführten, zeigt wohl deutlich eine Auswirkung der *„Schicksalsgemeinschaft“*. Die hohe Intensität der kindlichen Beziehungen erweist sich beispielsweise in der Tatsache, daß Freundschaften oft sehr viel länger andauern als bei Familienkindern; auch die Beispiele von Zärtlichkeit, Liebe oder Verliebtheit unter den Kindern in Heimen deuten auf die um vieles tieferen Beziehungen zwischen ihnen hin (vgl. ebd., 79). Freud/Burlingham vermuteten gleichwohl eine ständige Suche und Bereitschaft der Kinder im Heim, eine Mutter- oder mutterähnliche Beziehung einzugehen. Denn nach ihrer Überzeugung kann das Gruppenleben die Elternbindung nie ganz ersetzen.

Auch wir sind der Überzeugung, daß Kinder Vorbilder in der Erwachsenenwelt brauchen, welche nicht durch die Kindergruppe ersetzt werden können. Ob die Kinder später einmal diese „Vor-Bilder“ als unbrauchbar ablehnen werden, ist für ihre Entwicklung zunächst nicht entscheidend. Für ihren „Weg ins Leben“ brauchen sie verantwortliche erwachsene Personen, welche sich mit ihren eigenen persönlichen Erfahrungen und Interessen in die alltägliche Erziehung einbringen – in der Absicht, nur „Bindung“ und nicht „Fessel“ für die Heranwachsenden zu sein.

So können zwar auch Beziehungen in Peer- und Kindergruppen den Charakter von Modellen und Identifikationsobjekten tragen und sich durchaus als „positiver Sozialisationsfaktor“ auswirken (Colla 1981, 62); die Bedeutung Erwachsener als Ausrichtungsmöglichkeit auf die eigene spätere Zukunft hin ersetzen sie nicht. Entscheidend für die kindliche Entwicklung ist auch überhaupt eine Orientierung am *Erwachsenwerden* und eine Antwort auf die Frage: „Was wird aus mir?“

Also die Auseinandersetzung mit Bestehendem und Veränderbarem, mit Gegenwart und Zukunft.

Heim und Gruppenstruktur

Im Unterschied zu anderen Gruppen geht es bei der Kindergruppe im Heim um die gesamte, *ganze Lebensorganisation* der Kinder. Die unmittelbare Lebenserfahrung hier ersetzt das Familienleben dort. Wenngleich auch andere Gruppen wie die Schulklasse, Freunde oder Freizeitgruppen Einfluß auf die kindliche Entwicklung ausüben, so ist doch im Heim die Kindergruppe der wesentliche und grundlegende Ort sozialer Erfahrungen. Für Enttäuschungen und mangelnde Geborgenheit in dieser Gruppe können positive Erfahrungen anderswo kaum entschädigen. Sie ist für die Heranwachsenden im Heim als Lebensgruppe „eine unumgängliche Gegebenheit“ (Drillich 1977, 78), deren Einfluß sich weder die Minderjährigen noch die Erzieher entziehen können. Im Sinne der zitierten Gruppendefinition ist sie eine *Interessengemeinschaft* von Betroffenen. Sie ist aber außerdem gleichzeitig der Ort, an dem die Interessen der Institution Heim auf den einzelnen prägenden Einfluß nehmen. Die sozialen Beziehungen in der Wohngruppe und ihr institutioneller Rahmen – Größe des Heims, der Gruppen, Altersstruktur, Gesichtspunkte der Zusammensetzung etc. – sind entscheidende Hebel, an denen die Anstalt ansetzt, um pädagogische Vorstellungen zu verwirklichen.

Mehr noch als die Gruppe der Familie, in die man „hineinwächst“, kann diese Lebensgruppe den Charakter einer Zwangsgemeinschaft annehmen. Der Familiensituation vergleichbar ist die Tatsache, daß auch die Gruppe im Heim eine *Schicksalsgemeinschaft* darstellt. Wie im Fall der leiblichen Geschwister hat sich das Kind diese Gruppe nicht ausgesucht, befindet sich aber nach Rang, Status und Grundlage der Zugehörigkeit zunächst einmal in fast derselben Situation wie die anderen Gruppenmitglieder. Bettelheim (1979, 129) beschrieb die Gruppe als Lebensgemeinschaft, welche die „Einheit des Lebens“ und „sinnvolles“ Zusammenleben ermöglichen kann. Rosemarie Kuntzke (1980, 102) hat das Gruppenleben im Heim selbst ganz anders kennengelernt:

> *„Die Beziehungen unter uns Kindern ... wirkten sich* ***verhängnisvoller*** *aus als alle anderen. Die Repressalien unter uns reichten weiter und waren wirksamer. Wir konnten uns irgendwelchen Schikanen kaum entziehen, weil wir ja* ***zusammengesperrt*** *waren.“*

Diesen sehr verschiedenen Einschätzungen ist doch gemeinsam, daß beide den besonderen Erziehungseinfluß der Kindergruppe, mit allerdings unterschiedlicher Auswirkung, erkennen. Gerade dort, wo die Elternkontakte wenig intensiv und die Erzieherwechsel häufig sind, gewinnt die Gleichaltrigen- oder die „familiengegliederte“ Gruppe noch zusätzlich an Gewicht, womöglich tritt sogar die Kontinuität der Beziehungen unter den Kindern an die Stelle der Geborgenheit einer Eltern- oder Erwachsenenbindung.

Hackordnung?

In jedem Fall besteht ein direkter Zusammenhang zwischen der Organisationsstruktur des Heimes und der Binnenstruktur der Wohngruppen. Eine demokratisch oder kollektiv geführte Einrichtung verfolgt in der Regel ebensolche Erziehungsziele und wirkt in dieser Absicht auf alle Faktoren des Gruppenlebens ein. Eine autoritäre Heimstruktur mit hierarchisch gegliederten Beziehungssystemen in den Gruppen, der Verwaltung und Leitung wirkt stets auf diesem Modell entsprechende Gruppenstrukturen hin. Handelt es sich um sinngebende, menschlich und fachlich anerkannte Autoritäten, ist ein demokratisches, freies und ehrliches Zusammenleben durchaus möglich. Sehr viele Heime aber lassen sich noch immer am zutreffendsten als „Disziplinarsystem“ (Ahlheim u.a. 1978, 166) charakterisieren, die allein auf dem *„Recht des Stärkeren“* basieren, wo Verfügungsgewalt, Kompetenzvollmacht und Entscheidungsbefugnisse stets von oben nach unten gerichtet sind und sich in der Realität auch nur so einseitig auf die Heranwachsenden auswirken. Hier entsteht eine *„Hackordnung“* unter den Betroffenen. Diese Heimstruktur sorgt dafür, daß die dabei zwangsläufig entstehenden unterdrückten Aggressionen allein „nach unten“ weitergegeben werden können. Auf der Ebene der Wohngruppe schließlich kommt es zur *„horizontalen Aggressionsverteilung“* (Autorenkollektiv 1978). Die Binnenstruktur der Kindergruppe spiegelt dann deutlich die autoritäre Heimstruktur wider.

Heime dürfen nicht so attraktiv werden, daß ...

Die Wohngruppe im Heim – wie das Kinderzimmer der Kleinfamilie – ist der wesentliche Schauplatz zur Einübung autoritärer Rollen und Charakterstrukturen. Diese Erziehung „von oben nach unten“ zwingt mehr oder weniger direkt zum Gehorsam. Ist die geforderte Gehorsamsleistung vollbracht, sucht sich die aufgestaute und unterdrückte Aggressivität das nächstbeste und stets schwächere Opfer. Dieser Zusammenhang von autoritärer Gesellschafts- und Persönlichkeitsstruktur wird am Beispiel der Erziehungsinstanz Heim besonders deutlich, ist doch schon die Heimeinweisung selbst für den Betroffenen in der Regel eine Strafe. Heime dürfen offenbar nicht so attraktiv werden, daß sie ihren Disziplinierungscharakter verlieren, denn dissoziale Familien und Minderjährige erfüllen eine Sündenbockfunktion für die „normale“ Mehrheit der Bevölkerung, welche gleichsam als Entschädigung für ihre eigenen Gehorsamkeits- und Anpassungsleistungen andere Menschen bestraft – solche, die „anders“, „auffällig“ und ihnen „fremd“ sind.

„Sündenböcke“

Diese einseitig nach unten gerichtete Aggressionsverteilung trifft in der primären Lebenseinheit der Wohngruppe im Heim wieder bestimmte Sündenböcke, einzelne oder Grüppchen, die zur Befriedigung der Wut und Aggressivität der Stärkeren herhalten müssen. Den Erziehern wird es stets schwerfallen, eine demokratische Gruppenstruktur angesichts eines autoritären Hierarchiegefälles der Institution zu bewirken. So gilt es, drei Merkmale des Heimlebens in der Wohngruppe zu kompensieren: *Anonymität, Gleichschaltung und die Unterwerfung unter eine Autorität* (vgl. Mayer 1977, 98).

Baustruktur und Erziehung

Einen ganz deutlichen und nicht nur äußerlichen Eindruck der pädagogischen Intentionen eines Heimes vermitteln fast immer schon die baulichen Strukturen, die Räumlichkeiten, Ausstattung und Wohnlage der betreffenden Einrichtung. Im Falle eines uns bekannten Kinderheimes war die Wohngruppe beispielsweise durch das Öffnen von zwei stets abgeschlossenen Türen, der Haus- und der Gruppentür, und nach Sprechanlagenverständigung erreichbar. Ob das wirklich dem Wohl oder Schutz der Heranwachsenden dient? Zwar konnten diese Türen von innen – im Gegensatz zur Strafanstalt! – geöffnet werden, so entstand bei den Kindern nicht so sehr das Selbstgefühl von „Eingeschlossenen“, aber doch in starkem Maße das von *„Ausgeschlossenen“. Nach längerem Heimaufenthalt gingen sie von sich aus kaum noch „nach draußen“. Auch durften in diesem Heim „Fremde“ und Freunde nicht ohne weiteres zu Besuch kommen.*

Praktische Konsequenzen:

Der Gruppenbereich im Kinderheim müßte also in einem guten Heim gleichermaßen Privatheit und sozialen Kontakt, emotionale Entspannung und Gruppeninteraktion, Nähe und Distanz ermöglichen. Alle Räume sollten den Kindern zugänglich sein, damit jedes Kind der Gruppe sich seine Umwelt zu eigen machen kann, zum handelnden und bestimmenden Subjekt seiner Lebenssituation wird und nicht allein das austauschbare Objekt von Versorgungsprozessen ist.

Erziehungsplanung: zum Beispiel die Zusammensetzung der Gruppen

Besonders prägenden Einfluß auf das Leben in den Wohngruppen nimmt die Institution Heim bereits bei der Zusammensetzung der Gruppen. In diesem Punkt können Sozialpädagogen bestimmend, „dosierend“ und verändernd auf die Beziehungen der Minderjährigen einwirken. Hier kommt es zu einer Vorstrukturierung des Gemeinschaftslebens, welche die Anstalt vornimmt. Die Zusammenstellung der Gruppen kann erfolgen nach Zwecküberlegungen des Heimes, die womöglich nur auf einen reibungslosen Alltagsablauf zielen, oder nach den Bedürfnissen der einzelnen Kinder und Jugendlichen, oder aber nach Gesichtspunkten der Interessen aller Beteiligter.

„Was uns stört, ist gestört“ (Dyck 1978, 70)

Dyck wies in der Frage der Gruppenzusammensetzung darauf hin, daß „die konstruktiven Kräfte gewichtiger bleiben (sollten) als die destruktiven und asozialen Impulse, so daß eine Identifikation mit dem Erzieher relativ konfliktfrei möglich wird“ (ebd., 80). Diese Empfehlung ist natürlich grundsätzlich richtig und naheliegend. Bedenklich aber wird sie dann, wenn Kinder auf Verhaltensattribute wie „asozial“, „destruktiv“ etc. festgelegt werden. Denn bei der Gruppenzusammensetzung und jeder Gruppenveränderung geht es doch nicht um das Bewahren eines „status quo“, sondern um das Herstellen eines lebendigen dynamischen „sozialen Übungsfeldes“, das in gewissem Umfang auch einmal Probleme riskiert und diese dann bewältigt. Zunächst ist wichtig, das Kind erst einmal so anzunehmen „wie es ist“ und sozial abweichendes Verhalten als Symptom einer unglücklichen Entwicklung zu verstehen. Manchen abgestumpften Praktikern der Heimerziehung ist das aber zu unbequem und sie ziehen es vor, Störungen des Alltagstrotts von vornherein auszuschalten, Gruppenmitglieder auf Rollen und Verhaltensattribute festzulegen und möglichst alles zu planen und zu kontrollieren – nach der Maxime *„der Laden läuft dann gut, wenn nichts passiert“!* Zu ihrem Unglück gelingt dies doch nicht ganz.

Wir vertreten einen anderen Standpunkt: Wenn Erziehung nicht nur Anpassung an Bestehendes, sondern auch die Möglichkeit der Veränderung meint, dann sollten Pädagogen nicht allein und nicht zu sehr im Auge haben, was „ist“ und wie „asozial“ oder „destruktiv“ sich ein Kind momentan verhält, sondern bei einer pädagogischen Planung mehr daran denken, unter welchen Bedingungen eine wirklich positive Verhaltensänderung des Betreffenden, von ihm selbst ausgehend, zu erwarten ist. Diese Sicht nimmt zwar manches Risiko an Problemen in Kauf, ist aber schon allein deshalb offener für die echten Probleme, die der Heranwachsende in das Heim mitbringt, als ein Standpunkt, der nur nach der Quantität destruktiven Verhaltens fragt. Zum Gebrauch solcher Verhaltensdefinitionen schrieb Dyck schließlich selbst eindeutig: „Was uns stört, ist gestört“.

Drillich beispielsweise sprach davon, Probleme zu *„legalisieren“* – eine bemerkenswerte Ausdrucksweise, die darauf hinweist, wie problemfeindlich Heimerziehung heute noch immer ist, wenn Probleme überhaupt erst legalisiert werden müssen. Er forderte eine gemeinsame Auseinandersetzung von Kindern und Erziehern, „wenn etwas schiefgeht“, stellte die Frage nach den Ursachen und Folgen des jeweiligen Verhaltens und forderte damit auch ein Bewußtsein für Ketten- und Kurzschlußreaktionen. Nach seiner Ansicht kann nur so verhindert werden, daß „individuell prädisponierte Gruppenmitglieder“ in die „Rolle des Sündenbocks“ gedrängt werden (Drillich 1977, 83). Tatsächlich nämlich bringt jeder Mensch – offen oder verborgen – konstruktive und destruktive, soziale und asoziale Kräfte mit.

Bei der Gruppenzusammensetzung scheint es immerhin notwendig, eine „zu starke Streuung von Verhaltensstörungen“ (Jonas 1976, 99) und eine „zu stark vertikale Zusammensetzung im Bezug auf Alter und Entwicklungsphasen“ (Drillich 1977, 82) zu vermeiden. Letzteres soll verhindern, daß Kinder unfreiwillig in bestimmten Rollen – des „Babies“, des „großen Bruders“ etc. – gedrängt werden. Ersteres soll, im Sinne Dycks, ein zu unbeeinflußbares Aufeinandertreffen und die negative gegenseitige Beeinflussung zu sehr verschiedener, gravierender Verhaltensstörungen verhindern, aber nicht einer kinderselektierenden Heimdifferenzierung das Wort reden, denn: *„Jedes Heim muß in sich differenziert sein“* (Mehringer 1974, 78)!

„Wann kommt der Neue?“

Auch der Zeitpunkt einer Neuaufnahme ist für den Gruppenprozeß von großer Bedeutung: Colla meinte, daß Gruppenveränderungen möglichst nur „nach natürlichen Zäsuren (z. B. Ferien)“ erfolgen sollten und auch nur dann, wenn das erreichte Gruppengleichgewicht dadurch nicht gestört wird (ders. 1981, 88). Wir wiesen in diesem Zusammenhang auf die Probleme und Möglichkeiten hin, eine Aufnahme und Gruppenintegration *vorzubereiten.* Eine Vorbereitung, welche den Betroffenen, die Gruppe und die Erzieher gleichermaßen auf ihre Einstellung und Situation hin befragt, hilft mehr als etwa eine Regel wie die der „natürlichen Zäsuren“ (vgl. dazu Dalferth 1982, 80ff.).

Bettelheim (1979, 56) bemerkte, daß „die Aufnahme eines Neuankömmlings in die Gruppe eine Probe für deren Zusammenhalt“ und ein Test ist „für die Geborgenheit, die die zur Gruppe gehörigen Kinder füreinander bedeuten“. Er unterschied dabei drei verschiedene Typen von bereits bestehenden Gruppen, die sich dem „Neuen“ gegenüber auch in unterschiedlicher Weise charakteristisch annähern: Die *Gruppe mit dem geringsten Zusammenhalt* spielt dem Neuling vor, eine geschlossene In-group darzustellen; offene Feindseligkeit oder Wettstreit um Freundschaften ist die Folge. Eine *besser integrierte Gruppe* bemüht sich um übertriebene Demonstrationen der Zusammengehörigkeit und um eine baldige Integration des „Neuen“. Eine *wirklich gut integrierte Gruppe* steht dem Ankömmling in relativer Gleichgültigkeit gegenüber und wartet ab, ob eine Integration des Neulings gelingen wird oder nicht; diese zuletzt genannte Gruppe ist auch am ehesten in der Lage, die „Privatsphäre“ des Neuen zu achten und ihn nicht durch deutliche Feindseligkeit oder durch übertriebene Vereinnahmung abzulehnen! Für den Neuen selbst ist ein relativ zwangloser „Empfang“ ohnehin der beste Start, läßt er ihm doch die Möglichkeit, sich allmählich an die veränderten Lebensbedingungen zu gewöhnen (vgl. Bettelheim 1979, 56f.).

Auf die Problematik der Zwangsgemeinschaft in der Wohngruppe des Heimes wiesen wir bereits hin. Ob der einzelne dort aber das Leben stets so nehmen muß „wie es in der Gruppe eben ist“ (Mayer 1977, 106) oder ob er selbst gemeinsam mit allen anderen Beteiligten an der Gestaltung des Heimes und des Gruppenlebens beteiligt ist, wird zum zentralen Problem. *Wie wird aus der Gruppe eine Gemeinschaft?*

Jonas, der als israelischer Pädagoge viel mehr als deutsche Heimerzieher von der Diskussion um die Kibbuzerziehung geprägt wurde, betonte, daß eine *Schicksalsgemeinschaft* erst zur *Interessengemeinschaft* werden müsse. Denn erst eine wirkliche Interessengemeinschaft zeige die von ihm gewünschten Merkmale: „Die Einsicht des Kindes, weshalb es von der Familie getrennt wurde; die Gleichheit unter seinesgleichen in der Gemeinschaft, die das Schicksalhafte in Gleichberechtigung und später Zugehörigkeit umwandelt und ein gemeinsames Interesse, das Beste aus dieser Situation zu machen“ (ders., 57). Diese wichtige Unterscheidung zwischen Gruppe und Gemeinschaft führt uns zu der Frage nach den Sozialisationsbedingungen der Gemeinschaftserziehung.

Von der Gruppe zur Gemeinschaft

Es ist eine bekannte Tatsache, daß die Lebensgruppe im Heim einen wichtigen pädagogischen oder therapeutischen Einfluß auf die Entwicklung des einzelnen nimmt. Diese Gruppe schafft nun für den einzelnen ebenso gegenseitige Verpflichtungen wie ein gewisses Sicherheitsgefühl. Als Gemeinschaft macht sie ihren Einfluß auch dort geltend, wo ihre eigenen, allgemeinen Interessen betroffen sind. Angst der Gruppenmitglieder voreinander, Bewunderung füreinander und alle möglichen sozialen Einstellungen dazwischen sind die Motive, die den *Gruppenprozeß* vorantreiben. Für die Art und den Verlauf des Zusammenlebens entscheidend sind dabei im Heim nicht allein die Beziehungen der Kinder untereinander, sondern von ebenso großer Bedeutung ist das Eingreifen der erwachsenen Erzieher in das Gruppengeschehen. Bei diesen haben zu sehr dominierende Autoritäten die Wirkung, eher „die soziale Dynamik der Gruppe zu unterdrücken" und die Entwicklung zu einer „sich selbst regulierenden Gemeinschaft" zu hemmen (vgl. Walz 1970, 187). Zweifellos hat aber in einer Anfangs- oder Eingewöhnungsphase der Gruppe der erwachsene Erzieher zunächst die Aufgabe einer positiven Autorität und Identifikationsfigur, denn andernfalls orientieren sich die Kinder an anderen Gruppenmitgliedern. Eine zunehmende *Selbstregulierung – nicht Selbstjustiz!* und „Demokratisierung" der Gruppe sollte aber von Anfang an das angestrebte Ziel sein. Ein wirkliches Eingewöhnen der einzelnen Kinder und Jugendlichen kommt nur zustande, wenn sie sich mit der Gemeinschaft in irgendeiner Weise identifizieren. Die regulierende Aufgabe des Erziehers besteht darin, sowohl sozial gewünschtes Verhalten zu forcieren als auch asoziales Verhalten der Gruppenmitglieder untereinander zu verhindern.

Gruppenatmosphäre

Ganz im Sinne des kommunikationstheoretischen Axioms „nicht nichtkommunizieren zu können" (Watzlawick u.a. 1974, 50ff.) ist die Gruppe im Heim ein Feld direkter unmittelbarer Auseinandersetzung, der sich kein Kind oder Jugendlicher entziehen kann. Jede Form des Verhaltens dokumentiert irgendwie die Position, Einstellung und Haltung des Einzelnen zur Gruppe. Die Rollen und Einstellungen der anderen werden vom einzelnen Kind übernommen oder abgelehnt, die eigene Haltung prägt das Verhalten der anderen mit. Das „I" – das Ich als Subjekt – ist stets zugleich ein „Me", ein Ich als Objekt (vgl. G. H. Mead 1969, 95). Dieses „Ich" muß immer mit den anderen Gruppenmitgliedern interagieren, um seine Identität zu verändern oder zu bewahren. Eine solche Interaktion aber basiert wiederum auf bereits stattgefundenen Sozialisations- und Individuationsprozessen. Durch die Tatsache, daß sich in einer solchen Gruppe neben den festgelegten oder sich wandelnden Rollen der einzelnen Mitglieder oft so etwas wie eine „organisierte Gesamtheit" und eine „Gruppenatmosphäre" herausbildet, kommt es nicht nur zu Interaktionen zwischen den Einzelnen; sondern *die Gruppe selbst entwickelt ein eigenes Gesicht:* Erst durch die Übernahme oder Veränderung der herrschenden Gruppenmoral und durch eine Haltung, die sich an Gruppenzielen orientiert und ausrichtet, wird der einzelne zum Gruppenmitglied und gewinnt hier eine „soziale Identität" (Mead 1969, 202 und Parmentier 1980, 64). Dieser Prozeß der Internalisierung von Gruppennormen kann außerordentlich vielschichtig und unterschiedlich verlaufen, bedingt durch die gegenseitige Beeinflussung der Heranwachsenden, durch die Wirkung des Erziehungspersonals und sämtlicher anderer Faktoren des Gruppengeschehens wie: Zusammensetzung, Größe, Führungsstil, Gruppenbildungsprozeß, Umwelteinwirkungen, räumliche und institutionelle Einflüsse.

Die Wohngruppe im Heim macht es dem einzelnen unmöglich, sich in totale Isolierung zu begeben. Ebenso ist eine alleinige Abhängigkeit vom erwachsenen Erzieher undenkbar, denn die Forderungen und Handlungen der anderen Kinder und Jugendlichen sind ja ständig gleichzeitig vorhanden. So ist die Gruppe für den einzelnen eine permanente Herausforderung, mit seiner Unabhängigkeit – mit Nähe und Distanz – zu experimentieren.

Ein ganz wichtiges Merkmal der Gruppe im Heim ist in diesem Zusammenhang der Schutz, den die Gleichaltrigen- oder Kindergruppe vor dem totalen Zugriff Erwachsener oft bietet. Gerade Kinder mit sehr schlechten Familienerfahrungen können hier zunächst emotionale Bindungen an Gleichaltrige erproben, ehe sie sich gefühlsmäßig wieder Erwachsenen anschließen. *Der Nachteil der mangelnden Bindungsmöglichkeiten an Erzieher(innen) aufgrund der institutionellen Bedingungen kann somit, wenigstens vorübergehend, zum Vorteil des Heimes der Pflege- und Ersatzfamilie gegenüber werden, welche das von den Eltern getrennte Kind sofort mit neuen bestimmenden Erwachsenenfiguren konfrontiert.* Diese Entlastungs- und Schutzfunktion der Gruppe für Kinder mit schlechten Elternerfahrungen tritt natürlich nur dann ein, wenn die Beziehungsstruktur in der Kinder- oder Peer-Gruppe echte Gefühlsbindungen zuläßt und nicht nach den „Dschungelgesetzen der Macht des Stärkeren“ (Jonas 1976, 155) funktioniert.

> Eine Kinder- und Jugendgruppe im Heim, die schon zur Gemeinschaft geworden ist, ermöglicht nebeneinander, gleichzeitig oder wechselnd
>
> - die Identifikation mit dem (n) Erzieher (n),
> - ein „Wir-Gefühl“ der Gruppe und
> - differenzierte Freundschaftsbeziehungen innerhalb und außerhalb dieser primären Lebensgruppe.

Hier entsteht ein „Gruppen-Über-Ich“, ein „Gruppenklima“, eine verbindende „Atmosphäre“ und ein Gefühl der Zusammengehörigkeit.

Der Eindruck und das Beispiel einer derart festgefügten Gruppe ist für das Individuum immer ein großer Anreiz, dissoziales und/oder neurotisches Verhalten zugunsten der Gruppenintegration aufzugeben. Alexander Homes (1981, 64) bezeichnete von allen Gruppen seiner „Heimkarriere“ nur eine einzige als Gemeinschaft: „Ich lebte in einer Gemeinschaft, die mich endlich einmal nicht *niederdrückte,* sondern die mich *trug.*“ Wie die gesamte Institution des Heimes kann also auch die Binnenstruktur der Gruppe den Charakter der Unterdrückung oder wirklicher Hilfe annehmen.

Der Gruppe im Heim kommen demnach ganz verschiedene Funktionen zu: Ihr Erziehungseinfluß entlastet die Betreuer; gleichzeitig entzieht sie häufig den einzelnen dem permanenten Zugriff der Erwachsenen. Auch zwingt die Gruppe alle Mitglieder, „da“ zu sein und ihr Verhalten auf den Gruppenprozeß zu beziehen. Sie zielt also auf Integration ihrer Mitglieder. Hier ist allerdings eine wichtige Einschränkung angebracht: all diese Stärken der Lebensgruppe kommen nur dann zum Tragen, wenn es sich dabei um eine echte „Beziehungslandschaft“ handelt – und nicht um die so oft beklagte „Hackordnung“! Aber auch im Fall einer Gruppe, die sich nach Unterdrückungs- und Anpassungsriten im Sinne der Hackordnung strukturiert und organisiert, entwickelt diese eine ungeheure Dynamik und einen mächtigen erzieherischen – nun negativen – Einfluß, dem Erzieher oft genug hilflos gegenüberstehen, und der bekanntlich zu häufig den Grundstein einer späteren kriminellen Karriere legt.

Als therapeutisches Mittel gibt die Wohn- und Lebensgruppe die Möglichkeit, regulierbar oder durch Selbstregulierung die in das Heim mitgebrachten Spannungen zu entladen, ermöglicht das Ausagieren von Feindseligkeit in gewissem Umfang und dient damit der Bewältigung von Aggressionen (vgl. Bettelheim 1979, 258f.). Die entlastende Wirkung der Tatsache, daß hier im positiven Fall ein differenziertes Beziehungsangebot besteht und Experimente sowie neue Erfahrungen mit emotionalen Bindungen möglich sind, haben wir bereits genannt. Andere wichtige Merkmale einer solchen Gruppe können sein:

- „Etwas gemeinsam tun“: Aktivität, Erkundung, gemeinsames Handeln bleiben dabei verbunden mit der sozialen Einheit und lassen insofern soziales Verhalten attraktiv werden.
- „Etwas gemeinsam haben“, „unser sein“: Gemeinsame Erfahrungen, Projekte, Besitz und andere materielle oder ideelle Werte können die Gruppenintegration fördern.

Gruppenanpassung und soziales Teilen

Natürlich fordert die Gruppe immer ein bestimmtes Maß und eine bestimmte Form der Anpassung vom einzelnen. Auch soll er sich seine Beziehungen und Sachen teilweise oder weitgehend mit anderen teilen. Was das *soziale Teilen* betrifft, macht zwar jeder Mensch eigene, unterschiedliche Lernprozesse durch. Evolutionstheoretische Erkenntnisse aber legen die Annahme nahe, daß es eine „ursprüngliche Motivation zu altruistischem Verhalten“ beim Menschen durchaus gibt (Schmidtbauer 1978, 33). Also nicht allein Neid und seine sozialen Modifikationen bilden das grundlegende soziale Motiv. Im übrigen bietet die Gemeinschaftserziehung einzigartige Bedingungen, unter denen partnerschaftliches Verhalten als eine „soziale Tugend“ erlernt und eingeübt werden kann (vgl. Walz 1970, 179). Soziales Verhalten und Teilen aber kann in einer Gruppe wie der des Heimes nur möglich werden, wenn dem einzelnen Mitglied auch die „Durchsetzung der eigenen Persönlichkeitsstruktur“ (Redl/Wineman 1979, 139) gestattet ist, wenn sich also jeder so einbringen kann „wie er ist“, wenn er erwünscht ist. Ein konstruktiver Ungehorsam und ein nicht allzu reibungsloser Ablauf der Entscheidungsfindung gehören danach notwendig zu einer Gruppe, die sich von einer Schicksals- zu einer Interessengemeinschaft verändern will.

Die bestehende Situation der meisten Heime aber läßt solche Grundregeln Theorie bleiben. Denn der Heimalltag bedeutet zu oft häufigen Erzieher- und Kinderwechsel in den Gruppen, wenige Freiräume und Kompetenzen der Heranwachsenden sowie ein oft schlecht qualifiziertes und unterbezahltes Erziehungsper-

SenSchulJugSport VII E 32		Belegung der im Land Berlin gelegenen Heime einschließlich Landesjugendheim Haus Druhwald nach Heimart, Träger und Alter der Untergebrachten														IV. Quartal 1984		
Träger	Heimart	Zahl der Heime	Zahl der Plätze	Belegung			davon im Alter von											
				ml.	wbl.	zus.	0 – u. 1 Jahr	1 – u. 2 Jahre	2 – u. 3 Jahre	3 – u. 4 Jahre	4 – u. 5 Jahre	5 – u. 6 Jahre	6 – u. 7 Jahre	7 – u. 8 Jahre	8 – u. 9 Jahre	9 – u. 10 Jahre	10 – u. 11 Jahre	11 – u. 12 Jahre
0	1	2	3	4	5	6	7	8	9	10	11	12	13	14	15	16	17	18
Öffent-liche Hand	Säuglingsheim	1	8	8	2	10	3	2	3	2	—	—	—	—	—	—	—	—
	Kinderheim	1	35	33	—	33	—	—	—	—	—	—	—	1	—	—	—	—
	Fam.gegl. Heim	23	866	349	346	695	—	—	1	3	6	6	5	13	17	20	20	30
	Jugendwohnheim	4	90	28	45	73	—	—	—	—	—	—	—	—	—	—	—	—
	Mutter- Mu	1	12	—	8	8	—	—	—	—	—	—	—	—	—	—	—	—
	Kind-Heim Ki		18	2	6	8	4	1	1	1	—	1	—	—	—	—	—	—
Bezirke	zusammen	30	1029	420	407	827	7	3	5	6	6	7	5	14	17	20	20	30
Zentr.-verw.[1]	Heilpäd. Heim = zusammen	8	472	249	163	412	1	1	1	—	—	2	1	2	8	7	6	21
	insgesamt	38	1501	669	570	1239	8	4	6	6	6	9	6	16	25	27	26	51
Wohl-fahrts-ver-bände	Säuglingsheim	1	40	18	18	36	12	19	3	2	—	—	—	—	—	—	—	—
	Kinderheim	2	113	102	—	102	—	—	—	—	—	—	—	—	—	—	2	1
	Fam.gegl. Heim	19	765	282	282	564	3	11	15	13	21	19	23	22	29	24	27	38
	Jugendwohnheim	7	150	52	59	111	—	—	—	—	—	—	—	—	—	—	—	—
	Mutter- Mu	3	40	—	27	27	—	—	—	—	—	—	—	—	—	—	—	—
	Kind-Heim Ki		40	12	12	24	13	4	5	2	—	—	—	—	—	—	—	—

	Erziehungsheim	4	118	57	27	84	—	—	—	—	—	—	—	—	—	—	—	—
	Heilpäd. Heim	12	574	284	196	480	5	3	1	1	1	1	5	13	12	23	26	27
	Behindertenheim	15	575	310	244	554	1	—	1	1	6	9	7	7	10	12	14	15
	Sonst. Einrichtungen	5	99	66	17	83	3	1	3	5	1	—	1	—	—	—	—	—
	insgesamt	68	2514	1183	882	2065	37	38	28	24	29	29	36	42	51	57	69	81
Private gewerbl. Träger	Säuglingsheim	1	16	4	3	7	—	—	1	4	1	—	1	—	—	—	—	—
	Sonst. Einrichtungen	1	9	3	—	3	1	—	—	1	—	—	—	—	—	—	—	—
	insgesamt	2	25	7	3	10	1	—	1	5	1	—	1	—	—	—	—	—
Heime insgesamt		108	4040	1859	1455	3314	46	42	35	35	36	38	43	58	76	84	95	132
[1] Geschlossene Einrichtungen Haus Kieferngrund		1	28	18	3	21	—	—	—	—	—	—	—	—	—	—	—	—

Adressen:

Kindernotdienst
Alte Jakobstr. 12, 1000 Berlin 61 (15 Plätze für Kinder, 10 Plätze für Eltern/-teile mit Kindern)

Jugendnotdienst
Mindener Str. 14/Ecke Tegeler Weg, 1000 Berlin 10 (33 Plätze)

Kontakt- und Beratungsstelle (KuB) (Träger: Berliner Jugendclub)
Hauptstr. 145, 1000 Berlin 62 (12 Plätze)

SenSchulJugSport VII E 32		Belegung der im Land Berlin gelegenen Heime einschließlich Landesjugendheim Haus Druhwald nach Heimart, Träger und Alter der Untergebrachten																IV. Quartal 1984
Träger	Heimart	Zahl der Heime	Zahl der Plätze	Belegung			davon im Alter von											
				ml.	wbl.	zus.	12 – u. 13 Jahre	13 – u. 14 Jahre	14 – u. 15 Jahre	15 – u. 16 Jahre	16 – u. 17 Jahre	17 – u. 18 Jahre	18 – u. 19 Jahre	19 – u. 20 Jahre	20 – u. 21 Jahre	21 – u. 25 Jahre	25 Jahre u. älter	Belegung in %
0	1	2	3	4	5	6	19	20	21	22	23	24	25	26	27	28	29	30
Öffentliche Hand	Säuglingsheim	1	8	8	2	10	—	—	—	—	—	—	—	—	—	—	—	125,0
	Kinderheim	1	35	33	—	33	1	2	3	6	12	5	3	—	—	—	—	94,3
	Fam.gegl. Heim	23	866	349	346	695	49	62	90	98	103	100	43	23	4	2	—	80,3
	Jugendwohnheim	4	90	28	45	73	2	1	9	18	21	10	8	4	—	—	—	81,1
	Mutter-Kind-Heim Mu	1	12	—	8	8	—	—	—	—	—	—	2	1	1	2	2	66,7
	Mutter-Kind-Heim Ki		18	2	6	8	—	—	—	—	—	—	—	—	—	—	—	44,4
Bezirke	zusammen	30	1029	420	407	827	52	65	102	122	136	115	56	28	5	4	2	80,4
Zentr.-verw.[1]	Heilpäd. Heim = zusammen	8	472	249	163	412	21	27	37	52	56	71	57	28	8	5	—	87,3
	insgesamt	38	1501	669	570	1239	73	92	139	174	192	186	113	56	13	9	2	82,5
Wohlfahrtsverbände	Säuglingsheim	1	40	18	18	36	—	—	—	—	—	—	—	—	—	—	—	90,0
	Kinderheim	2	113	102	—	102	9	5	13	20	17	9	11	6	5	4	—	90,3
	Fam.gegl. Heim	19	765	282	282	564	38	43	48	54	51	48	17	15	3	2	—	73,7
	Jugendwohnheim	7	150	52	59	111	—	1	3	15	29	24	17	5	8	9	—	74,0
	Mutter-Kind-Heim Mu	3	40	—	27	27	—	—	—	2	2	2	6	4	3	7	1	67,5
	Mutter-Kind-Heim Ki		40	12	12	24	—	—	—	—	—	—	—	—	—	—	—	60,0

	Erziehungsheim	4	118	57	27	84	5	8	12	17	13	13	6	5	4	1	—	71,2
	Heilpäd. Heim	12	574	284	196	480	35	45	46	58	54	50	26	27	10	12	1	83,6
	Behindertenheim	15	575	310	244	554	29	31	29	27	25	31	22	27	25	101	124	96,3
	Sonst. Einrichtungen	5	99	66	17	83	1	1	3	11	17	17	12	2	1	3	1	83,8
	insgesamt	68	2514	1183	882	2065	117	134	154	204	208	194	117	91	59	139	127	82,1
Private gewerbl. Träger	Säuglingsheim	1	16	4	3	7	—	—	—	—	—	—	—	—	—	—	—	43,8
	Sonst. Einrichtungen	1	9	3	—	3	—	—	—	1	—	—	—	—	—	—	—	33,3
	insgesamt	2	25	7	3	10	—	—	—	1	—	—	—	—	—	—	—	40,0
Heime insgesamt		108	4040	1859	1455	3314	190	226	293	379	400	380	230	147	72	148	129	82,0
[1] Geschlossene Einrichtungen Haus Kieferngrund		1	28	18	3	21	—	2	2	4	6	3	4	—	—	—	—	75,0

Adressen:

Kindernotdienst
Alte Jakobstr. 12, 1000 Berlin 61 (15 Plätze für Kinder, 10 Plätze für Eltern/-teile mit Kindern)

Jugendnotdienst
Mindener Str. 14/Ecke Tegeler Weg, 1000 Berlin 10 (33 Plätze)

Kontakt- und Beratungsstelle (KuB) (Träger: Berliner Jugendclub)
Hauptstr. 145, 1000 Berlin 62 (12 Plätze)

sonal, das die Zusammenhänge von Gruppeninteraktion und familiärer Herkunft allenfalls ahnt, selten berücksichtigt oder pädagogisch nutzt.

Erzieher als Wegweiser

Auch wird die Situation, sich die erwachsenen Erziehungspersonen in der verfügbaren Zeit gleich mit mehreren anderen teilen zu müssen, oft zur Quelle von Eifersucht und Rivalität (vgl. u. a. Freud/Burlingham 1971, 119). Die verschiedenen Lösungen der Rivalitätsprobleme sind dann wichtige und stets bedeutende Schritte auf dem Weg zu einer konfliktfähigen Gemeinschaft. Wieder haben hier die Erzieher einen prägenden Einfluß auf den Gruppenprozeß; meist wird ihr Vorbild oder ihr Eingreifen zum „Wegweiser" für das jugendliche Verhalten. Auch hier gilt: Erst das Auftreten von Konflikten macht diese einer Lösung oder Auseinandersetzung überhaupt zugänglich. Denn es ist doch klar, daß Kinder und Jugendliche oft auch von Rivalitäten und Eifersüchten getrieben sind und erst lernen müssen, diese Gefühle konstruktiv umzusetzen und nicht „asozial" auszutoben. Dies trifft wie vieles in diesem Kapitel über die Wohn- und Lebensgruppe im Heim auf alle Heranwachsenden zu. Wegen der emotionalen Nachholbedürfnisse, wegen der Verhaltensauffälligkeiten und Negativerwartungen bei vielen Kindern und Jugendlichen im Heim treten hier jedoch die Rivalitätskonflikte oft intensiver und schärfer auf.

3.5 Aktuelle Entwicklungen in der Heimerziehung – Beispiel Berlin

Zum Abschluß unseres Kapitels über Heimerziehung wollen wir in knapper Form über aktuelle Tendenzen und Veränderungen berichten: mit Hilfe des im November 1984 vorgelegten Heimberichts des Berliner Senators für Schulwesen, Jugend und Sport – „Gegenwärtige Situation und weitere Entwicklung von Heimerziehung in Berlin".

Deutlich werden hier vor allem die enormen Kostensteigerungen in den letzten Jahren und der Belegungsdruck bei zurückgehenden Kinderzahlen. Insgesamt ist dies ein Trend, der auch für das Bundesgebiet bedeutsam ist.

Bezeichnend ist schon bei der vorstehenden Übersicht zur Belegung der Berliner Heime der erheblich gestiegene Anteil von Jugendlichen zwischen 14 und 18 Jahren, der auf veränderte pädagogische Erfordernisse in der Heimerziehung hinweist. *Also: Kinder in die Ersatzfamilie und Jugendliche in's Heim?*

Entwicklung und Stand der Unterbringung in Heimen

In Berlin werden mehr Heimunterbringungen veranlaßt als in allen anderen Bundesländern. Dies erklärt sich aus einem „eingespielten" Unterbringungsverhalten der Jugendämter, welches zeigt, daß dort die Bedeutung und Effizienz alternativer Erziehungshilfen noch wenig bekannt und populär ist. Dennoch „haben sich in den letzten Jahren vielfältige Formen der Heimerziehung im Sinne von Erziehungshilfen entwickelt, die verschiedene Angebote der Fremderziehung darstellen, vor allem mit dem Ziel, zeitlich eher und besser zur Selbständigkeit zu führen (ausgelagerte Heimgruppen, angegliederte Wohngemeinschaften, verschiedene Möglichkeiten des betreuten Einzelwohnens und Heimerziehung im Zusammenhang mit Berufsbildungsangeboten)“ (Der Senator für Schulwesen, Jugend und Sport, Berlin 1984). Forderungen des Heimberichts sind zusammengefaßt:

„Wenn also Heimerziehung als Erziehungshilfe ihrem Auftrag entsprechend dazu beitragen soll, daß sich Kinder und Jugendliche zu eigenverantwortlichen Personen entwickeln, die zu einem selbständigen Leben befähigt sind, so stehen gegenwärtig folgende Schwerpunkte in der Berliner Heimerziehung im Vordergrund:

a) qualitative Veränderung der Heimdifferenzierung mit dem Ziel, die bisher unterschiedliche Ausstattung auszugleichen und das Angebobt bedarfsgerechter zu gestalten;
b) Ausbau von Verbundangeboten und weitere Binnendifferenzierung der Heime;
c) Veränderung des Heimplatzangebotes in Berlin im Hinblick auf den sich entwickelnden zukünftigen Bedarf;
d) die angestrebte Reduzierung der Gruppengröße auf zwölf Plätze je Gruppe;
e) Veränderung der Unterbringungsentscheidungen der Jugendämter;
f) drastische Reduzierung der Unterbringungen außerhalb Berlins;
g) Änderung des gegenwärtigen Pflegesatzsystems für den freien Trägerbereich, Schaffung von Kriterien mit dem Ziel einer flexibleren, sparsameren und pädagogisch adäquaten Wirtschaftsführung sowie einer Vergleichbarmachung der Selbstkosten in beiden Bereichen;
h) zunehmende Regionalisierung des Heimplatzangebots, um eine familiennahe und familienstützende Erziehungshilfe leisten zu können;
i) Reduzierung der Heimunterbringungen bzw. der Unterbringungsdauer durch engeres Zusammenwirken teils stationärer und ambulanter Erziehungshilfen mit dem Bereich der Heimerziehung sowie Ausbau von Alternativen zur Heimerziehung;
j) Heimerziehungshilfen sind möglichst dezentralisiert und mit Bezug und Kontakt zum jeweiligen Herkunftsmilieu der betroffenen Minderjährigen anzubieten, weil hierdurch eine problemangemessene Indikationsstellung leichter und mit besserem Ergebnis erreichbar ist.“

Im Berliner Heimbericht werden drei Grundformen stationärer Hilfen unterschieden:

- Einrichtungen für Minderjährige und Familien als ambulante und stationäre Hilfe bei akuten Krisen (Krisenhilfe oder Notdienste);
- Einrichtungen für Kinder und Jugendliche als längerfristiger Lebensmittelpunkt und als Alternative zur Herkunftsfamilie;
- problemspezialisierte pädagogisch-therapeutische Heime oder Abteilungen im Verbund mit anderen Einrichtungen (ebd., 8).

Platzangebot, Belegung und Auslastung

„Waren am 31.12.1975 noch 4978 Plätze in Berliner Heimen belegt, so sank diese Zahl zum 31.12.1982 um 1431 Plätze auf insgesamt 3547 Plätze (minus 28,7 Prozent). Dies bedeutet eine Auslastung von vorhandenen Heimplätzen in Berlin von durchschnittlich 85,3%“ (Heimbericht S. 12).

„In den letzten sechs Jahren sind ... in Berlin, ausgehend von ca. 5800 Plätzen, insgesamt 1624 Plätze abgebaut worden.

Parallel hierzu sind über jährliche Steigerungsraten bis 31.12.1982 insgesamt 380 Plätze in Jugendwohngemeinschaften und Wohnkollektiven eingerichtet worden. 1982 standen hierfür Haushaltsmittel in Höhe von 4,05 Millionen DM zur Verfügung.

So gibt es gegenwärtig in Berlin 109 Heime mit insgesamt 4159 Plätzen, die sich auf vier Trägerbereiche verteilen.

Die Einrichtungen der freien Träger stellen hierbei den größten Anteil an Heimen/Plätzen/ Belegung“ (ebd., IV).

Der Belegungsrückgang hat u. a. zu tun mit der Veränderung der Altersstruktur und der Entwicklung der Gesamtbevölkerung. „Von den am 31.12.1982 in Berliner Heimen untergebrachten Kindern und Jugendlichen waren 2127 (59,9%) aller Untergebrachten (1980 = 50,2%) älter als 14 Jahre. Geht man von den über Zwölfjährigen aus, die in Heimen untergebracht sind, ergibt sich eine Zahl von 2597 (73,2%). Im Jahre 1980 lag dieser Wert bei 72,3% und 1978 erst bei 62,9%!“ Derzeit sind ca. 60% aller Minderjährigen in Berliner Heimen älter als 14 Jahre. „Insgesamt ist also bei einer abnehmenden Zahl der Gesamtunterbringungen zunehmend ein Altersanstieg zu verzeichnen“ (ebd., 13).

Auch künftig werden in Berlin mehr Heimplätze abgebaut werden müssen. „Da insbesondere bei den über Zwölfjährigen doch ein erheblicher Rückgang zu erwarten ist und andererseits andere Formen der Erziehungshilfen insbesondere für ältere Jugendliche weiter ausgebaut werden sollen, wird es bei Heimen, die überwiegend diese Altersgruppe aufnehmen, zu erheblichen Reduzierungen kommen müssen“ (ebd., 16). Nach statistisch und gutachtlich entwickelten Prognosen ergibt sich für Berlin ein „Rückgang im Bereich der Heimunterbringungen bis Ende 1993 von insgesamt 1800 Unterbringungen gegenüber dem Stand von 6279 Unterbringungen zum 31.12.1981“ (ebd., 18).

Kostenentwicklung und Kostenreduzierung

„In allen Bundesländern stellen gegenwärtig Kosten- und Kapazitätsfragen der Heimerziehung einen besonderen Problemkomplex dar. Hierbei geht es weniger um die ständig steigenden Kosten an sich und um eine damit verbundene Forderung nach Einsparungen, vielmehr ist die Frage nach der Effizienz der eingesetzten Mittel zu stellen. Rechtfertigt der hohe materielle Einsatz den Erfolg oder ist eine den Problemlagen junger Menschen angemessene Erziehungshilfe nicht mit weniger Aufwand erfolgreich zu leisten? *In Berlin wurden 1982 223,8 Millionen DM für die Heimerziehung aufgewendet*“ (ebd., 24).

Ausgaben für die Heimerziehung in Berlin

	1976 Ausgaben in Mio. DM	1982 Ausgaben in Mio. DM	Veränderung in %
Bezirkliche Heime (40 32/40 33/40 45)	45,2	39,4	– 12,8
Zentralverwaltete Heime (07 34 – 07 39)	38,8	37,3	– 3,9
Kosten der Unterbringung in Heimen der Liga sowie außerhalb Berlins	110,0	147,1	+ 33,7
	194,0	223,8	+ 15,4

Eine Reduzierung der Ausgaben will der Berliner Senat erreichen „durch eine bessere Auslastung vorhandener Einrichtungen, Schließung unrentabler Kapazitäten und Umstrukturierung des Angebots. Grundlegendes Prinzip: Qualitätsverbesserung statt Quantitätserhalt wird angestrebt".

„Ein Teil der beschriebenen Einsparungen wird nur erzielbar sein, wenn begleitende qualifizierende oder *alternative Jugendhilfemaßnahmen* durchgeführt werden. So bringt beispielsweise die Rücknahme des Platzangebots keine Einsparungen, wenn hierdurch an anderer Stelle ein neuer Jugendhilfsbedarf entsteht. Einsparungen sind nur zu erzielen, wenn die Qualität der Erziehungshilfen erhöht und Heimerziehung nur dort durchgeführt wird, wo sie auch vom Problem her angezeigt ist und nicht nur mangels anderer Angebote erfolgt" (ebd., VI).

Kostensteigerungen der letzten Jahre lesen sich wie folgt:

So ergibt ein Vergleich der Pflegesätze für 1976 (100%) mit den vorläufig für 1982 festgelegten Pflegesätzen beispielsweise folgende Kostensteigerung:

heilpädagogisches Heim	von	101,90	auf	171,15	=	+ 68,0%
heilpädagogisches Heim	von	91,80	auf	145,90	=	+ 58,9%
heilpädagogisches Heim	von	88,60	auf	146,35	=	+ 65,0%
heilpädagogisches Heim	von	104,55	auf	173,60	=	+ 66,0%
heilpädagogisches Heim	von	77,85	auf	130,65	=	+ 67,8%
Kinderheim	von	84,10	auf	131,10	=	+ 55,9%
Behindertenheim	von	163,20	auf	245,20	=	+ 50,2%
Behindertenheim	von	86,65	auf	172,00	=	+ 98,5%
Behindertenheim	von	65,45	auf	130,55	=	+ 99,5%

„Unter Einbeziehung der Tatsache, daß es in der Zeit zwischen 1976 und 1982 erhebliche Verbesserungen in der Personalausstattung, Veränderungen des Gruppenschlüssels, Umwidmung zum heilpädagogischen Heim, Veränderungen des Tarifrechts und allgemeine Preissteigerungen gegeben hat, die den Kostenanstieg wesentlich bewirkt haben, ist eine *durchschnittliche Erhöhung der Pflegeseätze zwischen 50% und 60%* festzustellen. Eine Reduzierung des Kostenanstiegs ist nunmehr dringend erforderlich" (ebd., 25).

Als Beispiele für denkbare Kostenersparnis führt der Heimbericht aus:

„Gelänge es, durch verbesserte Vorfeldarbeit und familienorientierte Maßnahmen, 40 Kinder nicht im Heim unterzubringen, dann könnte dies bei einem Pflegesatz von 110,– DM täglich eine Einsparung von Ausgaben in Höhe von 1,6 Millionen DM jährlich ergeben" (ebd., 28).

„So ergeben sich beispielsweise ca. 18000,– DM Einsparungen pro Jahr je Platz, wenn die Unterbringung in einem betreuten Wohnprojekt erfolgt statt beispielsweise in einer heilpädagogischen Einrichtung. Selbst gegenüber dem kostengünstigeren Satz für Jugendwohnheime würde die Differenz gegenüber dem betreuten Jugendwohnen noch ca. 7000,– DM pro Platz und Jahr betragen" (ebd., 38).

Schlußbemerkung

Hier wird deutlich, daß die Reduzierung der Kosten und eine bessere Auslastung der Kapazitäten ein „Muß“ für die nahe Zukunft der Heimerziehung darstellen. *Doch nicht allein Heimschließungen können Ersparnisse bewirken, vielmehr der Ausbau geeigneter Alternativen zum teuren Heim: betreutes Einzelwohnen, Jugendwohngemeinschaften, Familienhilfe im ambulanten Vorfeld zur Heimerziehung und – eine qualitativ verbesserte Binnenstruktur der Heime, welche zu geringerer Verweildauer führen kann.* „In Berlin haben noch ein Sechstel aller Heime Gruppen mit mehr als 12 Plätzen“ (ebd., VII). Und dies angesichts sinkender Belegungsziffern und bei einem angeblich erheblich verbesserten qualitativen Heimplatzangebot!

Zu fragen bleibt, ob das gegenwärtige Angebot an Heimplätzen in seiner Differenzierung überhaupt den Erfordernissen und der Lebenssituation der Kinder und Jugendlichen gerecht wird, welche auf „fremde“ Erziehung angewiesen sind.

Die Mehrzahl der untergebrachten Minderjährigen befinden sich in „familiengegliederten“ oder heilpädagogischen Heimen – in Heimen also, die mehr als nur Zwischenstation und Interimshilfe sein, sondern die umfassend und über längere Zeiträume Erziehung leisten wollen. Die Bedarfsentwicklung der letzten Jahre aber zeigt, daß insbesondere für Jugendliche ab 14 Jahren geeignete Erziehungshilfen gegeben sein müssen. Nur noch wenige Kinder kommen früh ins Heim und bleiben dort über 1–2 Jahrzehnte. Wird das Heim zur Auffangstation für Jugendliche, die es zu Hause nicht mehr aushalten (vgl. auch Kap. 5.5)?

Literaturhinweise

Alexander M. Homes: Prügel vom lieben Gott – eine Heimbiographie
Martin Sauer: Heimerziehung und Familienprinzip
Kommission Heimerziehung: Zwischenbericht – Heimerziehung und Alternativen (IGfH)
Gunther Augustin/Hartmut Brocke: Arbeit im Erziehungsheim
Anton S. Makarenko: Ein pädagogisches Poem
Ervin Goffman: Asyle

4 Pflegefamilien: „Vom Regen in die Traufe"?

„Heime sind out – Ersatzfamilien in", so kennzeichneten Bonhoeffer/Widemann schon 1974 den Diskussionstrend um die Aktivierung des Pflegestellenwesens (ebd., S. 9). Gegenüber einer immer mehr angefeindeten Heimerziehung werden die Vorzüge der Unterbringung in der Pflegefamilie neu hervorgehoben. Im Gegensatz zum großen Heim biete diese Form stationärer Erziehungshilfe für die betroffenen Kinder ein hohes Maß an *Überschaubarkeit* sowie zeitlicher und personeller *Kontinuität* und Verläßlichkeit. Sie zeichne sich ferner durch ihre *Nähe zum „praktischen Leben"* aus, und im Vergleich zu den künstlichen Strukturen des Großheims verspricht sie eine *„natürliche Alltagswelt". Familie steht für emotional dichte Beziehungen und Bindungen, für Sicherheit und Geborgenheit.* Von dieser stabilen, schützenden und unterstützenden Ausgangsbasis aus ist es dem einzelnen möglich, sich der Umwelt zu öffnen und sie zu erkunden. „Die" Familie bietet eine „Gegenwelt zur Entfremdung von Arbeit und Öffentlichkeit und damit in ihrer Privatheit ein gesellschaftlich notwendiges Refugium auch zur Stabilisierung emanzipativen Verhaltens" (Thiersch 1977, 89).

Sauer (1979, 130) zufolge liegen die Möglichkeiten der (Pflege-)Familie

- in ihrer *personalen Konzentration* und ihrer Vertrauen ermöglichenden Übersichtlichkeit;
- in ihrer *Intimität,* die jedem Mitglied das Gefühl gibt, „etwas wert" zu sein;
- in der ihr eigenen *Dichte der Kommunikation,* in ihrem familiären Wertsystem, das den öffentlichen Normen von Leistung, Konkurrenzfähigkeit und Verwertbarkeit bisweilen total widersprechen kann und so auch den noch nicht Erwachsenen und den nicht oder nicht mehr Leistungs- und Konkurrenzfähigen zum Zuge kommen läßt;
- in der *Freundlichkeit und Wärme ihres Binnenklimas.*

Diese positive Wertschätzung der Familie befindet sich in bester Gesellschaft mit dem Grundgesetz (Art. 6 GG) und steht im Einklang mit dem positiven Urteil der „staatstragenden" Parteien sowie der Bundesregierung über die vorherrschende Familienform, die Kleinfamilie. Nach dem Grundsatzprogramm der CDU von 1978 z. B. haben sich Ehe und Familie „als die beständigste Form menschlichen Zusammenlebens erwiesen. Sie sind das Fundament unserer Gesellschaft und unseres Staates. ... Weder der Staat noch andere gesellschaftliche Lebensformen können sie ersetzen" (vgl. Sauer 1979).

Sozialdemokratische Familienpolitik hat – laut Beschluß des Parteivorstandes von 1979 – das Ziel, „die sozialen, kulturellen und wirtschaftlichen Bedingungen

Freiwillige vor! „Also wer hat Lust? Kleine Beamtenfamilie, sechstes Kind, Vater Alkoholiker, Mutter hochgradig hysterisch?“ Zeichnung von Olaf Gulbransson, 1913.

dafür zu schaffen, daß ein freies und selbstverantwortlich gestaltetes Zusammenleben der Menschen in Familien möglich ist. Familie und Ehe sind tragende Formen menschlichen Zusammenlebens" (vgl. Sauer 1979).

Auch die Familienpolitik mit ihren Instrumenten familienstützender und -fördernder Maßnahmen bei gleichzeitiger Diskriminierung alternativer Formen des Zusammenlebens beruht auf eben dieser positiven Einschätzung der Familie.

Vom Regen in die Traufe? Kinderzeichnung.

Die unkritische Glorifizierung der Kleinfamilie als die „Keimzelle alles Guten" und die eilfertige und *einseitige Übertragung ihrer Vorteile auf die Pflegefamilie* ist es denn auch, die Autoren wie Bonhoeffer/Widemann, Thiersch oder Sauer auf die Barrikaden bringt: Diese „breite Zustimmung ist noch lange kein Beweis für die Berechtigung der unkritischen Bevorzugung von Familie und familienanalogen Gruppen; ... auf dem Hintergrund historischer Analysen und familiensoziologischer Erkenntnisse kann diese ... nur als verdächtig – als ideologieverdächtig eingeschätzt werden" (Sauer 1979, S. 128). Thiersch ist der Ansicht, daß sich die Diskussion um Pflegestellen zwar mit Recht auf Kritik an der Heimerziehung stützt, jedoch sei es auffällig, „wie rasch und allseits" sich diese Argumentation durchsetzt. Diese Kritik müsse nämlich ihrerseits problematisiert werden, denn „indem Heimerziehung in der Kritik zunehmend ... in der Skala möglicher Interventionen als letzte, möglichst zu vermeidende und besonders fatale Instanz taxiert wird (Familie, dann Beratung, dann Unterstützung, Ersatzfamilie, schließlich Heimerziehung) verrät sich eine negative Voreingenommenheit gegen kollektive Erziehung, die ihren argumentativen Grund hat in einer positiven Voreingenommenheit für Familie".

> Die Kritik an der Heimerziehung orientiere sich „an den Kriterien eines neuen, politisch dezidierten, an gesellschaftlicher Aufklärung, an Aktivierung und Solidarität orientierten Lebenskonzeptes; sie zielte auf Beratungshilfen, auf im Lebensfeld angesiedelten Institutionen und Wohngemeinschaften. Solche Alternativen aber erwiesen sich als politisch unbequem und für die Öffentlichkeit belastend; sie werden zunehmend zurückgedrängt gegenüber den in ihren Möglichkeiten nicht prinzipiell hinterfragten Pflegestellen" (Thiersch 1977, 88).

Ein zugkräftiges Argument für die Pflegestellen und gegen die Heimerziehung liegt auch im *Kostenvergleich beider Fremdunterbringungsmöglichkeiten* begründet. *Pflegestellen sind wesentlich billiger.*

Pflegesätze vom 1.7.1984 (Beispiel Berlin)

A) Dauereinzelpflege

Leistungen für das Pflegekind (monatlich)

Altersstufe 1	0–7 J.	DM	326,00
Altersstufe 2	8–12 J.	DM	472,00
Altersstufe 3	12–15 J.	DM	544,00
Altersstufe 4	ab 16 J.	DM	654,00

Für auszubildende Minderjährige erhöht sich das Pflegegeld um 163,50 DM.

Pauschales Erziehungsgeld		70,00
Pauschale für Ferienreise 1 × jährlich auf Antrag	DM	410,00

B) Heilpädagogische Pflegestelle

Leistungen für das Pflegekind (monatlich)

Altersstufe 1	DM	391,20
Altersstufe 2	DM	566,40
Altersstufe 3	DM	652,80
Altersstufe 4	DM	784,80
Erziehungsgeld	DM	1242,00
Pauschale für Ferienreise 1 × jährlich auf Antrag	DM	410,00

C) Großpflegestelle

Leistungen für das Pflegekind siehe unter A) Dauereinzelpflege

Erziehungsgeld	DM	633,00

D) Wochenpflegestelle

siehe Tagespflegegeld pro Tag

Erziehungsgeld	DM	621,00

E) Kurzpflegestelle

Leistungen für das Pflegekind siehe unter A) Dauereinzelpflege

Erziehungsgeld	DM	621,00
Einmaliger Zuschlag	DM	130,80
Freihaltegeld für Einzelkurzpflege	DM	10,55
für Großpflege pro Tag	DM	21,10

F) Tagespflege

Tagespflegegeld pro Monat	DM	217,30
Erziehungsgeld pro Monat	DM	253,20
Pflegegeld für heilpädagogische Tagespflege pro Monat	DM	260,80
Erziehungsgeld pro Monat	DM	828,00

Tagesgroßpflege

Erziehungsgeld pro Monat	DM	422,00

(Aus: Pflegekinder, Heft 1/1985)

1982 kostete ein Heimplatz in Berlin *pro Tag* im Durchschnitt DM 110,– (vgl. Senator für Schulwesen, Jugend und Sport 1982, 1).

Ein weiterer Grund für die Favorisierung der Pflegefamilien mag auch darin liegen, daß sie gegenüber Jugendamt, Gerichtsbarkeit und den leiblichen Eltern der Pflegekinder relativ rechtlos sind. Dies hat seine Ursachen vor allem in der „Ideologie vom natürlichen Erziehungsrecht der Eltern" (Widemann 1980, 323). Der Pflegefamilie wird vom Prinzip her nur eine *Interimsaufgabe* zugewiesen.

Schließlich lassen sich Pflegefamilien und andere öffentliche Fremdunterbringungsformen hinsichtlich ihrer Artikulationsmöglichkeiten unterscheiden. Familie, das ist oftmals Rückzug aus dem „feindlichen" Leben in die – scheinbare – Kuscheligkeit individueller Beziehungen, die sich angeblich unbeeindruckt von äußeren Einflüssen entwickeln dürfen, Familie wird als eigenständig und privat verkauft. Andere Formen der Jugendhilfe, z. B. Heimerziehung, Kinderhäuser und besonders Wohnkollektive werden von Sozialarbeitern mitgestaltet, „die zu mehreren mit gleichen Problemen am gleichen Ort kooperieren und auf die gleiche Institution gerichtet sind, die also als Gruppe einen natürlichen Machtfaktor darstellen" (Thiersch 1977, 93). Hinzu kommt, daß „die Normalfamilie in Geschichte und Gegenwart (reales oder in idealtypischer Weise erhöhtes) Modell für familienanaloge Ersatzerziehung gewesen ist: Wer sich für das Familienprinzip aussprach, leitete seine Begründungen fast durchweg aus „Erfahrungen" mit der „Normalfamilie" (oder was er dafür hielt ...) ab" (Sauer 1979, 129).

Hinter verschlossenen Türen ...

Die Wirklichkeit der Erziehung in Ersatzfamilien ist kaum bekannt, wenig untersucht, bleibt meist privat: Die Türen bleiben der Öffentlichkeit verschlossen. Regelmäßige Besuche durch den Sozialarbeiter der Jugendämter sind oft nur Form- und Terminsache (vgl. 4.4).

4.1 Die Familie – Eine natürliche Welt?

Es lohnt sich, über die „Natürlichkeit" der Familie als der angeblich besten Erziehungsinstanz nachzudenken. Ihre Vor- und Nachteile treten so deutlicher hervor. Ohne hier eine familiensoziologische Abhandlung leisten zu können, sollen doch einige Hinweise auf unser Verständnis von Familie heute gegeben werden.

Aufgaben der Familie heute

Schon die ursprüngliche Bedeutung des terminus „Familie" zeigt, daß der Familienbegriff zunächst nichts mit individueller Geschlechtsliebe etwa oder mit Gefühlsbindungen von Eltern und Kindern zu tun hatte. Erst die Römer überhaupt führten den von „famulus" = Haussklave abgeleiteten Begriff „familia" als Bezeichnung für den „gesellschaftlichen Organismus" ein, „dessen Haupt Weib und Kinder und eine Anzahl Sklaven unter römischer väterlicher Gewalt, mit dem Recht über Tod und Leben aller, unter sich hatte" (Engels 1971, 67).

Ursprünglich mußte die Familie alle Aufgaben der Existenzsicherung erfüllen: somit Schutzfunktionen für ihre Mitglieder, Gerichts- und Kultfunktion, die Aufgabe der Fortpflanzung und der alleinigen Sozialisation sowie die Funktion der

Produktionseinheit. Von diesen Aufgaben sind der heutigen Kleinfamilie nur die der Reproduktion und die Funktion primärer Sozialisation geblieben; sie ist nicht mehr Produktions-, sondern Konsumtionseinheit. *Diesem Funktionsverlust steht ein Funktionszuwachs der „modernen, isolierten Kleinfamilie" gegenüber:* Mehr als früher ist sie nun *Intimbereich und Bereich emotionalen Rückzugs* aus einer verdinglichten, entfremdeten Arbeitswelt (vgl. Claessens 1980, 149). Immer noch ist sie die *„psychologische Agentur der Gesellschaft"* (Fromm 1971, 17). Als primäre Sozialisationsinstanz und erste Bezugsgruppe bleibt sie der Ort, an dem das Kind zum sozialen Wesen wird, in dem es sich die Normen der Eltern zu eigen macht und so Rollenverhalten lernt. Insofern ist immer noch „die Familie das wesentliche Medium, durch das die ökonomische Situation ihren formenden Einfluß auf die Psyche des einzelnen ausübt" (Fromm 1971, 17). Die Entstehung der Kleinfamilie hatte eine Intensivierung und Emotionalisierung in den Beziehungen ihrer Mitglieder zur Folge. Zum Beispiel haben Gefühle „individueller Geschlechtsliebe" Bedeutung für das Zusammenleben und für Partnerschaft bekommen, die in der Großfamilie als ökonomischem Interessenverband nachrangig waren. Zum Beispiel führte eine *verlängerte Kindheit* zu engeren Bindungen zwischen Eltern und Kindern. Vor allem aber ist die Familie für viele zum *Zufluchtsort* geworden, zur einzigen Möglichkeit, Bedürfnisse nach Liebe, Geborgenheit, Schutz, Glück, Selbstverwirklichung, aber auch Autorität und Macht zu äußern und vielleicht zu befriedigen. Somit hat sie die *Funktion der psychischen Stabilisierung,* der Regeneration für den Arbeitsprozeß und der Kompensation unbewältigter Konflikte. Wie viele andere Autoren schrieb Horst Eberhard Richter ihr eine zu große *Isolierung* von gesellschaftlichen Prozessen zu. „Sie ist im ganzen zu narzißtisch gegen die Umwelt abgeschirmt. Nach innen hin ist ihr Raum zu eng" (Richter 1972, 55). Ihre Mitglieder mißbrauchen sich oft als Objekte wechselseitiger Erwartungen und überzogener Bedürfnisse. Sie überfordern sich gegenseitig, wenn sie hier den Schutz und den Freiraum suchen, welchen sie sonst nirgends finden. Eine kompensatorische Funktion wird allenfalls begrenzt um den Preis neuer familiärer Unterdrückungsverhältnisse möglich. So sah Gottschalch (1972, 39) die Familie als „Treibhaus für autoritäre Charaktere, deren Wesenszüge Unsicherheit, Gefühlskälte, Unterwürfigkeit nach oben und Herrschsucht nach unten sind".

Quelle seelischer Konflikte?

Die Erkenntnis, daß die Kleinfamilie in ihrer Enge und Isolation die Aufgabe der psychischen Stabilisierung ihrer Mitglieder nur selten zu leisten vermag und häufig nicht die Quelle emotionalen Rückhalts, sondern seelischer Konflikte ist, führte viele – vor allem Mittelschichtangehörige – zu dem Entschluß, alternative Lebensformen wie z. B. Wohngemeinschaften zu erproben oder vorzuziehen.

Die Rollen der einzelnen Familienmitglieder haben sich der Entwicklung entsprechend verändert. Autoritätsverlust des Mannes ist die Folge seiner objektiven Lohnabhängigkeit und führt in vielen Familien heute dazu, daß sich der Vater und Mann – ohne wirklich Familienoberhaupt zu sein – an überlieferten Machtpositionen festklammert. Die Stellung und der Einfluß der Frau ist – bei gehobenem Ausbildungsniveau – oft erheblich verbessert. Die Mehrheit der Frauen aber ist nur billige Arbeitskraft auf dem Markt, die bei Krisenzeiten unter Berufung auf

Hausfrauen- und Mutterpflichten früher von Entlassung betroffen ist als der Mann. Überwiegend nur für Frauen in gehobenen Einkommens- und Bildungsschichten gilt die Tendenz: vom Patriarchat zur Partnerschaft.

Ganz wesentlich verändert aber ist die Lebenssituation der Kinder und Jugendlichen: Die Familie heute kann den Heranwachsenden nicht länger allein auf seine spätere Arbeit vorbereiten; Schule und Ausbildungsplatz übernehmen weitgehend diese Aufgabe. Die Kinderarbeit wurde abgeschafft. Oft erst im Alter von 20, manchmal von 30 Jahren, endet mancher Ausbildungsgang und beginnt die produktive Arbeit. So konnte so etwas wie *„Kinder-Kindheit"* entstehen, eine Umwelt, in der sich Erwachsene den Kindern gegenüber bewußt „pädagogisch" verhalten – pädagogisch heißt nun nicht mehr, die unmittelbare Anteilnahme am Arbeitsprozeß zu ermöglichen, sondern den Kindern und Jugendlichen die Orientierung auf eine oft erst sehr viel späteres Arbeitsleben hin zu geben. Bezugnehmend auf diese „Kinder-Kindheit" hält z.B. Hartmut von Hentig die Altershomogenität der Schulklassen für eine „Ungeheuerlichkeit" und für „pädagogischen Widersinn", weil den Kindern so die sinngebenden Figuren der Eltern und Großeltern entzogen seien. – „Wie sie arbeiteten, miteinander umgingen, ihre Welt repräsentierten" (von Hentig 1979, 35), darauf führt er mangelndes Selbstvertrauen und fehlende Überzeugungen bei Kindern heute zurück. Nun sind nach unserer Überzeugung auch Lehrer, Ausbilder und Erzieher „Repräsentanten" einer bestimmten Erwachsenenwelt, und nach deren Überzeugungskraft ist zu fragen. Außerdem bietet die Kleinfamilie als Rückzugs- und Konsumbereich den meisten Kindern ohnehin wenig Gelegenheit, etwas über die Arbeitswelt ihrer Eltern zu erfahren. Die Familie also ist zwar der erste Erfahrungsbereich emotionaler Bindungen für das Kind, schon relativ früh aber nehmen heute neben ihr Gruppen wie Kinderhort oder Eltern-Kind-Gruppe, Schulklasse und Freizeitvereine Einfluß auf die kindliche Entwicklung.

Die Familie als psychosoziale Organisation

„Eins ist zumindestens unwiderleglich, daß (fast) alle Individuen aus Familien stammen" (Claessens/Menne 1977, 315). Allein diese vergleichsweise banale Feststellung über die Familie läßt auf ihre Bedeutung für das Selbstbewußtsein ihrer Mitglieder schließen. Das Erzogenwerden im Kinderheim bedeutete somit schon immer „Anderssein" und weckt bei Kindern in Heimen die Sehnsucht nach der intakten Familie. Je weniger Kontakt zur Herkunftsfamilie besteht, desto unrealistischer wird bei manchem Kind im Heim die Vorstellung von der „guten" Familie. Dabei liegt doch schon in der Stabilität und Konsistenz der intakten Familie, die dem kleinen Kind die nötige Sicherheit bieten kann, der „Keim ihrer Schwäche in späteren Sozialisationsabschnitten". Diese Stabilität bedeutet auch „Überorganisation" und mangelnde Fähigkeit, außerfamiliäre Verflechtungen und rechtzeitige Ablösungsprozesse zu ertragen (Neidhardt 1977, 230). Claessens/Menne (1977, 329) weisen auf den Charakter der *„Zwangsmitgliedschaft"* in der Familie hin und betonen besonders, daß die Kinder nicht „austreten" können. Auch schafft die Familie keine wirklich eigene Kultur, sondern ist in einem hohen Maße sozialer Kontrolle durch Nachbarschaft und Umgebung ausgesetzt, also nur „Bestandteil einer Kultur mit Subkulturen".

Familie als Kombination dreier Handlungssysteme

Die Gruppe „Familie“ wurde von Claessens (1980, 149) als Kombination dreier Handlungssysteme beschrieben. Er unterschied *das Sympathiesystem, das Dominanzsystem und das sachbezogene System.* Ungleich verteilte *Sympathien, Solidarität* und im besten Fall *Liebe* machen einen Teil der Familienbeziehungen aus. Das Augenmerk ist hier auf die Bevorzugung und Benachteiligung der Familienmitglieder zu richten, ist doch das Ideal der Gleichverteilung von Sympathie nur eben ein Ideal. Das *Dominanzsystem* Familie bedeutet ein historisch gewachsenes und veränderbares „Überordnungs-Unterordnungs-Verhältnis“ zwischen den Geschlechtern und ein – angesichts der Idealisierung der Familienerziehung – nur schwer zu veränderndes Gewaltverhältnis zwischen den Generationen. Auf diese „Generationendominanz“ wiesen wir bereits hin: „Schon hier tut sich die Alternative Trauma oder Urvertrauen als Entsetzen vor oder Befreundung mit Welt auf“ (Claessens/Menne 1977, 319). Das *sachbezogene System* Familie arbeitet permanent an der Bewältigung einer Vielfalt von Alltagsaufgaben wie der Regelung der zeitlichen Abläufe, der Schulaufgaben, der Schaffung befriedigender Wohnraumverhältnisse etc.; Funktionen der Familie im engeren Sinn also, die durch ein hohes Maß an Rationalität und Kooperation bzw. Delegation erfüllt werden. Diese drei Handlungssysteme arbeiten in jeder Familie in spezifischer Weise zusammen und gegeneinander.

Claessens/Menne vertraten den Standpunkt, daß die Familie „in der Tat eine Gruppe ist, in der in einem ganz unwahrscheinlichen Maße Außenkonflikte kompensiert werden können, ohne daß die Familienstruktur sich verändert“, z. B. bei eintretender Arbeitslosigkeit des/der Hauptverdiener(s) (ebd., 328). Die Familiengruppe ermögliche in hohem Maße die „Innenaustragung von Außenkonflikten“. Dieser Ansicht können wir uns nicht ganz anschließen. Vielmehr glauben wir, daß das Sympathie- und Solidaritätssystem, welches Familie darstellen kann, nur bis zu einem von Familie zu Familie sehr unterschiedlichen Grad Außenkonflikte auffangen und verarbeiten, für Frustrationen in Beruf und Schule entschädigen und ihre Mitglieder psychisch stabilisieren kann. Die Familienstruktur mag sich – zunächst – äußerlich nicht verändern, das „Innenleben“ und die „emotionelle Ökonomie“ familiärer Interaktion aber wird durch Störungen von außen erheblich belastet. Das falsche Ideal der Familie als „selbstgeschaffener Welt“ (Hess/Handel 1975, 14) schafft vielmehr erst die Voraussetzungen dafür, sich bei eintretenden Außenkonflikten möglicherweise ein kollektives Abwehrsystem als Schutz aufzubauen.

Familie als Schonwelt

Derartige *„familiäre Charakterneurosen“* (Richter 1970, 62) mit verzerrter Realitätswahrnehmung finden sich u. a. bei der „angstneurotischen Familie“, die sich in eine Schonwelt flüchtet und deren Innenleben dem eines Sanatoriums gleicht; ein anderer Typus ist die „paranoide Familie“, die sich – einer Festung gleich – in kritikloser Selbstgerechtigkeit, durch mißtrauische Abschirmung und einer eigenen Gruppenideologie vor der Realität schützen muß. Als drittes Modell einer „charaktergestörten“ Familie nannte Richter die „hysterische Familie“, deren Theaterhaftigkeit und Unechtheit auffällig sei (ebd., 108). Wahrscheinlich gibt es noch weitere Typen realitätsverleugnender, „selbstgeschaffener“ Familienwelten, die durch die Isolation der bürgerlichen Kleinfamilie und durch deren Überforderung als einzigem emotionalen Bereich gefördert werden. Das häufigste Beispiel gestörter Familienbeziehungen aber ist die „symptomneurotische Familie“: Sie muß, um ihr inneres Gleichgewicht (wieder-)herzustellen, *ein* Mitglied zum Symptomträger ihres Leidens „organisieren“. Dieses sozial oder psychisch auffällige Mitglied wird dann gemieden, isoliert, ausgestoßen; dieses „Opfer“ (ebd., 60) dient den anderen als Projektionsfläche der eigenen verleugneten Schuldvorstellungen und Ohnmachtsgefühle; es wird gleichsam zum Ventil der Familie, die nur so ihre Spannungen aushalten kann. Ohne tieferer psychoanalytischer Deutung zu bedürfen, findet eine solche „Organisierung eines Opfers“ auch häufig in solchen Familien statt, in welchen die Eltern ihre aufgestauten Aggressions- und Ohnmachtsempfindungen – angesichts einer unbefriedigenden Arbeitssituation oder Arbeitslosigkeit etwa – gegen ein Kind als dem schwächsten Glied der Familie richten. Offensichtliche oder weniger deutliche Rollenzuschreibungen zum „identifizierten Patienten“ der Familie sind aber immer auch möglich wegen der engen Privatheit der Familie und ihres spezifischen Dominanzsystems, das dem „Opfer“ ein Entrinnen unmöglich macht.

Ohne die gesellschaftliche Bedingtheit und Eingebundenheit der Familie ausreichend zu berücksichtigen, beschrieben Hess/Handel „Familienwelten“ und die Interaktion ihrer Mitglieder in analytischer Weise. Zunächst benannten sie zwei Prinzipien als Voraussetzung ihrer Betrachtungsweise:

1. die innerpsychische Organisation eines jeden Familienmitglieds ist ein Teil der psychosozialen Struktur seiner Familie;
2. das einzelne Mitglied versucht, in seiner Familie die von ihm gewünschte funktionelle Atmosphäre zu erlangen (Hess/Handel 1975, 16).

Die komplexen Vorgänge und interaktionellen Leistungen einer Familie beschrieben sie wie folgt:

- Jede Familie erstellt ein Schema für Getrenntheit und Verbundenheit:
  die fundamentale Dualität des Familienlebens von „Getrenntheit“ und „Verbundenheit“ – *Distanz und Nähe im Zusammenleben* – ist wesentlicher Bestandteil der Familie. Entscheidend dabei ist, in welcher Weise damit umgegangen wird und inwiefern eine Übereinkunft und Zufriedenheit in bezug auf „Dichte“ und „Unverbundenheit“ besteht. Jede Individualität braucht ihren persönlichen Freiraum, gleichzeitig aber „kann kein Menschenkind ohne Bindungen überleben“ (ebd., 18).
- Jede Familie erstellt eine zufriedenstellende Kongruenz der Bilder:
  Damit ist gemeint, daß jeder ein Bild davon hat wie er selbst ist, was die anderen Familienmitglieder für ihn darstellen und was ihm die Familie als Gesamtheit bedeutet. Darüber hinaus besitzt jeder ein „Ich-Ideal“ und hat auch eine Idealvorstellung davon, wie die anderen (für ihn) sein sollten. Der Begriff „Bild“ entspricht durchaus dem, was Richter unter „Rolle“ versteht. Diese *Bilder davon, wie man füreinander sein will und soll,* können natürlich sehr unterschiedlich sein (Fremdbild-Selbstbild-Divergenzen). Familienleben ist somit auch ein Prozeß, eine ausreichende Kongruenz der Bilder herzustellen. Diese Kongruenz

der Bilder wird in keiner Familie vollständig erreicht, aber die Bemühung um Kongruenz ist die Triebfeder für Interaktion. Sehr bedeutsam folglich ist, wie groß die Toleranz gegenüber „Bild-Inkongruenzen“, Abweichungen und Unterschieden, ist; dieser Grad der Toleranz ist zugleich Grad des Familienkonsensus.

- Jede Familie entfaltet Interaktionsweisen zu zentralen Belangen und *Themen der Familie:*
  Das „Thema“ bedeutet erstens ein Muster von Gefühlen, Ansichten, Motiven und Wunschvorstellungen, zweitens beinhaltet es eine bestimmte Auffassung von der Wirklichkeit und der Art, mit ihr umzugehen. Drittens ist es eine postulierte Norm, die auch Druck auf den Einzelnen ausübt. Das Thema einer Familie zeigt deren Vorstellungen von „Wie sind wir?“ und „Wie arbeiten wir daran?“ (dies., 26). Was Richter als den „Charakter“ der Familienneurose bezeichnet, ist demzufolge das Thema eines Familiensystems (z. B. „Das Sanatorium“).
- *Jede Familie setzt Grenzen für ihre Erfahrungswelt fest:* Nach Hess/Handel konstituiert eine Familie einen eigenen Lebensraum und eine eigene Welt; sie begrenzt somit den Raum der Erfahrungswelt, der für das einzelne Mitglied akzeptabel ist. Als Maßstäbe dieser Erfahrungswelt benennen die Autoren das Kriterium der „Eigensteuerung“ der Individuen, die Intensität der Erfahrungen (tief/flach, spontan/gezügelt), die Extensität der Erfahrungen (Aktionsradius, Vielfalt der Interessen und sozialen Kontakte etc.) und die Tendenz, Erfahrungen zu evaluieren, d. h. Wertkriterien zu verinnerlichen.
- Jede Familie behandelt wesentliche biosoziale Fragen des Familienlebens: Welche Funktionen werden jedem Geschlecht übertragen, welche Eigenschaften ihm zugeschrieben, wie wird Geschlecht bewertet? Wie wirkt sich die Stellung der Eltern als Autoritätspersonen im Umgang mit den Kindern aus? Wieviel Respekt haben die Erwachsenen vor der Welt des Kindes?

Diese fünf von Hess/Handel benannten interaktionellen Leistungen der Familie scheinen uns ebenso bedeutsam für und übertragbar auf jeden anderen Erziehungs- und Lebenszusammenhang.

Elternmacht und Recht

Eventuellen Emanzipationsversuchen von Kindern gegenüber ihren Eltern sind schon allein durch die Gesetzgebung enge Grenzen gesetzt, denn die Grenzen elterlicher Sorge (bis 1. 1. 1980: elterliche Gewalt) sind im wesentlichen nur durch den § 1666 BGB (Gefährdung des Kindeswohls) markiert.

„Aber nur in Ausnahmesituationen kommt es hierdurch zur Begrenzung der elterlichen Sorge, denn Formulierungen der Gerichte, daß ein Mißbrauch erst vorliege, wenn die Entscheidung des Personensorgeberechtigten ‚willkürlich, böswillig oder doch so unverständlich sei, daß sie sich in keiner Weise rechtfertigen lasse‘, sind keine Seltenheit. Diese schier schrankenlose Rechtsposition bedingt auch die geringe Anzahl von Eingriffen in das Sorgerecht (1976: 6175). Trotz der häufig negativen Situationen, die dadurch entstehen können, sehen viele Gerichte unter Hinweis auf das Elternrecht des Art. 6 (2, 3) GG keine Möglichkeit umfangreicher Eingriffe“ (Münder 1980a, 119).

Letztlich handelt es sich bei diesem Problem also darum, ob einem Minderjährigen im Rahmen einer zugestandenen Grundrechtsmündigkeit eigene Rechtspositionen gegenüber den Personensorgeberechtigten zugestanden werden können. Das Erziehungsrecht der Eltern wird allgemein als ein Naturrecht oder vorkonstitutionelles Menschenrecht definiert. Dieses immer wieder als „natürlich" idealisierte Elternrecht ist aber nur als Abwehrrecht gegenüber staatlichen Eingriffen im Grundgesetz verankert, es „arrangiert nicht die Arena für den Zweikampf zwischen Eltern- und Kindesrecht" (Simitis 1974, zit. nach Münder 1980b, 87). Daß dem in der Praxis nicht so ist, verdeutlichen u. a. die jahrelangen Auseinandersetzungen um die Ausgestaltung eines „neuen" Jugendhilfegesetzes. Auch hier zeigte sich, daß „vorrangig ganz allgemein die Familienerziehung im Vordergrund vor der Interessenlage des Minderjährigen steht" (Münder 1978, 199). Dabei wird vielfach übersehen, daß ein großer Teil des Jugendhilfeklientels gerade an und in den Familienverhältnissen scheitert. Zwar wird im Referentenentwurf von 1977 Kindern und Jugendlichen ein allgemeines Beteiligungsrecht (§ 9) sowie ein Antragsrecht bzw. ein Recht auf Beendigung der Jugendhilfeleistungen eingeräumt (§ 6 Abs. 2 und § 13 Abs. 3), jedoch sind diese Rechte größtenteils nur im Einvernehmen mit den Erziehungsberechtigten auszuüben bzw. können auf deren Wunsch auch gegen den Willen der Minderjährigen erbracht werden.

Kurios ist auch die Tatsache, daß Jugendberatungsmaßnahmen (§ 28 Abs. 3), Kinder- und Jugenderholung (§ 26 Abs. 2) und die Bereitstellung von Spiel- und Erfahrungsräumen unter die „Förderung der Erziehung in der Familie" fallen. Ja selbst die Kindergartenerziehung und die Jugendarbeit werden bei der Beschreibung der Jugendhilfeaufgaben der „Erziehung in der Familie" untergeordnet (vgl. § 3 Abs. 1 Nr. 2). Schließlich fällt sogar der § 32 (Inobhutnahme und Rückführung von Kindern und Jugendlichen) unter die Bestimmungen über die familienunterstützenden Maßnahmen. Daß der Referentenentwurf sich in extremer Form an der intakten Familie orientiert und es gleichzeitig unterläßt, Minderjährige auch in der Familie als selbständige Grundrechtsträger zu begreifen, hängt wohl weniger damit zusammen, daß Jugendhilfeleistungen ansonsten die heiligen Rechte der – imaginären – heilen Familie untergraben würden (Stichwort: fortschreitende Tendenz der Vergesellschaftung von Erziehung); vielmehr würden solche *direkten* einklagbaren (!) Erziehungsleistungen für Minderjährige mehr Geld kosten (vgl. Münder 1978, 200ff.).

Familie und „autoritärer Charakter"

Festzustellen bleibt, daß (gesellschaftlich vermittelte) Beeinträchtigungen von Minderjährigen in Familien, wie sie hier mehrfach angedeutet wurden, nur die „Spitze eines Eisberges" von Herrschaft, Übermacht und Fremdbestimmung darstellen. Denn weitaus weniger offenkundig, aber in ihrem Resultat erfolgreicher ist die Vermittlung eines „autoritären Charakters" durch die Familie, wie Horkheimer u. a. den Vorgang beschrieben haben, in dem nicht nur die Kritikfähigkeit und die Autonomiebestrebungen eines Menschen von frühester Kindheit an kleingehalten werden, sondern seine Unterwerfung unter die gegebenen gesellschaftlichen Machtstrukturen vorbereitet wird.

In Anlehnung an Freuds Persönlichkeitsmodell geht die Autoritätsstudie von Horkheimer u. a. (1936) davon aus, daß das Kind mangels Lebenserfahrung und Kritikfähigkeit zunächst die Eltern als Ideale ansieht und sie deshalb im Sinne der Über-Ich-Bildung in sich aufnimmt.

„Durch diesen Akt der Projektion des Über-Ichs auf die Autoritäten werden diese weitgehend der rationalen Kritik entzogen. Es wird an ihre Moral, Weisheit, Stärke in einem von ihrer realen Erscheinung bis zu einem hohen Grade unabhängigen Maße geglaubt. Dadurch aber werden diese Autoritäten umgekehrt wiederum geeignet, immer von neuem verinnerlicht zu Trägern des Über-Ichs zu werden" (Fromm, Sozialpsychologischer Teil, in: Horkheimer u. a., S. 84f.).

Keine andere erzieherische Macht ist derart in der Lage, die spätere Fähigkeit des Menschen auszubilden, an Autoritäten zu glauben, wie die Familie. Hier muß Autorität nicht begründet oder erzwungen werden, und viele alltägliche Handlungen wirken aufgrund des Ausgeliefertseins des Kindes autoritär prägend.

„Die vermeintliche Harmlosigkeit des familiären Nebeneinanders von unbewußter Macht und Ohnmacht, die Selbstverständlichkeit, in der es stattfindet, und die teilweise Kompensation durch Liebe und Freundlichkeit – all dies erklärt die hervorragende Bedeutung, die der Familie für die Tradierung der autoritären Gesellschaftsstruktur zukommt" (Schmidt-Relenberg u. a. 1976, 89).

Dadurch, daß in der heutigen Kleinfamilie die reale Interessensolidarität weitgehend zurückgetrieben ist, „erhält der Machtanspruch der Autoritätsperson oder -instanz erhöhte und gefährliche, weil unkontrollierbare Qualität. Bei der Kindererziehung führt das zu einer frühzeitigen autoritätsgebundenen Prädisposition, die sich später auf das gesamte Verhältnis zu Staat und Gesellschaft auswirkt" (Weber-Kellermann 1974, S. 189). Autorität tritt verschleierter, anonymer in Form von „Sachzwängen", „Produktions- und Verwaltungsnotwendigkeiten" auf.

„Je mehr die Abhängigkeit von der Familie auf eine rein psychologische Funktion in der Seele des Kleinkindes reduziert wird, desto abstrakter und unbestimmter wird sie im Bewußtsein des Heranwachsenden; nicht selten entwickelt sich daraus eine allgemeine Bereitschaft, jede beliebige Autorität zu akzeptieren, wenn sie nur stark genug ist" (Horkheimer 1960, 81).

Die psychische Folge des Sichfügens ist aber nicht nur die nackte Bewunderung des Mächtigen, sondern auch die Verinnerlichung sadomasochistischer Charakterzüge („Radfahrertyp"). Horkheimer stellt fest, daß der Mangel an konkreten „inhaltlichen" Beziehungen zwischen Eltern und Kindern den Menschen zu potentiell faschistischem Verhalten prädestiniert, analog der Situation, daß in einem totalitären Staat die innere Beziehung zwischen Befehlenden und Gehorchenden fehlt. Dagegen zeigt sich deutlich, daß die „Familie als Realität die verläßlichste und erfolgreichste Gegeninstanz gegen den Rückfall in die Barbarei ist, von dem jedes Individuum während seiner Entwicklung bedroht wird" (ebd., 89). Daß die Autoritätshörigkeit kein Sonderfall, sondern Merkmal des durchschnittlichen Menschen ist, zeigen die Experimente, die Milgram zur Demonstration der Fixierung auf sich sachkompetent gebende „Autoritäten" (Wissenschaftler) durchführte, in denen „rechtschaffende Bürger" zu Folterknechten wurden (vgl. die Darstellung des Milgram-Experiments in: Legewie/Ehlers 1978, 202f.).

Vielleicht können alternative Lebensformen wie Kinderkollektive und Großfamilien den psychischen Deformationen und autoritären Normierungen entgegenwirken, die in der Kleinfamilie erlitten werden. Wenn familiäre Autoritätsausübung bis hin zu Kindesmißhandlungen aber immer noch als etwas fraglos Übliches angesehen werden (vgl. Wolff 1975, 25), bleiben kollektive Versuche einer gewaltfreien und machtlosen Erziehung selten; man denke auch an die „Diskussionen" um die antiautoritäre Erziehung.

Wenn in einer Lebensgemeinschaft einmal nicht zu absolutem Gehorsam und zur blinden Anerkennung staatlicher Gewalt erzogen wird, muß auch schon mal ein Familiengericht eingreifen, um ein Kind aus einem solchen Lebenszusammenhang herauszureißen. In der „tageszeitung" vom 16. 12. 1982 fand sich folgendes Beispiel:

Nur gesetzestreue Eltern dürfen Eltern sein

Besetztes Haus gefährdet Kindeswohl

Mutter politisch ungeeignet

„Die fünfjährige Krisztina ist ein fröhliches, gut entwickeltes Kind mit einer positiven Beziehung zur Mutter", schreibt das Jugendamt. „Die Mutter hat sich sehr um das Kind gekümmert und an seinem Wohlergehen Anteil genommen", berichtet die Kitaleiterin. Man möge doch das fünfjährige Mädchen nicht aus seinem Zusammenhang reißen, in dem es ihm sehr gut geht, plädiert auch der Pastor. „Das Kind wird von der Mutter ausreichend versorgt, diese ist dem Kind liebevoll zugewandt", meint auch der Familienrichter. Dennoch soll Krisztina K. von ihrer Mutter getrennt werden. Der Grund: Krisztina lebt mit ihrer Mutter Andrea in einem besetzten Haus in Berlin und das Leben in einem besetzten Haus – so entschied das Familiengericht Charlottenburg – stellt eine „aktuelle Gefährdung" für ein Kind dar. Dabei dachte der Richter nicht etwa an eine polizeiliche Räumung, sondern an eine sittliche Gefährdung. „Das Gericht sieht aber auch den Umstand, *das das Kind in einer Umgebung aufwächst, in der Personen leben, deren Verhältnis zu bestimmten Gesetzen nicht dem entspricht, was vom Gesetzgeber von allen Bürger verlangt wird. Es besteht insoweit die Gefahr, daß das Kind mangels entsprechender Anleitung und durch das tägliche Beispiel nicht lernt, staatliche Gesetze auch dann zu befolgen, wenn es sich im Einzelfall persönlich – aus welchen Gründen auch immer – nicht mit dem Gesetz einverstanden erklärt",* so heißt es in einem Beschluß des Familiengerichts. Wenn Krisztinas Mutter nicht aus dem besetzten Haus auszieht, soll sie das Sorgerecht verlieren. Krisztina müßte dann zu ihrem Vater nach München – den sieht sie bisher im Zuge der vereinbarten Besuchsregelung zwar nur einmal im Jahr, von dem spricht sie zwar fast nie – aber der ist ein gesetzestreuer Mann. Seit zwei Jahren ist Andrea K. von ihrem Mann geschieden, das Sorgerecht für das gemeinsame Kind, Krisztina, wurde damals eindeutig ihr zugesprochen. Bis Anfang dieses Jahres ging auch alles gut; das Kind lebte bei der Mutter, für vier Wochen im Jahr durfte der Vater es zu sich nehmen.

Im März dieses Jahres zogen Andrea und Krisztina K. in die besetzte „Villa Kunterbunt". Dieser Umzug war für den Vater Anlaß, beim Familiengericht eine Änderung des Sorgerechts zu beantragen. *Zwar erkennt auch er an, daß zwischen Mutter und Kind eine enge, herzliche Beziehung besteht, aber das Leben im besetzten Haus und der Erziehungsstil der Mutter seien für das Wohl des Kindes schädlich.*

Mit seinem Antrag setzte er eine umfangreiche Maschinerie in Gang: vom Jugendamt wurd ein Bericht angefordert – mit einem für den Vater negativen Ergebnis: man sehe keine Veranlassung zur Abänderung des Sorgerechts. Mutter und Kind lebten in dem besetzten Haus in geordneten Verhältnissen. Die Anwesenheit *mehrer Bezugspersonen* in dem Haus habe sich für das Kind auch nach Angaben der Kitaleiterin überaus positiv bemerkbar gemacht. In einem mehrseitigen Brief an das Familiengericht setzte sich auch der Pastor der Gemeinde, der die Patenschaft für das besetzte Haus übernommen hat, dafür ein, daß Andrea und Krisztina in der „Villa Kunterbunt" wohnen bleiben sollten. Der Familienrichter setzte eine umfangreiche Befragung der „Betroffenen" an. Was sie denn täte, wenn die Polizei das besetzte Haus räumen würde, wurde Krisztina u.a. vom Richter befragt. „Die Türen rot anmalen, damit die Bullen rote Hände kriegen" hatte die Fünfjährige geantwortet, wobei der

Richter hinterher vermerkte, daß das Kind den Ausdruck „Bullen“ benutzt hatte. *Wie sie zum Gesetz und zu unserem Staat stehe, wollte der Richter dann auch von der Mutter wissen.*

Vier Wochen nach der Befragung kam dann per Post der Beschluß des Familiengerichts: *„Das Gericht sieht in dem Umstand, daß die Kindesmutter mit dem Kind in ein besetztes Haus gezogen ist, einen Sachverhalt, der geeignet ist, das Wohl des Kindes zu beeinträchtigen.* Die Kindesmutter erkennt offenbar nicht, daß ihr Verhalten den Straftatbestand des Hausfriedensbruchs erfüllt.“ Eine Chance sollte Andrea K. allerdings noch haben, um ihre politische Eignung als Mutter zu beweisen: „Den Auszug aus dem besetzten Haus würde das Gericht so werten, daß die Kindesmutter ihre Aufgabe, das Kind so zu erziehen, daß es bei Volljährigkeit nicht in einen Zwiespalt gestürzt wird, Gesetze zu befolgen oder nicht, erkannt hat und die notwendigen Folgerungen aus dieser Einsicht zieht.“ Drei Monate Zeit wollte das Gericht Andrea K. geben, sich als „richtige Mutter“ zu bewähren, dann sollte endgültig entschieden werden.

Doch auch mit dem geforderten Auszug aus dem besetzten Haus will sich der Vater nun nicht mehr zufriedengeben. Mit einer Beschwerde beim Kammergericht erreichte er, daß das Gericht nun schon in den nächsten Tagen entscheiden muß. Aus der Begründung der Anwälte des Vaters: *„Selbst wenn die Kindesmutter ausziehen sollte, so bleibt sie aufgrund ihrer eindeutigen und von ihr nicht verhehlten Überzeugung weiter dem Hausbesetzermilieu verbunden. Erforderlich ist nicht nur eine räumliche Änderung, sondern letztlich auch eine Änderung der Erziehungsziele der Kindesmutter.“ Wie die Erziehungsziele des Vaters aussehen, berichtete Krisztina u. a. nach ihrem letzten Besuch bei ihrem Vater in München: sie habe all ihre Kleidungsstücke aus Berlin ablegen und neue anziehen müssen. Gegen ihren Willen seien ihr die Haare, die sie selbst mit Henna gefärbt hatte, abgeschnitten worden.*

Vera Gaserow

Aus: „die tageszeitung“ v. 16. Dezember 1982, S. 1f., Hervorhebungen der Autoren

4.2 Pflegefamilie und Pflegekind: Probleme der Integration

Auch wenn mit der Schichtzugehörigkeit eines Menschen „in der Regel eine Reihe typischer Einstellungen und Verhaltensweisen verbunden ist“ und mit diesen Variablen „die Lebensbedingungen für das Kind entscheidend vorgegeben sind“ (Blandow 1972, 109ff.), so sind die Daten zur *Schichtzugehörigkeit von Pflegeeltern* widersprüchlich. Während Blandow in einer lokalen Erhebung zeigte, daß die weitaus überwiegende Zahl der Pflegeeltern den unteren Sozialschichten angehört (ebd., 110ff.), kommen Junker u. a. (1978, 19) in einer bundesweiten, regional repräsentativen Befragung von 440 Pflegeeltern zu dem Ergebnis, daß diese überdurchschnittlich häufig in oberen Bildungsrängen angesiedelt sind und sich ihre finanzielle Situation „als überdurchschnittlich günstig“ erweist. Wenn man nach diesen neueren Erhebungen eine Mittelschichtzugehörigkeit der Pflegefamilien annimmt, kommt die dortige Unterbringung von – besonders älteren – Unterschichtkindern in ihren Auswirkungen einem lebensgeschichtlichen Einschnitt gleich. In der neuen Familie findet das Pflegekind häufig ein anderes Beziehungs-, Rollen- und Sprachverhalten vor. Die oftmals bessere ökonomische Situation eröffnet ihm unter Umständen auch neue Schul- und Berufsperspektiven. Eine Eingliederung kann also Hoffnung auf Beseitigung schichtspezifischer Benachteiligungen und geringerer Lebenschancen wecken, verlangt jedoch vom Kind die Aufgabe alter Gewohnheiten und die Anpassung an das jetzige soziale Umfeld. Die Gefahr liegt nahe, daß das Pflegekind in einen *Identitätskonflikt* gerät, der noch erheblich verstärkt wird, wenn eine Rückkehr in die Herkunftsfamilie in Frage kommt. Die Bewältigung dieses Spannungsfeldes wird u. a. davon abhängen, ob die

Pflegefamilie „personale Bezüge und ein Lernfeld anbieten kann, das offen ist für andere Werte, Normen und Lebensweisen, ob also wahlweise Solidarität und Identifikation möglich sind" (Kommission Heimerziehung 1977, 235).

Aufnahmemotiv der Pflegeeltern

Damit die Sozialisation in einer Pflegefamilie überhaupt glücken und lebensfähig machen kann, muß „mit zunehmendem Schädigungsgrad der Kinder eine große Toleranz der sie aufnehmenden Erwachsenen und ihrer unmittelbaren Umwelt gegenüber abweichendem Verhalten" vorhanden sein. „Die eigenen Normen mögen dabei heißen wie sie wollen" (Bonhoeffer 1974, 136).

In diesem Zusammenhang weisen wir auf die Untersuchungsergebnisse von Blandow (1972) hin, der in seiner Verlaufsanalyse von Pflegeverhältnissen auf die problematischen Aufnahmemotive – speziell der Pflegemütter – aufmerksam gemacht hat. Bei nahezu der Hälfte der untersuchten Pflegschaften lösten egoistische und teilweise neurotisch-emotionale Wünsche die Bereitschaft aus, ein Kind aufzunehmen. Tauchen eigene Mangelgefühle auf, werden zwangsläufig Ansprüche an das Pflegekind geltend gemacht, welche dieses nicht einzulösen vermag. Dann werden Rollen und Verhaltensmuster von ihm erwartet, die nicht mehr gestatten, die eigentlichen Bedürfnisse des Kindese zu erkennen und zu befriedigen. Zum Beispiel soll das Kind

- zum „Retter" aus einem gestörten, inhaltlosen Ehe- oder Familienleben oder
- zum Ersatz bzw. Spielkamerad für ein eigenes oder verstorbenes Kind werden oder
- der Bestätigung dienen, wo die Rollenerwartung an eine „vollwertige Frau" nicht erfüllt ist, bzw. als Mittel, eigene Mangelgefühle auszugleichen (vgl. Blandow 1972, 57ff., 128).

Naheliegend ist, daß sich Pflegeeltern oft an der Vorstellung einer „natürlichen", „intakten" Familie orientieren. So versuchen laut Blandow mindestens 50% der Pflegemütter die Rolle der „natürlichen Mutter" zu übernehmen. Nach unserer Auffassung ist ein solches „Mutterkonzept" kritisch zu hinterfragen, da es vom Kind oftmals Gegenleistungen in Form emotionaler Zuwendung und Bestätigung der Elternrolle verlangt. *Überforderungen* für das Kind bleiben da nicht aus, denn Heranwachsende, die – zum Teil schon mehrmals – aus bewußt erlebten, engeren affektiven Bindungen herausgerissen wurden oder aber überhaupt keine tragfähigen Beziehungen entwickeln konnten, sind nicht in der Lage, Erwartungen identifikatorisch zu übernehmen und leisten nur schwer Triebverzicht. Damit fehlt ihnen zugleich ein entscheidender Mechanismus sozialer Anpassung.

Emotionalität gegen Wissen?

Wir plädieren deshalb für ein mehr *professionelles Selbstverständnis von Pflegeeltern,* denn je mehr nur die emotionale Komponente in der Beziehung zum Kind betont wird, desto größer wird auch die Verletzbarkeit des Gefühls und die Betroffenheit beim Ausbleiben von Erfolgen sein. Erfolge stellen sich, aber in der

Regel nicht so schnell ein. Nach der Repräsentativerhebung von Junker u. a. haben nach Angaben ihrer Pflegeeltern bereits 49% der Pflegekinder der untersuchten Stichprobe in mindestens einem Heim gelebt und 22% in mindestens einer anderen Pflegestelle. Während ihres ersten Lebensjahres waren immerhin 28% der Kinder in Heimen untergebracht. 10% sollen von ihren Eltern mißhandelt worden sein, 29% der leiblichen Eltern wurde das Sorgerecht entzogen, 41% der Kinder seien von den Eltern vernachlässigt oder verlassen worden (Junker u. a. 1978, 24ff.). Nur 19% der Kinder wurden innerhalb ihres ersten Lebensjahres in Pflege gegeben und hatten somit die Chance, den Verlust einer Bindung frühzeitig und weniger schmerzhaft zu kompensieren. Diese wenigen Zahlenangaben zeigen schon, daß ein Großteil der in Pflegefamilien untergebrachten Kinder vorher mehrfachen Belastungen ausgesetzt war. Die psychischen Folgen häufiger Trennungserfahrungen bedeuten oft ein Maß an emotionalen Schädigungen, das dem Kind den Integrationsprozeß in die Pflegefamilie ganz erheblich erschwert.

Die begrenzte Fähigkeit, emotionale Bindungen eingehen zu können, wird eine Familie, die sich vielleicht ein „rosiges Baby“ als Nachwuchsersatz wünscht, sehr belasten. Denn für das sozial geschädigte Kind sind seine Verwahrlosungssymptome eine „Überlebenschance“, sie sind der „wertvollste Besitz“, „der Panzer“, und werden solange nicht aufgegeben, bis es die reale Erfahrung neu macht, daß sich eine Bindung an eine Person lohnt und Beachtung und Anerkennung nicht durch auffälliges Verhalten erkauft werden müssen (vgl. Mehringer 1982, 89).

Hinzu kommen die mangelnde Fähigkeit solcher Kinder, sich in anderer Leute Bedürfnisse einzufühlen, und ihre egoistischen Verhaltensweisen, die sich aus ihren Gefühlen und Erlebnissen erklären lassen, *ständig zu kurz gekommen* zu sein.

„Die Kinder sind solange „affektiv unersättlich“, und man hat immer das Gefühl, das Nachfüttern mit Geborgenheit, Sicherheit gelingt nicht mehr ganz. Es bleibt eine Unfreiheit, Unsicherheit, ein autistisches Verhalten. Sie haben es, größer werdend, immer nötig, immer wieder in aufregender Weise auf sich aufmerksam zu machen. Das zeigt sich beim Spiel und Zusammenleben mit anderen. Sie streiten übermäßig viel, wollen alles haben, was die anderen haben, zeigen sich „boshaft“, zerstören gern, ordnen sich nicht ein“ (Mehringer 1967, 22).

Die „Institution Kleinfamilie“, welche für ihre Mitglieder der Ort emotionaler Sicherheit sein soll, ist jedoch heute selbst erheblichen Belastungen ausgesetzt (vgl. Kap. 4.1). Durch die Aufnahme eines Pflegekindes kann es in vielen Familien zu weiteren Störungen und Verunsicherungen kommen, denn der Eingliederungsprozeß ist vielschichtig und erfordert von allen Familienangehörigen Rücksichtnahme, Toleranz und Flexibilität. Pflegekinder, die einen häufigen Wechsel und Verlust von Bezugspersonen und Wertvorstellungen erlebt haben, werden der ihnen in der Pflegefamilie nun angebotene Zuwendung anfangs mit Mißtrauen oder gar Ablehnung begegnen. Aus Schutz vor weiteren Enttäuschungen können sie den neuen Eltern und Geschwistern zunächst kein Vertrauen und keine Liebe entgegenbringen, sondern reagieren aggressiv, abwehrend oder gleichgültig. „Das Kind ist in einem Teufelskreis gefangen: Die Angst vor der Wiederholung der erfahrenen Ablehnung hindert es, auf das Liebesangebot einzugehen; da es aber so heftig abwehren muß, wonach es sich eigentlich sehnt, wird die Interaktion als eine Neuauflage der früher erlebten Zurückweisungen wahrgenommen, ist extrem frustrierend und löst Aggressivität aus“ (Muss 1973, 81ff.).

Heilpädagogische Pflegestellen

Was ist eine heilpädagogische Pflegestelle?

- Seit 1973 gibt es in Berlin heilpädagogische Pflegestellen (Sonderpflege).
- Die *heilpädagogische Pflegestelle* ist eine Form der Freumdunterbringung von Kindern, in der die Pflegeperson(en) fachlich qualifizierte Voraussetzungen haben muß, um mit den Schwierigkeiten besonders geschädigter Kinder umgehen zu können. Durch Vorhandensein einer dauerhaften Bezugsperson gerade für diese Kinder sollen weitere psychische, soziale und intellektuelle Schäden vermieden und abgebaut werden. Bei vielen dieser Kinder ist es dringend empfehlenswert, daß auch sie die Möglichkeit haben, in einer familiären Atmosphäre aufzuwachsen.
- Die *heilpädagogische Pflegestelle* ist eine Alternative zur Heimerziehung und sollte nicht als Konkurrenz zu dieser gesehen werden.

Welche Kinder kommen in Betracht?

Kinder, die aufgrund ihrer geistigen, körperlichen und/oder seelischen Verfassung nicht in einer normalen Pflegefamilie untergebracht werden können und einer besonders intensiven Zuwendung bedürfen.

Das sind z.B.
- Kinder mit starken Verhaltensauffälligkeiten (z.B. Aggressivität, Depressionen, Lernstörungen, Distanzlosigkeit, Kontaktschwierigkeit;
- Kinder mit seelischen Behinderungen (z.B. mißhandelte Kinder);
- Kinder mit körperlichen Behinderungen;
- Kinder mit geistigen Behinderungen;
- Kinder mit erheblichen Entwicklungsstörungen.

Durch ein Gutachten wird festgestellt, ob ein Kind aufgrund seiner Entwicklungsgeschichte oder seiner besonderen Bedürfnis- und Problemlage einer besonders qualifizierten Pflegestelle bedarf. Das Gutachten wird in der Regel durch die Erziehungsberatungsstelle des Jugendamtes erstellt.

Welche Voraussetzungen müssen Pflegepersonen erfüllen?

- Die Pflegeperson(en) muß eine Qualifikation nachweisen, die auf die besondere Problematik des Kindes bezogen ist. Sie muß in der Lage sein, auf Schwierigkeiten oder Verhaltensauffälligkeiten des Kindes einzugehen und angemessen zu reagieren.
- Als Qualifikation gilt in der Regel eine psychologische, pädagogische, therapeutische oder pflegerische Ausbildung oder praktische Erfahrung mit körperlich, geistig oder seelisch behinderten Kindern.
- Pflegepersonen, die diese erforderliche Qualifikation nicht nachweisen können, vom Jugendamt aber grundsätzlich als geeignet angesehen werden, haben die Möglichkeit, diese Qualifikation durch einen dreisemestrigen Lehrgang an der Pflegeelternschule (PES) zu erwerben. Die Pflegeelternschule wird vom Senator für Schule, Jugend und Sport durchgeführt.

Wie entsteht eine heilpädagogische Pflegestelle?

- Personen mit den erwähnten Qualifikationen, die sich zur Aufnahme eines Kindes, das in einer *heilpädagogischen Pflegestelle* untergebracht werden soll, entschlossen haben, wenden sich zunächst an das Jugendamt ihres Wohnbezirkes.
- Das Jugendamt leitet die Vermittlung ein und entscheidet individuell, welches Kind für welche Pflegestelle geeignet ist.
- Für den Lebensunterhalt des Kindes wird ein Pflegegeld – nach Altersgruppen gestaffelt – gezahlt. Es liegt bei Kindern in *heilpädagogischen Pflegestellen* um 20% über dem normalen Satz.
- An Pflegepersonen in *heilpädagogischen Pflegestellen* wird ein besonderes Erziehungsgeld gezahlt. Darüber hinaus werden auf Antrag für besondere Anlässe (Anschaffungen von Möbeln, Reisen, Konfirmation, Kommunion) zusätzliche Zuwendungen geleistet.

(Aus dem gleichnamigen Informationsblatt des Arbeitskreises zur Förderung von Pflegekindern e.V., Berlin)

Auch wenn die Pflegeeltern die Bindungsschwäche des Kindes erkennen und darauf mit besonderer Aufmerksamkeit reagieren, wird viel Geduld, Frustrationstoleranz und Zeit nötig sein, um ihm genügend Spielraum und Entwicklungsmöglichkeiten zu lassen. Dem Kind muß eine Beziehung geboten werden, „die – ohne Gegenliebe zu fordern – Liebe gewährt und die primären Bedürfnisse des Kindes befriedigt, die es akzeptiert wie es ist und seine Eigensphäre respektiert. Nur so kann das psychisch gestörte Kind quasi Abstand gewinnen von sich selbst“ (dies., 104). Erhalten so verstörte Kinder zu schnell und zu viele Liebesangebote, geraten sie womöglich unter den Zwang, darauf entsprechend reagieren zu müssen, ohne wirklich dazu in der Lage zu sein. Auf diese Weise könnten sie erneut Gefühle der Schuld und des Versagens erleben.

Diese Gefährdungen drohen, wenn egoistische Motive der Pflegeeltern die Aufnahme eines Kindes bestimmen. Unter „egoistisch“ verstehen wir: Das Pflegekind muß den Eltern für etwas „herhalten“, was es nicht ist. Ein Kind etwa, das traumatisierende Erfahrungen mit Erwachsenen erlebt hat, ist nicht in der Lage, eine inhaltlos gewordene Ehe zu „retten“ oder gleich als ebenbürtiger Spielkamerad eines leiblichen Kindes zu fungieren. Soziale Verhaltensweisen wird es erst sehr allmählich erlernen. Zuvor wird sein „Egoismus“ beispielsweise zu Konkurrenzsituationen zwischen ihm und leiblichen Kindern führen. Und die von ihm anscheinend rücksichtslos – geforderte permanente Aufmerksamkeit wird die Pflegeeltern möglicherweise überfordern. Es wird im einzelnen schwerfallen und lange dauern, bis die Pflegeeltern die Persönlichkeit des „fremden“ Kindes richtig verstehen können. Mangelndes biographisches Hintergrundwissen – das selbst bei bester Beratung und Information die fehlende gemeinsame Vergangenheit von Eltern und Kindern kaum ersetzen kann – wird viele Pflegeeltern in Zweifel und Unsicherheit über die Richtigkeit vollzogener oder geplanter Erziehungsmaßnahmen belassen: Wann reicht die Zuwendung aus? Welche Forderungen können an das Kind zu welcher Zeit gestellt werden etc.?

So ist es nicht verwunderlich, „daß Pflegeverhältnisse um so erfolgreicher sind, je weniger Störungen ein Kind bei der Inpflegenahme aufweist, damit auch, je jünger es ist“ (Blandow 1976, 144). „Mit zunehmendem Aufnahmealter wächst die Abbruchquote. Bei den Vierjährigen liegt der Mißerfolg bei 50%, bei den Achtjährigen bei mindestens 75%“ (Kommission Heimerziehung 1977, 240).

- Werden Pflegeeltern mit den Schwierigkeiten eines Kindes überfordert und zeigen sie zudem eigene Mangelerscheinungen, die „mit Hilfe“ des Kindes beseitigt werden sollen, dann liegen die wahrscheinlichen Konsequenzen auf der Hand: es kommt zu einem Abbruch des Pflegeverhältnisses – nach Enttäuschungen und Belastungen für alle Beteiligten.
- Kinder jedoch, die bereits ein gescheitertes Pflegeverhältnis hinter sich bringen mußten, haben wenig Chancen, einen neuen kontinuierlichen Aufwuchsplatz in einer Familie zu finden.

Fragt man die Mitarbeiter, die in den Jugendämtern für den Bereich der Pflegeeltern zuständig sind, nach den Abbruchgründen seitens der Pflegeeltern, so ragen die Erziehungsschwierigkeiten und ragen die Überforderungen der Pflegefamilien mit knapp 50% weit heraus (vgl. Junker 1978, 221). Aber nicht nur die Pflegefamilie selbst muß sich fragen lassen, ob sie den Belastungen gewachsen ist, ob sie die Spannungen aushält und über die erforderlichen Kapazitäten verfügt, bei Wahrung ihrer eigenen Bedürfnisse dem Pflegekind die gebotene Rücksicht und Zuwendung zu geben. Aufgabe der Jugendämter wird es sein müssen, ein nach entsprechenden Indikations- und Eignungskriterien ausgerichtetes Auswahlverfahren zu gewährleisten, vor allem aber ein umfassendes Beratungsangebot für Pflegeeltern anzubieten.

Was man wissen sollte, wenn man ein Pflegekind aufnehmen will

1. Wer kann Pflegeperson werden?

a) Verheiratete und unverheiratete Paare;
b) Einzelpersonen.

2. An wen muß man sich wenden, wenn man ein Pflegekind aufnehmen will?

An das Jugendamt des Wohnbezirks im Pflegekinderdienst (Amt V). Man stellt dort einen Antrag zur Erteilung der Pflegeerlaubnis.

3. Welche Voraussetzungen muß man als zukünftige Pflegeperson erfüllen?

a) Körperliche und geistige Gesundheit;
b) Verantwortungsbewußtsein, gute soziale Wahrnehmungsfähigkeit sowie die Befähigung, den Bildungsweg der Minderjährigen angemessen zu fördern oder fördern zu lassen;
c) Fähigkeit und Bereitschaft zur Zusammenarbeit und Fortbildung in Erziehungsfragen;
d) religiöse oder weltanschauliche Haltung, die der von den Personenberechtigten gewünschte Grundrichtung der Erziehung nicht entgegensteht;
e) Ausreichenden Wohnraum;
f) keine Eintragung im polizeilichen Führungszeugnis.

4. Welche Schritte unternimmt das Jugendamt, wenn man einen Antrag auf Pflegeerlaubnis gestellt hat?

a) Hausbesuch durch Sozialarbeiter;
b) Schirmbild- und eventuell amtsärztliche Untersuchung;
c) Überprüfung der Voraussetzungen nach 3e und f.

5. Materielle Leistungen des Jugendamtes für das Pflegekind

Das Bezirksamt zahlt:
a) ein nach Alter gestaffeltes Pflegegeld;
b) Erstausstattung mit Bekleidung;
c) auf Antrag Mittel zur Beschaffung notwendiger Einrichtungsgegenstände;
d) bei Konfirmation, Kommunion oder Jugendweihe wird ein angemessener Sonderbetrag gewährt;
e) auf Antrag jährlich einen Reisezuschuß.

6. Leistungen für Pflegepersonen

Pauschales Erziehungsgeld;
b) besonderes Erziehungsgeld für heilpädagogische Pflegestelle;
c) Erziehungsgeld für Kurzpflegestellen;
d) erhöhtes Erziehungsgeld für Großpflegestellen;
e) Erziehungsgeld für Wochenpflegestellen;
f) Erziehungsgeld für Tagespflegestellen.

7. Sonstige finanzielle Vorteile

a) Kindergeld wird für Kinder in Dauerpflege bezahlt;
b) Pflegekinder kommen auf die Lohnsteuerkarte der Pflegeperson;
c) Beamte erhalten den erhöhten Ortszuschlag;
d) beim Eigenheimbau werden die Pflegekinder wie eigene Kinder behandelt.

8. Welche Formen von Pflegestellen gibt es?

a) *Dauereinzelpflege*
Das Kind ist in der Pflegestelle auf unbestimmte Dauer untergebracht;
b) *heilpädagogische Pflegestelle*
siehe Sonderblatt;
c) *Großpflegestelle*
4–6 Kinder in einer Pflegestelle, sonst wie a);
d) *Kurzpflegestelle*
vorübergehende Unterbringung der Kinder für 3 bis 6 Monate;
e) *Wochenpflegestelle*
nur am Wochenende ist das Kind bei den leiblichen Eltern;
f) *Tagespflegestelle*
Unterbringung der Kinder nur tagsüber.

(Aus dem gleichnamigen Informationsblatt des Arbeitskreises zur Förderung von Pflegekindern e.V., Berlin)

4.3 Zum Verhältnis: Kind – Pflegeeltern – Eltern

Ein in der deutschen Literatur berühmt gewordenes Beispiel für den Mutter-Pflegemutter-Konflikt stellt die Gerichtsverhandlung im „Kaukasischen Kreidekreis" Bertolt Brechts dar[6]*, in welcher der Richter Azdak eine gleichsam salomonische Entscheidung trifft.*

Die Pflegemutter Grusche und die leibliche Mutter, die Gouverneursfrau Abaschwili, streiten sich darum, zu wem das (Pflege-)Kind Michel gehört. Die leibliche Mutter macht die „Blutsbande zwischen Mutter und Kind" für sich geltend. Dagegen weist die Pflegemutter darauf hin, daß sie das Kind großgezogen und sich so eine wirkliche Mutter-Kind-Beziehung entwickelt habe.

In dieser Situation befiehlt der Richter schließlich seinem Gerichtsdiener:

„Schauwa, nimm ein Stück Kreide. Zieh einen Kreis auf dem Boden. (Schauwa zieht einen Kreis mit Kreide auf dem Boden.) Stell das Kind hinein! (Schauwa stellt Michel, der Grusche zulächelt, in den Kreis.) Klägerin und Angeklagte, stellt euch neben den Kreis, beide! (Die Gouverneursfrau und Grusche treten neben den Kreis.) Faßt das Kind bei der Hand! Die richtige Mutter wird die Kraft haben, das Kind aus dem Kreis zusich zu ziehen."

Während nun die Gouverneursfrau mit aller Kraft versucht, das Kind zu sich zu ziehen und dies auch schafft, steht die Pflegemutter Grusche wie gelähmt daneben: Schließlich ruft sie aus, sie wolle das Kind doch nicht zerreißen und lieber auf es verzichten als ihm Schaden zuzufügen. Daraufhin bekommt sie das Kind zugesprochen.

Im Gegensatz zur Adoptionsfamilie wird der Pflegefamilie in der Regel eine *Interimsaufgabe* zugewiesen. Ihre strukturelle Schwäche liegt in der zeitlich begrenzten Aufgabenstellung, das Pflegekind emotional und sozial so zu kräftigen, daß es in seinen ursprünglichen Lebenszusammenhang zurückgegeben werden kann; Pflegefamilien seien „Lebensgemeinschaften auf Zeit", so formuliert der zweite Familienbericht die idealistische Rollenzuweisung.

„Gastkind"

Pflegeeltern müssen eine Aufgabe bewältigen, die mit keiner anderen Arbeit im Erziehungswesen vergleichbar ist. Denn wie „wirkliche Eltern" sollen sie dem aufgenommenen Kind möglichst viel Geborgenheit vermitteln. Andererseits dürfen sie wegen der ungewissen Perspektive, was den Verbleib des Kindes betrifft, die Distanz zu ihm nicht ganz aufgeben. Und selbst wenn das Pflegekind ihnen nach einem in der Regel langen und konfliktreichen Eingewöhnungsprozeß sein Vertrauen schenkt, sollen sie eine gewisse Distanz zum „Gastkind" bewahren, es aber doch dabei unterstützen, in dieser Rolle seine Identität zu finden. *Eine paradoxe Situation!*

Das oftmals bindungsunsichere Kind wird mit der Gefahr erneuter Trennungen konfrontiert. Die erwachsenen Pflegepersonen müssen sich als „Eltern" mit allen entsprechenden Glücksgefühlen, Freuden, Enttäuschungen, Anstrengungen und Verzichtsleistungen selbst in Frage stellen. Sie wissen ja nicht, ob das Kind wirklich „ihr" Kind bleibt. Nach Junker u. a. (1978, 41) allerdings betrachten drei Viertel

6 Bertolt Brecht: Gesammelte Werke 5, Stücke 5. Frankfurt a. M. 1982, S. 2091ff.

aller Pflegeeltern das Verhältnis zum Pflegekind „ganz genauso“ wie zu einem eigenen Kind.

Dieser Konzeption entspricht aber noch immer die starke und wenig hinterfragte Rechtsstellung der „natürlichen“ Eltern, die diese dazu berechtigt, das Kind wieder aus der Pflegestelle herauszunehmen und zu sich zurückzuholen, häufig auch dann, wenn dies pädagogisch völlig verfehlt ist; der § 1666 BGB nämlich, über den das Vormundschaftsgericht den Eltern u. a. das Aufenthaltsbestimmungsrecht (§ 1631 BGB) entziehen kann, setzt einen Mißbrauchsgrad elterlicher Sorge voraus, „der gesellschaftliche Normen fürwahr weit verläßt“ (Kommission Heimerziehung 1977, 50). Die richterliche Spruchpraxis orientiert sich „eher an einem konservativen Familienbild, indem die elterlichen Erziehungsvorstellungen ziemlich unangetastet herrschen dürfen“, als an einer erzieherisch und psychologisch geleiteten Auslegung (ebd., 255). Seit dem 1.1.1980 kann nun laut § 1630 Abs. 3 BGB *auf Antrag der Eltern* (!) das Vormundschaftsgericht die Angelegenheiten der elterlichen Sorge auf die Pflegeperson übertragen, wenn das Kind für längere Zeit in Pflege gegeben wird. § 1630 Abs. 3 BGB ist auf die Fälle entsprechend anzuwenden, in denen das Jugendamt ein Kind in Pflege gegeben hat. Ob damit die Pflegeeltern vom Beginn des Pflegeverhältnisses an die Übertragung elterlicher Sorgerechte (z. B. Aufenthaltsbestimmung, Fragen der Schulausbildung und Erlaubnis ärztlicher Eingriffe beim Kind) erreichen können, bleibt aber äußerst fraglich.

Wesentlich bedeutender für das Problem der Aufenthaltsbestimmung ist seit dem 1.1.1980 der § 1632 Abs. 4 BGB, wonach die Herausnahme eines Kindes aus einer Dauerpflegestelle künftig nicht mehr so scheinbar unproblematisch wie in der Vergangenheit druchgeführt werden kann. Die Recht der biologischen Eltern bleiben im Gegensatz zu denen der psychologischen Eltern nicht mehr statisch. Auf Antrag der Pflegeperson ist hier nämlich vom Vormundschaftsgericht zu entscheiden, ob ein Herausgabeverlangen der leiblichen Eltern tatsächlich dem Wohl des Kindes entspricht, wenn dies schon „längere Zeit“ in Pflege lebt; Entscheidungsmaßstab ist wieder der § 1666 BGB. Dabei interessiert vor allem der Anlaß des Pflegeverhältnisses; haben sich insbesondere stärkere Bindungen zwischen Pflegekind und -eltern gebildet, so haben die für die weitere Entwicklung des Kindes notwendige Kontinuität und Stabilität Vorrang vor dem biologisch begründeten Elternrecht.

„Eine deutlichere Verbesserung des Status von Minderjährigen in Pflegeverhältnissen wird jedoch ohne deutlichere rechtliche Regelung nicht möglich sein“ (Münder 1980b, 223). Bei einer zukünftigen verbesserten Ausgestaltung des Pflegerechts wird z. B. dem Kind nicht länger der Status einer Prozeßpartei vorenthalten werden können; bei Entscheidungen zur Unterbringung, die das Kind existentiell berühren, braucht es die Vertretung eines eigenen Anwalts. Dieser ist jedoch nicht zu verwechseln mit den in der Regel pädagogisch nicht qualifizierten Amtsvormündern, dic hierarchischen und behördenpolitischen Zwängen unterworfen und häufig für hundert „Fälle“ gleichzeitig zuständig sind. „Gesetzgeber und Rechtsprechung gehen davon aus, daß die Eltern als Inhaber elterlicher Gewalt, der Amtsvormund oder das Gericht ... die Interessen des Kindes vertreten und schützen. Dem ist häufig nicht so“ (Kommission Heimerziehung 1977, 254).

Grundsätzlich sind die Probleme, die sich aus dem *Dreiecksverhältnis* „leibliche Eltern – Kind – Pflegeeltern“ ergeben können, aber nicht gänzlich aufzulösen. Mag bei Pflegekindern, die in früher Kindheit in eine Pflegefamilie kommen (das ist bei weitem die Mehrheit; vgl. Junker u. a. 1978, 80) eine psychologische Elternschaft auch gelingen – besonders dann, wenn das Aufenthaltsbestimmungsrecht und weitere Zuständigkeiten bei den „de facto-Eltern" liegen –, so können sich doch für die Erziehung der Kinder ganz erhebliche Probleme allein aus dem Besuchsrecht (und -bedürfnis) der leiblichen Eltern ergeben. Ziel und Aufgabe der Pflegschaft, nämlich die Entwicklung einer tragfähigen Beziehung zwischen dem Kind und den Pflegeeltern, werden durch die Einbeziehung der leiblichen Eltern oft empfindlich gestört. Trennungs- und Verlustängste, unter denen die meisten Pflegekinder gelitten haben, können sich dann wieder ausbreiten und alte Konflikte aufbrechen. Vermutlich wird das Kind seine neue Lebenssituation hinsichtlich ihrer Stabilität und Zukunft in Frage stellen. Schnell kann eine Vertrauenskrise entstehen, welche die eingeleitete stabilisierende Entwicklung gefährdet.

Zeichnung von Evelin Haase-Klein.

Gerade in den Fällen, wo Eltern erfahren, daß ihr Kind nicht mehr in der *Institution* Heim untergebracht ist, sondern in einer anderen *Familie,* werden nicht nur Konkurrenzgefühle geweckt („die wollen mir mein Kind wegnehmen"), sondern die erzieherischen Erfolge der Pflegeeltern werden oftmals als Vorwurf erlebt, selbst bei der Erziehung des Kindes versagt zu haben. Sie überhäufen die Kinder dann mit Geschenken oder auch mit wirklichen Liebesbezeugungen; die Erziehungsmaßstäbe der Pflegeeltern können dann als unmaßgeblich betrachtet werden, das Kind entzieht sich den Ansprüchen und flüchtet in Krisenzeiten zu den leiblichen Angehörigen.

Auch die Pflegeeltern können Konkurrenzgefühle gegenüber den leiblichen Eltern entwickeln, wenn sie sich der Liebe „ihres“ Kindes nicht mehr sicherfühlen, obwohl sie doch so viel für das Kind getan haben. Wird von seiten der Pflegeeltern versucht, die Persönlichkeit der leiblichen Eltern abfällig zu bewerten, kann diese Etikettierung als „Taugenichtse“, als Menschen, die sich nicht genug um ihr Kind gekümmert haben, auf das Pflegekind überschlagen. Es sieht sich als Abkömmling dieser „Unmenschen“ selbst mit einem Makel behaftet, der es weniger wertvoll und liebenswert für andere macht. Generell steht die Forderung nach Akzeptierung des Kindes – was seine Herkunft und seine bisherige Sozialisation einschließt – „im Konflikt mit dem Interesse, das Kind dem eigenen Standard anzupassen und keine Werthaltungen und Einflußgrößen zuzulassen, die den eigenen Werthaltungen

Ein Beispiel: Brief einer Pflegemutter

Kontakte zwischen Herkunfts- und Pflegefamilie

Als das Kind zu uns in Pflege kam, war unser Verhältnis zum leiblichen Vater so, daß wir gut miteinander auskamen. Die Besuche, die er regelmäßig bei seinem Kind machte, liefen so ab, daß wir viel miteinander erzählten. Der leibliche Vater berichtete uns über vieles, was in seiner Ehe geschehen war und über die Entwicklung des Kindes und die Probleme, die zur Inpflegegabe geführt haben. Offensichtlich fehlte dem leiblichen Vater ein Ansprechpartner, der seinen Kummer und seinen Ärger mit ihm teilte.

Leider änderte sich dieses Verhältnis, das sich für uns als gegenseitiges Vertrauen darstellte, u. a. dadurch, daß der leibliche Vater einen Wandel in der Zuwendung seines Kindes zu ihm wahrnahm: das Kind akzeptierte ihn und freute sich auf seinen Besuch, aber er war für sein Kind lediglich ein Besucher unter vielen, der mit ihm spielte und Geschenke mitbrachte.

Nun begann sowohl für das Kind als auch für uns eine schwer zu ertragende Situation: der Vater versuchte sich durch sein Verhalten und durch Bemerkungen wie „ich bin doch dein Vater“ oder „bald kommst du wieder nach Hause“ bei seinem Kind als „Vater“ in Erinnerung zu bringen. Das Kind hatte große Schwierigkeiten, dieses Verhalten einzuordnen und wurde dadurch in der Weise verunsichert, daß deutliches Fehlverhalten die Folge war. Ansätze, über diese Verunsicherung des Kindes mit dem Vater zu sprechen (durch uns, durch Sozialarbeiter, durch die EB), scheiterten an der mangelnden Bereitschaft des Vaters. So wurde das Fehlverhalten des Kindes im Anschluß an die Besuche immer wieder verstärkt und unser Verhältnis zu dem leiblichen Vater immer schlechter, ohne daß von amtlicher Seite irgendjemand erkannte, daß es so nicht weitergehen konnte.

Wir sind der Meinung, daß der Kontakt zwischen Herkunftsfamilie und Pflegefamilie, der durch Wegnahme und Aufnahme des Kindes von sich aus schon sehr belastet ist, nicht allein durch Absprache einer Besuchsregelung festgelegt werden kann, sondern daß gerade die Art und Weise des Umgangs aller Beteiligten miteinander bei der Inpflegegabe des Kindes besprochen und im weiteren Verlauf immer wieder durch begleitende Gespräche aufgearbeitet werden muß.

Dabei ist von großer Bedeutung, daß *alle* für das sogenannte Wohl des Kindes Verantwortlichen sich an der Aufarbeitung beteiligen.

Ist das nicht gewährleistet – sträuben sich z. B. die leiblichen Eltern, sich am konfliktentschärfenden Gespräch zu beteiligen –, so sollte unserer Meinung ernsthaft geprüft werden, ob weitere häufige Besuche für das Kind zumutbar sind. Aber: Wären damit auch für das Kind die Probleme einfacher?

Aus: Mitteilungen des „Arbeitskreises zur Förderung von Pflegekindern e.V.“, Februar 1983 widersprechen" (Blandow 1978, 126). Damit im Zusammenhang stehen die Forderungen, das Kind einerseits beim Aufbau eines positiven Elternbildes zu unterstützen, andererseits ihm aber den Weg zu ersparen, den seine Eltern gegangen sind bzw. gehen mußten.

Weniger offensichtlich, aber nicht weniger gravierend erscheinen die Folgen der Kommunikationsabläufe, die entstehen können, wenn – auch einsichtige – Pflegeeltern durch die Tatsache, daß sie die Liebe des Kindes mit jemandem teilen müssen, überfordert sind. Widemann bezeichnet eine typische Reaktion auf diesen Konflikt die Flucht in die „paradoxe Kommunikation". Sie kann sich z. B. darin äußern, daß die Pflegemutter zwar verbal ihre Freude darüber äußert, daß die Mutter der Pflegetochter wieder geschrieben hat und das Kind besuchen möchte; Stimmung und Gestik deuten jedoch darauf hin, daß sie genau das Gegenteil meint. Solch eine „Beziehungsfalle" oder „Double-Bind-Situation", in der sich die verschiedenen Ebenen der Kommunikation ausschließen, führt dann dazu, daß das Thema „Mutter" künftig tabuisiert wird, aus Angst vor gegenseitigen Verletzungen (Widemann 1974, 111). Die hier dargestellten Konfliktmöglichkeiten, die sich alle aus dem widersprüchlichen Verständnis der Pflegestelle ableiten lassen – *einerseits:* Befriedigung des Grundbedürfnisses eines Kindes nach einer stabilen emotionalen Beziehung sowie das Interesse der meisten Pflegeeltern nach einem „dauerhaften" Kind; *andererseits:* das Interesse der leiblichen Eltern, nicht tabuisiert zu werden, sowie auch zum Teil ein Herkunftsinteresse des Kindes – sind nicht gänzlich aufzulösen (vgl. Plinke/Sell 1979).

Rechtliche Situation und Eltern-Kind-Beziehung im Pflegeverhältnis: ein Widerspruch?

Von der rechtlichen Situation her ist das Pflegeverhältnis eine Beziehung auf Zeit. Im Gegensatz zur Adoption geht der Gesetzgeber bei einem Pflegekind – wie auch bei einer Heimunterbringung – von der Idee aus, daß die Rückführung zu den leiblichen Eltern anzustreben ist und daß das Pflegeverhältnis jederzeit beendet werden kann. Niemand kann verbindlich sagen, wie lange es dauern wird.

Leibliche Eltern können das Kind jederzeit zurückverlangen. Nur wenn das Vormundschaftsgericht zu der Meinung kommt, daß das Herausgabeverlangen das Wohl des Kindes gefährdet, kann es die Fortsetzung des Pflegeverhältnisses anordnen – wiederum auf unbestimmte Zeit. Aber auch Pflegeeltern können das Pflegekind ohne rechtliche Konsequenzen jederzeit abgeben.

Die Entwicklungspsychologie und unsere tägliche Erfahrung lehren, daß Kinder zu ihrer störungsfreien Entwicklung konstante, verläßliche und langdauernde Bindungen brauchen.

Für etwa 60% der Kinder in Dauerpflege ist die Pflegefamilie der dauerhafte Aufwachsort, sie bleiben dort bis zur Volljährigkeit, oft darüber hinaus.

Der Sinn der Inpflegegabe ist in diesen Fällen, daß sich im Laufe der Zeit solche Bindungen zwischen Pflegekind und Pflegeeltern entwickeln.

Für mich stellt sich allerdings die Frage, inwieweit sich diese Eltern-Kind-Beziehung auch unter der rechtlichen Bedingung entwickeln kann, daß das Pflegeverhältnis jederzeit beendet werden kann.

Zumindest wird von Pflegeeltern viel verlangt, wenn sie einerseits diese Bindungen zum Kind eingehen sollen, andererseits aber ständig darauf gefaßt sein sollen, das Kind wieder abzugeben (was tatsächlich nicht sehr oft passiert).

Karl-Heinz Struzyna

Aus: Mitteilungen des „Arbeitskreises zur Förderung von Pflegekindern e. V.", Februar 1983

4.4 „... und mußt möglichst ‚symptomfreie' Kinder anbieten?!" Interview mit einem Sozialarbeiter im Pflegekinderdienst:

Pflegefamilie und Jugendamt

Benedikt: *Wenn ein Kind in eine Dauerpflegestelle soll, wie sieht dann der Lauf der Dinge bei euch auf dem Amt aus, wie werdet ihr aktiv?*

Alfred Lang: *Ganz praktisch ist es eigentlich zunächst so, daß ein Kollege von der FaFü (Familienfürsorge) anruft und fragt, „Habt ihr nicht 'ne Pflegestelle für'n Kind, was weiß ich, Junge/Mädchen, soundso alt, da müssen wir 'n Sorgerechtsentzug machen" und schildert kurz den Fall. Der Gedanke bei denen ist ja auch immer: Pflegestelle ist besser als Heim, das ist eigentlich durchgängig die Meinung, darüber sind sich alle mehr oder weniger einig. Das Problem ist dann aber, daß wir dem FaFü-Kollegen sagen müssen, daß wir keine Pflegestelle haben ...*

Benedikt: *Gibt's denn so wenig Leute, die ein Kind aufnehmen wollen, sind eure Maßstäbe zu hoch oder woran liegt das deiner Meinung nach?*

Alfred: *Hauptsächlich liegt das daran, daß wir in erster Linie damit beschäftigt sind, die bestehenden Pflegestellen mehr oder weniger zu verwalten; da ist kaum 'ne Chance z. B. durch Werbung oder durch Ansprechen von Leuten, die einem geeignet erscheinen, neue Pflegestellen zu schaffen. Wir haben also nicht so ein Reservoir von Leuten, die ein Kind zu sich nehmen würden. Das ist 'ne ganz falsche Vorstellung, wir haben nicht viel, worauf wir zurückgreifen könnten, wenn die FaFü anruft.*

Benedikt: *Ihr macht also* ***keine Werbung****?*

Alfred: *Nein, von offizieller Seite wird nicht geworben, im Gegenteil, wenn mal so was anklingt, dann erheben sich gleich soundsoviel Stimmen und sagen: „Bloß nicht!", weil die Arbeitssituation wirklich so ist, daß es der reine Hohn wäre. Werbung ist ja eine sehr umfangreiche Arbeit und die Arbeit, die wir jetzt machen, die macht ja kein anderer. Werbung ist so'n Ideal und ein Anspruch in den Köpfen der Leute, gerade um Kinder aus Heimen in Dauerpflegeverhältnisse zu vermitteln. Aber wie die Arbeit organisiert ist, läßt sie so etwas nicht zu.*

Benedikt: *Also kommt das Kind im geschilderten Fall zwangsläufig ins Heim?*

Alfred: *Nicht unbedingt, es gibt ja* ***verschiedene Pflegeformen.*** *Oft ist es so, daß die FaFü nach 'ner* ***Kurzpflege*** *fragt, weil häufig noch gar nicht absehbar ist, wie sich die Dinge in der Familie, von der das Kind weg soll, weiter entwickeln. Die Praxis ist ja so, daß man nicht gern einen* ***Sorgerechtsentzug*** *vornimmt, um dann das Kind von heute auf morgen für immer wegzunehmen; häufig sind die Schwierigkeiten ja nicht so gravierend, um so hart einzusteigen. Der Anspruch der FaFü ist dann eher, das Kind für 'ne Zeit rauszuholen und vielleicht auch mit den Eltern zu arbeiten, damit das Kind wieder zurück kann. Das ist nicht direkt abzusehen, wie lange das Kind weg soll.*

„Wir müssen mit allem rechnen, das ist das Problem"

Oder ein anderes Beispiel: Die FaFü ruft an, weil 'ne Mutter Alkoholikerin ist und einen Entzug machen will. Während der Zeit muß das Kind ja versorgt werden; die Schwierigkeit besteht ja dann darin, daß man oftmals überhaupt nicht abschätzen kann, wie lange die letztlich in der Klinik bleibt. Wir müssen mit allem rechnen, das ist das Problem. Erst heißt's beispielsweise: Nur 6 Wochen; dann kommt Mutter oder Vater wieder raus, und nach ein paar Wochen geht das ganze Theater wieder von vorne los. Das passiert schon häufig.

Benedikt: *Und das sind dann die potentiellen Heimkinder, wo man sich nicht klar für oder gegen die Familie entscheiden kann?*

Alfred: *Kann passieren.*

Benedikt: *Sind die Leute, die ein Kind für kurze Zeit übernehmen, denn nicht schon 'mal bereit, es dann auch für länger zu behalten? Oder gibt's da Schwierigkeiten?*

Alfred: *Da gibt's Schwierigkeiten, ganz massiv, denn die Leute gehen ja mit dem Bewußtsein an die Sache: „Das ist was Vorübergehendes." Häufig sind das Leute, die beispielsweise zwei Kinder in Tagespflege haben, also sozusagen im Geschäft sind; da werden wir schon aktiv und fragen, ob sie ein Kind nicht auch 'mal für ein paar Tage oder Wochen zu sich nehmen können. Wenn sich das dann aber hinzieht, dann wird das sehr kritisch. Zusätzlich besteht noch die Schwierigkeit, daß das ganze räumlich zusammenpassen muß; wir können die Kinder nicht meilenweit von ihrer ursprünglichen Umgebung oder von der Schule unterbringen, d. h. die FaFü hilft sich häufig selbst, indem sie Nachbarn, Verwandte und Freunde der Problemfamilie miteinbezieht, so daß die dann das Kind für eine Zeit übernehmen.*

Benedikt: *Sind solche Möglichkeiten denn nicht sehr begrenzt?*

Alfred: *Doch: es zeigen die bestehenden Pflegeverhältnisse, daß es vor Jahren noch anders war. Da gab's eine ganze Menge sogenannter Verwandtenpflegen, die ja keine eigentlichen Pflegestellen nach dem JWG sind, also Onkel, Großeltern, die das Kind übernahmen. So vor 10 Jahren war das noch der Fall. In letzter Zeit läßt das aber unheimlich nach,* ***wahrscheinlich sind die Beziehungen nicht mehr so, daß Verwandte einspringen, wenn Not ist.***

Benedikt: *Was ist aber dann eure konkrete Aufgabe auf dem Amt, wenn ihr so wenig neue Kurz- bzw. Dauerpflegestellen habt? Womit beschäftigt ihr euch denn vor allen Dingen?*

Alfred: *Eigentlich wäre unsere Aufgabe schon, solche Pflegeverhältnisse zustandezubringen, wie gesagt, das ist halt nur Theorie. Das ist darin begründet, daß bei uns die Tagespflege einen sehr großen Raum einnimmt, viel mehr als die Dauerpflege. Das hängt damit zusammen, daß der unheimliche Andrang auf die Kindertagesstätten ja nie gesättigt wurde, zumindest war das so, als der Nulltarif noch bestand; da hat es ja 25 000 Vormerkungen gegeben, und da die KiTaS eben dicht waren, ist man dazu übergegangen, die Tagespflege auszubauen und das eben nur mit dem vorhandenen Mitarbeiterstamm.*

„Ein unheimlicher Papierkrieg"

Wichtig ist, daß eben von sich aus auch kaum Leute an uns 'rantreten, um ein Kind zu übernehmen. Was unsere Arbeit angeht, so haben wir die einzelnen Pflegefälle bislang nur verwalten können, ein sehr hoher Anteil ist reine Verwaltungsarbeit, die ein Sozialarbeiter eigentlich nicht zu machen bräuchte. Sie bezieht sich darauf, daß wir uns mit ***Pflegeverträgen*** *allgemein und im besonderen, z. B. mit Mobiliarverträgen, 'rumschlagen müssen, was den Kindern an Geld für 'ne Einrichtung zusteht, die müssen dann hin- und hergeschickt werden, wenn 'ne Unterschrift fehlt, die Beträge müssen in irgendwelche Listen eingetragen werden. Die Leute können Ferienpauschalen für's Kind beantragen, also Beihilfe zum Urlaub, Nachhilfe oder Therapiestunden, Klassenreise und all solche Dinge. Ja und wenn das für die*

Dauerpflege schon ein unheimlicher Papierkrieg ist, dann kannst du dir ja vorstellen, was das bei den vielen Tagespflegen ausmacht, ***das ist ein Wahnsinn:*** *Kinder rein, Kinder raus. Gezählt wird ja immer nur der Stand am Jahresende, die Fluktuation im laufenden Jahr schlägt sich ja gar nicht in den* ***Statistiken*** *nieder. Lange Zeit hat allein die Verwaltungsarbeit der Tagespflege dreiviertel meiner Arbeitszeit ausgemacht, wenn nicht noch mehr.*

Benedikt: *Wie viele Fälle hast du zu bearbeiten?*

Alfred: *140, alles quer durch die Bank. Dauer- und Tagespflegen, halbe-halbe und noch so ein paar drum herum, z. B. Wochenendpflegschaften. Die Tagespflegen haben seit der Abschaffung des KiTa-Nulltarifs auch etwas zugenommen. In Spitzenzeiten haben wir aber über 1000 Tagespflegen gehabt.*

Benedikt: *Wie viele Leute sind bei euch im Bezirk für diese Aufgaben zuständig?*

Alfred: *Wir sind 5 Sozialarbeiter; da kannst du dir ja vorstellen, was da an Zeit für neue Pflegestellen oder andere Bereiche übrigbleibt!*

Benedikt: *Wie kommt ihr bzw. die Pflegeeltern – gerade bei so wenig Zeit – eigentlich mit eurem doppelten Auftrag klar, nämlich: einerseits die Pflegestellen zum Wohl des Kindes zu überprüfen und ihnen andererseits ein Beratungsangebot zur Verfügung zu stellen? Ist das nicht stressig?*

Alfred: *Ich glaub, die Leute sind nicht gestreßt, weil die Kontrolle nicht besonders groß ist vor lauter Arbeit.*

Benedikt: *Obwohl ihr so wenig mit der Einrichtung von neuen Dauerpflegen zu tun habt, möchte ich gerne bei diesem Thema bleiben. Meistens treten die Leute an euch 'ran und wie läuft das dann weiter?*

Alfred: *Wenn die kommen und sagen „Wir möchten gern einem Kind ein Zuhause geben", so oder so ähnlich, dann nehmen wir halt einen formalen Antrag auf mit den persönlichen Daten der Leute, es werden Anfragen eingeholt. ...*

Benedikt: *Moment, was sind das für Leute, die an euch herantreten, wie alt sind die, was machen die?*

Alfred: *Das sind oft Leute, wo die eigenen Kinder aus dem Hause sind ..., mittelalt, ab 40, das ist aber auch unterschiedlich, es gibt auch welche, wo noch eigene Kinder im Hause sind.*

Die Motive dieser Leute, die ein Pflegekind aufnehmen wollen ...

Benedikt: *Was sind denn die hauptsächlich vorkommenden Motive dieser Leute?*

Alfred: *Das ist nicht so einfach zu sagen, bei vielen steht einfach der Gedanke des* ***Helfenwollens*** *im Vordergrund. Die haben schon mal was von Heimkindern gehört, denen es nicht so gut gehen soll, verweisen auf Erfahrungen mit eigenen Kindern. ... Es gibt aber auch noch die andere Seite: Leute, die ein Kind z. B. aus der Nachbarschaft zu sich genommen haben, ohne daß sie das dem Jugendamt mitgeteilt haben. Das ist in der Bevölkerung ja so gut wie nicht bekannt, daß man eine* ***Pflegeerlaubnis*** *haben muß. Nach 'ner Zeit wenden die sich dann doch an uns, weil's Schwierigkeiten gibt oder um das zu legalisieren. Jedenfalls sagen wir denen kurz, wie der weitere Gang ist, daß sie mal zu uns in die Sprechstunde kommen sollen und dann geben wir denen einen Fragebogen, den sie dann ausfüllen müssen.*

Benedikt: *Was steht da drin?*

Alfred:	*Name, Geburtsdatum, Familienstand, Einkommen, Berufstätigkeit, ob Zahlungsverpflichtungen bestehen, wie die räumlichen Verhältnisse sind, ob für das Kind ein eigenes Zimmer zur Verfügung steht, dann eben die Motive. Dann eine Erklärung darüber, daß sie gesund sind, nicht vorbestraft und wegen unserer Anfragen die Ärzte beim Gesundheitsamt von ihrer Schweigepflicht entbinden, damit wir formal bei der Tbc-Fürsorge und dem sozialpsychiatrischen Dienst nachforschen können.*
Benedikt:	*Ihr recherchiert also systematisch, bei welchen Stellen?*
Alfred:	*Ja eben bei den verschiedenen Stellen des Gesundheitsamtes, u a. auch bei der Geschlechtskrankenfürsorge …*
Benedikt:	*Welche Folgen hat das denn, wenn man da registriert ist?*

Für die Auswahl der Pflegeeltern nicht kompetent?

Alfred:	*Ich habe so etwas noch nicht gehabt; es ist aber schon mal vorgekommen, daß Leute beim sozialpsychiatrischen Dienst bekannt wurden. Da gibt's dann 'ne kurze Mitteilung, daß Bedenken bestehen, z. B. weil Herr X oder Frau Y unter Depressionen gelitten haben oder einen Suizidversuch gemacht haben. Unsere Aufgabe ist es dann, mit den Leuten nochmal zu sprechen, da kommen vielleicht die näheren Umstände heraus …*
Benedikt:	*Deine Entscheidung besteht dann darin, ob du denen zutraust, daß sie ein Kind übernehmen oder nicht?*
Alfred:	*So kann man das nicht sagen, in dem Fall muß der sozialpsychiatrische Dienst schon differenzierter Stellung beziehen, das muß dann abgewogen werden. Ich habe einmal einer Frau, bei der Bedenken bestanden, empfohlen, sich mit dem SPD noch einmal in Verbindung zu setzen, um die Differenzen auszuräumen.*
Benedikt:	*Du delegierst also auch?*
Alfred:	*Ja, es bleibt mir gar nichts anderes übrig, weil das ja gesundheitliche Dinge sind, da sind wir ja nicht kompetent.*
Benedikt:	*Wie geht's dann weiter, wenn die Anfragen ergeben haben, daß der Bewerber eine „weiße Weste" hat?*
Alfred:	*Zu der „weißen Weste" gehört auch noch, daß der Bewerber laut polizeilichem Führungszeugnis keine Vorstrafen hat.*
Benedikt:	*Generell keine Vorstrafen?*
Alfred:	*Wenn die Vorstrafe länger zurückliegt oder das Delikt eigentlich in keinem Zusammenhang mit der Betreuung eines Kindes steht, dann liegt es im pflichtgemäßen Ermessen des Jugendamtes, wie es das beurteilt; so ähnlich drücken sich die Pflegekindervorschriften aus. Das ist im Einzelfall natürlich sehr schwierig zu entscheiden. Es gab z. B. mal einen Fall wegen Trunkenheit am Steuer oder daß Unterhaltszahlungen für ein Kind aus erster Ehe nicht geleistet wurden. Verstöße gegen das BTM (Betäubungsmittelgesetz). … Wenn die ganze erste Formalüberprüfung positiv verlaufen ist, kommt es zu einem Gespräch mit den Leuten; in der Regel findet das bei denen zu Hause statt, weil ja auch immer die Wohnverhältnisse* überprüft werden müssen und ob für ein Kind genügend Bewegungsfreiraum vorhanden ist; man muß da keine Fünfzimmerwohnung haben …

Ausreichender Bewegungsraum

Benedikt: *Gibt's da konkrete Kriterien?*

Alfred: *Nein, da heißt es „ausreichend Bewegungsraum".*

Benedikt: *Also hängt das auch vom eigenen Geschmack, der eigenen Biographie des Sozialarbeiters ab, wie er das beurteilt?*

Alfred: *Das würde ich nicht sagen, weil in der Praxis keiner mit einer Einzimmerwohnung ankommt.*

Benedikt: *Auf was achtest du sonst, wenn du in eine Wohnung kommst, hast du da ein bestimmtes potentielles Pflegekind vor Augen, das mal zu den Leuten kommen soll?*

Alfred: *Ja, insofern, als die Leute im Antrag schon gesagt haben, „wir möchten z. B. gerne ein Mädchen, das fünf Jahre alt ist".*

Benedikt: *Was sind denn die* ***zu meist geäußerten Wünsche an das mögliche Pflegekind?***

Alfred: *Vom Alter her werden meist Kinder im Vorschulalter genannt oder noch etwas jünger, weil die sich natürlich auch sagen, je weniger schwierige Geschichte das Kind mitgekriegt hat, desto besser. Das ist den Leuten schon klar.*

> *Benedikt:* *Es sieht also so aus, daß die Vermittlungschancen für ein Kind mit zunehmendem Alter rapide sinken?*
>
> *Alfred:* *Ja, das kann man sagen.*

Benedikt: *Auf was achtest du noch?*

Alfred: *Dann würde ich versuchen, den Leuten klarzumachen, was auf sie zukommen kann. Viele Leute lassen gerade die leiblichen Eltern außer acht oder unterschätzen sie. Ich weise immer darauf hin, daß die leiblichen Eltern – auch bei einem Entzug des Aufenthaltsbestimmungsrechts, z. B. bei Vernachlässigung des Kindes – immer ein* ***Besuchsrecht*** *haben, das Kinder also nicht total von den Eltern getrennt ist.* ***Und das Besuchsrecht gilt eben nicht bloß ein- oder zweimal im Jahr, sondern etwa in dem Zeitraum einmal pro Woche.*** *Das ist ja 'ne ziemliche Belastung, und ich versuche, denen klarzumachen, daß sie sich damit auseinandersetzen müssen, daß sie nicht nur das Kind haben, sondern unter Umständen auch die Mutter des Kindes; daß das Schwierigkeiten machen kann, ist denen häufig überhaupt nicht klar.*

Benedikt: *Kannst du mal ein paar Schwierigkeiten nennen?*

> *Alfred:* *Es kommt vor, daß sich die Eltern 'ne ganze Weile nicht um ihre Kinder kümmern, wenn die in Heimen sind, abgesehen von einigen sporadischen Besuchen. Wenn die aber wissen, daß das Kind aus dem Heim in eine Pflegefamilie kommt, sieht das anders aus. Sie erleben das dann unter Umständen als Konkurrenz, vielleicht kommt ihr eigenes Versagen wieder hoch. Oder es geht nach dem Motto: Da gibt's Leute, die kommen besser mit dem Kind klar. Oder: Die nehmen mir jetzt mein Kind weg. Es besteht ein Unterschied darin, ob ein Kind in eine Institution kommt, wo sich bezahlte Erzieher darum kümmern, oder ob es in eine Pflegefamilie kommt.*

Oder ein anderes Beispiel: Elternteile, die sich einige Jahre überhaupt nicht mehr um ihr Kind kümmern, werden plötzlich wieder aktiv, sei es, weil sie einen neuen Lebenspartner gefunden haben, oder weil sie ihr Leben neu aufbauen wollen. Sie erinnern sich dann plötzlich ihres leiblichen Kindes, das inzwischen in einer Pflegefamilie ist. Da sind dann Bestrebungen, das Kind zurückzubekommen. ***Die Bereitschaft der Pflegeeltern, sich mit den leiblichen Eltern auseinanderzusetzen, ist sehr gering;*** *irgendwo verständlich, aber die Voraussetzung ist eben, daß sie dazu bereit sein müssen.*

Benedikt: *Wie häufig ziehen Bewerber ihren Antrag dann zurück?*

Alfred: *Bestimmt die Hälfte.*

Benedikt: *Deine Aufgabe besteht also darin, den Leuten „den Kopf zu waschen"?*

Alfred: *Ja, es ist halt schwierig, abzuschätzen, wie die Bewerber mit solchen Schwierigkeiten fertig werden können.*

Benedikt: *Wie sieht so ein Abätzen genau aus?*

Alfred: *Ich konfrontiere die eigentlich ziemlich hart mit dem, was auf sie zukommt.*

Das alles ist ja keine Phantasie. ***Unsere Erfahrungen mit bestehenden Pflegeverhältnissen sind ja wirklich so, daß an dem Kind gezogen wird.*** *Einerseits sind da tiefe gefühlsmäßige Beziehungen zwischen Kind und Pflegeperson entstanden, und dann taucht da plötzlich die Mutter oder der Vater auf.*

Da gibt es schon bei den ersten Besuchskontakten Schwierigkeiten. Das Kind spürt Spannungen, bei den Besuchskontakten erlebt es möglicherweise ganz was anderes als bei den Pflegeeltern. Da entstehen schon 'mal richtige Intrigen, die über das Kind ausgetragen werden.

Benedikt: *Wird von euch die Besuchshäufigkeit festgelegt?*

Alfred: *Da muß man unterscheiden: wenn ein Pflegeverhältnis zwischen leiblichen Eltern und Pflegeeltern zustandekommt, besteht meist Einigkeit über die Art und Weise des Besuchs. Gibt's Schwierigkeiten, sehen die so aus, daß z. B. die Pflegemutter bei uns anruft und sagt: „Jetzt war der Vater schon wieder da, um den Jungen abzuholen, das Kind stampft dauernd auf den Boden und will nicht" oder „Das Kind ist von einem Besuch zurückgekommen und hat die Nacht darauf eingenäßt. Was macht der nur mit dem Jungen, mit dem Vater kann man ja auch nicht reden ..." Da tun sich aufgrund unterschiedlicher Einstellungen sehr schnell Fronten auf.*

Benedikt: *Was macht ihr in einem solchen Konflikt, kommt es da zu Abbrüchen des Pflegeverhältnisses?*

Alfred: *Wir versuchen zunächst mit den Parteien zu reden, um den Konflikt zu lösen. Es kommt auch zu Abbrüchen. In der Regel wird's schlecht gelöst. Oft ist es dann so, daß das Gericht eingeschaltet wird und das Besuchsrecht eingeschränkt wird. Aber das sind alles langwierige Sachen, die ziehen sich unheimlich hin.*

Benedikt: *Wie lange dauert es denn in solchen Fällen, bis das Gericht entscheidet?*

Alfred: *Vielleicht ein Jahr, das ist ja auch schwierig. Das Gericht muß eine Stellungnahme von uns haben, von der FaFü, wo die leiblichen Eltern gemeldet sind oder die Parteien werden selbst vorgeladen; eventuell wird noch ein Gutachten eingeholt durch einen Psychologen, der sich beide Seiten vorknöpft und das Kind dann untersucht ...*

Benedikt: *Ich möchte noch 'mal die Situation aufgreifen, wo du erzählt hast, daß bei der Konfrontation mit möglichen Schwierigkeiten die Hälfte aller Bewerber einer Pflegestelle abspringen. Wie geht's dann mit den anderen 50% weiter?*

Alfred: *Denen, die sich nicht abschrecken lassen, muß ich dann klarmachen, daß die jetzt nicht von heute auf morgen ein Kind bekommen können. Erst einmal würde ich mir selbst etwas anfordern, mich mit der Vorgeschichte eines Kindes auseinanderzusetzen, um dann auch zu sehen, ob so ein Kind in diese Familie paßt.*

> *Benedikt:* *Gibt's so etwas wie 'ne pädagogische Qualifikation bei den Pflegeelternn, auf die du achtest?*
>
> *Alfred:* *Es fällt mir irgendwie schwer, das in Wort zu fassen. Das ist schon so 'ne Sache des Gefühls, nicht nur. Erfahrungen spielen da auch eine Rolle. Es ist jedenfalls nicht festgelegt ...*

Benedikt: *Könntest du denn trotzdem beschreiben, ob du so 'ne Intuition oder ein Gefühl hast, das dir sagt, der Bewerber ist o. k. und der nicht so?*

Alfred: *Ja, wenn ich im Gespräch oder im Umgang mit den Leuten den Eindruck gewinne, daß sie sich auf ein Kind einstellen können, es mit seinen Problemen begreifen können und ich das Gefühl habe, daß die in der Lage sind, so eine emotionale Geborgenheit zu vermitteln oder aufzubauen. Es ist wichtig, daß die ein persönliches Interesse für jemand entwickeln können.* ***Ich kann gar nicht sagen, woran ich das festmache.*** *Es gibt welche, die sind sehr oberflächlich oder die können ganz gut reden. Wo ich dann denke: Wer weiß, was die mit dem Kind machen wollen, vielleicht wollen die nur ein Kind zum Repräsentieren, das gibt's auch, das ist dann schon kritisch.*

Benedikt: *Wie kommst du nun an ein passendes Kind?*

Alfred: *Die einzelnen Bezirke melden dem Senat die überprüften Dauerpflegestellen, die ein Kind aufnehmen wollen, verschlüsselt wegen dem Datenschutz; andererseits gibt es auch einen zentralen Nachweis über Kinder, die in eine Pflegestelle vermittelt werden sollen. Die werden ebenfalls von den einzelnen Bezirken übermittelt. Da geht das Geschlecht und das Alter daraus hervor; dann natürlich einige andere Anhaltspunkte zur Vorgeschichte, Angaben über Fremdunterbringungshäufigkeit, welche Elternteile vorhanden sind. ... Mit Hilfe dieses Nachweises schaue ich dann nach, welche Kinder dann in Frage kommen.*

Benedikt: *Da hast du ja im Prinzip so ein reines Ausleseverfahren zu absolvieren und mußt möglichst „symptomfreie" Kinder anbieten?!*

Alfred: *Nach Möglichkeit ja, das ist schon richtig.*

Benedikt: *Findest du eigentlich, daß – gerade bei Heimkindern – 'ne normale Pflegestelle ausreicht oder bekommt man die nur durch eine Vermittlung in eine* ***heilpädagogische Pflegestelle?*** *aus dem Heim?*

Alfred: *Sicher, es ist schon richtig, daß gerade bei Kleinkindern Unterschiede bestehen. Ob die in der Familie aufwachsen mit emotionaler Geborgenheit oder im Heim, wo das wegen dem häufigen Wechsel der Bezugspersonen nicht so möglich ist, macht sich schon bemerkbar. Das ist ja bekannt. Es ist so, daß Heimkinder, die theoretisch zu vermitteln wären, solche Schädigungen aufweisen, die häufig eine besondere Qualifikation seitens der Pflegeeltern erfordern. Ich glaube und würde das so annehmen, daß der größte Teil der Heimkinder – besonders der mit 'ner längeren Heimkarriere – in 'ner normalen Durchschnittsfamilie keine Chance hat. Da ist die Vermittlung schlecht möglich.*

Benedikt: *Wie beurteilst du denn die Qualifikationsanforderungen, die mit 'ner Sonderpflegestelle verbunden sind?*

Alfred: *Nach den Pflegekindervorschriften ist einmal Voraussetzung, daß die Leute 'ne pädagogische Qualifikation haben, also Erzieher, Lehrer, Sozialarbeiter oder so. Die formale Qualifikation sagt über die tatsächliche Eignung der Leute aber gar nichts aus. Ob ich Sozialarbeiter bin oder Facharbeiter oder Angestellter sonstwo, das sagt ja nichts darüber aus, ob ich im praktischen Umgang mit Kindern zurechtkomme.*

Benedikt: *Die überprüft ihr auch?*

Alfred: *Ja, das gehört auch zu unserem Aufgabenbereich.*

Benedikt: *Unterscheidet sich denn diese Prozedur im Vergleich zur Normalpflege?*

Alfred: *Unterscheidet sich nicht groß. Nur, die Leute, die so 'ne Ausbildung gemacht haben, die haben natürlich was gehört von Pädagogik und haben einen Hintergrund, zumindest einen theoretischen, oftmals auch einen praktischen. Mein Eindruck ist: Je höher die Qualifikationen, desto höher ist auch der theoretische Hintergrund, die praktische Seite zieht da aber oftmals nicht mit.*

> Benedikt: *Hast du schon mal Leute abgelehnt?*
>
> Alfred: *Nein, abgelehnt nicht. Ich weiß aber aus eigener Erfahrung und auch von Kollegen, daß Leute, die also 'ne hohe Qualifikation haben, gerade in der Praxis mit Kindern scheitern.*

Benedikt: *Woran liegt das dann deiner Meinung nach?*

Alfred: *Ich denke einfach, daß deren Anforderungen an das Kind viel zu hoch sind. Die legen was Bestimmtes rein, haben ein bestimmtes Ziel, in welcher Zeit ein Kind 'ne spezielle Entwicklung durchmachen soll. Und wenn sich in der Praxis zeigt – aus welchen Gründen auch immer –, daß das nicht eintritt, dann sind sie frustriert. Die können dann damit nicht umgehen. Und dann liegt das auf einmal nicht mehr an ihnen selbst, sondern an der Erbmasse des Kindes oder so.*

> *Bei einfachen Leuten –* ***ganz platt gesagt***[7] *–, die ein Kind erst mal so nehmen, wie es ist, da ist die Zuneigung, die Liebe, das emotionale oder wie man das auch immer nennen mag, immer da.*

Die kriegen auch mit, wenn es Entwicklungsfortschritte macht, aber die haben nicht so einen Anspruch: Ich will das Kind jetzt da und da hinbringen, daß es in einem Jahr das und das kann.

Dieses Interview wollen wir weitgehend unkommentiert lassen. Nur so viel:

- Hier erscheint die Auswahl der Pflegeeltern eher zufällig oder aber eine Gefühlssache der Jugendamtsmitarbeiter zu sein.
- Die Beratung der Pflegefamilien ist offenbar in erster Linie Verwaltungsarbeit.

7 Hervorhebung der Autoren, die diese Einstellung wirklich für zu „platt" halten.

- Werbung geeigneter Pflegestellen findet kaum statt.
- Die Kenntnisse des Pflegekinderdienstes über das zu vermittelnde Kind gründen sich auf wenige Informationen, in der Regel nur auf Aktennotizen und ein, zwei, drei Gesprächen mit Kollegen und Eltern.
- Die Auswahl geeigneter Pflegeeltern für behinderte oder erheblich verhaltensgestörte Kinder (sogenannte heilpädagogische Pflegestellen) erscheint fragwürdig.
- Eine Vorbereitung der Kinder – etwa durch Besuche, Ferien u.ä. – erfolgt offenbar nicht.
- Für die Beratung bei Konflikten zwischen Pflegeeltern und leiblichen Eltern hat das Jugendamt keine Zeit.

Der Pflegekinderdienst reagiert und paßt sich den Erfordernissen der Realität an: planlos, ziellos, nach Gefühl- und Wellenschlag, ohne wirkliche Werbung, Beratung, Kontrolle, Krisenhilfen – aber gesetzestreu und verwaltungstechnisch korrekt. Sozialarbeit als „Tropfen auf den heißen Stein“!

4.5 Vermittlung und Beratung

„Ich hatte mir die Pflegestellenüberprüfung schlimmer vorgestellt. Ich dachte, da werde ich jetzt größeren Fragen unterzogen, ich müßte jetzt einiges über mich, über mein Vorleben und wie ich mir das alles vorstelle, erzählen. Also das war überhaupt nicht der Fall. Man war richtig froh, wieder jemanden zu haben, wo man Kinder hinbringen konnte.“

„Solange es läuft und ich komm' nich' und will was haben oder so, dann kommt keiner.“

„Wie ich mir das vorgestellt hätte? Daß mal vorher, bevor das Kind kam, jemand gekommen wäre und hätte vielleicht ein, zwei Abende sich mit uns unterhalten, uns vielleicht auch Bücher angepriesen, die uns vielleicht hätten helfen können ... von Leuten, die ganz einfach geschrieben haben, die Erfahrung damit gemacht haben. Und das haben wir überhaupt nicht.“

(Äußerungen von Pflegeeltern zu Erfahrungen mit dem Jugendamt; vgl. Bieback 1978, 134ff.).

Die hier dargestellten Erfahrungen und Ansichten von Pflegeeltern in bezug auf die Zusammenarbeit mit den Jugendämtern hat Widemann (1980, 323) einmal in einem kurzen Satz zusammengefaßt: „Vermittlung und Beratung sind vielerorts unsorgfältig, dilettantisch und häufig ursächlich für Mißtrauen, falsche Erwartungen und Abbrüche.“

Die Aufgaben der Jugendämter bei der Unterbringung eines Kindes in eine Pflegefamilie ergeben sich vor allem aus dem *Jugendwohlfahrtsgesetz*, und zwar hinsichtlich der Erlaubnis bzw. Eignung einer Pflegeperson (§§ 28, 29), der Aufsichtspflicht über die Pflegestelle (§ 31 Abs. 1) und der Beratung der Pflegeperson und Unterstützung ihrer Tätigkeit (§ 31 Abs. 2). In bezug auf die Auswahl der Bewerber steht immer der „Zufallscharakter“ der Methoden im Vordergrund der Kritik. Bei der Anwendung der Kriterien der Familienpflegefähigkeit zeigt sich im allgemeinen eine große Unterschiedlichkeit in den Auffassungen. „Man muß mit vordergründig-dogmatischen Entscheidungen wie mit großen Unsicherheiten bei den Entscheidungsträgern rechnen“ (Junker 1978, 204). Die ist aber besonders darauf zurückzuführen, daß sich die Jugendhilfepraxis oftmals beim Auswahlverfahren lediglich auf ein oder zwei Hausbesuche und die Ermittlung der üblichen biographischen Daten per Fragebogen und Anfragen bei anderen Ämtern, Behörden etc. beschränkt. Gespräche werden häufig nicht mit beiden Eheleuten gemeinsam geführt, die Familie im alltäglichen Gesamtzusammenhang wird kaum erlebt. Auch wenn Explorationstechniken in ihrem Aussagewert noch mit vielen Fragezeichen verbunden sind, Begutachtungen und Prognosen stigmatisierend sein können, so richten sich Eignungskriterien oftmals nach ziemlichen Äußerlichkeiten, wie z. B. dem „allgemeinen Leumund der Familie“, dem allgemeinen Bildungsstand oder dem Haushalts-Nettoeinkommen (ebd., 200ff.). Eingehende Erhebungen über die Belastbarkeit, die Erwartungen, das Rollenverständnis, die Einstellung zur Herkunftsfamilie des Pflegekindes und die Bereitschaft zur Kooperation werden selten erstellt. Der Zugang ist jedoch auch schwierig, „weil Interessenten auch Defizite vertuschen, sich gegenüber Amtspersonen devot, unsicher und mißtrausch verhalten. ... Hier scheint sich auch die im Pflegekindschaftsverhältnis innewohnende Ambivalenz und das *gestörte Verhältnis zwischen Bürger und Verwaltung* auszudrükken“ (Kommission Heimerziehung 1977, 282). Pflegekinderdienste wie der in Dortmund haben immer noch nur Modellcharakter. Hier werden *Einführungsseminare für Interessenten* angeboten und zusammen mit erfahrenen Pflegeeltern relevante Fragen zum Pflegeverhältnis behandelt (vgl. Hantschel 1978, 128ff.). In solch einem Rahmen können sich Interessenten zunächst einmal ein realistisches Bild von den Aufgaben machen, die auf sie zukommen; zum anderen kann die Begutachtung pflegewilliger Personen weniger stigmatisierend erfolgen, können Aussagen über Kooperationswillen, pädagogische und soziale Einstellung der Bewerber realistischer eingeschätzt werden.

Kurzinformationen zur Pflegeelternschule Berlin

Träger

Der Senator für Schulwesen, Jugend und Sport – Sozialpädagogische Fortbildungsstätte „Haus Schweinfurthstraße“, Schweinfurthstraße 88, 1000 Berlin 33, Tel.: 8241610 oder 6014126.

Die heilpädagogische Pflegestelle

Zum Spektrum der verschiedenen Pflegestellenformen (z. B. Groß-, Kurz-, Wochenpflege) gehört die heilpädagogische Pflegestelle für schwer entwicklungsgeschädigte und nicht nur vorübergehend behinderte Kinder und Jugendliche. Zur Zeit werden etwa 320 Kinder und Jugendliche in heilpädagogischen Pflegestellen betreut. Mindestens eine der Pflegepersonen muß sowohl eine auf Entwicklungsschäden bzw. Behinderungen des Kindes bezogene Qualifikation nachweisen (psychologische, pädagogische, therapeutische oder pflegerische Ausbildung) als auch Erfahrungen mit diesen Kindern. In Ausnahmefällen reicht zum Nachweis der Qualifikation eine der beiden Voraussetzungen. Soweit diese Voraussetzungen beim Kind und bei der Pflegeperson gegeben sind, wird der Status der heilpädagogischen Pflegestelle anerkannt. Neben einem erhöhten Pflegegeld erhalten die Pflegepersonen für ihre Betreuungs- und Erziehungsleistung ein zu versteuerndes besonderes Erziehungsgeld in Höhe von derzeit 1200 DM. Es besteht ein hoher Bedarf an heilpädagogischen Pflegestellen, insbesondere für ältere Kinder und solche mit Elternkontakten.

Teilnehmer der Pflegeelternschule Berlin

Erfahrungsgemäß sind auch Personen, die die oben genannten Voraussetzungen nicht erfüllen, für die Arbeit mit diesen Kindern potentiell gut geeignet. Diese pädagogischen Laien sollten aber für die schwierige Arbeit durch planmäßiges Lernen, praxisorientierte Unterstützung und kontinuierliche Beratung in Gruppen gut vorbereitet werden. Für diese – von den Jugendämtern und der Pflegeelternschule ausgewählten – Bewerber ist die Pflegeelternschule gedacht. Einige Pflegepersonen, die den heilpädagogischen Status anstreben, betreuen bereits ein schwer entwicklungsgeschädigtes Kind.

Nach Abschluß des ersten Ausbildungsabschnittes wird allen Teilnehmern eine zunächst für die Dauer des Lehrgangs befristete Erlaubnis zur Einrichtung einer heilpädagogischen Pflegestelle erteilt und dort, wo die Pflegekinder die Voraussetzungen erfüllen, auch das besondere Erziehungsgeld gezahlt.

Die Pflegeelternschule

Pro Lehrgang nehmen etwa 15 Personen teil. Zwei Dozenten stehen für jeden Lehrgang für die gesamte Dauer von 1¼ Jahren (50 Unterrichtswochen bzw. 160 Doppelstunden) zur Verfügung. Für einzelne thematische Schwerpunkte werden weitere Fachleute beratend hinzugezogen. Neben den wöchentlichen Treffen von jeweils zwei Doppelstunden finden alle 6 bis 8 Wochen Wochenendseminare statt. Alle Teilnehmer absolvieren mindestens zweitätige Praktika in Heimen und ähnlichen Einrichtungen.

Das Curriculum

Die didaktischen Grundprinzipien, abgestimmt auf die gemischte Teilnehmerzusammensetzung, sind folgende: Die Teilnehmer lernen voneinander und miteinander, sollen zunehmend fähiger werden, sich gegenseitig zu beraten. Es werden nicht schulmäßig und isoliert Kenntnisse vermittelt, sondern es wird ausgegangen von den Erfahrungen und Bedürfnissen der Teilnehmer. Ihre Lebenssituation, die sich im Verlauf der in drei Abschnitte gegliederten Lehrgangszeit jeweils verändert, bestimmt Inhalte und Methoden der Pflegeelternschule.

Erster Lehrgangsabschnitt: „Wir werden Pflegeeltern – Die Situation in der Pflegefamilie“

Hier wird auf das Pflegeverhältnis und dessen Konsequenzen für alle Familienmitglieder vorbereitet. Die eigene Motivation kann geprüft und die persönliche Belastbarkeit realistischer eingeschätzt werden. Teilnehmer mit Pflegekindern haben hier Gelegenheit, ihre Anfangszeit als Pflegeeltern zu reflektieren, Entwicklungen nachzuvollziehen und die anderen auf der Grundlage eigener Erfahrungen zu beraten.

Zweiter Lehrgangsabschnitt: „Das Pflegekind in der neuen Familie“

In der Regel haben zu diesem Zeitpunkt alle Teilnehmer Pflegekinder aufgenommen, und es soll gelernt werden, in der veränderten Familienzusammensetzung zu leben. Ursachen von Schwierigkeiten und Konflikten werden untersucht und Lösungsvorschläge gemeinsam erarbeitet.

Dritter Lehrgangsabschnitt: „Stabilisierung“

Dies zielt zum einen auf die vollständige Integration des Kindes in die Familie, zum anderen auf die selbständige Weiterarbeit der Pflegeelterngruppe über den Kurs hinaus. Langfristig wird angestrebt, die Eltern für eine unterstützende Beratung im Bereich der Pflegeelternarbeit im Wohnbezirk zu qualifizieren.

Kommission

Aufgabe der Kommission ist es, die Lehrgänge fachlich und koordinierend zu begleiten. Der Kommission gehören an: Vertreter der bezirklichen Jugendämter, des Senators für Schulwesen, Jugend und Sport, des Arbeitskreises zur Förderung von Pflegekindern, des Lehrgangs und die Dozenten.

Abschlußcolloquium

Jeder Lehrgang schließt mit einem Colloquium, das Mitglieder der Kommission führen, ab. Die Teilnehmer sollen nachweisen, daß sie ihre Erfahrungen als Pflegeperson darstellen und reflektieren können. Die Teilnehmer erhalten ein Zertifikat, das sie nunmehr unbefristet berechtigt, in Zusammenarbeit mit ihren zuständigen Jugendämtern eine heilpädagogische Pflegestelle einzurichten.

Weitere Informationen

Informationsmappe zur Pflegeelternschule Berlin. Im übrigen gibt die Pflegeelternschule durch ihre Dozenten und die Mitarbeiter in der Senatsverwaltung für Schulwesen, Jugend und Sport gerne weitere Auskünfte.

Strittig ist nach wie vor die Frage des Grades der Professionalität der Bewerber. Der Vorstellung, vom pädagogischen Bedarf der Pflegekinder auf die Notwendigkeit besonderer Reflexionsfähigkeit, pädagogischer Qualifikation und somit besonderer Auswahl der Bewerber schließen zu müssen, widerspricht Schmid, Leiter eines kleinen psychagogischen Heims, der schlechte Erfahrungen mit Pflegeehepaaren gemacht zu haben scheint, die eine sozialpädagogische, psychologische oder pädagogische Fachausbildung hinter sich haben. Diese Eltern „erweisen sich – von ganz wenigen Ausnahmen abgesehen – als ungeeignet, wenn es darum geht, einem Kind auf Dauer Heimat zu geben. Meist endete ein solcher Versuch noch im Stadium des Experiments“. Ganz anders dagegen seien die „Erfahrungen mit Arbeiterfamilien“, diese lägen „qualitativ und quantitativ absolut an der Spitze“ und alle Vermittlungen hätten Bestand“. Auch schwach begabte oder schwer hospitalisierte Kinder würden liebenswert empfunden und aus ihrer Stumpfheit herausgeliebt“ (Schmid 1974, 259ff.). Sicherlich ist intuitives, liebevolles und geduldiges Eingehen auf ein Kind für den Erfolg eines Pflegeverhältnisses wichtig. Die Bemerkungen von Schmid aber liefern kein Argument gegen eine zuverlässige Kenntnis und den praktischen Nutzen (!) psychologischer Zusammenhänge bei der Erziehung von Kindern, die Abbrüche von Bezügen, Vernachlässigungen usw. hinter sich haben. Das Fehlen ganz bedeutender Merkmale und Fähigkeiten wie Zuneigung, Anerkennung, Aufrichtigkeit, Kraft und Durchhaltevermögen mag ja vereinzelt bei zeitlich und nervlich überforderten Angehörigen des „Bildungsbürgertums“ nachweisbar sein, ebenso auch die Pflegeerfolge bei „einfachen“ Familien – repräsentativ sind sie nicht, und es ist müßig und gefährlich, solche Polarisierungen und Stereotypisierungen anzustellen. Marschner fordert in seiner Darstellung der heilpädagogischen Pflegestellung in Bremen (1978, 147f.):

> „Die Pflegeeltern müssen pädagogisch qualifiziert sein, d.h., daß in der Regel zumindest ein Elternteil eine pädagogische Ausbildung haben muß. Für die bewußte Pflege und Erziehung eines Problemkindes, aber auch für das Verstehen und Umsetzen einer fachlich anspruchsvollen, heilpädagogisch bis klinisch-psychologischen Beratung sind einige systematische, pädagogische und auch psychologische Grundkenntnisse erforderlich. Sie werden in der Regel nur in entsprechenden Berufsausbildungen erworben.“

Unter den Pflegeeltern befinden sich vor allem Heimerzieher, Sozialarbeiter und Lehrer. Hier gibt es auch – wenn auch wenige – „alleinstehende“ Frauen und Männer, die ein Kind in Pflege aufnehmen konnten. Auch hier sind Kraft und Aufrichtigkeit im Bezug auf die emotionale Zuwendung entscheidend:

> „Heilpädagogische Familienpflege glückt nur, wenn eine tragfähige Eltern-Kind-Beziehung entsteht. ... Neben den körperlichen Bedürfnissen geht es um die emotionalen Bedürfnisse, um Zärtlichkeit und Anerkennung, um Dazugehörigkeit und Geborgenheit, um Unabhängigkeit, um Selbständigkeit und vor allem um das Bedürfnis nach Sicherheit, das alle diese Bedürfnisse umfaßt“ (Marschner 1978, 214).

Professionalität und Liebe!

Die Frage kann also nicht heißen: Professionalität oder Liebe?, sondern muß damit beantwortet werden, daß dauerhafte Zuwendung oftmals nur mit Fachkenntnis und vor allem Weiterbildung und Beratung gesichert werden kann.

Zuallererst muß sich die Auswahl einer bestimmten Pflegefamilie nach der besonderen Vorgeschichte und der besonderen Bedürfnislage des Pflegekindes richten. Sie ist u.a. abhängig von dem Grad der Familialität, die dem Kind zugemutet werden kann. Kontraindiziert ist die Unterbringung in einer Ersatzfamilie für stark familiengeschädigte Kinder; sie „könnten in einer familienähnlichen Atmosphäre, die die Rollenverteilung und die emotionalen Anforderungen ihrer traumatischen Vergangenheit heraufbeschwört, nicht zur Ruhe kommen, und die Heftigkeit ihrer Übertragungsreaktionen bzw. Aggressionen ist für einen einzelnen (bzw. für eine Familie) nicht oder kaum zu ertragen“ (Muss 1973, 101). Diese Kinder benötigen zunächst ein neutraleres und entlastenderes Milieu. „Liebe, Zuwendung muß sorgfältig dosiert sein, darf nicht durch verpflichtenden Charakter Schuldgefühle, Ängste, Panik verursachen. Ihr schwaches Ich, ihre Bindungsunfähigkeit, verträgt keine durch verengte Interaktionen gegebene emotionale Festlegung“ (Widemann 1974, 114). Solche Kinder erleben das Leben in einer Ersatzfamilie schließlich oftmals auch als Verrat an ihren eigenen Eltern.

Obwohl die Begutachtung eines Kindes für die Indizierung einer Pflegestelle von so großer Bedeutung ist, findet eine eingehende Erhebung für das Kind und seine

Vorgeschichte durch die Mitarbeiter der zuständigen Ämter in den meisten Fällen überhaupt nicht, oder „mehr formlos" statt (vgl. Junker 1978, 206). Spezielle Wünsche, gerade von älteren Kindern, an eine zukünftige Pflegestelle, werden in der Mehrzahl der Fälle von den Jugendämtern nicht oder nur äußerst unzureichend berücksichtigt. Unter anderem kennzeichnet diese Verfahrensweise der Jugendämter den Mangel an „passenden" Pflegestellen, der wiederum auf den Mangel an Zeit für die Aufgaben der Vermittlung überhaupt zurückzuführen ist. Ein ausreichendes Angebot an geeigneten Pflegestellen läßt sich zum einen aber nur über eine *gezielte Öffentlichkeitsarbeit und Werbung* schaffen. Dabei muß erst einmal realistisch und gezielt auf das Problem alleinstehender Kinder hingewiesen werden. Dies kann nicht in der Form passieren, daß etwa mit *Druck auf die Tränendrüse* Fernsehzuschauer zur Aufnahme eines Kindes bewegt werden[8] oder die Kinder als Gebrauchsgüter fürs Ausleben von Sentimentalitäten benutzt werden.

Öffentlichkeitsarbeit muß so angelegt werden, daß sie das rationale Bewußtsein der Öffentlichkeit anspricht und sensibel macht für die Hintergründe und die Probleme, die zur Fremdunterbringung eines Kindes führen bzw. damit entstehen können. Der Pflegekinderdienst in Dortmund versucht z. B., sich durch gut vorbereitete Artikelserien in der Tagespresse und Zielgruppenarbeit (Vorträge von Wohlfahrtsverbänden), indem anhand von Biographien die Probleme der Kinder vorgestellt werden, ein „Reservoir" von geeigneten Pflegepersonen zu schaffen (vgl. Hantschel 1978, 134ff.).

Die Unterbringung von Kindern in Pflegestellen wird auch durch eine starke Trennung von „normalen" und sogenannten professionellen Sonderformen (Erziehungsstellen in Hessen, heilpädagogische oder sozialpädagogische Pflegestellen) erschwert. Einige Bundesländer haben schon Anfang der siebziger Jahre von der Pflegegeldgestaltung her die Möglichkeit zur Einrichtung von heilpädagogischen Pflegestellen geschaffen, jedoch werden dabei besondere Voraussetzungen an die Qualifikation sowie die Problemlage der Kinder gestellt[9].

Hier ist aber ganz deutlich zu fragen, ob diese Zweiteilung in billigere und teurere Pflegestellen letztlich nicht bloß wieder eine Möglichkeit darstellt, preisgünstige Unterbringungsmöglichkeiten zu schaffen, in denen die intervenierenden Instanzen, die „bei negativen Zuschreibungen nicht zimperlich sind", verharmlosend definieren, *wenn Geld gespart werden kann* (Kommission Heimerziehung 1977, 306f.). Zudem sind Definitionen in entsprechenden Verwaltungsvorschriften, wie z. B. „Fehlentwicklung", „Verhaltensstörung", „besondere Erziehungsschwierigkeiten" oft Leerformeln und können auch zu Stigmatisierungen führen. Ebenfalls ist eine Abgrenzung nach § 39 BSHG („seelisch wesentlich behindert") schwammig. Grundsätzlich müßten sich die Definitionsgrenzen von Sonder- und normaler Pflegestelle fließender gestalten lassen.

---

8 In einer ZDF-Show am 11.12.1982 wurde darum gewettet, ob man ein paar hundert Heimkinder rechtzeitig zu Weihnachten unter den Christbaum bringen könne; Familien sollten sich melden, die bereit seien, für die Feiertage ein Heimkind aufzunehmen.

9 Zum Teil sind diese Sonderpflegeformen, wie z. B. die Erziehungsstellen in Hessen zur gezielten familiären Unterbringung von älteren Minderjährigen in FEH oder FE nach § 69 Abs. 3 JWG geschaffen. Die Unterbringung erfolgt dort auch nicht gemäß den §§ 27ff. JWG. Auch die Aufsicht über Erziehungsstellen ist, im Unterschied zur Pflegestelle, nicht Aufgabe des Pflegekinderdienstes, sondern erfolgt wie bei Heimen gemäß Abschn. VII JWG (Heimaufsicht und Schutz von Minderjährigen unter 16 Jahren in Heimen), der die §§ 78, 79 JWG umfaßt. Kostenträger ist hier der Landeswohlfahrtsverband Hessen (vgl. Luuka 1974, 226ff.).

Dabei „reicht eine auf das Kind oder den Jugendlichen verengte Beschreibung nicht aus. Vielmehr ist prinzipiell sowohl die Qualität der Trennung von den Bezugspersonen und vom vertrauten Milieu als auch die Interaktion zwischen der Herkunftsfamilie und der Ersatzfamilie als einem traumatisierenden Konfliktpotential in die Gesamtbewertung einzubeziehen. In das Blickfeld der Definitionspraxis sind die (widerstreitenden) Bedürfnislagen der Kinder und ihrer Eltern zu rücken“ (Kommission Heimerziehung 1977, 306).

Das Honorar (nicht die Unterhaltskosten) muß sich nach dem Zeitaufwand des erforderlichen persönlichen Einsatzes für das Kind richten. Einer befristeten Pflegestelle, die besondere Problemlagen in der Ursprungsfamilie zu überbrücken hilft (z.B. Krankheit, Scheidungssituation der Eltern, Kindesmißhandlung) wird wahrscheinlich ein höherer zeitlicher Aufwand abverlangt werden müssen als einer Familie, die ein weniger problembelastetes Kind aus adoptionsähnlichen Motiven aufgenommen hat.

Vermittlung von heute auf morgen?

Bei der Vermittlung in eine Pflegestelle werden Kinder oftmals von Jugendämter geradezu wie eine Ware vor der Haustür abgeliefert. Es wird einfach angenommen, daß die Pflegefamilie schon damit zurechtkomme. Häufig erfolgt die Vermittlung mehr oder weniger von heute auf morgen und vielen Pflegefamilien ist überhaupt nicht bekannt, warum das Kind in Pflege gegeben wurde (vgl. Junker 1978, 253). Auch unterlassen es viele Jugendämter, über die Rechtslage von Pflegepersonen bzw. die zu erwartende Höhe des Pflegegeldes zu informieren. Auffällig ist auch, daß Pflegeeltern mit „geringerer“ Schulbildung – nach eigenen Aussagen – häufig in Ungewißheit über diese Dinge gelassen werden (ebd., 37ff.).

Beratungs-, Fortbildungs- und Informationsmöglichkeiten im Pflegestellenwesen werden auch von Mitarbeitern der Jugendämter als defizitär bezeichnet (ders., 223). Hohe Fallzahlen von über hundert Pflegekindern pro Sozialarbeiter sind die Regel und gleichzeitig Ausdruck eines verkürzten und in hoheitliches – bürokratisches – Aufsichtshandeln einfließendes Beratungsverständnisses.

Wenn man sich überlegt, daß an einem Pflegeverhältnis nicht nur die Pflegefamilie, sondern oftmals auch die leiblichen Eltern und andere Angehörige zu beteiligen sind, so zählen schließlich mindestens 400 Personen zum Betreuungskreis eines einzigen Jugendamtmitarbeiters!

Wenn aber die besonderen Belastungen und die (Abbruch-)Risiken, die mit der Aufnahme eines Kindes verbunden sind, vermindert werden sollen, dann ist ein weniger institutionalisiertes und distanziertes, aber wesentlich mehr partnerschaftliches Verhalten der Jugendämter notwendig. Möglichkeiten zur Reflexion und Aufarbeitung von Schwierigkeiten sind unabdingbare Voraussetzungen für das Gelingen von Pflegeverhältnissen. Denn unberaten und unter moralischem Druck (der Behörde; sie gibt das Geld) neigen Pflegeeltern oftmals dazu, die Möglichkeiten des Kindes überzustrapazieren oder seine Störungen als individuelle Verfehlungen (des Herkunftsmilieus) zu werten. Um z.B. begreifen zu können, ob die Auffälligkeiten eines Kindes „als Hinweis auf echte Defizite und Nachholbedürfnisse oder als konsequent auf die früheren Anforderungssituationen bezogene Selbstbehauptungs- und Schutzstrategie" zu werten sind (Meyer-Dettum 1974, 291) und um entsprechend darauf reagieren zu können, bedarf es psychologischer Grundkenntnisse über die Genese der Auffälligkeiten und pädagogische Handlungshilfen, wie damit umzugehen ist. Nur so schafft man Beobachtungs- und Beurteilungsdistanz und verhindert auch, daß Erziehungsschwierigkeiten als persönlicher Angriff angesehen werden statt als pädagogische Aufgabe. Mit Hilfe von „Beratungsdialogen" läßt sich verändern, wie Eltern sich und ihre Kinder im Bezug auf Bedürfnis und Absichten, Verhalten und Reagieren wahrnehmen, einordnen und verstehen" (Bäuerle 1974, 49).

Der Erkenntnis, daß das Pflegeverhältnis – gerade in der Anfangsphase – einen *dynamischen und problematischen Prozeß* darstellt, muß die Bereitschaft vielfältiger Beratungsangebote (z.B. Supervision, Hilfen in akuten Krisen auch nachts und in der Urlaubszeit) und konkrete Unterstützung (z.B. bei der Beschaffung von Kindergartenplätzen, Kontakten zur Erziehungsberatungsstelle und jugendpsychiatrischen Diensten) folgen. „Beratung von Pflegeeltern – leicht und überall gefordert – ist ein kostspieliges Instrument. Doch ist die irreparable, materiell nicht aufwiegbare Katastrophe einer ‚gescheiterten Inpflegegabe' auf alle Fälle zu vermeiden – koste es, was es wolle" (ebd., 50). Dies setzt neben einer möglichst weitgehenden Zusammenfassung der anfallenden Aufgaben und Zuständigkeiten (Beratung und Hilfen für Pflege- und Herkunftsfamilie, Vermittlung, Innen- und Außendienst) vor allem eine *entschiedene Reduzierung der „Fall"-Zahlen pro Mitarbeiter* voraus. Angesichts der Tendenz in den Verwaltungen „kosteneffizienteres" Handeln zu verordnen, werden die Vorstellungen von Bäuerle – „mehr als 10 Familien für einen Berater sind nicht angemessen" (ebd., 48) – ein utopischer Wunsch bleiben.

Nicht nur als Hebel gegen ungenügende materielle Unterstützung stellen *Pflegefamilienkooperationen* eine Hoffnung auf Beseitigung mancher Defizite im Pflegestellenwesen dar. Beratung steht immer in Verbindung mit der Gefahr, Probleme zu privatisieren und zu individualisieren. Deshalb ist es notwendig, daß die Pflegestellen durch solidarische Hilfe (z.B. gegenseitige Betreuung der Kinder, Einbeziehen der Alltagswelt anderer Familien) untereinander zu einer gewissen Selbstregulierung und Selbstorganisation fähig werden, die sie aus der mit Beratung zum Teil verbundenen Abhängigkeit (und der behördlichen Übermacht überhaupt) befreien könnten. Die konkrete Erfahrung, daß andere Pflegeeltern mit gleichen oder ähnlichen Schwierigkeiten zu kämpfen haben, sich in der Erziehung auch verunsichert fühlen, nimmt zudem einiges von überhöhten Ansprüchen und Leistungsdruck weg. Außerdem ist solch eine Gruppe am besten dazu in der Lage, Anerkennung und Bestätigung zu vermitteln, weil hier auch die Leistungen als solche, im Verhältnis zur notwendigen Anstrengung, erkannt werden.

Um zu verhindern, daß Pflegefamilien zu einer gänzlich privaten, billigen, bequemen und unpolitischen Alternative degradiert werden, gilt es, deren Zusammenarbeit zu fördern bzw. zu institutionalisieren.

Durch die Kooperation kann nicht nur der totale Rückzug in den Privatbereich verhindert werden, sondern die Zusammenarbeit könnte auch das soziale Engagement von Pflegeeltern perspektivisch erweitern. Handelte es sich bisher bei der Aufnahme eines Pflegekindes oftmals um einen das soziale Engagement von Pflegeeltern dokumentierenden Entschluß, nach dessen Umsetzung man sich –

Praxishilfe: Beratung von Pflegeeltern/Pflegeelterngruppen

Als ein Beispiel dafür, wie die Beratung von Pflegeeltern aussehen kann, wollen wir hier die Elternbildungsarbeit des Pflegekinderdienstes Dortmund kurz darstellen. Weitere Hinweise gibt das Interview beim „Arbeitskreis Pflegekinder Berlin e.V." (4.6).

- Beim Pflegekinderdienst in Dortmund hat die Elternbildungsarbeit zum Ziel:
  - *Herausführung der Pflegeeltern aus ihrer Isolation;*
  - „Einüben sozialer Kommunikationen in einer Pflegeelterngruppe;
  - Verbesserung der Erziehungsfähigkeit, der Bereitschaft zur Haltungs- und Einstellungsüberprüfung, das Umsetzen neuer Erkenntnisse im Erziehungshandeln (Verhaltenstraining)" (Hantschel 1978, 132).
- Neben allgemeinen *Erziehungsseminaren,* in denen *Alltagsprobleme und besondere Schwierigkeiten* der Pflegefamilien behandelt werden (4 feste Veranstaltungen im Jahr), gibt es feste Elternarbeitskreise, die sich monatlich treffen. In der Regel entstehen diese Gruppen aus einer vom Pflegekinderdienst angebotenen einwöchigen Elternbildungsfreizeit (oft mit Kindern) in einer Familienbildungsstätte.
- Durch die insgesamt offensiven Beratungsangebote bei gleichzeitiger *Förderung von selbständigen Pflegeelternkreisen* scheinen manche Unsicherheiten, pädagogische Selbstgerechtigkeit und familiäre Isolationstendenzen an Bedeutung zu verlieren. Auch das Mißtrauen, das wegen der Aufsichtspflicht der Jugendämter bei den Pflegeeltern entstehen kann, kann durch eine solche solidarische Beratungstätigkeit abgebaut werden.
- Anmerkung: *Pflegeelterngruppen* und -kreise sind nach unserer Einschätzung auch ohne Beratung des Jugendamtes machbar und notwendig.
- „Fremde Erziehung" nicht als Privatsache zu begreifen, *solidarische Unterstützung* von Kollegen annehmen, die Isolation zu vermeiden: das tut not.
- Ein solcher Pflegeelternkreis kann *gegenseitige Hilfe im Krankheitsfall,* kann Austausch – durch Gesprächsgruppen, Kinderfeste, *gemeinsame Freizeit* etc. – und *Entlastung bei Erziehungsproblemen* schaffen.
- So fördert er gleichermaßen ein *berufliches Selbstverständnis* der Pflegeeltern wie die Motivation für persönliches Engagement. Auch stellen solche Gruppen eine wichtige Ergänzung und gelegentlich Kontrollinstanz den Jugendbehörden gegenüber dar.

notgedrungen – in die Privatsphäre der Familie zurückzog, so könnte eine Solidarisierung dazu führen, daß die der Öffentlichkeit übergebenen Kinder auch wirklich im Bewußtsein der Öffentlichkeit bleiben.

Wenn immer wieder ausdrücklich betont wird, daß die Pflegefamilie zur Erfüllung ihrer Aufgaben ständiger, kostspieliger Beratungs- und Hilfsangebote bedürfe, dann ist aber auch hier zu fragen, warum Jugendhilfe damit nicht schon in jenem Stadium einsetzt, in dem die Herkunftsfamilien der betreffenden Kinder noch zu stabilisieren wären. Vielfach bräuchte man keine Pflegefamilien, wenn die Schwierigkeiten der Herkunftsfamilien durch Mietzuschüsse, Lohnausgleich der Frauen mit Kindern, Familienhelfer oder Hilfen bei der Kleinkindererziehung beseitigt würden. Bäuerle (1974, 35ff.) hat bereits darauf hingewiesen, daß solche Maßnahmen effektiver und billiger als die Unterbringung in Heimen, aber oftmals teurer als die Unterbringung in Pflegefamilien ist.

Damit besteht die Gefahr, daß Kinder vorrangig aus Kostengründen in Pflegefamilien gesteckt werden, obwohl familienunterstützende Hilfe oder eine Unterbringung in qualifizierten kleinen Heimen den Problemlagen mancher Minderjähriger angemessener wären. „Billige Lösungen haben immer etwas Verführerisches, und man nimmt für Kostenersparnis oft Kurzsichtigkeit, wenn nicht Blindheit in Kauf“ (ebd., 43).

4.6 „Für mich war dann Pflege die Alternative ...“ Interview beim „Arbeitskreis zur Förderung von Pflegekindern e.V.“, Berlin

Claudia Heinrichs: Der Arbeitskreis ist im letzten Oktober zehn Jahre alt geworden. Er ist damals entstanden aus einer Gruppe von ***Pflegeeltern in Berlin-Zehlendorf,*** *die dort auch von Sozialarbeitern des Bezirksamtes betreut wurden. Aus dieser Elterngruppe war die Idee entstanden, daß man eigentlich eine Lobby für die Pflegeeltern und Kinder schaffen müßte. Diese Zehlendorfer Elterngruppe hat sich dann für diverse Verbesserungen im Pflegekinderbereich eingesetzt und wurde bald für ganz Berlin aktiv. Damals ging es ausschließlich um* ***Dauerpflegeverhältnisse.*** *Es dauerte Jahre, bis wir so groß wie jetzt wurden und z. B. auch eigene Räume anmieten konnten. Dann kam vor einigen Jahren die* ***Tagespflege*** *dazu. Gegenwärtig hat der Verein etwa 250 Mitglieder – das schwankt etwas –, von denen etwa 50 auch aktiv sind.*

Paul: *Was heißt aktiv?*

Claudia: *Aktiv heißt Verschiedenstes: Wir haben einen Vorstand, dem ein Beirat beigestellt ist. Er tagt regelmäßig einmal im Monat. Dann gibt es verschiedene Arbeitsgruppen, die sich regelmäßig treffen: z. B. die* ***Arbeitsgruppe Tagespflege,*** *die sich z. B. um eine Erhöhung der Platzzahl bemüht. Weiter eine* ***Arbeitsgruppe Steuerfragen:*** *ein Mitglied dieser Gruppe hat beispielsweise prozessiert über vier oder fünf Jahre, und im letzten Jahr auch einen Prozeß vor dem Bundesfinanzhof gewonnen, daß das heilpädagogische Erziehungsgeld nicht versteuert werden muß. Das war ein Bombenerfolg, denn sehr viele Pflegeeltern hatten Einspruch eingelegt: diese bekommen jetzt alle bezahlten Steuern erstattet.*
Dann gibt es eine ***Arbeitsgruppe Öffentlichkeitsarbeit:*** *Diese bereitet z. B. Kinderfeste vor, schreibt Artikel in Zeitungen usw. Außerdem gibt es von Zeit zu Zeit Gruppen, die sich kurzfristig in einer bestimmten Angelegenheit engagieren, z. B. als im letzten Jahr das heilpädagogische Erziehungsgeld drastisch gekürzt werden sollte, hat sich eine Arbeitsgruppe gebildet, die die Gegenargumente gesammelt und vorgetragen hat. Die Kürzungen wurden aufgrund dieser Bemühungen nicht wahrgemacht.*

Paul: *Was sind die entscheidenden Aufgaben des Vereins?*

Claudia: *In erster Linie die* ***Unterstützung der Pflegeeltern,*** *d. h. wir bieten eine ganze Reihe von* ***Gesprächsgruppen für Pflegeeltern*** *an. Da treffen sich regelmäßig Pflegeeltern – meist im drei- oder vierwöchigen Rhythmus –, größtenteils mit einem Pädagogen. Zumindest zu Beginn einer solchen Elterngruppe ist meistens einer dabei, der das ein bißchen in die Hand nimmt und versucht, auch inhaltlich zu forcieren: Nach ca. einem Jahr treffen sich die Pflegeeltern dann meist alleine weiter.*
Im Moment haben wir sieben solcher Elterngruppen, alles Dauerpflegeeltern bzw. Kurzpflege, aber keine Tagespflegegruppen.
Dann haben wir immer wieder ***Vorbereitungsgruppen:*** *mehrere potentielle Pflegeeltern laden wir ein, so daß sie sich untereinander und mit erfahrenen Pflegeeltern austauschen können. Dabei geht es um die formalen Dinge wie Pflegeerlaubnis, aber auch um Inhaltliches:* ***Was habe ich eigentlich für eine Motivation, ein Pflegekind***

aufzunehmen? Was erwartet das Pflegekind von mir, mit welchen Hoffnungen kommt es?

Paul: *Ist es nicht so, daß auch einzelne Jugendämter Pflegeelterngruppen anbieten, mit Beratung und Begleitung?*

Claudia: *Ganz wenig, sehr wenig. Das ist ein ganz entscheidender Punkt in unserer Arbeit, daß wir diese Elterngruppen anbieten, so daß Pflegeeltern sich austauschen können über das, was bei ihnen in der Zwischenzeit gelaufen ist, was an pädagogischen Fragen auftaucht; sie stehen sich gegenseitig mit Rat und Tat zur Seite.*
Ansonsten bieten wir Beratungen an, regelmäßige Sprechstunden, viermal in der Woche. Da kann jeder kommen, der irgendein Problem hat.

Paul: *Mit welchen Problemen z. B. wenden sich Pflegeeltern an euch?*

Claudia: *Vielfältigster Art: Weil das Jugendamt irgendwelche Kosten nicht übernehmen will. Oder weil das Kind aus der Pflegestelle genommen werden soll. Oder weil erst gar keine Pflegeerlaubnis erteilt werden soll. Oder wegen der Kosten für eine Brille oder, oder ... Dann aber auch zur Klärung pädagogischer Fragen: z. B. hatte eine Mutter einen Jugendlichen, bei dem alles zusammenkam: er fing an zu trinken, er ging nicht mehr zur Schule, er ging auf den Schwulenstrich, hat – glaub' ich – Drogen genommen, alles Mögliche.*

Paul: *Macht ihr auch Öffentlichkeitsarbeit in dem Sinn, daß ihr um Pflegestellen werbt?*

Claudia: *Jein: Also das wäre viel, viel mehr nötig. Zum Beispiel haben wir ein* ***Plakat in der U-Bahn,*** *und es rufen häufig Leute an, die sagen: „Wir haben Ihr Plakat in der U-Bahn gesehen und wollen uns mal informieren ...“*
Finanzieren tun wir uns nur aus Spenden, Mitgliedsbeiträgen und Bußgeldern, und neuerdings bekommen wir die Personalkosten aus der Projektförderung des Senats von Berlin. Das reichte aber bisher nicht für eine intensive Öffentlichkeitsarbeit. Aber auch anderes ist öffentlichkeitswirksam: Für die Mitglieder des Vereins erscheint drei- bis viermal jährlich ein Mitteilungsheft, das auch an die Jugendämter verschickt wird. Außerdem haben wir unser Jubiläumsfest im letzten Jahr ganz stark als Öffentlichkeitsarbeit geplant und erlebt. Wir haben es auf dem Adenauerplatz gefeiert[10]*, haben die Medien eingeschaltet und zu einer Pressekonferenz eingeladen.*
Es ist eigentlich die Aufgabe des Senats, Öffentlichkeitswerbung zu betreiben. Und das ist seit Jahren unser Vorwurf an den Senat, daß da nichts geschieht. Der Senat hat vor 17 Jahren eine groß angelegte Werbekampagne gestartet mit einer enormen Arbeitsbelastung für die Mitarbeiter der Jugendämter: da ist nicht viel bei herausgekommen. Es haben sich viele ungeeignete Leute gemeldet. Deswegen wurde seitdem nichts mehr in der Art unternommen.

Paul: *Also ihr leistet praktisch eine Gruppenarbeit, eine Beratungsarbeit und ansatzweise eine Öffentlichkeitsarbeit, die der Senat ...*

Claudia: *Wo der Senat seiner Verflichtung nicht nachkommt.*
Und was auch neu und wichtig ist, ist, daß der Arbeitskreis ***Fortbildungen*** *anbietet, Wochenendkurse und -tagungen, z.B. zu den Themen „Die typischen Phasen eines Pflegeverhältnisses“, „Vorbereitung für potentielle Pflegeeltern“, „Jugendliche Pflegekinder und junge Volljährige“, „Verwahrlosung und Auffälligkeiten“, „Ausbrennen in helfenden Berufen“.*
Ein weiterer Aufgabenbereich des Arbeitskreises Pflegekinder ist der ***Kinder Hilfs Dienst*** *(KHD); das ist ein festes* ***Vermittlungsangebot von Kurzpflege-***

10 Großer zentraler Platz Berlins am Kurfürstendamm.

__stellen.__ Dafür besteht ein großer Bedarf; ein Stamm von Pflegeeltern steht zur Verfügung, Pflegeerlaubnisse der Jugendämter liegen vor. ... Diese Kurzpflegeeltern treffen sich regelmäßig zum Austausch und sie werden dabei auch pädagogisch beraten.

Paul: *Aber eine vergleichbare Vermittlung für Dauerpflegen macht ihr nicht ...*

Claudia: *Vermittlung machen wir nicht, dafür sind die Jugendämter zuständig. Wir wissen von Kindern, die zur Vermittlung anstehen, und auch von interessierten Pflegeeltern. Nur dürfen wir die direkt nicht zusammenbringen, sondern das muß über das Jugendamt laufen.*

Paul: *Ja, aber ihr könnt da sicher eine Menge Hinweise geben?*

Claudia: *Hinweise auf jeden Fall.*

Paul: *Das heißt, wenn ich eine Pflegestelle eröffnen möchte, kann ich mich von euch in jeder Hinsicht beraten lassen?*

Claudia: *Ja.*

Paul: *Dagegen sind die Aufgaben der Jugendämter stark Kontroll- und Aufsichtsfunktionen ...*

Claudia: *Deshalb ist ja auch der Verein so wichtig, denn die Jugendämter können nicht immer beides gleichzeitig tun: __einerseits kontrollieren, andererseits beraten.__*

Paul: *Oft fehlt es doch an einem __Minimum an Vertrauen__ zwischen Pflegeeltern und Sozialarbeitern des Jugendamtes.*

Claudia: *Viele Pflegeeltern haben Angst, sich der Kontrollinstanz gegenüber zu öffnen und z. B. pädagogische Schwierigkeiten zuzugeben aus Angst, für unfähig gehalten zu werden. Bei uns fällt es ihnen leichter, weil wir keine Aufsichtsfunktion haben. Da wir die Pflegeeltern auch über ihre berechtigten Ansprüche umfassend informieren, __sind wir manchem Jugendamt ein Dorn im Auge.__*

Paul: *Die __Motivationsfrage,__ für mich eine doppelte Frage: einmal, warum gibt jemand ein Kind in Pflege? Und natürlich: warum nimmt jemand ein Kind auf?*

Claudia: *Die Frage, warum gibt jemand ein Kind in Pflege, kann man wohl kaum beantworten. Das ist wohl selten freiwillig, auch wenn die Eltern letztendlich diese Ermächtigung unterschreiben. Gründe sind z. B., weil sie in der Psychiatrie sind, weil sie Alkoholiker sind, finanzielle Schwierigkeiten ihnen über den Kopf wachsen ...*
Oft ist es so, daß es beim Jugendamt heißt: Du sollst mal eine Alkoholtherapie machen und dich von dem Mann trennen, eine Wohnung suchen etc.; und wenn das alles wieder läuft, kriegst du das Kind wieder. Ja, und in der Praxis läuft's dann nicht ...

Also, zur Motivation zur Inpflegegabe: kann ich generell sagen, das ist in den seltensten Fällen eine freie, bewußte Entscheidung.

Paul: *Die Situation der Pflegeeltern ist ja enorm schwierig: nehme ich z. B. eine heilpädagogische Pflegestelle, wo Leute zumindest theoretisch schon einiges mitbringen, wo sie ein stark verhaltensauffälliges Kind aufnehmen, dieses Kind über Jahre erziehen oder mit ihm zusammenleben wollen ... und es bleibt immer diese Rechtsunsicherheit:* ***man kann nicht so genau sagen, wann das Kind wieder rausgenommen wird.*** *Dann ist schon die Frage: Warum macht das überhaupt jemand?*

Claudia: *Bei uns sind auch Pflegeeltern, die eigentlich adoptieren wollten. Und weil sie zu alt waren oder noch eigene Kinder kriegen könnten*[11]*, sind sie dann auf die Idee gekommen: „Ach dann nehm ich 'n Kind in Pflege". Für die ist das ganz problematisch, dieses Bewußtsein: man kann mir das Kind ja immer wieder wegnehmen. Die wollen oft auch keinerlei Kontakt zu den leiblichen Eltern.*
Warum wollen Pflegeeltern generell ein Pflegekind haben? Gesagt wird häufig: „Ich will einem armen Heimkind helfen" oder „Ich will ein Geschwisterkind für mein eigenes Kind haben".

Paul: *Man kann ja sicher unterscheiden zwischen Inpflegegaben, wo die Pflegeeltern das Kind schon vorher kannten ...*

Claudia: *Ja, gerade bei heilpädagogischen Pflegestellen ist das häufig, daß z. B. jemand das Kind schon aus dem Heim kennt und denkt, im Heim kann ich ja eh nicht viel ändern ...*

Paul: *Da überlegt wohl mancher, der im Heim arbeitet:* ***„Meine Beziehung zu den Kindern stimmt, aber alles drumrum stimmt nicht!"***

Claudia: *Ich hab' selbst auch vier Jahre im Heim gearbeitet, mit 14- bis 18jährigen Mädchen. Da haben wir Erzieher zusammen mit den Mädchen innerhalb des Heims eine Art Wohngemeinschaft versucht. Für mich war dann aber trotz dieses guten Ansatzes Pflege die Alternative zur Heimerziehung. Ich hatte zwei Pflegesöhne. Jetzt habe ich keine mehr. Es waren Jugendliche, die für 2½ Jahre bei mir waren.*
Ich war erst die Erzieherin im Heim und nun plötzlich so was wie Pflegemutter, wobei „Mutter" so ein diffuses Bild ist, das auch schon altersmäßig bei mir gar nicht hinkam. Ich hatte auch nicht den Anspruch, die Rolle als Hausfrau und Mutter einzunehmen. Was war ich nun eigentlich? Das konnten meine Pflegekinder – und ich manchmal auch – schlecht einsortieren! Also: ***Schwester, Kumpel, Freundin, Mutter, Erzieherin:*** *alles durcheinander!*

Paul: *Aber es heißt ja dann doch: Pflege-Mutter! In dem Wort Mutter spiegelt sich ja nun gerade für ein von Verwahrlosung bedrohtes Kind eine Riesenhoffnung ...*

Claudia: *Ja, wobei gerade einer meiner Jungen dieses Wort nie in den Mund genommen hat und in der Schule erzählt hat, er wohne in einer Wohngemeinschaft, obwohl er sicher diese Riesenhoffnung hatte. Der andere sprach dauernd von Mutter, Pflegefamilie, zu Hause; er hat gleich meinen Namen an seinen 'rangehängt: der fand das toll ...*

Paul: *Das kann ja auch schwierig sein für das Kind, einen anderen Namen zu tragen.*

Claudia: *Es besteht eventuell die Möglichkeit, den Nachnamen ändern zu lassen.*

Paul: *Nun müssen sich ja Leute, die ein Pflegekind aufnehmen wollen, von vornherein Gedanken darüber machen, wie sie mit den leiblichen Eltern zusammenarbeiten wollen.*

Claudia: *Da muß ich nochmals auf die Motivation zurückkommen. Bei vielen kommt immer wieder dieses „Helfersyndrom" durch. Ich finde es wahnsinnig wichtig, daß es ihnen wenigstens ansatzweise bewußt wird. Denn man kann anders damit umgehen, wenn*

---

11 Eventuelle Ausschließungsgründe bei einer Adoptionsvermittlung.

Pflegekindergeschwister. Zeichnung eines siebenjährigen Jungen.

es Konflikte gibt. Das ist immer der springende Punkt, wenn wir merken: ***„Meine eigenen Bedürfnisse werden nicht mehr befriedigt mit diesem Pflegekind“, dann knackt es.*** *Dies sind mit die wichtigsten Probleme, die in unseren Gruppen besprochen werden müssen.*

Paul: *Ist das die Regel, daß es erst mal knackt und später läuft?*

Claudia: *Nein. Meistens sind in der Anfangsphase Pflegekind und -eltern wahnsinnig bemüht, sich aufeinander einzustellen und verhalten sich überangepaßt. Erst später kommt es zu Konfliktsituationen. Da laufen – oft über Jahre – Übertragungen, bei denen das Kind kaum wirklich wahrnehmen kann, daß da jemand Neues, anderes als die leiblichen Eltern ist …*

Paul: *Es bleibt doch immer der Grundkonflikt: „Ich nehme ein Kind auf, als wär's mein eigenes“. Es ist es aber nicht. Und es gibt eine gewisse Mitsprache, sogar Aufsichtsverpflichtung des Jugendamtes, und es gibt dieses „Muß“ der Zusammenarbeit mit der Herkunftsfamilie.*

Claudia: *Ja. Der Ansatz ist doch auch rechtlich der, daß in der Zwischenzeit der Familienpflege die Herkunftsfamilie stabilisiert werden soll …*

Paul: *Und das ist doch oft unrealistisch …*

Claudia: *Das kann das Jugendamt oft gar nicht leisten in relativ kurzer Zeit.*

Paul: *Gibt es auch Pflegeeltern, die darauf spekulieren:* ***„Ich kann's ja auch wieder loswerden“?***

Claudia: *Nein, in den meisten Fällen ist es eher umgekehrt. Viele Pflegeeltern würden lieber ein Kind ganz adoptieren. Manche sind aber finanziell so gestellt, daß sie sich eine Adoption nicht erlauben können und auf das Pflegegeld angewiesen sind.*

Paul: *Also Familie einerseits, aber andererseits doch „berufliche Erziehung", wenn die Pflegeeltern beispielsweise vom heilpädagogischen Erziehungsgeld leben?*

Claudia: *Ja. Das ist ein fast unlösbares Problem in manchen Pflegefamilien: die Elternrolle und die bezahlte Berufsrolle.*

Paul: ***Spielen denn Pflegekinder unter Umständen auch mit dem Gedanken: „Dann gehe ich halt wieder!"?*** *Gerade Jugendliche könnten doch von sich aus sagen: „Da möchte ich nicht mehr bleiben" und drohen bei Konflikten und Krisen damit?*

Claudia: *Ich habe es so erlebt, daß auf einmal die leibliche Mutter nach vielen Jahren wieder auftauchte und mein Pflegesohn zu ihr wollte, weil es für ihn faszinierend war, überhaupt eine „richtige" Mutter zu haben.*

Paul: *Für den Jugendlichen ist es sicher schwierig, wenn er kapiert: Die bekommt Geld dafür, „weil ich so bin wie ich bin". Wenn ich nicht als behindert, gestört, auffällig gelten würde, gäbe es auch nicht so viel Geld dafür.*

Claudia: *Ansatzweise kapieren sie es, daß es nicht ohne Geld geht, aber sie zweifeln auch, ob sie nicht doch nur des Geldes wegen aufgenommen wurden. Ich persönlich habe mich auch etwas gescheut, ihnen die finanziellen Verhältnisse genau darzulegen. Bei kleinen Kindern, die in Pflegefamilien kommen, stellt sich das Problem gar nicht.*

Paul: *Angenommen, ein Kind kommt mit starken Verhaltensauffälligkeiten in eine Pflegestelle und es entwickelt sich nach drei, vier, fünf Jahren so, daß man es nicht mehr als verhaltensauffällig bezeichnen kann: ist es dann keine heilpädagogische Pflegestelle mehr?*

Claudia: *Das trifft ein Grundproblem der letzten Zeit: genau das war nämlich der Ansatz, nach dem das heilpädagogische Erziehungsgeld gekürzt werden sollte. Das war so vorgesehen von Frau Dr. Laurin (Senatorin in Berlin), daß eine heilpädagogische Pflegestelle nach fünf Jahren ihr Soll erfüllt hat, daß das Kind dann bei weitem nicht mehr so gestört ist und man das heilpädagogische Erziehungsgeld um ein Drittel kürzen könnte. Die Erfahrung zeigt aber, daß sich das in Jahreszahlen gar nicht ausdrücken läßt: Das kann man gar nicht über einen Kamm scheren. Das hängt von vielen Dingen ab: Vom Alter der Kinder bei der Inpflegegabe, von der Dauer der Unterbringung usw. Nicht zu vergessen, daß die heilpädagogische Pflegestelle immer noch billiger ist als jeder Heimplatz. Denn der Heimerzieher ist angestellt: d. h. er ist renten- und krankenversichert, er hat Urlaubsanspruch, er darf krank werden, er hat dann jemanden, der ihn vertritt.*

Paul: *Pflegeeltern müssen sich selbst versichern …*

Claudia: *In den meisten Fällen fällt das weg: Verheiratete Frauen sind über ihren Mann mitversichert. Für diejenigen, die das alleine machen, ist es kaum zu schaffen. Krankenversicherung, größere Wohnung wegen der Kinder, höhere Miete, Haftpflicht usw.: da bleibt nicht viel …*
Es gibt ja Pflegemütter, alte Frauen, die 20 bis 25 Jahre lang Kinder großgezogen haben und dabei überhaupt nicht versichert waren und deshalb keine Rentenansprüche haben!

Paul: *Ihr macht eine Arbeit, die eigentlich zum Auftrag der öffentlichen Verwaltung gehört. Und ihr erreicht ja auch nur einen Bruchteil aller Pflegeeltern …*

Claudia: *Stimmt!*

Paul: *Also wenn wir jetzt 'mal an die vielen Pflegestellen denken, wo so gut wie keine Beratung stattfindet, stellt man fest, daß doch ungeheuer viele Pflegeeltern sich selbst überlassen bleiben. Und weiter: Doch auch mit den Kindern machen können, was sie wollen, soweit das Jugendamt nichts bemerkt.*

Claudia: *Das Jugendamt muß besonders in der Anfangszeit eines Pflegeverhältnisses sehr viel und regelmäßig beraten und kontrollieren, später einmal im Jahr einen Hausbesuch abstatten, noch später kann allmählich von der Beaufsichtigung abgesehen werden. Aber mir ist nicht bekannt, daß da allzu viel Negatives geschieht oder gelaufen ist … Andererseits: Was läuft denn im Heim? Die Heimpflegen (Abteilungen der Jugendämter) sind oft völlig überfordert damit nachzuprüfen, welches Kind in einem Heim noch in eine Pflegestelle vermittelt werden könnte.* ***Aber ich denke, daß der weitaus größte Teil der Kinder in Pflegefamilien besser untergebracht ist als im Heim. Das müßte auch den unterbringenden Sozialarbeitern klar sein, und trotzdem wird es nicht gemacht; es wird zu wenig dran gedacht. Wahrscheinlich kann man ein Heim auch besser kontrollieren als eine Pflegestelle.***
Jetzt kommt natürlich immer noch die Arbeitslosigkeit dazu – wenn die Heime schließen, werden die Erzieher arbeitslos; deswegen müssen die Heime belegt werden.

Paul: *Das ist also euer Grundverständnis von Erziehung in Pflegefamilien und eure Einstellung zu sogenannter „Ersatzerziehung" …*

Claudia: *Grundtenor ist natürlich schon: eine Familie ist im allgemeinen besser für ein Kind als ein Heim, egal, ob es ein gutes oder ein schlechtes Heim ist. In punkto: wechselnde Bezugspersonen sind nicht gut für das Kind; in punkto: kontinuierliche Beziehungen usw.*

Paul: *Provozierend kann man sagen: Auch viele Pflegestellen sind denkbar ungeeignet;* ***was hinter verschlossenen Türen stattfindet, sieht man nicht.*** *Und es gibt viele Pflegestellenabbrüche, wo also die Beziehungen auch nicht allzu lange anhalten …*

Claudia: *Das gibt's schon. Da haben wir aber nicht den richtigen Überblick. Denn die Pflegefamilien, die meinen, sie hätten was zu verbergen, die kommen nicht zu uns. Andere lassen sich von uns beraten; unter Umständen lassen sich dadurch Abbrüche vermeiden. Bei unseren Mitgliedern gibt es sicher auch Abbrüche, aus den verschiedensten Gründen.*
Es gibt auch Kinder oder Jugendliche, für die es wirklich besser ist, im Heim zu leben. Häufig bekommen Kinder vom Jugendamt den ***Stempel „nicht familienfähig"*** *aufgedrückt.*

Paul: ***„Stempel familienfähig":*** *Was stellt man sich denn darunter vor?*

Claudia: *Das möchte ich auch gerne wissen. Aber bei einem meiner Pflegesöhne fiel mir im nachhinein auf, daß die familiäre Situation für ihn zu nah und zu eng war. Er konnte Emotionen schon in geringster Form nicht ertragen und wehrte sie durch Provokationen ab, die die Familie sehr belastet haben.*

Paul: *Es können auch Einzelpersonen Kinder aufnehmen, auch unverheiratete Paare …*

Claudia: *Auch Wohngemeinschaften, insofern sich eine Person als hauptverantwortlich bezeichnet bzw. den Pflegevertrag abschließt.*

Und noch etwas ist denkbar, das ist bei mir im Hinterkopf und auch bei einigen anderen Pflegeeltern: Man müßte eigentlich ***einen Verbund von Pflegestellen*** *haben, um die Isolation vieler Pflegeeltern aufzuheben. Aber das ist jetzt meine private Meinung; das ist nicht autorisiert vom Verein. ... Aber so etwas fände ich denkbar: in der Großstadt eine Hausgemeinschaft – oder Leute, die nicht zu weit auseinander wohnen, wo man sich austauschen oder schon 'mal vertreten kann ... oder sagen kann „jetzt nimm du mir den 'mal ab, ich kann im Moment nicht mehr, kann er/sie 'mal einen Tag/eine Woche ... bei dir bleiben? ...“*

Paul: Also ein solcher Verbund von Pflegestellen, der interessiert mich: Ist nicht sogar ein ***Verbund von Pflegestellen mit kleinen Heimen*** *denkbar, mit der Möglichkeit des Austausches, der Zusammenarbeit, der Vertretung, Ferienunterbringung und auch der Möglichkeit, ein Kind woanders unterzubringen, wenn es nicht klappt: ein möglichst differenziertes System? Aber das scheint ja heute völlig abwegig und unrealistisch bei unserer Jugendhilfebürokratie, oder? Heimerziehung und Pflegestellen werden doch nur alternativ diskutiert, im Grunde nur aus der Konfrontation heraus!*

Claudia: Außenwohngruppen, dezentralisierte Wohngruppen in Heimen gibt es schon. Denkbar sind auch Hausgemeinschaften von Pflegeeltern, daß man einen „Ring“ bildet, einen Verbund also. Mich rief auch einmal jemand an mit der Frage: „Kann man nicht etwas machen ***mit mehreren Generationen****“?, also eine Wohngemeinschaft mit „mittelalterlichen“ Erwachsenen, Kindern und ein, zwei alten Leuten: das ist doch auch eine überdenkenswerte Idee. Denn für die Pflegeeltern wäre das eine große Hilfe, wenn da ältere Menschen dabei sind – nicht allein die Oma, die Märchen erzählt, sondern die den Kindern eine ganzheitliche Lebenserfahrung vermitteln kann.*

Paul: Das ist doch an und für sich ein ganz eigenartiges Gebilde, die Pflegefamilie: Die Familie ist der privateste und am meisten geschützte Erziehungsbereich, den es überhaupt gibt – auf der einen Seite. Auf der anderen Seite ist auch „Ersatzerziehung“ in der Pflegestelle teilweise „öffentliche Erziehung“, oder soll teilweise öffentlich gemacht werden. Geht das überhaupt?

Claudia: Sicher nur bedingt. Und dann kommt immer der schon erwähnte Konflikt ***„bezahlte Erziehung“*** *dazu, jedenfalls bei den heilpädagogischen Pflegestellen. Das wird für viele Pflegefamilien auch häufig intern ein Problem: der Vorwurf „Ihr macht das nur, weil ihr Geld dafür bekommt“.*

Paul: Ja, ist das nicht so? Kann man sich nicht vorstellen bei der jetzigen Entwicklung der Stellensituation im sozialen Bereich –, daß da jetzt mehr Leute dazu neigen könnten, Pflegekinder aufzunehmen?

Claudia: Das ist erstaunlicherweise nicht der Fall. Das ist den meisten viel zu anstrengend: Arbeit rund um die Uhr, kein Urlaubsanspruch, du darfst nicht krank sein ...

Paul: Die ganze Person einbringen, nicht nur für Stunden. Und wenn du zwei verhaltensgestörte Kinder aufnimmst, dann gibt's kein Zurück ...

Claudia: Man möchte jedenfalls kein Zurück.

Paul: Es gibt noch ein Argument gegen Pflegefamilien, nämlich den Hinweis, daß sich das Milieu gegenüber der Herkunftsfamilie oft erheblich unterscheidet, daß ein sogenanntes Schichtengefälle da ist ...

Claudia: *Von daher weiß ich auch von einigen Jugendämtern, daß die als Pflegefamilien oft ganz bewußt sogenannte* ***„Proli-"-Familien*** *aussuchen. Das heißt aber nicht, daß das immer sinnvoll ist.*

Paul: *Gibt es wirklich so viele Konflikte zwischen Pflegeeltern und den leiblichen Eltern? Daß z. B. die Eltern ankommen und das Kind von heute auf morgen rausnehmen wollen?*

Claudia: *Ein ganz großer Anteil; das kommt immer wieder vor.*

> *Kürzlich hatte eine fünfzehnjährige Mutter ihren Säugling in Pflege gegeben. Und nach drei Monaten bestand sie darauf, daß das Kind wieder herauskam.*

Paul: *Besuchsregelungen mit den leiblichen Eltern sind also oft recht problematisch?*

Claudia: *Ja, es ist für viele schwer, sich an Absprachen zu halten. Außerdem haben die Herkunftseltern in der Regel ein schlechtes Gewissen, die machen dann viele Geschenke und ziehen an den Kindern ...*

Paul: *Das Kind unterscheidet für sich schon zwischen Pflegemutter und leiblicher Mutter?*

Claudia: *Das kann man generell nicht sagen: Das hängt davon ab, wie alt das Kind bei der Inpflegegabe war, welche Kontakte es gab etc. Viele Pflegekinder sehen die Pflegemutter als wichtiger an als ihre leibliche Mutter.*

Paul: *Gibt es denn auch Beispiele, wo sich Pflegemutter und Mutter bestens verstehen und zusammenarbeiten?*

Claudia: *Oft über eine begrenzte Zeit, nicht aber über lange Zeiträume. Irgendwann kommt dann schon die Frage: „Ist die leibliche Mutter nun die schlechtere Mutter?" und der Vergleich zwischen beiden. Zumal viele Mütter ihre Kinder nicht ganz freiwillig in Pflege gegeben haben, überredet wurden oder aus einer aktuellen Notsituation heraus gehandelt haben.*

Paul: *Rein theoretisch könnte man vermuten:* ***Die müßten sich bestens verstehen.*** *Die eine muß der anderen dankbar dafür sein, daß sie das Kind für einige Zeit aufnimmt, und die andere dafür, daß sie es „haben" darf.*

Claudia: *Könnte man meinen, das ist aber nicht so.*

> *Paul:* *Dieser Konflikt zwischen Mutter und Pflegemutter geht doch aber am Kind auf keinen Fall spurlos vorbei ...*
>
> *Claudia:* *Es wird immer durch diesen Konflikt verunsichert. Oft ist es ja noch viel schlimmer: Da ist nicht nur die Mutter, sondern auch z. B. der geschiedene Stiefvater, die Oma, der leibliche Vater, auf der anderen Seite die Pflegeeltern und vielleicht noch ein Erzieher aus einem Heim, in dem das Kind 'mal war. Und jeder hat eine andere Erwartung an das Kind.*

Paul: *Ist der Konflikt des Hin- und Hergerissenseins eigentlich schlimmer für das Kind als beispielsweise bei einer „schlecht geschiedenen" Ehe, wo am Kind auch jahrelang unter Umständen herumgezogen wird?*

Claudia: *Schlimmer ist vielleicht, daß es unter Umständen unregelmäßiger hin- und hergerissen wird: Mal probiert es die leibliche Mutter wieder, dann distanziert sie sich wieder; dann ist der neue Freund da: Jetzt könnte das Kind wieder dazukommen; dann geht das wieder zu Bruch usw. usf.*

Paul: *„Familie" kann auch Familienideologie bedeuten, wo die Familie zur einzig guten* ***„Keimzelle der Gesellschaft"*** *wird ...*

Claudia: *Oder zur* ***„Wurzel allen Übels"*** *...*

Paul: *Oft geht es den Familienideologen letztlich um die Kosten.*

Claudia: *Ich denke dabei nicht so sehr an die Kosten. Sicher sind manche Familien fragwürdig.*

Paul: *Wenn schon nicht „Familie" in der traditionellen Form, dann ist es aber doch eine* ***private Beziehung zwischen Erwachsenem und Kind.***

Claudia: *Bei allem, was sich an herkömmlicher Familie kritisieren läßt – und das ist weiß Gott genug –, ist die* ***Beziehung das Entscheidende, das, was Entwicklung überhaupt erst ermöglicht.*** *Das ist in der Massen- oder Kollektivbeziehung unserer Heime nicht möglich.*

Entwicklung der Dauerpflege in Berlin

		1975	1976	1977	1978	1979	1980	1981	1982
Fremduntergebrachte Kinder und Jugendliche gesamt		12053	12182	12122	11666	11628	11527	10679	10719
Davon in Familienpflege (ohne Tagespflege)	absolut	4281	4421	4442	4317	4378	4484	3977	3818
	in %	35,5	36,3	36,6	37,0	37,7	38,9	37,2	35,6
Davon in Heimpflege (incl. FE/FEH § 75a JWG)	absolut	7634	7605	7521	7186	6907	6766	6369	6476
	in %	63,3	62,4	62,0	61,6	59,4	58,7	59,6	60,4

Nach: Mitteilungen des „Arbeitskreises zur Förderung von Pflegekindern".

Dieses Interview gibt Anregungen dafür, wie die erzieherische Praxis in den Pflegefamilien verbessert werden kann, nämlich

- durch *Pflegeelterngruppen* und gegenseitige, solidarische Unterstützung;
- durch eine frühzeitige und verbesserte *Beratung* von Pflegeeltern bei Erziehungsschwierigkeiten – in Selbsthilfegruppen und durch das Jugendamt;
- durch notwendige *Fortbildungsangebote;*
- durch eine gelingende *Zusammenarbeit mit den Jugendbehörden,* die nur durch ein wachsendes Vertrauensverhältnis zu erreichen ist;
- durch ein *Verbundsystem von Pflegestellen mit kleinen Heimen.* Ein solcher Verbund bleibt heute zwar meist noch Wunschvorstellung vieler Pädagogen. Im letzten Kapitel unseres Bandes machen wir aber auf einige Beispiele von Einrichtungen aufmerksam, in denen eine Verbindung von Gemeinschafts- und Familienerziehung gelungen ist.
- Und noch eine Anmerkung zum Gespräch beim „Arbeitskreis zur Förderung von Pflegekindern": Pflegeelterninitiativen wie diese repräsentieren nur einen Bruchteil der bestehenden Pflegeverhältnisses. Die Arbeit solcher Pflegeelternkreise bewerten wir jedoch als wegweisend und vorbildlich.

Literaturhinweise:

Reinhilt Plinke u. a.: Erziehung in der Pflegefamilie
Martin Bonhoeffer/Peter Widemann (Hrsg.): Kinder in Ersatzfamilien
Reinhold Junker u. a.: Pflegekinder in der Bundesrepublik Deutschland
Horst E. Richter: Patient Familie
Dieter Claessens/Petra Milhoffer (Hrsg.): Familiensoziologie
Reinhard Wolff (Hrsg.): Gewalt gegen Kinder

Kontaktadressen

Arbeitskreis zur Förderung von Pflegekindern e. V.
Schlüterstraße 39, 1000 Berlin 12
Ute Blume, Tel. 030/6812188

Berliner Tagesmütter und -väter e. V.
Marianne Bendix, Südekumzeile 31
1000 Berlin 20, Tel. 030/3662979

Hamburger Tagesmütter e. V.
Helga Peters, Olewischtwiet 41b
2000 Hamburg 71, Tel. 040/6911812

Tagesmütter und -väter Stormarn e. V.
Karin Garbe, Am Röhbrook 11
2057 Reinbek/Ohe, Tel. 04104/2002

Tagesmütter und -väter Wedel und Umgebung e. V.
Gabriele Meilick-Kellermann
Tondernstraße 18
2000 Wedel/Holstein, Tel. 04103/88781

Steinburger Tagesmütter und Pflegeeltern e. V.
Monika Klamka, Erlenweg 3
2211 Kremperheide, Tel. 04821/85351

Arbeitsgemeinschaft Pflegeeltern Ammerland
Röntgenstraße 16, 2910 Westerstede 1
Tel. 04488/1694

Versand der Tagesmütterzeitung
Monika Schwarz, Inostraße 72
2940 Wilhelmshaven 31, Tel. 04423/1313

Arbeitsgemeinschaft der Pflegeeltern
Landkreis Friesland
Hedwig Bäuerle, Raiffeisenstraße 16
2940 Varel 1, Tel. 04451/2995

Interessengemeinschaft Tagesmütter Hannover e. V.
Brigitte Jacobs, Bödekerstraße 85
3000 Hannover 1, Tel. 0511/628112

Deutscher Hausfrauenbund
Ortsverband Salzgitter-Solte e. V.
Mütterzentrum, Erikastraße 11
3320 Salzgitter 51 (Bad)

Kinderbetreuung Holzminden e. V.
Barbara Heise, Hasenecke 7
3450 Holzminden

Verein zur Förderung des Pflegekinderwesens
Tagesmütter e. V. Kassel
Margret Gulde, Ihringshäuser Straße 19
3500 Kassel, Tel. 0561/877594

Verein zur Förderung des Pflegekinderwesens
Tagesmütter e. V. Baunatal
Waltr. Spratte-Kumper, Zum Bärenwinkel 8
3507 Baunatal, Tel. 05601/8166

Tagesmütter in Meerbusch e. V.
Renate Schymik, Auf der Gath 37
4005 Meerbusch, Tel. 02159/7075

Vereinigung der Pflege- und Adoptiveltern
im Lande Nordrhein-Westfalen
Saarbrückenstraße 2
4300 Essen, Tel. 0201/272712

Pflegeelterngruppe Altenkirchen
Anni Herber, Friesenstraße 5
5230 Altenkirchen, Tel. 02681/1203

Kinderbetreuung e. V.
Elke Ackermann, Westraße 46
5880 Lüdenscheid, Tel. 02351/20382

Tages- und Familienpflegegruppe Eschborn
Adelheid Bräuninger, Pfingstbrunnenstraße 15
6236 Eschborn, Tel. 06196/41700

„Eltern helfen Eltern"
Ingeborg Gömmer, Wolfstraße 25
6300 Gießen, Tel. 0641/46101

Verein für Kinderbetreuung
Barbara Castaneda, Dachsweg 3
6901 Dossenheim, Tel. 06221/85220

Tagesmütter, Landesverband der Tagesmütter,
Pflegeeltern und Eltern,
Baden-Württemberg e. V.
Heilbronner Straße 89
7000 Stuttgart, Tel. 0711/253999

Tages- und Pflegeeltern
Kreis Böblingen e. V.
Untere Burggasse 1
7032 Sindelfingen, Tel. 07031/88701
Ursula Trimpin, Neckarstraße 6
7032 Sindelfingen, Tel. 07031/84862

Verein für Pflegeeltern und Eltern, Arbeitsgemeinschaft Tagesmütter Göppingen e. V.
Hildegard Hermann, Lerchenbergstraße 58
7320 Göppingen-Bartenbach, Tel. 07161/22706

Pflegeeltern und Tageesmütter e. V. Friedrichshafen-Bodenseekreis
Lisbeth Magg, Kalchenstraße 3
7992 Tettnang, Tel. 07542/7004

Initiativgruppe der Pflege- und Adoptiveltern München e. V.
Barbara Thomas, Hofmannstraße 38
8000 München 70, Tel. 089/7854328

Gruppe Tagesmütter-Eltern Sozialdienst Unterpfaffenhofen-Germering e. V.
Planeggerstraße 9
8034 Germering, Tel. 089/8448 45/53

Süddeutschland
Edeltraud Kintzel, Anne-Frank-Straße 16
8500 Nürnberg, Tel. 0911/452953

Pflegeeltern u. Tagespflegemütter e. V. Nürnberg, Fürth und Umgebung
Angelika Bischof, Richard-Wagner-Straße 4
8502 Zirndorf, Tel. 0911/604318

Interessengemeinschaft für Tagesmütter, Pflegeeltern und Eltern e. V. Erlangen
Hindenburgstraße 9
8520 Erlangen, Tel. 09131/21891

Gemeinschaft Kinderbetreuung e. V.
Margit Kromer, Trögerhäuser 1
8594 Seussen/Arzberg, Tel. 09233/3313

Andere Kontaktadressen sind bei Brigitte Jacobs zu erfragen: Tel. 0511/628112.

(Aus: Tagesmütter, Hrsg. Arbeitsgemeinschaft Tagesmütter, Bundesverband für Eltern, Pflegeeltern und Tagesmütter e.V., Nr. 21, Februar 1984.)

5 Alternativen und „Alternativen“

„Fremde Erziehung“, das hieß in den zurückliegenden Kapiteln dieses Buches immer: Trennung des Kindes von seiner Herkunftsfamilie und (Über-)Leben in den klassischen Jugendhilfeangeboten (Groß-)Heim und Pflegefamilie.

In vielen Fällen müßten die Betroffenen jedoch nicht *fremd* untergebracht werden, wenn neben Sozialhilfe- auch die Jugendhilfeangebote die Herkunftsfamilien frühzeitiger und intensiver unterstützen würden. Bevor wir uns mit praktizierten Alternativen im Bereich der stationären Jugendhilfe auseinandersetzen, soll deshalb zunächst eine Methode Beachtung finden, mit der Kindern oftmals ihr gewohntes soziales Umfeld erhalten bleiben kann: der Einsatz von sozialpädagogischen Familienhelfern (Kap. 5.1).

Nach allem, was bisher über (Groß-)Heime und Pflegefamilien gesagt wurde, sind diese Unterbringungsformen tendenziell für Kinder außerhalb ihrer Herkunftsfamilien ungeeignet; entweder von ihren Rahmenbedingungen her als neues „Zuhause“ und als Lernfeld oder sie sind nicht bereit bzw. in der Lage, besondere „Zielgruppen“ von Kindern aufzunehmen. Diese letzte Aussage trifft besonders auf Pflegefamilien zu; in diese lassen sich besonders schwer vermitteln:

- sogenannte Problemkinder im weiteren Sinne, weil sie den Wünschen vieler Pflegeeltern nach einem „Ersatzkind“ nicht entsprechen;
- „familiengeschädigte“ Kinder, denen erneut ähnlich (enge) familiäre Konstellationen als Bezugsfeld nicht zugemutet werden können;
- ältere Kinder;
- Kinder mit (stärkeren) emotionalen Beziehungen zu den leiblichen Familienangehörigen;
- Geschwister.

Seit Jahren werden nun schon Versuche unternommen, die totale Institution Heim zu verändern und die allerorts feststellbaren Mißerfolge in der stationären Erziehunghilfe zu überwinden. Als Konsequenz aus den unbefriedigenden und unzumutbaren Lebens- und Arbeitsbedingungen in den Großheimen entstanden – zum Teil schon seit der Heimkampagne Ende der 60er Jahre – eine Reihe von alternativen Unterbringungsmöglichkeiten. Jugendwohnkollektive und -gemeinschaften (vgl. Kap. 5.5) sind hier zu nennen, Jugendprojekte, die wegweisend Leben, Wohnen und Berufsausbildung miteinander verbinden (vgl. 5.6), Außenwohngruppen und nicht zuletzt die verschiedenen Formen der kleinen, unabhängigen Heime und Großpflegestellen.

Im folgenden wollen wir untersuchen, inwieweit diese kleinen Projekte eine wirkliche Alternative zu Großheim und Pflegefamilie und somit eine notwendige

Erweiterung des Angebots stationärer Jugendhilfe darstellen. In der Regel von großen Trägern abhängige Außenwohngruppen beziehen wir bei unseren Überlegungen nicht mit ein.

Kleine Heime liegen von ihren Strukturmerkmalen zwischen Pflegefamilie und Großheim. Sie versuchen, entinstitutionalisierte Lebensformen zu realisieren, also Anstalt, Masse, totale Versorgung und personale Instabilität zu vermeiden. Gleichzeitig nutzen sie die Vorteile der kleinen überschaubaren Gruppe; dabei hängt es von ihren Konzeptionen ab, inwieweit sie sich an den kleinfamilialen Rollen orientieren bzw. den Risiken familialer Sozialisation entgehen (können).

Jetzt schon kann vorweggenommen werden, daß das Aufnahmespektrum für Kinder mit Behinderungen und anderen Problemlagen in kleinen Einrichtungen sehr vielfältig ist.

Die kleinen Heime sind von ihrer gesetzlichen Grundlage her Institutionen, sie stellen in der Regel Mitarbeiter ein, haben einen Rechtsträger (z. B. e. V. oder GmbH) und unterliegen im Gegensatz zu den (Groß-)Pflegestellen der Heimaufsicht des Landesjugendamtes (LJA) nach § 78 JWG. Ferner spielt in Abgrenzung zur Pflegestelle die Zahl der aufzunehmenden fremden Kinder eine Rolle, in Nordrhein-Westfalen z. B. geht man bei kleinen Heimen davon aus, daß dort mindestens 6 zu betreuende Kinder/Jugendliche leben[12]. Trotz dieser Eingrenzungen ist es sehr schwer, exakte Bestimmungsmerkmale für diese Formen stationärer öffentlicher Erziehung festzulegen. Es haben sich inzwischen eine Menge unterschiedlicher Ausprägungen in Hinblick auf die Organisation, juristische Konstruktion, Trägerschaft, örtliche Lage aber auch in bezug auf die pädagogische Konzeption, das therapeutische Angebot, Ausbildung der Mitarbeiter sowie die Aufnahmekriterien und die Dauer des Aufenthaltes der Minderjährigen herausgebildet. Wir möchten uns deshalb bei der Vorstellung von alternativen Projekten auf Einzelbeispiele beschränken (vgl. Kap. 5.2 und 5.3) und darüber hinaus besonders in Kap. 5.4 ihre Leistungen und Schwierigkeiten aufzeigen.

5.1 Kindern ihren sozialen Ort erhalten

Möglichkeiten zur Vermeidung von Fremdunterbringung am Beispiel der sozialpädagogischen Familienhilfe

Neben anderen öffentlichen Hilfen und Beratungsangeboten der Jugendhilfe im Vorfeld der Fremdunterbringung, z. B. offene Elternarbeit, soziale Trainings, Erziehungsberatungsstellen, Tagespflege, Kinder- und Jugendnotdienste, hat seit Anfang der 70er Jahre ein familienunterstützendes Angebot zunehmend an Bedeu-

---

12 Im Sinne der „Richtlinien für Heime der Jugendhilfe" des nordrheinwestfälischen Ministeriums für Arbeit, Gesundheit und Soziales (MAGS/NRW), die die Bestimmungen des JWG und seiner Ausführungsgesetze konkretisieren, sind Heime der Jugendhilfe „Einrichtungen, in denen mindestens 6 Kinder und/oder Jugendliche regelmäßig Tag und Nacht leben und pädagogische und therapeutische stationäre und teilstationäre Hilfe erhalten". Weiter heißt es in diesen Richtlinien: „Kinderhäuser/Kinderkleinstheime werden in der Regel von Familien geführt und nehmen nach vom Landesjugendamt festzustellender fachlicher Fähigkeit und Belastbarkeit insgesamt einschließlich der eigenen minderjährigen Kinder nicht mehr als 9, insbesondere Geschwisterkinder auf" (MAGS 1980). Tatsächlich werden oftmals aber erheblich mehr Kinder (10–12) aufgenommen (vgl. Klüppelberg 1982, 300ff. und Hochmair u. a. 1976, 24).

tung gewonnen und wird inzwischen in unterschiedlichster Weise institutionalisiert: der Einsatz von sozialpädagogischen Familienhelfern.

Unter Berücksichtigung der Arbeitsbedingungen der FaFü-Sozialarbeiter (Größe und Schwierigkeitsgrad des zu betreuenden Personenkreises und der Fülle von Verwaltungstätigkeiten) wurde diese neue ambulante Hilfeform kommunaler Jugendhilfe zunächst im Berliner Bezirk Kreuzberg als intensive und aktive Unterstützung *in* sogenannten „Problemfamilien" entwickelt und erprobt. In der Kreuzberger Konzeption heißt es u. a.:

„Die Eltern erhalten auf ihren Antrag von der Familienfürsorge eine spürbare persönliche Erziehungshilfe durch einen Familienhelfer. Die Kinder verbleiben bei dieser Art von Hilfe in der vertrauten sozialen Umgebung; eine Heimunterbringung wird vermieden. Die vom Jugendamt einzusetzenden Familienhelfer, die eine pädagogische Ausbildung, Vorbildung oder Erfahrung in der praktischen Kinder-, Jugend- oder Familienarbeit haben sollen und für den Einsatz in einer entsprechenden Familie geeignet sind, arbeiten wöchentlich 10 bis 20 Stunden in der Familie. In erster Linie werden die Familienhelfer die Mütter in der Erziehung ihrer Kinder entlasten. Schritt für Schritt führen die Familienhelfer die Kinder einer aktiven Freizeitgestaltung zu und entwickeln eine differenzierte Lernmotivation auf der Basis des Selbstvertrauens, spielen mit den Kindern, um bestimmte soziale Lernvorgänge inBewegung zu setzen, machen die soziale Umwelt wahrnehmbar, begreifbar, befähigen die Familienmitglieder, Konflikte auf einer sachlicheren Eben auszutragen, nehmen Einfluß auf die Haushaltsführung und -planung sowie -instandhaltung, beraten die Eltern in Erziehungs- und Ernährungsfragen, ermöglichen die ärztliche Versorgung der Kinder, lösen die Familie aus ihrem isolierten sozialen Daseindurch vielfältige Kommunikation, stiften neue Begegnungen, Bekanntschaften und Freundschaften" (Gutfleisch/Oys 1975, S. 24f.).

Familienhilfe beruht auf Freiwilligkeit und erfolgt ohne Heranziehung der Erziehungsberechtigten zu den Kosten. Sie grenzt sich klar von der Hilfe zur Weiterführung des Haushalts nach § 70 BSHG ab.

Die soziale Situation der – häufig kinderreichen – Familien, in denen Familienhelfer eingesetzt werden, ist vielfach gekennzeichnet durch:

- alleinerziehende Mütter;
- Bezug von Sozialhilfe oder Einkommen knapp über der Bemessungsgrenze des BSHG mit entsprechend mangelnden und beengten Wohnverhältnissen, oftmals finanzielle Verschuldung;
- unverhältnismäßig hohe Zahl von Sonderschulkindern;
- Probleme, die mit der Verweigerung des Schulbesuchs der Kinder zusammenhängen oder weil die Hausaufgaben nie gemacht werden;
- „Erziehungskonflikte, die zu Ausweichstrategien, wie z. B. Pattexschnüffeln, führen können und wiederum häufig eine hilflose und gewaltförmige Reaktion der Eltern hervorrufen, die oft in Richtung Kindesmißhandlung geht" (Sozialpädagogisches Institut 1983, 27);
- fehlende Kontakte der Eltern oder alleinstehenden Mütter zur Nachbarschaft, kleiner oder gar kein Freundeskreis, weil sie zum Teil durch Erziehungsarbeit, Haushalt und Berufstätigkeit oft völlig überlastet sind;
- mangelnde Kenntnisse über helfende Institutionen und unterstützende Möglichkeiten.

In einigen besonders problematisch gelagerten Familien arbeiten auch zwei Familienhelfer zusammen.

Zumeist sind es Sozialarbeiter, Diplompädagogen, Erzieher, Lehrer oder Psychologen, die diese Tätigkeit ausüben, oder sie befinden sich noch in einer dieser Ausbildungsgänge.

Familienhilfe bekommt neben ihrer Grundlage der §§ 5, 6 JWG auch im Wege des Entzugs der elterlichen Sorge (§ 1666 BGB) Bedeutung, weil die Familiengerichte zunehmend darauf dringen, gerade diese ambulante Hilfe in den entsprechenden Familien zu erproben, bevor sie eine Trennung des Kindes von den Eltern/Sorgeberechtigten überhaupt erwägen (vgl. § 1666a BGB).

Dennoch ist Familienhilfe kein Allheilmittel zur Lösung aller Probleme oder Krisen, manchmal erfolgt der Einsatz auch zu spät, wenn konfliktträchtiges Verhalten in der Familie sich verfestigt hat und zu großer systemischer und persönlicher Schaden entstanden ist (z. B. Chronifizierung verschiedener Suchtproblematiken und ihrer Folgen für die Kinder, fehlende Motivation der Eltern zum Entzug).

Verschweigen möchten wir nicht die Belastungen, denen Familienhelfer bei ihrer Tätigkeit ausgesetzt sind. In den Familien arbeitend müssen sie als Basis eine Vertrauensbeziehung zu *allen* Familienmitgliedern erarbeiten, ohne sich dabei etwa in den Stricken von Koalitionen gegen einen Elternteil zu verfangen. Sie werden häufig mit einer Problemvielfalt konfrontiert, die vor Einsatzbeginn noch gar nicht absehbar war oder nicht offengelegt wurde. Andererseits laufen sie Gefahr, bei den Eltern Neidgefühle und Ablehnung zu provozieren, wenn sich durch ihren Einsatz zu schnell positive Verhaltensänderungen bei den Kindern einstellen; geduldige Zusammenarbeit mit den Erziehungsberechtigten ist hier gefordert, um ihre Autorität nicht zu untergraben.

Die „Definitionsmacht", die sie aufgrund ihrer Beratungstätigkeit besitzen, darf nicht dazu führen, die soziale Situation der Familie vorschnell und einseitig zu bewerten; hierbei spielen oftmals auch Mittelschicht-Unterschicht-Differenzen eine Verständnis mindernde Rolle.

Gleichfalls sollten Betroffenheit und solidarische Nähe zur Familie nicht im Mitleiden und im häufig damit verbundenen Aufgeben der eigenen Handlungsfähigkeit enden.

Wenn an der falschen Stelle gespart wird ...

Sozialpädagogische Familienhilfe wird vor dem Hintergrund des Engagements einzelner Personen und dem, was politisch durchsetzbar ist, von Region zu Region unterschiedlich institutionalisiert.

In Berlin waren Ende 1982 535 Familienhelfer auf Honorarbasis bis zu 19 Wochenstunden tätig. Viele Familienhelfer beklagen dort neben den Nachteilen der isolierten Arbeitssituation[13] auch den fehlenden arbeitsrechtlichen Status mit der damit verbundenen fehlenden sozialen Absicherung (keine Festanstellung; Unsicherheiten, nach beendetem oder abgebrochenen Einsatz weiterbeschäftigt zu sein; keine Arbeitslosenversicherung, keine Bezahlung im Krankheitsfall). Hinzu kommt

13 Ansätze zur Bewältigung dieses Problems würde eine Weiterentwicklung dieses Jugendhilfeinstruments in Richtung Familiengruppenarbeit bieten; von Familienhelfern unterstützte Familien könnten sich in einem Stadtteilladen zusammenfinden und Kontakte knüpfen, eine gemeinsame Kinderbetreuung wäre möglich. Ein solcher Ansatz besteht z. B. gegenwärtig in Kassel. Dort arbeiten 11 Sozialarbeiter(innen) in 3 Familienhilfezentren mit jeweils 3 Familien.

die Unterbezahlung bei dieser anspruchsvollen Tätigkeit (das einkommensteuerpflichtige Stundenhonorar, 16 DM, ist seit Jahren nicht mehr erhöht worden). Die Fluktuation bei den Familienhelfern ist entsprechend hoch, manche Familien müssen deshalb auch mehrere Helfer hintereinander verkraften.

Die hohe Fluktuation und das „Einzelkämpferdasein" haben dazu geführt, daß Erfahrungen der Familienhelfer nicht systematisch weitergegeben werden können, negative Folgen bei der Auswahl von Familien, der Durchführung und Beendigung der Einsätze aber auch Konflikte zwischen Bezirkssozialarbeiter und Familienhelfer ständig reproduziert werden.

Dagegen haben die Erfahrungen und Einsichten in anderen Städten zu einer fortschrittlicheren Konzeption sozialpädagogischer Familienhilfe geführt. So arbeiten z. B. in Kassel, Schwalmstadt, Rheine und Ibbenbüren festangestellte Familienhelferteams (Sozialarbeiter, Diplompädagogen und Erzieher; häufig BAT IV und V) und eine Leitungsfachkraft zur Koordination der Arbeit zusammen. Im Durchschnitt kommen dort zwei Familien auf einen Mitarbeiter. Träger dieser Projekte sind Caritas und Diakonisches Werk. Die Kosten für Personal, Verwaltung, Fahrten, Raum etc. werden dem Träger vom zuständigen Jugendamt erstattet. In der Regel entspricht dies einem Stundensatz von 36 DM.

In Saarbrücken sind die Familienhelfer beim Jugendamt angestellt. In Nordrhein-Westfalen wird für Jugendämter mit einem Einzugsbereich ab 30000 Einwohner ein flächendeckendes Angebot von Familienhilfeteams (5 Helfer und eine Leitungsfachkraft, festangestellt) angestrebt und vom Land finanziell unterstützt (vgl. Sozialpädagogisches Institut 1985, 23ff.).

Diese wenigen Beispiele zeigen, daß viele Jugendbehörden den Wert dieses Jugendhilfeangebots erkannt haben und es vergleichsweise großzügiger institutionalisierten. Sozialpädagogische Familienhilfe kann nämlich, zumindest im präventiven Vorfeld von (teurer) Fremdunterbringung, eine pädagogisch (und finanziell) bessere Alternative sein.

Neben einer fachgerechten Ausstattung (Büro-/Gruppenräume, Spiele, Verfügungsgeld, Fachliteratur etc.) sollte auf ein ausreichendes Beratungs-, Supervisions- und Fortbildungsangebot geachtet werden sowie auf Zeit für Vor- und Nachbereitung, Teamarbeit u. ä.

Ansatzpunkte und Vorgehensweise bei einem Familienhelfereinsatz werden auf den folgenden Seiten anhand eines möglichen Beispiels einmal dokumentiert. Es zeigt, wie erfolgreich ein Einsatz gerade dann sein kann, wenn die zuständigen Stellen rechtzeitig und gemeinsam handeln. Deutlich wird auch die große Bandbreite möglicher Handlungsfelder der sozialpädagogischen Familienhilfe.

„Andreas ist wieder zum Hoffnungsträger des Vaters geworden"

Der Familienhelfereinsatz bei Familie Malzahn

Das Jugendgericht beim Amtsgericht ... weist in seiner Sitzung vom 13. Januar 1985 den Jugendlichen Andreas Malzahn an, mit einem Familienhelfer, der vom Jugendamt ... eingesetzt werden soll, zusammenzuarbeiten.

Die Vorgeschichte dieser Gerichtsentscheidung liest sich in Auszügen der Urteilsurschrift so:

Eingegangen am

79-Y Hk 123/85

Geschäftsnummer

Abschrift

Im Namen des Volkes

Strafsache gegen

den Schüler

Andreas Malzahn

geboren am 2. Juli 1968

in Coburg/Bayern

wohnhaft: Non-Futura-Allee 217

1000 Berlin 97

gesetzliche Vertreter: die Eltern,

Paul und Else Malzahn

wohnhaft ebenda,

Rechtskräftig seit dem

13. Januar 1985

Berlin 98, den 22.2.85

D i e n e r m a n n

Justizinspektor

wegen

Diebstahls

Das Jugend- gericht Berlin 98

hat in der Sitzung vom 13. Januar 1985

______, an der teilgenommen haben:

Richter am Amtsgericht B. Schwarzrobe ~~als Strafrichter~~, – als Jugendrichter

Amtsanwalt ~~Hxxxxxxx~~ Glaser als Beamter der Staatsanwaltschaft,

--- als Verteidiger,

Justizangestellte Trampner als Urkundsbeamter der Geschäftsstelle,

für Recht erkannt:

Der Angeklagte ist des Diebstahls schuldig.

Gegen ihn wird deshalb und unter Einbeziehung des Urteils vom 29. Oktober 1984 – 79-Y Hk 913/84 – ein Kurzarrest von 2 Tagen verhängt.
Außerdem wird der Angeklagte angewiesen, mit dem vom Jugendamt einzusetzenden Familienhelfer zusammenzuarbeiten.

Gründe:
Der am 2. Juli 1968 in Coburg/Bayern geborene Angeklagte ist das älteste von zwei Kindern seiner Eltern. Der Angeklagte ist zunächst in seiner Heimatstadt aufgewachsen, wurde 1974 eingeschult und besuchte ab 1978 dort weiter die Hauptschule. Anfang 1980 zog er dann mit der Familie nach Berlin und wurde in die 6. Klasse der Pestalozzi-Grundschule aufgenommen, die er wiederholen mußte. Danach wechselte er auf die Ossiezky-Gesamtschule, wo er aufgrund von Differenzen mit den Lehrern, zunehmenden Schwierigkeiten im Leistungsbereich und deutlicher Schulmüdigkeit das Ziel seiner Jahrgangsstufe nicht erreichte. Nach erfolgloser Wiederholung hat er die Schule im Sommer 1984 mit dem Abgangszeugnis verlassen. Der Angeklagte nimmt jetzt an einem berufsvorbereitenden Lehrgang des Jugendaufbauwerkes teil, um so doch noch den Hauptschulabschluß zu erreichen. Dafür sieht er selbst gute Chancen, da er den Unterricht regelmäßiger besuche und ausreichende Leistungen erziele.

Andreas Malzahn lebt nach wie vor im Haushalt seiner Eltern, von denen er ein geringes Taschengeld erhält. Das Verhältnis insbesondere zu seinem Vater ist gespannt, da dieser meint, daß sein Sohn "durch sein Verhalten Schande über die Familie bringe".

Am 17. 11. 84 suchte der Angeklagte gegen 16.30 Uhr das Kaufhaus Kartie auf, nahm aus der Auslage ein Parfum zum Preis von 27,90 DM und steckte es in seine Tasche. Er hatte vor, das Parfum, ohne dafür Bezahlung geleistet zu haben, seiner Mutter zum Geburtstag zu schenken. Der Angeklagte wurde vor Verlassen des Kaufhauses gestellt. . . .
Die Feststellungen beruhen auf den geständigen Angaben des Angeklagten.
Er hat sich demnach des Diebstahls schuldig gemacht. . . .
Um auch langfristig in der notwendigen Weise erzieherisch auf den Angeklagten einzuwirken, ist er angewiesen worden, mit dem Familienhelfer, der vom Jugendamt . . . eingesetzt werden soll, zusammenzuarbeiten. Das Gericht verspricht sich von dieser Maßnahme zum einen eine Förderung des Angeklagten, aber auch eine Beruhigung der Familiensituation.

B. Schwarzrobe

86230-18.4.-81-82

Aus der Urteilsurschrift geht nicht hervor, daß die zuständige Jugendgerichtshelferin, Frau Cloppenburg, sich für den Familienhelfereinsatz stark gemacht hatte. In einem Gespräch mit Andreas, das vor der Verhandlung im Jugendamt stattfand, deutete der Junge mehrfach Konflikte in seiner Familie an. Auf Nachfragen berichtete er zunächst zögernd von seinem spannungsgeladenen Verhältnis zum Vater. Dieser würde ihn wegen seiner schlechten Schulleistungen immerfort runtermachen, gegenüber seiner jüngeren Schwester wäre er der „absolute Blindgänger". Stubenarrest und Taschengeldentzug seien an der Tagesordnung. Nach dem ersten Diebstahl drohe der Vater jetzt öfters mit seiner Unterbringung in einem Heim. Andreas ist darüber entrüstet und kritisiert die Gleichgültigkeit des Vaters gegenüber seinen Interessen: „... der sitzt abends nur vor'm Fernseher und spielt sich als King auf, ansonsten is' mit dem nichts."

Die Mutter wird von ihm als „nervös" beschrieben, sie sei nach der Arbeit und dem Haushalt nur selten ansprechbar; sie bringe zwar ab und zu Verständnis für ihn auf, könne beim Vater aber auch nichts ausrichten.

Seine Schwester bezeichnet er als Streberin, die sich beim Vater „einschleimt und zu Hause nur kuschen" würde.

Frau Cloppenburg macht Andreas den Vorschlag, „wie es denn wäre, wenn du mal jemanden bekommst, mit dem du über die Probleme zu Hause reden kannst, der dich bei den Hausaufgaben unterstützt und mit dir auch mal was unternimmt?!"

Andreas ist zunächst skeptisch, nach weiteren Erklärungen über Sinn und Zweck eines Familienhelfers will er es schließlich „mal probieren", vorausgesetzt, „dieser Typ is' nicht so'n Bulle, der mir auch noch eine auf die Mütze haut".

Während der Gerichtsverhandlung, zu der auch die Eltern von Andreas erscheinen, kommt es bei der Erörterung der Familiensituation mehrfach zu heftigen Auseinandersetzungen zwischen Vater und Sohn. Die Jugendgerichtshelferin macht den Richter und die Eltern mit ihrem Vorschlag über einen Familienhelfereinsatz vertraut; während Mutter und Sohn sich auf Befragen dafür aussprechen, zweifelt Herr Malzahn, willigt aber schließlich doch unter dem Gesichtspunkt ein, daß „der Junge dann mal ordentlich was für die Schule tut".

Ein paar Tage später sitzen Frau Cloppenburg und der Sozialarbeiter, der für die Einstellung der Familienhelfer zuständig ist, mit Klaus Berghold im Jugendamt zusammen. Klaus ist gerade mit seinem Psychologiestudium fertig geworden und ohne Aussicht auf eine feste Stelle hat er sich um einen Familienhelfereinsatz beworben. Weil er Praxiserfahrung in einem Jugendfreizeitheim und in der Heimerziehung gemacht hat, wurde er für den Einsatz bei Malzahns vorgeschlagen und bekommt erste Informationen über ihre Familiensituation. Klaus soll dort zunächst für ein halbes Jahr 14 Wochenstunden (einschließlich 2 Stunden Supervision) tätig sein.

Zum gegenseitigen Kennenlernen und um erste Vereinbarungen mit der Familie zu treffen, wie z.B. die Termingestaltung und Arbeitsschwerpunkte des Familienhelfers, arrangiert Frau Cloppenburg mit Klaus ein Vorstellungsgespräch in der Familie. Klaus wird von der Familie für den Einsatz akzeptiert.

Wie es weitergeht, ist Klaus' Einsatzbericht zu entnehmen, den er nach 6 Monaten an das Jugendamt schickt[14]:

14 Die nur im gegenseitigen Vertrauen mögliche Familienhelfertätigkeit setzt auch voraus, daß die Einsatzberichte für das Jugendamt in Zusammenarbeit mit der jeweiligen Familie erstellt werden. Der folgende Bericht enthält eine Reihe von vertraulichen Informationen, die normalerweise nicht aufgenommen werden sollten. Der besseren Darstellung wegen haben wir hier jedoch besondere Hintergrundinformationen eingearbeitet.

Klaus Berghold 27. Juli 1985

Jugendamt...
Abt. Jugend und Sport
Jug VI F 13

1000 Berlin 98

Bericht über meinen Familienhelfer-Einsatz
bei Familie Malzahn Februar - Juli 1985

Familienmitglieder: Else Malzahn, Mutter
Paul " , Vater
Andreas " , Sohn
Sabine " , Tochter

Allgemeine Bedingungen meines Einsatzes
Andreas Malzahn ist mit Einverständnis seiner Eltern am 13.1.85 angewiesen worden, mit einem vom Jugendamt einzusetzenden FH zusammenzuarbeiten. Das Jugendgericht versprach sich von dieser Maßnahme sowohl eine Förderung des Jugendlichen als auch eine Beruhigung der Familiensituation.

Vertrautwerden mit der Familie und ihrer Situation
Die Einarbeitungsphase in der Betreuung der Familie(nmitglieder) dauerte unterschiedlich lang. Ganz im Vordergrund meiner Tätigkeit stand das Verhältnis Vater-Sohn. Die Reaktionen des Vaters auf die Rechtsübertretungen von Andreas hatten ihn zum Versager und Außenseiter in der Familie werden lassen. In der Anfangszeit lag der Schwerpunkt meiner Tätigkeit deshalb zunächst einmal darin, durch Vorbehaltlosigkeit, Einfühlung, Interesse sowie Bestätigung (da, wo es mir möglich war) und Diskretion gegenüber der übrigen Familie das Vertrauen von Andreas zu gewinnen und ihm bei der Stärkung seines Selbstwertgefühls zu helfen. Dies gelang recht gut, nicht zuletzt deshalb, weil wir uns zunächst einmal auch in Absprache mit den Eltern - außerhalb seiner Wohnung verabredeten.
Gleichzeitig war es aber auch notwendig, einen um Verständis bemühten, möglichst unverkrampften Kontakt zu den Eltern herzustellen, um überhaupt eine Vermittlungstätigkeit zwischen Vater/Mutter und Andreas aufnehmen zu können. Hierbei lagen die Schwierigkeiten in der Sündenbock-Funktion Andreas', d.h. die gespannte familiäre Situation wurde pauschal auf sein Verhalten zurückgeführt; ihre Tendenz, meine Funktion ausschließlich im "Zurechtbiegen" des Jungen zu sehen, war sehr ausgeprägt. Mittlerweile besteht jedoch ein freundliches, von gegenseitiger Akzeptanz getragenes Verhältnis zwischen den Eltern und mir.

Auch zu Sabine ist ein guter Kontakt entstanden, ihr Verhältnis zu Andreas ist gelöster, sie wird von ihm manchmal in seine Freizeitaktivitäten mit mir einbezogen.

Grundlegende Schwierigkeiten in der Familie

Die Orientierung des Vaters an relativ rigiden patriarchalischen Leitbildern ist m.E. bestimmend für die problematische Familiensituation. Hinzu kommt, daß er nach seiner beruflichen Umsetzung aus Bayern, die mit einem finanziellen Abstieg verbunden war, bisher kaum Anschluß an Arbeitskollegen oder sonstige Freunde gefunden hat.
Während die Eltern "ihrer Heimat" nachtrauern, entwickeln die Kinder hier mehr und mehr ihre Lebensorientierung mit entsprechend unterschiedlichen Norm- und Wertvorstellungen. Gerade die Beziehung zwischen Andreas, dem ältesten, Selbstbestimmung einfordernden Sohn und den Eltern ist konfliktreicher Kristallisationspunkt dieser Unterschiede.

Herr Malzahn dominiert ganz eindeutig in der Familie. Er verlangt von seinen Kindern bedingungslosen Gehorsam bei der Erteilung von Weisungen und sofortige, widerspruchslose Erfüllung von Aufgaben; ihm fiel es schwer, in dieser Hinsicht mit sich reden zu lassen. In Bezug auf den Ausspruch von Anerkennung ist er bei seinem Sohn übermäßig an dessen schulischen Leistungen orientiert. Er zeigt sich enttäuscht, daß Andreas nicht den Ehrgeiz entwickelt hat, Arzt oder Rechtsanwalt zu werden, hier wurde ihm immer wieder seine Schwester als "Musterbeispiel" vorgehalten. Herr Malzahn hat eine Tendenz, den Entfaltungsspielraum seiner Kinder einzuschränken. So hängen diese auch häufig in der Wohnung herum und sitzen sehr viel vor dem Fernsehapparat.

Frau Malzahn ist durch Berufstätigkeit und Haushalt doppelt belastet, läßt sich aber relativ wenig Erledigungen von den Kindern abnehmen, es ergibt sich selten die Möglichkeit eines intensiven Gesprächs mit ihr, ebenso kam es selten zu gemeinsamen Unternehmungen der Kinder mit den Eltern.

Andreas besitzt schon infolge seines Alters ein zeitweilig distanziertes Verhältnis zu Handlungen und Einstellungen der Eltern.
Sein Drang, sich ihrem Einfluß zu entziehen und eigene Freiräume zu schaffen, ist groß. Er zeigt sich für neue Erfahrungen, Ansichten und Moden aufgeschlossen und hat eine Menge eigener, auch von den Eltern unabhängige Wertmaßstäbe entwikkelt. Gerade in Gegenwart seines Vaters fiel es ihm zu Beginn meiner Tätigkeit jedoch sehr schwer, seinen Standpunkt zu vertreten. Er scheute offene Aussprachen und war überhaupt nicht in der Lage, seine Interessen vor dem Vater darzulegen. Stattdessen verfolgte er die Strategie, "hinten herum" zu seinem Recht zu kommen, z.B. mit Ausreden und Unaufrichtigkeiten, was dann z.T. zu neuem Streit mit den Eltern führte.
Sein emotionales Verhältnis zum Vater war sehr ambivalent und zu Beginn meiner Tätigkeit verständlicherweise sehr verkrampft. Trotz seiner kritischen und angstbesetzten Haltung ihm gegenüber sucht er aber im Grunde genommen die Zuneigung seines Vaters. Die Beziehung zur Mutter ist vorbehaltloser und entspannter.

Zu seiner Schwester hat sich ein zugewandteres Verhältnis entwickelt.
Zumindest seine schulischen Schwierigkeiten in den letzten Jahren sind meiner Einschätzung nach als versteckter Protest gegen die väterlichen Anforderungen und die mangelnde Anerkennung zu werten. Hinzu kommen die Belastungen durch den häufigen Schulwechsel.
Den Hauptschulabschluß im Rahmen eines berufsvorbereitenden Lehrganges beim Jugendaufbauwerk wird er erreichen. Seine Leistungen, gerade in Mathematik und den praktischen Fächern, sind recht gut, allerdings hatte er ganz gravierende Lücken in Deutsch, die Mängel in der Rechtschreibung und im schriftlichen Ausdruck waren enorm.
Andreas hat einige Freunde, der Umgang mit ihnen wurde aber mit dem Argument eingeschränkt, diese hätten ihn zu seinen Rechtsübertretungen verführt. Über das Jugendzentrum ist er seit zwei Monaten in einem Fußball-Club, die Zustimmung der Eltern dazu konnten wir einholen, nachdem der Vater den dortigen Sozialarbeiter kennengelernt hat.
Mich hat Andreas oft durch seine Intelligenz, "Pfiffigkeit" und Liebenswürdigkeit beeindruckt.
Realitätsfern ist seine Einstellung zum Geld und zur Erledigung alltäglich anfallender Aufgaben. Dies ist nach meiner Einschätzung u.a. auch auf die inkonsequente Austeilung von Taschengeld und die fehlende Einbeziehung in hauswirtschaftliche Tätigkeiten zurückzuführen. Gerade hier hat er ziemliche "Pascha-Allüren" entwickelt.

Ansatzpunkte meiner Helfertätigkeit
Um das Selbstwertgefühl von Andreas positiv zu bestärken und ihn vom häuslichen Konfliktfeld zunächst einmal zu entlasten, habe ich möglichst oft außerhäusliche Unternehmungen, die er bestimmen konnte, mit ihm durchgeführt (z.B. Kino, Zirkus, Schwimmen, Rummel, Kneipengespräche, Flipper und Billard, Treffen mit anderen Freunden im Jugendzentrum).
Da die recht beengten Wohnverhältnisse es kaum zuließen, sich mit ihm eine Weile zurückzuziehen, haben wir einen wöchentlichen Besuchstermin in meiner Wohngemeinschaft verabredet. Hier war es dann möglich, in Ruhe Konfliktsituationen zu besprechen und Lösungsmöglichkeiten herauszufinden. Zusätzlich bekam er einen realistischen Einblick in die Organisation eines Haushalts und konnte seine Vorstellungen vom "selbstbestimmten Leben" überprüfen. Am Ende des Besuchs stand meist ein gemeinsam zubereitetes Essen inkl. Abwasch.

Andreas' Defizite in Rechtschreibung und schriftlichem Ausdruck hätten ihn ohne Förderung schon bei jeder Lehrstellenbewerbung scheitern lassen. Durch meine Nachhilfe kam ich dem Wunsch der Eltern entgegen, das Faulenzer-Image von Andreas wurde abgebaut und er bekam durch zunehmende Lernerfolge Selbstbestätigung.
Der von mir initiierte Vorschlag, eine von den Eltern und Andreas akzeptierte eindeutige Taschengeldregelung zu finden, war ein erster Schritt hin zu offenerem Aushandeln von unterschiedlichen Interessen. Mein partnerschaftlicher Umgang mit Andreas hat sicherlich dazu beigetragen, daß entgegenstehende Bedürfnisse zwischen Vater und Sohn nicht mehr

unbedingt zu einem Konflikt ausarten müssen, sondern jetzt häufiger gemeinsam besprochen werden.
Ausgehandelt wurde ferner eine Beteiligung der Kinder und sogar des Vaters an der Hausarbeit.

Was die gemeinsame Freizeitgestaltung in der Familie angeht, wurden Vorschläge von mir, z.B. Ausflüge am Wochenende, Spielabende, Schwimmbad in zunehmendem Maße angenommen.
Die Familie fährt gemeinsam mit einer in der Kirchengemeinde organisierten Gruppe in Urlaub.
Die Suche nach einer Lehrstelle für Andreas erwies sich wegen der schlechten Schulzeugnisse zunächst als ziemlich aussichtslos, zudem favorisierte er noch den Traumberuf vieler Jungen: KfZ-Mechaniker.
Um seine vom Vater gerade in dieser Hinsicht verstärkten Minderwertigkeitsgefühle abzubauen und ihm endlich eine Berufs perspektive zu erschließen, erforderte die Lehrstellensuche doppeltes Engagement. Hier hat Andreas gut mitgearbeitet, beim Aufsetzen zahlreicher Bewerbungsschreiben, Arbeitsamtbesuchen, Durcharbeiten von Einstellungstests etc. war er sehr motiviert.
Am 1. Septemer wird Andreas eine Lehre bei der Autofirma Berger beginnen, dies hat ihm sehr viel Auftrieb gegeben, zumal er auch für seinen Vater wieder zum "Hoffnungsträger" geworden ist.

Weitere Perspektiven
Grundsätzlich bin ich der Meinung, daß die Fortführung des Familienhelfereinsatzes auch nach den erwähnten positiven Entwicklungen angebracht ist, um das bisher Erreichte zu festigen und die Familienmitglieder in ihren Möglichkeiten, die Probleme selbstständig zu lösen, weiterhin zu fördern. Bereitschaft und Fähigkeit zur Verbesserung des Familienlebens sind vorhanden.
Gerade hinsichtlich Andreas' Einstieg in die Lehre, der von ihm Regelmäßigkeit und kontinuierliches Arbeitsverhalten verlangt (Probezeit!) sowie weitere Unterstützung bei der Anfertigung der Arbeitsberichte und Berufsschul-Aufgaben unbedingt erfordert, möchte ich mich für eine Fortführung des FH-Einsatzes um ein halbes Jahr aussprechen.

86230-18.4.-95-98

Literaturhinweise zur sozialpädagogischen Familienhilfe:

Sozialpädagogische Familienhilfe – Ein ambulantes Jugendhilfeangebot zur psychosozialen Unterstützung im Alltag von Familien – Probleme, Entwicklungen, Orientierungen; hrsg. vom Sozialpädagogischen Institut Berlin, Hallesches Ufer 32–38, 1000 Berlin 61.

Nielsen, Heidi und Karl: Familienhelfer als Familienanwalt (Befragung von Familien, Bezirkssozialarbeitern und Familienhelfern zur Wirkung sozialpädagogischer Familienhilfe); Große Schriftenreihe des Deutschen Vereins, Heft 15 (zu beziehen über DV, Am Stockborn 1–3, 6000 Frankfurt a. M. 50).

Dies./C. W. Müller: Sozialpädagogische Familienhilfe. Probleme, Prozesse und Langzeitwirkungen. 1986.

5.2 Der Wiesenhof – Ein Kleinstheim für 7 Kinder

Ein paar Tage waren wir Gäste in einem Kleinstheim, um einmal Einblick in den konkreten Alltag, die Organisation und die Geschichte einer solchen Einrichtung zu bekommen:

Die Absicht, selber ein Heim zu gründen, entwickelte sich aufgrund der langjährigen Erfahrungen, die das Leiterehepaar dieser Einrichtung, Herr und Frau Schomann, beide Sozialarbeiter, in verschiedenen städtischen Großheimen gemacht hatte.

Schon die Suche nach einem geeigneten Haus stellte sich als äußerst schwierig und zeitaufwendig heraus. Als Standortwahl waren ländliche Regionen vorgesehen, wobei zumindest gute Verkehrsverbindungen zu öffentlichen Schulen bestehen mußten. Oft scheiterten die Bemühungen am Preis, an der Größe des Hauses, dem baulichen Zustand oder der Pachtvertrag konnte nicht langfristig genug abgeschlossen werden.

Schließlich fanden sie 1979 den Wiesenhof, ein altes, ziemlich verkommenes Gehöft in einer 30-Seelen-Gemeinde.

Bevor die ersten Kinder kamen, mußten die Schomanns fast ein Jahr lang renovieren; das Geld dazu kam größtenteils aus fälligen Bausparverträgen und Darlehen von Freunden.

Als mühsam und teilweise absurd ist ihnen noch das behördliche Genehmigungsverfahren zur Eröffnung der Einrichtung – Rechtsträger ist ein e.V. – in Erinnerung[15]. So war u.a. als Voraussetzung für die Befreiung von der Aufsicht des Landesjugendamtes gemäß § 79 Abs. 2 JWG ein 10-Jahres-Mietvertrag zur entspre-

15 Ebenso wie die großen Einrichtungen unterliegen Kleinstheime/Kinderhäuser ja auch der Heimaufsicht gemäß § 78 JWG. Bevor man überhaupt ein Kind aufnehmen kann, ist deshalb die Erlaubnis des Landesjugendamtes nach § 28 JWG in Verbindung mit § 29 Abs. 1 JWG einzuholen. Diese Erlaubnis darf nur dann erteilt werden, wenn das Wohl des Kindes gewährleistet ist (§ 78 Abs. 2 JWG). Dabei beziehen sich die Bestimmungen von § 78 Abs. 2 JWG auf die Institutionen und nicht auf den einzelnen Minderjährigen. Deshalb hat das Landesjugendamt die Heime in ihren strukturellen Gegebenheiten, räumlichen Gestaltung, Sicherheit, Hygiene, Eignung der dort tätigen Kräfte usw. zu überprüfen und zu beaufsichtigen. Um diese Prozedur nicht bei jeder neuen Aufnahme eines Kindes wiederholen zu müssen, kann das Landesjugendamt auf der Grundlage des § 79 Abs. 2 eine Einrichtung widerruflich von der Verpflichtung befreien, jedesmal eine neue Erlaubnis einzuholen. Die Befreiungsverfügung ist dabei beschränkt auf die speziellen Räume, die Person des Trägers, die Person des Leiters und auf die Zahl der aufzunehmenden Kinder (in der Regel 6–9). Vgl. dazu ausführlich Mischke 1981, der einen ausgezeichneten Überblick über den Entwicklungsablauf zur Gründung eines Kleinstheimes von der Erarbeitung einer Konzeption über Kostenkalkulation, Befreiung von der Heimaufsicht, Fragen der rechtlichen Trägerschaft bis hin zum Betrieb gibt.

chenden Nutzung des Hauses notwendig. Ferner mußte ein Kontostand von mindestens 3 Monatsgesamtpflegesätzen nachgewiesen werden, um die Zeit von Betriebsbeginn bis zu den ersten Zahlungen der entsprechenden Ämter überbrükken zu können[16].

Den Vogel schossen jedoch die Bauaufsicht und das Gesundheitsamt ab: So sollte beispielsweise eine gerade renovierte Treppe im Haus rausgerissen werden und durch eine völlig neue ersetzt werden, weil ihre Auftrittshöhe um Millimeter die Sicherheitsbestimmungen verfehlte. Für den vorgesehenen 10-Personen-Haushalt war der Einbau von 3 Bädern und 4 WCs vorgesehen (Erwachsene, Mädchen und Jungen geschlechtergetrennt, Gäste). Die Zimmerhöhe wurde in einigen unter dem Dach gelegenen Einzelzimmern beanstandet, während es andererseits behördlich erlaubt wäre, 3 Kinder in einem kleinen Raum im Erdgeschoß zusammenzupferchen.

Kontakte zu verschiedensten FaFü-Stellen der Jugendämter und Kindern in einer Großeinrichtung bestanden schon durch die vorhergehenden Tätigkeiten der Schomanns. So konnten Anfang 1980 die ersten 3 Minderjährigen aufgenommen werden. Diese hatten die Gelegenheit, sich in ihrer neuen Situation und Umgebung einzugewöhnen und zu stabilisieren, bevor nach und nach die übrigen 4 Kinder in die Einrichtung kamen. Mittlerweile leben auf dem Wiesenhof 3 Mädchen und 4 Jungen im Alter von 8–14 Jahren.

Die Kinder kommen alle aus der Großstadt, zum Teil aus ihren Ursprungsfamilien, überwiegend jedoch aus Heimen. Die Aufnahme von Kindern wird behutsam vorbereitet; soweit dies möglich ist, werden die Jungen und Mädchen z.B. auf Kosten der Einrichtung für eine Woche oder länger in den Wiesenhof eingeladen, um in dieser Zeit ein intensives Kennenlernen für beide Seiten zu ermöglichen und die Entscheidung für oder gegen ein Verbleiben dort besser zu begründen. Für die Betroffenen bietet sich so die Gelegenheit, sich mit den Erwachsenen und den anderen Kindern auseinanderzusetzen und sich ohne den Zwang einer schon gefällten Entscheidung mit den Verhältnissen dort vertraut zu machen. Insgesamt wird versucht, die Kindergruppe so zusammenzustellen, daß jedem Kind entsprechend seinen Bedürfnissen geholfen werden kann; eine massive Anhäufung von gleichen Problemen der Kinder wird vermieden.

In den Fällen, in denen bei den Kindern noch Bindungen zu den Eltern bestehen, ist pädagogisches Ziel, die Kinder in die Herkunftsfamilien zu reintegrieren, sofern die Eltern dazu bereit und in der Lage sind. Im Rahmen der Elternarbeit, die vom Kinderheim aus geleistet werden kann, ist es dann auch vorgesehen, Eltern tageweise einzuladen; dabei wird versucht, den Kontakt zwischen Kindern und Eltern zu intensivieren und zu stabilisieren.

Neben Schomanns arbeitet noch eine Sozialarbeiterin in der Einrichtung; dadurch soll vermieden werden, daß eine reine Familiensituation hergestellt wird. Die Kinder haben zumindest vom Ansatz her mehrere Bezugspersonen. Trotzdem gibt es in der Intensität der Beziehungen zu den Erwachsenen graduelle Unterschiede zwischen der Sozialarbeiterin, die auch nur von Zeit zu Zeit im Haus wohnt, und dem Leiterehepaar. Es kommt jedoch öfters vor, daß die Erwachsenen Urlaub machen oder auf Fortbildung gehen, so können die Kinder sie auch in unterschiedlichem Zusammensein erleben. Kurz vor unserem Besuch war z. B. die Sozialarbeite-

16 Ein Beispiel: Bei 7 Kindern und einem Tagespflegesatz von 95,– DM macht das 7 (Kinder) × 3 × 30 (Tage) × 95,– DM = 67650,– DM aus!

rin von einem Urlaub mit den Kindern an der Ostsee zurückgekehrt, und die beiden anderen Erwachsenen hatten mal Zeit für sich.

Die Zielsetzung des Projekts wird vor allem durch die gemeinsame Lebenspraxis von Kindern und Erwachsenen geprägt. Erziehung vollzieht sich im Rahmen der Bewältigung der alltäglichen Lebensnotwendigkeiten. Weil ein Zusammenleben aller garantiert ist, können die Kinder die Erwachsenen als ganze 24-Stunden-Persönlichkeiten begreifen, sie lernen ihre Gefühle, Freuden und Probleme kennen und sind auch an den Beziehungen zwischen den Erwachsenen beteiligt.

Die Erfahrung, kontinuierlich gern gehabt zu werden oder zumindest erwünscht zu sein, trotz problematischen Verhaltens anerkannt und im Konfliktfall verstanden zu werden, ist die Basis des Zusammenlebens.

Den Kindern soll eine realitätsnahe, familienähnliche Lebensweise vermittelt werden, sie sollen Möglichkeiten bekommen, soziale Bindungen zu anderen Kindern und Erwachsenen aufzubauen und in einer Gemeinschaft Wurzeln schlagen zu können „entgegen der totalen und anonymen Versorgungssituation der institutionalisierten Heimerziehung", wie es in der Rahmenkonzeption des Wiesenhofes heißt. Selbstverständlicher Bestandteil des Zusammenlebens soll die Erlernung aller zur Lebensbewältigung notwendigen Funktionen und Techniken sein, mit deren Hilfe die Kinder der Lebensrealitäten gewachsen sind und Konflikte durchstehen können.

Anforderungen und gesellschaftsbedingten Einschränkungen gemäß soll den Kindern ermöglicht werden, ein sinnerfülltes und angepaßtes Leben führen zu können.

Wieweit diese Absichtserklärungen Realität sind, wollten wir bei unserem Besuch herausfinden:

Obwohl wir nur drei Tage auf dem Wiesenhof zu Gast sind, haben wir keine großen Schwierigkeiten, uns dort wohlzufühlen. Die Atmosphäre insgesamt ist gelöst und unter den Erwachsenen und Kindern freundschaftlich. Die Stimmung bei den Mahlzeiten ist gemeinschaftlich, der Umgangston „normal". Die Kinder werden wenig reglementiert und bewegen sich selbstverständlich und frei im ganzen Haus. Zwar sind auch hier bestimmte Regeln notwendig, doch durch das Zusammenleben und das gleichzeitige Befolgen dieser Abmachungen von allen ist die Situation der Trennung von Erwachsenen und Kindern aufgehoben. Das Erleben eines gemeinsamen Alltags sowie das Aufeinanderangewiesensein unterscheidet sich doch ganz erheblich von der Situation in herkömmlichen Heimen, wo die Erzieher ihre Arbeit verrichten, also nur begrenzt mit den Kindern/Jugendlichen zusammenleben, während ihre wichtigsten Lebensbezüge woanders, „draußen" sind. Auf dem Wiesenhof ist die Trennung von Privatleben hier und Arbeit da weitgehend aufgehoben. Alle erleben sich in den vielfältigsten Situationen und können dadurch „echtere" Beziehungen entwickeln.

Durch die Überschaubarkeit der Gesamtgruppe ist aber nicht nur die Möglichkeit gegeben, flexibler mit Regeln umzugehen, sondern diese können wiederum der Gruppensituation angepaßt und von der Entwicklung und Problemlage der einzelnen Kinder her bestimmt werden. Ausnahmen sind leichter möglich. Insgesamt ist hier wesentlich mehr Raum für die Individualität, Spontaneität und eigene Entscheidungen der Kinder. Durch die Beteiligung und Miteinbeziehung der Kinder in fast alle Prozesse des Zusammenlebens werden ihnen außerdem realitätsgerechtere Lebensbezüge geboten. Gekocht wird z.B. nicht immer nur unter Anleitung der Erwachsenen, sondern die Kinder arbeiten von sich aus mit. Hinter dem Haus befindet sich ein großer Garten. In einem Teil davon wurden Gemüse- und Blumenbeete angelegt, deren Ertrag in Küche und Haus verwertet wird.

Ordnung und Pflege des Haushaltes vollziehen sich unter intensiver Einbeziehung der Kinder entsprechend ihren Fähigkeiten. Anfallende einfache Renovierungsarbeiten werden möglichst gemeinsam durchgeführt. So haben die Bewohner ihre Zimmergestaltung weitgehend selbst übernommen. Die Kinder gehen weder gleichgültig noch pedantisch mit den Einrichtungsgegenständen um. Der hierdurch entstandene Bezug zum Wohnbereich fördert die Bereitschaft zur Mitverantwortung, weil die Kinder die Gesamtsituation der Besorgungen erkennen und daran beteiligt sind; die Entfremdung durch den Versorgungscharakter einer herkömmlichen Einrichtung ist nicht gegeben.

Die Abhängigkeit von der Freizeitbeschäftigung Fernsehen war unerheblich. Dies ist nach unserer Einschätzung weniger auf die bewußte Beschränkung durch die Erwachsenen zurückzuführen, sondern die Möglichkeiten der Selbstbeschäftigung bei den Kindern schienen uns sehr gut augebildet zu sein. Einerseits muß man nicht bei jeder Kleinigkeit und jedem Vorhaben um Erlaubnis fragen; gemeinschaftliche Gebrauchsgegenstände wie Spiele, Werkzeug werden selbstverständlich benutzt. Darüber hinaus gibt es genügend viele Tätigkeiten und Angebote im Haus und der Umgebung. Die Kinder beschäftigen sich ziemlich viel im künstlerischen und handwerklichen Bereich. Sogar Katzen, ein Hund und Hühner wurden angeschafft. Bei der Versorgung dieser Tiere sind die Kinder einbezogen.

Die Erwachsenen haben sich von Anfang an intensiv mit den schulischen Belangen der Kinder auseinandergesetzt; mit allen Schulen stehen sie in Kontakt und arbeiten in den verschiedenen Elternbeiräten mit. Stigmatisierungen und Vorurteilen der Lehrer und Mitschüler versucht man dadurch entgegenzuwirken.

Für die Kinder unterscheidet sich der Tagesrhythmus auf dem Wiesenhof nicht von dem in einer „normalen" Kleinfamilie. Die meisten haben Freunde außerhalb des Hauses oder im Sportverein.

Die Gruppe ist natürlich nicht frei von Problemen und Konflikten. Insgesamt empfanden wir das Zusammenleben als konstante Auseinandersetzung mit und zwischen den Kindern und Erwachsenen, die den üblichen Heimtrott nicht aufkommen ließ, auch wenn inzwischen vieles selbstverständlich „läuft".

Durch den ständigen Kontakt mit den Erwachsenen wird vermieden, daß die Aufarbeitung von persönlichen Schwierigkeiten der Kinder in einem abgeschirmten Raum außerhalb der Realität abläuft. Handlungsweisen des Einzelnen werden im alltäglichen Lebenszusammenhang gesehen und – wenn nötig – dort auch thematisiert, anstatt die Kinder zur Therapiestunde zu schicken oder ihnen die Gruppendynamik krampfhaft überzustülpen. Es ist möglich, Probleme, die man miteinander hat, in der Gruppe zu besprechen, die Erwachsenen werden dabei nicht ausgenommen. Wir hatten den Eindruck, daß die Kinder sich von den Erwachsenen angenommen fühlten und nicht nur dann akzeptiert werden, wenn sie etwas leisten.

Für die Schomanns sind Selbstversorgung, Selbstbestimmung und -verantwortung wichtige Faktoren der Arbeit. Sie sind nicht mehr in dem Maße verantwortlich gegenüber bestimmten übergeordneten Stellen, Ämtern und Personen. Alle haben diese Faktoren als sehr produktiv und fruchtbar für ihre Tätigkeit und ihre persönliche Entwicklung empfunden.

Den Bedenken, eine Hausgemeinschaft wie der Wiesenhof könne die dort lebenden Kinder und Erwachsenen zu selbstgenügsam machen und eine zu idyllische Lebenserwartung versprechen, entgegnet Frau Schomann: „Die Kinder, die zu

„Ich und unser Haus“. Kinderzeichnung eines Mädchens aus dem „Wiesenhof“.

uns kommen, haben vieles nachzuholen. Sie verfügen anfangs über sehr wenig Ansätze zur selbständigen Lebensgestaltung, sie sind zum Teil nur verwahrt worden[17]. Diese Kinder brauchen zunächst einmal einen überschaubaren, ganzheitlichen Orientierungsrahmen, und sie brauchen Verbindlichkeit."

Für die nähere Zukunft planen die Schomanns – zusammen mit einer anderen Kleinsteinrichtung – eine Jugendwohngemeinschaft in einer nahegelegenen Stadt zu eröffnen. In dieser gemeinsamen Außenstelle sollen die Jugendlichen, die nicht mehr in ihre Herkunftsfamilien zurückkönnen/-wollen, eine Möglichkeit zur weiteren Selbständigkeit finden.

Praxishilfe: Konzeption einer kleinen, dezentralen Einrichtung

Im folgenden geben wir als Konzeptionsbeispiel einer dezentralen, kleinen Einrichtung die Kurzdarstellung des „Kinderhofs Heegheim e.V." in Altenstadt/Hessen wieder. Für wesentlich und beispielhaft daran halten wir

- den Verzicht auf unnötige große Worte und Erziehungsziele im pädagogischen Fachjargon;
- die gelungene Kombination von Familien-, dezentralem und „auslaufendem" Prinzip;
- den Standort der Einrichtung *zwischen* Heim und Ersatzfamilie.

Kurzdarstellung der Einrichtung

Der Kinderhof Heegheim wurde am 15.9.1976 als private Einrichtung gegründet; in den beiden nachfolgenden Jahren konnte die Eintragung ins Vereinsregister vollzogen werden, kurze Zeit danach erfolgte auf Antragstellung die Anerkennung als gemeinnütziger Verein.

Das Konzept der Einrichtung wird von mehreren Schwerpunkten getragen.

Das Familienprinzip
d.h. daß Ehepaare, fachlich qualifiziert, mit einer weiteren Fachkraft die Betreuung von maximal 6 Kindern, alters- und geschlechtsgemischt, wahrnehmen. Das Ehepaar selbst lebt und wohnt mit den Kindern zusammen im selben Haus.

Das dezentrale Prinzip
Jede Familiengruppe – derzeit 10 – hat ein eigenständiges, größeres Einfamilienhaus bzw. eine größere Mietwohnung zur Verfügung, wobei jede Familie in einer anderen Gemeinde (maximal 15 km vom Therapie- und Verwaltungszentrum Heegheim entfernt) lebt.

Dadurch werden die uns anvertrauten Kinder und Jugendlichen ohne den typischen Heimcharakter leichter in ihr soziales Umfeld integriert, z.B. Nachbarschaft, Freunde oder Vereine.

Das auslaufende Prinzip
Eine neu gegründete Familiengruppe hat in der Regel sechs Pflegekinder in Betreuung. Wenn ein Kind – aus verschiedenen Gründen heraus – verlegt oder nach Hause

17 So hat man laut Heimakte z.B. einem Kind bescheinigt, daß es nicht schulfähig sei. Zur Zeit der Aufnahme auf dem Wiesenhof war es nicht in der Lage, sich selbständig anzuziehen. Heute geht das Kind in eine Regelschule, kann auch allein einkaufen und weiß dabei, wo es die billigsten Angebote gibt.

entlassen wird, bleibt dieser Platz frei und wird nicht wieder belegt. Somit läuft die Familie „natürlich" aus – analog dazu reduziert sich die Mitarbeiterzahl.

Therapie
Bislang wurde die gruppenübergreifende Therapie durch einen hauptamtlich angestellten Diplompsychologen abgedeckt. Da diese Therapieform – Spiel- und Gesprächstherapie – die unterschiedlichen Bedürfnisse nicht mehr hinreichend abdecken konnte, haben wir uns dazu entschlossen, die gesamte gruppenübergreifende Therapie auf eine heilpädagogische Grundlage zu stellen. Das bedeutet inhaltlich, daß z. B. vorwiegend kreativ musische, handwerkliche Angebote für Kleingruppen oder Einzelkinder angeboten werden. Weitergehende Therapieformen außerhalb der Einrichtung können im Bedarfsfall vermittelt werden.

Verselbständigung der jungen Erwachsenen
Die in der Ausbildung stehenden Jugendlichen bzw. jungen Erwachsenen werden in der Regel nach Vollendung des ersten Lehrjahres verselbständigt. Konkret bedeutet das, daß wir in unmittelbarer Nachbarschaft der betreffenden Familiengruppe ein Zimmer/Wohnung anmieten und die jungen Leute die letzten Monate/Jahre an der „langen Leine" betreuen, wobei jede einzelne Verselbständigung individuell durchgesprochen und eingeleitet wird.

Schule
Die Kinder und Jugendlichen, die in einer unserer Familiengruppen Aufnahme finden, besuchen alle uns zur Verfügung stehenden öffentlichen Schulen, in Ausnahmefällen auch Privatschulen.

Die einzelnen Familien haben in ihrer Arbeit eine relativ große Autonomität, die auch erforderlich ist, um diese vielseitige Aufgabe verantwortungsbewußt durchzuführen.

Kontakte der Kinder zu ihren Eltern, -teilen werden weitestgehend da gefördert, wo sie den direkten Erziehungsprozeß nicht negativ beeinflussen.

Bei der hier beschriebenen dezentralisierten Arbeit ist es notwendig, einen regelmäßigen Erfahrungsaustausch im Mitarbeiterkreis durchzuführen. So finden im 14tägigen Rhythmus Mitarbeiterbesprechungen statt, analog dazu eine Gremiumssitzung. Das Gremium wird immer von denselben Personen – aus jeder einzelnen Familiengruppe delegiertem Mitarbeiter, dem Therapeuten und dem Leiter der Einrichtung – besucht. Ferner finden – zusammen mit dem Vorstand – alle 3 Monate Konzeptionsgespräche mit allen interessierten Mitarbeitern statt.

Schon während des Vorstellungsgespräches von Ehepaaren, die sich für diese Arbeit interessieren, wird vermittelt, daß sich nach der Aufbauphase einer Familiengruppe – spätestens nach 2–3 Jahren einer der Ehepartner beruflich nach außen orientiert, damit z. B. das auslaufende Prinzip auf eine solide Grundlage gestellt wird.

Die Aufnahmekapazität der Einrichtung liegt derzeit bei 40 Plätzen, der Pflegesatz augenblicklich bei DM 117,15.

Für das kommende Jahr wird konkret geplant, zwei bis drei Jugendwohngemeinschaften zusätzlich einzurichten für Jugendliche, die kurz vor Beendigung der Schule stehen bzw. eine Lehre begonnen haben und im Elternhaus nicht mehr zurechtkommen. Pro Jugendwohneinheit haben wir 3 Jugendliche eingeplant.

Weitere konzeptionelle Überlegungen betreffen die Betreuung von Kindern und Jugendlichen in sogenannten Tagesgruppen.

5.3 Eine Lebensgemeinschaft mit Pflegekindern

6. bis 8. Juni 1985: Besuch in einer heilpädagogischen Pflegestelle, genauer: beim Ehepaar Elke und Heinz Bertram mit den Pflegekindern Udo, Angelika und Silvia sowie dem eigenen Kind Eva. Wie wir finden, keine „normale“ Familienpflege, auch keine durchschnittliche Sonderpflegestelle. Wir kennen Heinz von früher und wissen von ihm und seiner Frau nicht viel mehr, als daß beide Erzieher mit Berufserfahrung sind und schon vor etwa sechs Jahren von einem Jugendamt zwei „verhaltensauffällige“ Kinder in Sonderpflege vermittelt bekommen haben. Seit drei Jahren nun wohnen sie in einem niedersächsischen Dorf, haben über das Berliner Jugendamt ein weiteres Sonderpflegekind, Silvia, aufgenommen und vor anderthalb Jahren ihr eigenes Kind Eva zur Welt gebracht.

Bei unseren Eindrücken und Gesprächen in der Familie geht es uns vor allem um die Frage, ob das überhaupt eine Pflege„familie“ ist, ob Unterschiede zu einem Kleinstheim bestehen und natürlich: ob diese Alternative zu Heim und Herkunftsfamilie für Kinder empfehlenswert ist und ob hier neue Formen zwischen privater und öffentlicher Ersatzerziehung realisiert sind.

Udo kam im Juni 1979	Aufnahmealter 8 Jahre	jetzt 15 Jahre
Angelika im September 1980	Aufnahmealter 9 Jahre	jetzt 15 Jahre
Silvia im August 1983	Aufnahmealter 7 Jahre	jetzt 9 Jahre

Zunächst ist von Bedeutung, daß zwei der Pflegekinder bereits seit mehr als fünf Jahren von Elke und Heinz betreut werden. Ein hohes Maß an *Kontinuität* ist hier gegeben – und dies, trotz eines Umzugs aus der Stadt Berlin aufs Land, trotz wechselnder Freundeskreise, trotz Schulwechsel. Es ist schon deshalb verständlich, daß das Berliner Jugendamt den Eheleuten nach den guten Erfahrungen mit Udo und Angelika vor zwei Jahren ein weiteres Pflegekind vermittelte.

Udo

„Udo kam mit knapp 8 Jahren zu uns. Er besuchte die 1. Klasse der Pestalozzi-Grundschule (behinderte/nichtbehinderte) in Berlin. Der Schulleiter lehnte eine weitere ‚Beschulung‘ von Udo ab, da der Junge stark aggressiv gestört war und Mitschüler und Lehrpersonal bedrohte (er schmiß mit Scheren etc.). Die Heimleitung des Kinderheims ‚Rehblick‘ lehnte die weitere Unterbringung von Udo aus denselben Gründen ab. Wegen der Neuunterbringung in unserer Pflegestelle erklärte die Schule sich bereit, einen neuen Versuch mit Udo zu machen. Wir arbeiteten intensiv und direkt mit Udos Lehrerin zusammen. (Belohnungsheftchen, wo der Verlauf jeder einzelnen Schulstunde benotet wurde. Udo erhielt ein Geschenk für jeden ‚unauffälligen‘ Tag etc.!) Mit jedem Jahr wurde es etwas besser und mittlerweile kann Udo sich so steuern, daß er in der Realschule wegen Verhaltensauffälligkeit noch keine Schwierigkeiten hatte. (Wohl wegen Faulheit, aber das steht auf einem anderen Blatt.)“

Auffällig ist die *vertrauensvolle und liebevolle Atmosphäre* im Umgang von Erwachsenen und Kindern, das gegenseitige Akzeptieren und das Sichkennen. Regelungen, Wünsche, Fragen, Probleme werden wie nebenbei und gewohnt gelöst. Nichts Künstliches, Fremdes oder Nurprofessionelles ist da zu spüren.

Kinder und Erwachsene hier gehören zusammen: eine familiäre *Lebensgemeinschaft,* in der das alltägliche Leben so befriedigend und lebendig ist, daß die Frage bald überflüssig wird, ob das nun „fremde“ Erziehung ist, familienähnliche oder was auch immer.
Hervorzuheben sind die optimalen *räumlichen Gegebenheiten.* Die Zimmer sind groß; zwei der Pflegekinder haben jeweils für sich ein eigenes Zimmer in einem Seitenflügel mit eigenem kleinen Wohnzimmer, Bad/WC und Küche: „... auch für später, wenn sie selbständiger werden und mehr allein sein wollen“. Die Einrichtung und Ausstattung der Räume ist liebevoll und phantasievoll; Elke gestaltet viel und gern, Heinz ist handwerklich sehr versiert und hat das Haus baulich grundlegend erneuert, Balken eingezogen, Wände getäfelt, Mauern versetzt etc. Die Kinder waren dabei, als ihr Lebensraum derart neu gestaltet wurde. Bei den eigenen Zimmern reden die Pflegeeltern den Kindern nicht viel rein: Die altersgemäßen Hobbies und Neigungen bestimmen Aussehen und Zustand der Zimmer – vom Fußball bis zum Poster.

Angelika

„Angelika kam aus dem Kinderheim ‚Waldstraße‘ zu uns. Ihre Mutter lieferte sie dort ab, weil sie sich nicht mehr in der Lage fühlte, Angelika zu betreuen (Alkoholkrankheit, depressive Schübe etc.).

Angelika kämpft mit einer depressiven Grundeinstellung. Sie war und ist immer noch antriebsarm und neigt in depressiven Phasen dazu, sich selbst zu verletzen (kratzt sich Wunden auf und vergrößert diese durch permanentes Kratzen). Anfangs kotete sie tagsüber ein und versteckte ihre beschmutzte Unterwäsche in ihrem Zimmer. Angelikas große persönliche Schwierigkeiten sind im Grunde bis heute nicht behoben, aber wir haben einen Weg gefunden, ihr aus diesen schlechten Phasen herauszuhelfen und sie „ins Leben zu zwingen“. Mittlerweile konnten wir auch beginnen,mit ihr in direkter Form über ihre Schwierigkeiten zu sprechen und ihr die Zusammenhänge zwischen Lebensunlust und Wundenkratzen, Zimmerverschlampen und ‚Sich-nicht-mehr-waschen‘ etc. aufzuzeigen. Bestimmte Hilfsmaßnahmen sprechen wir nun in direkter Form mit ihr ab und insgesamt gesehen scheint es ihr dabei besser und besser zu gehen.“

Die Lage des Hauses mitten in einem *Dorf* führt zu Integrationsproblemen besonderer Art: Für Udo, Angelika und Silvia war es aber nicht schwierig, schnell Anschluß bei anderen Kindern und in der *Nachbarschaft* zu finden. Andererseits ist hier die „soziale Kontrolle“ durch die Beobachtungen und Gespräche der Nachbarn größer, das Zusammenleben dichter und weniger anonym als in der Großstadt. Elke erklärt dazu, daß sie sich von Anfang an viel um das Verständnis der Nachbarn bemüht hätten. Sie und Heinz haben offen den Status der Kinder erklärt, nichts blieb heimlich oder verborgen; die Nachbarn waren aufgefordert, sich einmal die Probleme einer Pflegefamilie durch den Kopf gehen zu lassen. Inzwischen ist die ganze Familie recht beliebt, „die Leute“ zeigen Anerkennung für die Arbeit und den Einsatz der Bertrams, und die Kinder haben auf ihre eigene Art das Eis gebrochen. Das Stigma „schwieriges Kind – asoziale Herkunft“ gibt es nicht. Aber – wie Heinz sagt – haben anfangs viele gar nicht begriffen, was das ist: „Sonderpflege“, und daß man vom Amt Geld dafür bekommt, Kinder zu erziehen. Von den besonderen Erziehungsschwierigkeiten der ersten Jahre des Zusammenlebens mit Udo und Angelika haben schließlich die Nachbarn eh keine Vorstellung.

Silvia

„Silvia kam direkt aus dem Elternhaus zu uns, ihre Mutter bat um anderweitige Unterbringung von Silvia wegen ‚allgemeiner Erziehungsschwierigkeiten'. Es ist uns noch nicht gelungen, die Gründe für die Fremdunterbringung genauer zu erfahren.

Silvia war intellektuell völlig vernachlässigt. Ihr Wortschatz entsprach dem eines 3jährigen Kindes. Sie konnte kaum ein Kleidungsstück benennen, keine Obst- oder Gemüsesorte aufzählen. Begriffe aus dem täglichen Leben waren ihr fremd. Sie konnte sich nur mit Mühe unsere Namen merken und nur schwer ihre Adresse behalten. Silvia war ausgesprochen distanzlos und nahm besonders zu Männern undifferenziert und kokett Kontakt auf. Sie versuchte anfangs oft, uns bekannte jüngere Männer am Genitalbereich zu berühren. In Berlin wäre sie wahrscheinlich früh ‚sittlich verwahrlost'.

Sie näßte das erste Jahr bei uns beinahe allnächtlich das Bett.

Silvia wurde hier in die Normalgrundschule eingeschult, was alle Beteiligten als ‚Experiment' ansahen. Nach anfänglich starken Schwierigkeiten scheint sie sich mittlerweile an das Leistungsniveau der Klasse angepaßt zu haben. Sie ist in jeder Beziehung lernwillig (lernbegierig). Mittlerweile ist sie auch sozial sehr gut integriert und beliebt. Ihre Distanzlosigkeit konnten wir eingrenzen, und sie konnte schnell ein normaleres Kontaktverhalten entwickeln. Silvia näßt seit Oktober '84 nicht mehr ein."

Heinz und Elke machen deutlich, daß sie diese „Öffentlichkeit" – Nachbarn und Dorfgemeinschaft – als soziale Kontrolle für wichtig halten, sie „wollen sich nicht unnötig Schlechtes nachsagen lassen", setzen sich mit Kritik auseinander – es muß sauber zugehen, die Kleidung muß ordentlich sein, das Pausenbrot für die Schule ist obligatorisch, „anständiges Benehmen" und Auftreten gehören durchaus dazu. Die Pflegeeltern weisen besonders darauf hin, wie wichtig die Erfahrungen der Kinder auch außerhalb der Pflegefamilie für ihre Entwicklung sind.

Über die *Motivation* Elkes und Heinz' für den Entschluß, Pflegekinder aufzunehmen, ist eher Allgemeines zu erfahren: weg von den Institutionen; mehr selbständiges, verantwortliches erzieherisches Handeln; intensivere, umfassendere Beziehungen zu Kindern bzw. Jugendlichen.

Elke:

„Der wichtigste Grund ist, daß wir mit der selbständigen Arbeit alle Entscheidungen selbst treffen können und uns keiner Institution und Hierarchie unterordnen müssen. Die Betreuung rund um die Uhr ist zwar die anstrengendste Art der Erziehungsarbeit, aber die Drähte, die man zu den Kindern entwickelt und der Überblick, den man erhält und behält, führt letztendlich doch zu einer ‚leichthändigeren' Betreuung und zu größerem, dauerhafterem Erfolg."

Den Belastungen, welche die „Rund-um-die-Uhr-Erziehung" verhaltensgestörter Kinder mit sich bringt, sahen sie gelassen und realistisch entgegen. In ihrer eigenen Lebensführung strahlten sie offenbar eine solche Sicherheit und Selbstverständlichkeit aus, daß Udo und Angelika schon bald genügend Anreiz hatten, es den Erwachsenen nachzuahmen, sie als „Modelle", als Vorbilder zu empfinden und alte, eingeschliffene Verhaltensstörungen allmählich aufzugeben. Dies wiederholt sich jetzt auch bei Silvia, die zunehmend ihr oberflächlich kokettierendes, distanzloses Kontaktverhalten zugunsten eigener Kritikfähigkeit und eines natürlichen Annäherungsverhaltens ablegt – aus der Sicherheit der inzwischen festen Beziehung zu Heinz und Elke heraus.

Findet ihr es eher leichter oder schwerer, einen geregelten 8-Stunden-Tag als Erzieher zu haben oder Pflegeeltern zu sein?

„Mal so, mal so. Mittlerweile haben wir unsere ‚kleinen Fluchten'. Ein 8-Stunden-Tag in der Erziehungsarbeit hat eben den Nachteil, daß man nicht so den Überblick behalten kann, wie uns das jetzt möglich ist."

So waren die *Maßstäbe des Jugendamtes* für die Inpflegegabe hier Lebensbedingungen, wie sie nur wenige traditionelle Heime bieten: Dichter, enger Kontakt in Beziehungen; Kontinuität; ein hohes Maß an fachlicher Kompetenz und Erfahrung bei Elke und Heinz; deren spürbare Aufmerksamkeit und Wachsamkeit, was Fragen der kindlichen Entwicklung betrifft; ihr gleichermaßen toleranter wie konsequenter Erziehungsstil; ihre natürliche, realistische und lebensbejahende Einstellung zur Kindererziehung. Vielleicht ist auch wichtig gewesen, daß die Eheleute Bertram keine Vorurteile gegenüber den leiblichen Eltern zeigten und an einer echten Zusammenarbeit mit diesen interessiert waren: Anrufe, Ferienaufenthalte der Kinder, aber auch gelegentliche Abgrenzung.

Zeichnung von John Lennon.

Zur Frage der Zusammenarbeit mit den leiblichen Eltern meinen Heinz und Elke:

„Je klarer unser Selbstverständnis als Einrichtung, als bessere Alternative zum Kinderheim wird, desto selbstsicherer können wir Elternarbeit leisten, weil der Konkurrenzdruck zwischen Eltern und Pflegestelle versachlicht wird. Wir sind für die leiblichen Eltern nicht die ‚besseren', erfolgreicheren ***Eltern,*** *sondern die* ***‚Einrichtung'*** *(heilpädagogisch!), der mehr Erfolg zugestanden wird. Zu Udos Mutter und Silvias Eltern und Großeltern halten wir regelmäßig Kontakt. Angelikas Mutter hat dies noch nicht gewünscht, aber von Zeit zu Zeit lassen wir vom Jugendamt eine Anfrage machen, um auch Angelikas Mutter unsere Bereitschaft zu zeigen."*

Elke und Heinz stehen sehr nüchtern und wirklichkeitsnah zu Tatsachen und Folgen der Inpflegegabe: Auch zu Geld haben sie ein natürliches Verhältnis. Die vielen Neben- und Zusatzkosten werden genau berechnet; für zusätzlichen Nachhilfeunterricht werden zusätzliche Mittel beantragt; sie wissen , daß Sonderpflege noch immer billiger ist als ein heilpädagogisches Heim. Die Eheleute haben den durchaus professionellen und engagierten Anspruch, für das *heilpädagogische Erziehungsgeld* auch alles zu leisten, was den Kindern dient und hilft. Die Bedürfnisse der Kinder werden ernstgenommen, viele Aktivitäten und Anregungen prägen den Alltag; Ferienlager, gute ärztliche Versorgung, beste schulische Förderung, nachbarschaftliche Kontakte, Auseinandersetzung mit den Herkunftsfamilien – all das ist Selbstverständlichkeit.

„Wir haben in den 6 Jahren mehr und mehr ein ‚berufliches' Selbstverständnis entwickelt, sehen uns als ‚bessere' Alternative zur Heimerziehung und vergleichen uns (möglichst) nicht mit ‚richtigen' Elternhäusern anderer Kinder. Wir müssen häufig in unserer pädagogischen Arbeit ‚unübliche' Wege gehen, da die jeweiligen unterschiedlichen Verhaltensauffälligkeiten unserer Kinder manchmal verständnisvollere, manchmal aber auch härtere Behandlung verlangen. Wir haben am Anfang unserer Arbeit oftmals um Verständnis nach allen Seiten geheischt. Mit wachsender Sicherheit können wir uns und unseren Sonderstatus in der Öffentlichkeit mit größerer Souveränität präsentieren."

Es fällt auch auf, daß sich die Kinder im *schulischen Bereich* in optimaler Weise stabilisiert und erhebliche Fortschritte gemacht haben. Wieder einmal zeigt sich, wie eng oft Schulerfolg und private (familiäre?) Geborgenheit zusammengehören. Und: Es muß die Frage erlaubt sein, ob Udo, Angelika und Silvia in einem heilpädagogischen Heim mit angeschlossener Sonderschule nicht „automatisch" in eben dieser Schule gelandet wären – aus Kapazitäts- und Zweckmäßigkeitsgründen. Hier aber gehen zwei durchschnittlich begabte Jugendliche sogar zur Realschule. Der Hauptschulabschluß jedenfalls ist keine Frage. Elke und Heinz denken an die Zukunft der Kinder, „als wären es ihre eigenen".

Doch es sind nicht ihre eigenen Kinder. Elke sagt wörtlich: *„Ein Gefühl der Fremdheit bleibt."* Und: „Man weiß halt manchmal doch nicht, was alles früher in der Familie gelaufen ist, was man heute nicht mehr ändern oder reparieren kann." Hier geht es also nicht um eine trügerische Familienidylle, sondern um das konkrete Verhalten, den Entwicklungsstand und das „So-Sein" der Kinder. Man verzweifelt nicht so schnell, wenn etwas schiefgeht.

Die Pflegeeltern werfen den Kindern deren Probleme und Fehlverhalten nicht vor, denn sie sind offen für bestehende Schwierigkeiten und deren Ursachen. Mit der Zeit haben sie gelernt zu ergründen, woher die Störungen kamen und warum die Kinder „so sind".

Wichtig ist in dieser Lebensgemeinschaft mit Pflegekindern also gleichermaßen die *„offene Familie"* – welche sehr verschiedene Menschen mit sehr verschiedener Herkunft beherbergen kann – wie die menschliche Ausstrahlung und fachliche Kompetenz der Erwachsenen. Diese bieten den Kindern durch ihr eigenes Verhalten Orientierung. Hier lohnt es sich bald nicht mehr, sich dauernd nur „daneben zu benehmen" – es gibt Besseres und Wichtigeres zu tun. Der Alltag ist zur Therapie geworden.

Über eventuelle Rivalitäten zwischen den Pflegekindern und dem eigenen Kind:

„Bis jetzt zeichnet sich keine Rivalität ab. Wir denken, daß der Altersunterschied zwischen Eva und den anderen zu groß ist. Eva fährt in dem ‚Konkurrenzkarussell' noch nicht so richtig mit. Vielleicht haben wir diese Probleme mit einer späteren Generation Pflegekinder. Keine Ahnung!"

Die Erwachsenen haben sich Kindererziehung zur Aufgabe gemacht: Sie wissen aber, daß ein nur um die Kinder „zentriertes" Leben keine wirklich sinnvolle Zukunftsperspektive für Heranwachsende geben kann. So haben sie selbst noch allerhand andere Interessen: Elkes zeitweilige Mitarbeit in einer Boutique etwa, Heinz' handwerkliches Können, seine musikalische Interessen; seit kurzem ist Heinz noch halbtags als Freizeiterzieher in einer Einrichtung der Gegend tätig. Man tut seine Arbeit, genießt seine Freizeit. Es gibt gemeinsame Aktivitäten, Abmachungen und Regeln – aber auch Individualität, Freiräume, Intimes. Welches Kinderheim kann das wirklich bieten?

Glaubt ihr, die Kinder könnten sich im Heim auch so entwickeln? Elke:

„Nein, ich glaube nicht, daß sie das könnten. Kinderheime haben eine eigene Dynamik, was den meist riesigen Verwaltungsapparat angeht. Dafür werden ungeheure Energien verbuttert und verschlungen, die bei uns ausschließlich den Pflegekindern zugute kommen. Wir können die Individualität unserer Kinder mehr beachten als das ein Heimerzieher im Kinderheim könnte. Vielleicht kann man das nicht verallgemeinern, aber für unsere Pflegestelle wagen wir das zu sagen."

Abschließend bleibt die Frage, wie Jugendämter auf solche geeigneten Pflegestellen aufmerksam werden, wie sie diese werben, belegen, kontrollieren können. Der „Arbeitskreis Pflegekinder Berlin e.V." und ähnliche Vereine können da vieles leisten, wo sich Institutionen zu behäbig bewegen. Und natürlich bleiben viele Fragen offen, die alles Positive wieder etwas einschränken: Was wäre, wenn ... es in der Ehe der Bertrams aus irgendwelchen Gründen nicht gut gegangen wäre? ... wenn die leiblichen Eltern ein Kind von heute auf morgen zurückgefordert hätten? ... wenn ein Kind nicht zu integrieren gewesen wäre? Die hohe Zahl auch der Pflegestellenabbrüche ist ja bekannt.

Eine ganz typische, durchschnittliche Pflegefamilie also ist dies nicht – ebenso wie auch die Erzieherin Petra in Kapitel 3 keine typische, durchschnittliche Gruppe im Kinderheim beschrieb. Aber es wird deutlich, welche enormen Möglichkeiten für die Erziehung emotional verstörter Kinder bestehen, wenn sich pädagogisch engagierte und kompetente Menschen dazu entschließen, ihr eigenes, ganzes Leben mit Kindern zu teilen.

5.4 Leistungen und Schwierigkeiten kleiner Heime am Beispiel der Kinderhäuser in Nordrhein-Westfalen

„Freiheit und Selbständigkeit, Abwesenheit von Bevormundung durch organisatorische Anbindung setzt Impulse zu Initiativen frei, Freude am eigenen Handeln, am Entwickeln von und am Teilhaben an Ideen, am Entschluß, etwas selbstverantwortlich zu tun und freiwillig mit zu tun" (Bäuerle, Vorwort zu Hochmair u. a. 1976, V).

Eigenständigkeit, Selbstbestimmung und ein hohes Maß an pädagogischer Freiheit (nicht zuletzt gegenüber den Interessen der Verwaltung) sind einige der wichtigsten Strukturmerkmale kleiner Heime, deren Leistungsfähigkeit wir im folgenden untersuchen möchten.

Kleinstheime als überschaubare Lebenseinheit

Obwohl man in den traditionellen Großheimen in den letzten Jahren versucht hat, die Lebensbedingungen der dort lebenden Kinder und Jugendlichen zu verbessern, ist es

„– trotz des Einsatzes von wesentlich mehr Erziehern pro Gruppe;
– trotz der Einbeziehung von Spezialisten in die Therapie;
– trotz besserer fachlicher und sonstiger Ausstattung;
– trotz Reduzierung der Gruppengrößen" (Mischke 1981, 25)

letztlich nicht gelungen, die dortige totale Versorgung, die Eigendynamik der von „Organisationsspezialisten" ausgeklügelten Handlungsabläufe sowie die relative Anonymität und Unverbindlichkeit menschlicher Beziehungen durch die Vielzahl von spezialisierten – also Teilleistungen erbringenden – Bezugspersonen aufzuheben.

Demgegenüber bieten Kleinstheime für die Betroffenen eine kleine überschaubare Lebenseinheit; es gibt nur eine einzige von den Interessen eines übergeordneten Großheims gänzlich unabhängige Gruppe von Kindern/Jugendlichen, die mit den Mitarbeitern eine enge Hausgemeinschaft bilden[18]. Die Versorgung wird von der Gruppe selbständig erledigt. Aus diesem realitätsnahen, allumfassenden Gruppenleben ergeben sich für die Kinder eine Menge von Erfahrungs- und Lernmöglichkeiten, die für ihr Selbständigwerden von großer Bedeutung sind; notwendige alltägliche Lebenstechniken werden nicht mehr in künstlichen Situationen eingeübt,

---

18 Der Untersuchung von Hochmair u. a. (1976) über die Kleinstheime („Kinderhäuser") im Bereich des Landschaftsverbandes Rheinland zufolge leben dort 524 Kinder/Jugendliche in 66 Kinderhäusern, was einem Durchschnitt von 8 Kindern pro Haus entspricht. Die Altersgrenze reicht von 1–20 Jahre (durchschnittlich sind die Kinder bei der Aufnahme ins Kinderhaus 7 Jahre alt; 20% sind im Alter von 11–15; vgl. ebd., 95). Sie werden von 47 Ehepaaren (meist ist aber nur ein Partner hauptberuflich im Kinderhaus tätig) und 19 alleinstehenden Frauen geleitet und von zusätzlich 152 Mitarbeitern betreut (ebd. 37ff.).
Wenn wir uns im folgenden immer wieder auf diese familienorientierten Kinderhäuser beziehen (der Name entstand zur Abgrenzung von Heim und Pflegefamilie), so liegt das daran, daß ansonsten über kleine Heime keine größeren systematischen Untersuchungen und Analysen vorliegen. Die von Klüppelberg durchgeführte empirische Untersuchung (1982) über die Kinderhäuser im Bereich des Landschaftsverbandes/Landesjugendamtes Westfalen/Lippe knüpft an die Studie von Hochmair u. a. an. Hier wurden 47 von 72 Kinderhäusern in die Studie einbezogen.

sondern dann, wenn sie zwangsläufig anstehen. Dadurch erst wird einem Kind auch gegenwärtig, daß es Ursache-Wirkungs-Geflechte gibt.

Ein Verwaltungsapparat ist in kleinen Heimen überflüssig. Da die wirtschaftliche Leitung und damit die Entscheidung über die Verwendung der Mittel identisch mit den Personen ist, die direkt mit den Kindern und Jugendlichen leben und arbeiten, ist der *Primat der Pädagogik über die Verwaltung* gewährleistet und damit ein stärker an dem Kind orientiertes Handeln. Da auch die Kontakte zu Behörden, Schulen und Arbeitsstellen bei den gleichen wenigen und ständig anwesenden Mitarbeitern liegen, ist die Transparenz der Verwaltung und Versorgung eher gewährleistet, wie überhaupt in einer kleinen Gruppe die Überschaubarkeit Dichte von Kommunikation und Information bewirkt.

Soziale Integration

Obwohl kleine Einrichtungen formal Institutionen sind, haben sie äußerlich doch kaum Ähnlichkeiten mit großen Heimen. Da sie vorwiegend in größeren Einfamilien- oder Reihenhäusern untergebracht sind, unterscheiden sie sich nicht von den Gebäuden in der Nachbarschaft. Dies hilft den Minderjährigen und den Erziehern, sich sozial in ihre Umwelt zu integrieren und die für die Heimerziehung typischen Stigmatisierungsprozesse zu verhindern. Da man selbst nicht über ein selbstgenügsam machendes Versorgungsangebot verfügt, fördern die vielfältigen notwendigen Lebensbezüge (z.B. Schulen, Sportvereine, Geschäfte, wo man selber fast täglich einkauft, Nachbarschaft, der man über den Weg läuft und aus der sich feste Freundschaften entwickeln können, Besuchtwerden in einer „normalen" Wohnung, der man sich nicht zu schämen braucht) die Eingliederung in die Umgebung. Deshalb bedeutet eine geeignete Standortwahl, daß um das Kleinstheim herum auch tatsächlich diese vielfältigen Chancen zu Außenbeziehungen vorhanden sein müssen.

Auch innen gleichen die Räume eher der gängigen Familienwohnform. Abgesehen davon, daß es mehr Kinderzimmer, einen größeren Eßtisch und eventuell mehr Haushaltsmaschinen gibt, liegen Küche, Schlaf- und Wohnräume dicht beieinander und sind für alle jederzeit erreichbar, überschaubar und auch vertraut. Gerade bei der Aufnahme eines Kindes werden diese Merkmale des Kleinstheimes nicht zu einem Schock und zur völligen Orientierungslosigkeit führen.

Die Überschaubarkeit der Gruppe verhindert auch, daß zur organisatorischen Bewältigung des Tagesablaufs starre Regelungen aufgestellt werden, die auf den Einzelnen keine Rücksicht nehmen. In kleinen Heimen ist nicht nur mehr Raum für individuelle Interessen, persönliche Entscheidungen und Spontaneität, sondern gleichzeitig ist ein intensiveres Eingehen auf jedes Kind, seine Fähigkeiten, Schwächen und Bedürfnisse sowie auf Unterschiede im Nachholbedarf und Entwicklungstempo möglich. Die Übersichtlichkeit in kleinen Einrichtungen fördert nicht nur Geborgenheit und Intimität, sondern erleichtert „den Kindern und Jugendlichen, ihre eigene Rolle zu finden und diese zu stabilisieren, ohne sich – wie dies in größeren Gruppen unvermeidlich ist – ständig als Konkurrenten messen und unstet ihre Rolle wieder und wieder neu definieren zu müssen" (Kommission Heimerziehung 1977, 91).

Ein ganz wichtiger Faktor für die Qualität einer Einrichtung der öffentlichen stationären Erziehung spielt die möglichst *geringe Mitarbeiterfluktuation.* In traditionellen Großheimen bedeuten die relativ hohen Quoten von Stellenneubesetzungen und die 40-Stunden-Woche der Erzieher bislang, daß sich die Kinder immer wieder an neue Bezugspersonen zu gewöhnen hatten und sich (mehrmals) täglich auf andere Mitarbeiter einstellen mußten. Diese Tendenz wurde durch die hohe Mitarbeiterzahl und das Spezialistentum im Großheim bestimmt.

Demgegenüber ergibt sich z. B. in den rheinländischen Kinderhäusern (KH) ein rein statistisches Verhältnis der Kinder zu den Mitarbeitern (einschließlich Kinderhausleiter/innen) von 2,7:1 (vgl. Hochmair u.a. 1976, 41)[19]. Die Situation der Kinderhausmitarbeiter läßt sich aber auch durch die Tatsache kennzeichnen, daß ihre Fluktuation insgesamt sehr gering ist. Die Leiter eines KH wechseln in der Regel überhaupt nicht. Bei 20 von 66 dieser Einrichtungen (die zum Zeitpunkt der Untersuchung durchschnittlich 5½ Jahre bestanden) sind bisher keine Mitarbeiter ausgeschieden. Bezugspersonen sind für die Kinder also sicher und bleiben über Jahre hinweg konstant.

Ergänzend tritt hinzu, *daß die Erwachsenen in der Gruppe in ihren alltäglichen Lebensverrichtungen erlebt werden:* Sie schlafen, waschen sich, kochen und essen, räumen auf, machen ihr Bett, gehen ihren persönlichen Bedürfnissen nach, lesen Zeitung, tragen Konflikte aus, zeigen vielerlei Interessen, lassen sich mal gehen.... Die Kinder bekommen mit, „wie der Erwachsene seine Bedürfnisse realisiert, daß er ebenso seine Schuhe putzen und sein Bett machen muß, wie das vom Kind verlangt wird, daß er zu vielen Dingen keine Lust hat und sie doch erledigt werden müssen, daß er all das tut, was er auch von den Kindern erwartet und diese sich damit nicht nur an verbalen Äußerungen orientieren müssen, sondern am Modell lernen können“ (Mischke 1981, 30).

Während sich in den „normalen“ Heimen alles an den Bedürfnissen und Defiziten der Kinder orientiert, das gesamte Handeln der dortigen Angestellten auf die Minderjährigen ausgerichtet ist und ihr Lohnarbeiterbewußtsein dadurch festgeschrieben wird, daß sie von den Kindern ja auch als Mensch ohne eigene Bedürfnisse erlebt werden („Wofür werdet ihr denn eigentlich bezahlt?“), leben Erwachsene in Kleinstheimen nicht mehr in einer künstlichen Welt, die nur betreten wird, um dort „pädagogisch“ oder „therapeutisch“ zu arbeiten, sondern sie haben mit den Kindern ein gemeinsames Zuhause, das nicht mehr auf eine klare Trennung von Berufs- und Privatleben ausgerichtet ist; *die gemeinsame Wirklichkeit von Kindern und Erwachsenen eröffnet tendenziell eine Synthese von Arbeit und Freizeit.*

Die Realisierung eines solchen Zusammenlebens setzt Mitarbeiter voraus, die ihre Tätigkeit nicht als bloßen 40-Stunden-Job verstehen, sondern die das Mehr an Arbeit und Zeitaufwand zu übernehmen bereit sind. Der ganzheitliche und selbstverantwortliche Einsatz des Erziehers, das Miterleben von Entwicklungen sowie das Bewußtsein, in seiner Person nicht ohne weiteres austauschbar zu sein, schaffen aber letztlich mehr Spaß und Arbeitszufriedenheit, denn

„die Arbeitsfreude erwächst ... aus dem Einklang des Menschseins selbst mit einer Tätigkeit, in der er sich ganz einsetzt, weil es sich um Ganzes handelt. Diese Arbeitsfreude wird ruiniert,

---

19 Die Arbeitsform der von außen kommenden Mitarbeiter ist in den einzelnen KH unterschiedlich. Oftmals wird ihr Arbeitsauftrag differenziert zwischen hauswirtschaftlichen Funktionen (40%) und pädagogischen Funktionen (30%). Beide Bereiche übernehmen 9%, 16% der Mitarbeiter sind Praktikanten (vgl. Hochmair u. a. 1976, 42f.).

wenn das Ganze durch universale Ordnung aufgeteilt ist in Teilleistungen, die zu vollbringen restlos vertretbare Funktion wird. Das Ganze einer Idee ist zerfallen. Was den Einsatz des eigenen Wesens in der Kontinuität aufbauender Leistung forderte, wird nun nur noch erledigt durch Abarbeiten“ (Jaspers 1977, 366).

Aufnahmekriterien

Entscheidenden Einfluß auf die Leistungsfähigkeit der Kleinstheime hat zweifellos ihr Angebot an stabilen menschlichen Beziehungen und ihre Ähnlichkeit mit normalen Lebensformen. Gerade benachteiligte und in psychischer Hinsicht negativ vorbelastete Kinder haben darauf nicht nur ein Recht, sondern diese Bedingungen sind Voraussetzung zu ihrer (Re-)Stabilisierung. Leber führt in den Kriterien zur Entscheidung über Familien- und Heimpflege u. a. aus:

„Auch ein Kind, das durch schlechte Umweltverhältnisse schwierig geworden ist und aus seiner Familie gelöst werden muß, braucht als erstes ein verläßliches Zuhause, das es nicht auch wieder verlassen muß. Für solche Kinder sind heilpädagogische und psychotherapeutische Heime, in denen Kinder vorübergehend behandelt werden, erfahrungsgemäß schlecht geeignet. Ein seelisch gestörtes Kind löst sich nur aus seiner Fixierung an frühkindliche Erlebnisweisen und gibt dissoziales Verhalten nur auf, wenn es sieht, was es dafür eintauscht, d. h. wenn es ein Ziel vor Augen hat, für das es sich lohnt, auf unmittelbares Luststreben zu verzichten.“

Weiter heißt es:

„Vom Standpunkt dieses Kindes her gesehen ist das verläßliche Zuhause vorrangig vor Heilpädagogik und Therapie. Solche Heimatlosen geraten in einen Teufelskreis: Solange sie keine aussichtsreichen Zukunftserwartungen haben, sind sie für Heilpädagogik und Psychotherapie kaum zugänglich, und solange sie mit Hilfe von Heilpädagogik und Psychotherapie nicht hinreichend sozialisiert sind, kann ihnen kein neues Elternhaus erschlossen werden“ (Leber 1972, 44f.).

Die kleinen Heime müssen also neben dem Angebot eines persönlichen und kontinuierlichen Bezugsfeldes auch über die notwendige Kompetenz sowie über die Bereitschaft verfügen, psychisch vorbelastete Kinder aufzunehmen[20].

Schaut man sich die Berufsstellung der KH-Leiter bzw. -Leiterinnen an, so wird einerseits deutlich, daß sie eine überdurchschnittliche Bildungs- und Berufsqualifikation haben und ihr Erziehungsstil, das „kulturelle Niveau“, „sich weitgehend an Mittelschichtnormen orientiert“ (Hochmair u. a. 1976, 35). Für die meisten der Unterschicht entstammenden Kinder wird dies einen Bruch mit ihrer Vergangenheit bedeuten. Normkonflikte können verschärft auftreten, weil sie in der Wohnung/im Haus der Erzieher, also in deren „Privatbereich“, stattfinden.

---

20 Die Leitung eines Kinderhauses/Kinderkleinstheimes darf nur einer sozialpädagogischen Fachkraft, einem Sozialarbeiter mit staatlicher Anerkennung oder einer wissenschaftlich ausgebildeten Fachkraft übertragen werden. Außerdem müssen Leiter/innen über eine mindestens 2jährige Berufserfahrung in einem Kinderheim oder einer vergleichbaren Einrichtung verfügen (vgl. Ministerium für Arbeit, Gesundheit und Soziales/NRW 1974, S. 382; s. auch Klüppelberg 1982, 20ff.).

Andererseits zeigt sich, daß nur knapp die Hälfte aller am Erziehungsprozeß beteiligten Erwachsenen in den KH im Rheinland über eine pädagogische und pflegerische Ausbildung verfügen. Allerdings ersetzen viele Kinderhausleiter dieses Manko durch ihre oftmals langjährige Erfahrung als Pflegeeltern; nur in 2 KH fehlt sowohl die Ausbildung als auch die Pflegeerfahrung (vgl. ebd., 36ff.)[21].

Entgegen ursprünglichen Erwartungen haben die KH größtenteils nachgewiesen, daß auch Kinder/Jugendliche „mit beachtlichen psychischen Störfaktoren und Behinderungen (dort) leben können und gefördert werden. Widerlegt wurde die allgemeine Vermutung der Fachwelt, die Kinderhäuser seien hilfreich für unauffällige, gesunde Kinder, ungeeignet aber für Kinder mit besonderen Problemen“ (Bäuerle, in Vorwort zu Hochmair u. a. 1976, III).

Der größte Prozentsatz der Kinder (40%) kam aus dem Heim ins KH, 38% lebten vorher bei den Eltern, 14% in Pflegefamilien, 5% wurden direkt nach der Geburt bzw. aus dem Säuglingsheim in das KH eingewiesen (ebd., 93). Für 60% der Kinder ist das KH die 3. bis 5. (!) Aufnahmestation (vgl. ebd., 119). Auch wenn bei der Darstellung der Sozialisationsleistungen der KH methodische Einschränkungen gemacht werden müssen, weil die Daten in der Hochmair-Studie nur auf einer schriftlichen und mündlichen Befragung der KH-Erzieher beruhen, während die Kinder selbst nicht befragt oder untersucht wurden, zeigt sich, „daß mindestens 80 Prozent der Kinder bei ihrer Aufnahme z.T. erhebliche Verhaltensauffälligkeiten hatten. Hospitalismussymptome, aggressives Verhalten sowie starke Schulschwierigkeiten wurden besonders häufig genannt“ (Möllhoff 1979, 60; vgl. Hochmair u. a. 1976, 103ff.)[22].

Zum Zeitpunkt der Erhebung traten laut Aussagen der KH-Erzieher die Symptome bzw. Syndrome dieser Auffälligkeiten bei über 90% (!) der betroffenen Kinder nicht mehr auf oder hatten sich deutlich verringert (ebd., 106). Ein erkennbares Anzeichen für die emotionale und physische Tragfähigkeit der in KH lebenden Gruppen sind sicherlich die Verweildauer der Kinder/Jugendlichen sowie die Gründe, warum sie die Einrichtung wieder verlassen haben[23]. Gerade bei den Kindern, die schon 3 oder mehr (Fremd-)Unterbringungsstationen über sich ergehen lassen mußten, bevor sie ins KH kamen (30%), zeigte sich, daß ihre Verweildauer dort durchschnittlich schon 2½ Jahre betrug und wesentlich länger war als ihr Aufenthalt in früheren Einrichtungen (vgl. ebd., 122). Von den Minderjährigen, die das KH bereits wieder verlassen hatten (132 Kinder aus 48 KH; Aufenthalt auch hier durchschnittlich 2½ Jahre), kehrten u.a. die Hälfte zu den eigenen Angehörigen zurück. Hier wäre zu untersuchen, wie diese inzwischen mittelschichtgeprägten Kinder mit dem doch in vielen Fällen zu erwartenden sozialen Abstieg und der Umstellung auf wiederum neue Normen, weniger Geld etc.

---

21 Viele der KH sind – zum Teil auf Anraten der Jugendämter aus erfolgreichen (Groß-)Pflegestellen hervorgangen (zu den Anlässen der KH-Eröffnung vgl. Hochmair u.a. 1976, 59ff.). Eine andere Tendenz ist bei den KH im Bereich des Landesjugendamtes Westfalen-Lippe zu verzeichnen. Hier verfügen 90% der Leiter/innen über eine pädagogische Ausbildung (Sozialarbeiter, -pädagoge, Erzieher). Fast alle verfügen über mehrjährige Erfahrungen in der Erziehungshilfe. Außerdem ist hier pro KH durchschnittlich 1 Mitarbeiter mehr eingestellt (vgl. Klüppelberg 1982, 38f.).

22 In ungefähr der Hälfte der KH leben (geistig) behinderte mit nichtbehinderten Kindern zusammen (vgl. Hochmair u.a. 1976, 101, 172).

23 Die Studie von Hochmair u.a. kann über die Verweildauer nur sehr begrenzt Auskunft geben, weil sich die Kinder noch in den untersuchten KH befinden und über die Hälfte der KH erst nach 1970 – also 5 und meistens noch weniger Jahre vor der Untersuchung eröffnet wurden.

zurechtkamen. 14% der Minderjährigen, die das KH wieder verlassen hatten, wurden adoptiert. Ein nicht unerheblicher Teil verließ die Einrichtung, weil es am Ort keine entsprechende Lehr- oder Arbeitsstelle gab, aber auch, weil sie selbst eine eigene Familie gründeten. „Nur 8% der Kinder wurden entlassen, weil sie die KH-Eltern und die anderen Kinder mit ihren Verhaltensauffälligkeiten zu sehr belasteten" (ebd., 124). Diese Daten zeigten, daß in KH junge Menschen mit den unterschiedlichsten Problemlagen leben (können), die denen der Heimkinder vergleichbar sind. Oftmals stellen sich diese kleinen Einrichtungen – leider häufig

Kind aus einer alternativen Einrichtung? Nein, aus Katalog von Photo-Porst.

erst nach zum Teil mehreren mißglückten Pflege- und Heimstellen – als die einzige effiziente Unterbringungsmöglichkeit heraus. Auch wenn man die Tatsache, daß Kinder mit besonderen Schwierigkeiten in KH leben können, nicht extensiv auslegen darf – eine zu große Zahl der Kinder würde in ihrer Bindungs- und Interessenlosigkeit eine solch kleine Gruppe überfordern – ist sicher, „daß eine ausreichende Differenzierung zwischen Heim und Kinderhaus über Einweisungsgründe und Verhaltensauffälligkeiten der Kinder nicht möglich ist“ (Mischke 1981, 33).

Auch zur schulischen Situation der Kinder läßt sich vorwiegend Positives sagen: Nach Angaben der KH-Erzieher haben sich über 90% der Schulpflichtigen in ihren Leistungen verbessert.

Kleine Heime stellen ebenfalls eine Chance dar, Geschwister in einer überschaubaren Gruppe aufwachsen zu lassen. Besonders bei älteren Kindern und bei einer großen Geschwistergruppe ist es sonst nur möglich, sie in einem oder mehreren Großheimen unterzubringen, denn Pflegeeltern sind in der Regel nicht bereit, sie aufzunehmen. Diese Chance wird häufig auch genutzt: In 86% der KH befinden sich Geschwister, die Hälfte der dort lebenden Kinder haben einen Bruder oder eine Schwester im selben Haus (vgl. Hochmair u. a., 97).

Altersmäßig sind die Gruppen in den KH sehr heterogen zusammengesetzt.

Familiencharakter

„Es ist nicht alles schon deshalb gut und recht, wenn es Familie heißt. Bei dem Bestreben, Anstalt zu vermeiden, geht es aber nicht um die Nachahmung der Familie an sich, schon gar nicht der ‚spätbürgerlichen Kleinfamilie‘ mit ihren Strukturschwächen, sondern nur darum, diese Kinder menschlicher ‚anderweitig‘ unterzubringen“ (Mehringer 1982, 61).

Bei der Durchsicht der Literatur zu den kleinen Heimen ist uns aufgefallen, daß sich aber besonders die KH in vielerlei Hinsicht an der Kleinfamilie orientieren. Dies geht zum einen deutlich aus dem bereits zitierten Runderlaß des MAGS/NRW (1980) hervor, in dem es heißt, daß die KH „in der Regel von Familien geführt“ werden. In fast allen Fällen wird die Leitung auch Ehepaaren („KH-Eltern“) übertragen. Sehr oft leitet die Frau dann das KH, während der Mann einer außerhäuslichen Berufstätigkeit nachgeht.

Die Art und Weise der Gestaltung der Gemeinschaft hängt im wesentlichen von der Vorstellung der KH-Leitung ab. Fragt man nach ihrem Verständnis von der Form des Zusammenlebens mit den Kindern, so verstehen sie ihre Einrichtung in der Regel auch eindeutig als „Familie“. Definitionen wie „Großfamilie“, „Lebensgemeinschaft“, „Wohngemeinschaft“ oder „Wohngruppe“ werden dagegen nur äußerst selten genannt (vgl. Klüppelberg 1982, 161).

Inwieweit treffen nun die unter 4.1 genannten Defizite der Familienerziehung und Schwierigkeiten der Pflegefamilie (4.2) auch auf Kinderhäuser zu? In bezug auf die *schichtspezifische Sozialisation* werden sich hier zum Teil ähnliche Probleme ergeben wie in der Pflegefamilie auch. Das Gros der KH-Eltern ist eindeutig der Mittelschicht zuzurechnen. Für die meist der Unterschicht entstammenden Kinder bedeutet dies nicht nur ein Bruch mit der Vergangenheit, sondern hieraus ergibt sich auch die notwendige Frage, in welcher sozialen Gruppe sich die Kinder später zurechtfinden müssen. Eine Anzahl von Kindern muß nämlich damit rechnen, nach einiger Zeit des Aufenthalts im KH wieder in ihre Ursprungsfamilie zurückzukehren. Hat die Unterbringung familienersetzenden (langfristigen) Charakter, so wird die Familienorientierung im KH nicht so viele Probleme aufwerfen (z. B. Bindungs- und Identitätsprobleme, Orientierung an verschiedenen Erziehungsstilen) wie ein familienergänzender (kurzfristigerer) Aufenthalt. Kriterien zu entwickeln, um zwischen familienergänzenden und -ersetzenden Unterbringungsnotwendigkeit unterscheiden zu können, ist oftmals nicht im voraus möglich.

In mehr als 80% der KH haben Kinder Kontakte zur Ursprungsfamilie. Davon bezeichnen wiederum mehr als 20% der KH-Eltern diese Verbindungen als belastend (vgl. Hochmair u.a. 1976, 85, 115f.). Bei all diesen vorgenannten Überlegungen ist die grundsätzliche Frage im Auge zu behalten, inwieweit es den Kindern überhaupt zuzumuten ist, in einer an der Kleinfamilie orientierten Gemeinschaft zu leben.

Familial bedingte *psychische Defekte* dürften sowohl wegen der weniger ausgeprägten gegenseitigen emotionalen Abhängigkeit als auch der fachlichen Kenntnisse der Erwachsenen in KH seltener als in der „Normalfamilie" auftreten; gesicherte Angaben gibt es hierzu nicht. Hinsichtlich der Gefahr der Abgeschlossenheit der KH gegenüber sozialen Bezügen nach „draußen" (und der Überemotionaliserung?) sind die Ergebnisse der Hochmair-Studie widersprüchlich. Einerseits wird hervorgehoben, daß „der umfassende Lebensraum einer Großfamilie ... den Kindern eine Vielzahl von Lernmöglichkeiten, sowohl in sozialer als auch in kognitiver Hinsicht (biete). Die zahlreichen Kontakte der Kinder zu Freunden, Nachbarn sowie zu den Verwandten der Kinderhauseltern und auch die Besuche von Vereinen und Jugendgruppen erweitern ihren Erfahrungshorizont. ... Diese Lernprozesse sind möglich, weil es den KH in der Regel gelingt, sich in ihre Umwelt zu integrieren, d. h. sie werden akzeptiert (ebd., 136). Andererseits weisen die Berichte auf die für KH akute Gefahr einer zu großen Isolation der Ersatzeltern hin. Als Ursachen werden die große Arbeitsbelastung, die meist (zu?) sehr ernstgenommene Aufsichtspflicht und teilweise auch Vorurteile und Ablehnung durch die Nachbarschaft angegeben (ebd., 84).

Die Ergebnisse verbaler Befragungen bezüglich der *Autoritätsfixierung* und der *Fremdbestimmung der Kinder* durch die KH-Eltern stimmen größtenteils optimistisch. Als *wichtigstes Erziehungsziel* bezeichneten die KH-Eltern u. a.:

- 77% *Selbständigkeit der Kinder* (Durchsetzungsfähigkeit und Selbstvertrauen; seine Rechte kennen; sich nicht ausbeuten lassen);
- 30% *soziales Verhalten* (Hilfsbereitschaft, Solidarität);
- 20% *Kritikfähigkeit* (Zivilcourage, keine Konsumentenhaltung);
- 12% Zufriedenheit der Kinder;
- 28% bzw. 5% Anpassungsfähigkeit bzw. Sauberkeit und Ordnung (ebd., 65ff.).

Häufig wird in den KH die Reinlichkeitserziehung liberal gehandhabt, über die Ordnung in ihren Zimmern bestimmen die Kinder meistens selbst. Wenn sie „häufiger schmutzig nach Hause kommen", macht das in 77% der KH nichts (ebd., 70). Den Angaben entsprechend können in 18% der rheinischen KH die Kinder bei allen Entscheidungen mitbestimmen, in „Einzelfragen" geschieht dies in 95% der KH. „Mit dem erreichten Mitbestimmungsgrad sind einige KH-Eltern unzufrieden. Sie wünschen sich von seiten der Kinder ein höheres Maß an Beteiligung. Trotz vieler Versuche, diese zu aktivieren, scheint es ihnen noch nicht ausreichend gelungen zu sein" (ebd., 75).

Der Grundsatz, eigene Fehler und Irrtümer vor den Kindern zuzugeben, wird von der Hälfte der KH-Eltern befürwortet (ebd., 89). Aus verständlichen Gründen beugen sie sich andererseits weitgehend den Forderungen der Schule und greifen bei der Erledigung der Hausaufgaben stärker lenkend und kontrollierend ein. „Sie wollen auch mit Mitteln, die von ihnen sonst nicht bevorzugt werden, erreichen, daß die Kinder Erfolg in der Schule erzielen", obwohl ihnen die von der Schule geförderten Lern- und Verhaltenstechniken für das Lernziel Selbstbestimmung nicht geeignet erscheinen (vgl. ebd., 76).

Zu fragen ist hier, welche Auswirkungen die permanente (kontrollierende?) Anwesenheit mindestens eines Erwachsenen auf den Bewegungsfreiraum der Kinder hat. Es bleibt weiter zu überlegen, ob „die Möglichkeit, daß die Kinder sich solidarisch erklären, wenn sich einzelne von ihnen in Konflikt mit Erwachsenen befinden" (ebd., 109), (sanktionsfrei) genutzt wird/werden kann.

In bezug auf die *geschlechtsspezifische Sozialisation* liegen nur wenige Angaben vor, die Rückschlüsse zulassen. (Geschlechts-)Typisch erscheint uns jedoch die Tatsache, daß von den Erwachsenen vorwiegend die KH-Mütter hauptberuflich im Haus tätig sind, während die Männer häufig „draußen" in einem „normalen" Beruf arbeiten. „Von den 167 Mitarbeitern sind 25 (15%) männlich, davon sind wiederum 15 KH-Väter" (ebd., 39). Bedenkt man, daß in – allerdings wenigen – KH überhaupt kein Mann lebt oder arbeitet, so bricht mal wieder das alte Prinzip durch, daß Kindererziehung Sache der Frauen ist und die Männer insoweit, wenn überhaupt, nur eine untergeordnete Rolle spielen. Von den Erziehungszielen der befragten KH-Eltern her ist bekannt, daß 30% „soziales Verhalten" nannten und darunter auch „das andere Geschlecht achten" einbezogen (ebd., 66). Inwieweit die in 70% der KH verlangte oder erwartete Mitarbeit der Kinder geschlechtsspezifisch verteilt wird, geht aus der Hochmair-Studie nicht hervor.

Diese mageren Daten zu möglichen Nebenwirkungen familialer Sozialisation in KH erfordern sicherlich genauere Nachuntersuchungen, um erkennen zu können, ob das beabsichtigte Verhalten der Erwachsenen mit dem praktischen übereinstimmt. Damit sollen die Leistungen der KH und die Aufnahme- und Annahmebereitschaft der dort tätigen Erwachsenen nicht heruntergespielt werden, im Gegenteil. Bedenklich ist aber die Vorstellung, daß so etwas wie ein Kerngruppenzusammenhalt nur durch Ehe und weitere Anleihen bei der Kleinfamilie verwirklicht werden kann. *So entsteht nämlich zumindest der Eindruck, daß die in den KH zweifellos geleistete unbezahlte Mehrarbeit mit dem Etikett „Familie" entschuldigt werden soll*[24]. Durch ein überspanntes Familienprinzip (Kinderhaus-„Mutter", -„Vater") entstehen zudem schnell hierarchische Zwänge zwischen den KH-„Eltern" und den anderen Mitarbeitern, die leichter zu umgehen wären, wenn die Verantwortlichkeiten für die Kinder und die Zusammenarbeit unter den Erwachse-

24 Wie Mischke nachweist, bestünde bei Berücksichtigung der tariflichen und arbeitsrechtlichen Vorschriften ein rein rechnerisch ermittelter Bedarf von kapp 6 Vollzeitarbeitskräften pro Kleinsteinrichtung mit 8 Kindern (vgl. ebd. 1981, 20ff.). Auch wenn die Pflegesätze damit nicht mehr konkurrenzfähig sind, vor allem aber diese Vielzahl von Bezugspersonen mit der Konzeption von Kleinstheimen absolut nicht mehr vereinbar wäre, ist nicht einzusehen, daß die geleistete Mehrarbeit *nur* aus reinem Idealismus und befriedigender Arbeitstätigkeit erfolgt. Das „Mehr an pädagogischer Effizienz sollte auch angemessen vergütet werden (z.B. durch Überstundenvergütung, Sabbatjahr, frühere Pensionierung)" (ebd., 32).

nen partnerschaftlich ausgeübt würde. Wir finden es nicht verwunderlich, daß sich viele KH-„Eltern“ darüber beklagen, nicht genügend verantwortungsbereite Mitarbeiter zu finden (vgl. Hochmair u.a. 1976, 41f.). Wo sich KH-*Eltern* konstituieren, da ist unserer Ansicht nach naturgemäß wenig Platz für gleichberechtigtes Handeln mit weiteren Mitarbeitern. Den Anspruch, eine stabile Lebenssituation zu bieten, kann z.B. auch eine Gruppe von 4 zur Zusammenarbeit fähigen „Erziehungspartnern“ erfüllen.

Schwierigkeiten kleiner Heime

Mit den Erfolgsbedingungen kleiner Heime, z.B.

- der Überschaubarkeit der Gruppe,
- einem großen persönlichen Einsatz und intensiven Bezügen,
- der Eigenständigkeit, Selbstbestimmung und pädagogischer Freiheit,
- der Identität von Pädagoge(n) und wirtschaftlicher Leitung

sind auch zahlreiche Probleme und Schwächen vorhanden, die erwähnt werden müssen.

Die Arbeit in kleinen Einrichtungen hängt stark von der Persönlichkeit des einzelnen Erwachsenen ab und wird von diesem sehr geprägt. Da auch die Teams sehr klein sind und die Mitarbeiter zum Teil pädagogisch nicht ausgebildet sind, besteht nicht nur die Gefahr der Isolation durch fehlende Unterstützung und Beratung, sondern auch das Risiko unreflektierter Handlungen durch mangelnde kollegiale Hilfe und gegenseitige fachliche Kontrolle („Schmoren im eigenen Saft“). Gerade da, wo das gemeinsame Zusammenleben von Kindern und Erwachsenen als „therapeutisches Milieu“ nicht ausreicht, die kleinen Einrichtungen also auf Hilfe von außen (z.B. durch Erziehungsberatungsstellen) angewiesen sind, zeigt sich, daß die Chancen zur Zusammenarbeit mit diesen Institutionen zum Teil unzureichend genutzt werden (können). Hochmair u.a. stellen fest, daß in einigen Fällen „der Familiencharakter der KH diese von institutioneller fachlicher Beratung zunächst isoliert. Einige KH-Eltern haben auch, da sie sich ‚wie normale Eltern‘ fühlen, den Wunsch, daß in das gemeinsame Leben im KH von außen möglichst wenig eingegriffen wird“ (ebd., 141). Ein größerer Teil von KH ist allerdings mit der Hilfestellung der Erziehungsberatungsstellen selbst unzufrieden; entweder weil sich keine neuen Erkenntnisse ergeben, die Wartezeiten zu lang waren, sie immer gleiche Untersuchungsberichte erhielten (!) oder auch deshalb, weil neben der Diagnose die notwendige Therapie nicht geleistet werden konnte bzw. praktische Hinweise fehlten (vgl. ebd., 54f.).

Auch in bezug auf die Unterstützung durch die Jugendämter fehlen vielen KH – gerade in der Vorbereitungs- und Anfangszeit – konkrete Hilfen, z.B. für den Bereich der Wirtschaftsführung (Pflegesatzkalkulation). Oftmals wird auch die mangelhafte Information der Jugendämter über die Kinder bei deren Aufnahme beklagt, in einigen Fällen vermissen die KH sogar ein Mitspracherecht. Als unangenehm wird vielfach auch empfunden, gegenüber dem Amt in eine Position des ewigen Bittstellers zu geraten, weil dort kein Interesse am Schicksal der Kinder, sondern nur an den Problemen der Einrichtung bestehe. „Gerade bei den Jugendämtern ist es für die KH-Eltern schwierig, Forderungen an die Zusammenarbeit zu stellen, denn sie befinden sich in einem direkten Abhängigkeitsverhältnis zu ihnen. Es schien mitunter so, als befürchteten die KH-Eltern, wegen häufigen Nachfragens für unfähig gehalten zu werden" (ebd., 140f.). So bleibt festzustellen, daß KH nicht nur „hinsichtlich der organisatorischen und wirtschaftlichen Leitung des Hauses oft langwierige Lernprozesse durchlaufen" müssen (Möllhoff 1979, 61), sondern *tendenziell auch auf sich allein gestellt* sind; das hat sicherlich seine Vorteile, kann in Krisen personeller organisatorischer oder persönlicher Art aber auch leicht zur Überforderungssituation führen. „Zu große Arbeitsbelastung und wenig Freizeit" rangiert bei den Negativnennungen zur KH-Arbeit an erster Stelle (vgl. Hochmair u.a. 1976, 82).

Ein Hauptproblem kleiner Heime ist zweifellos auch ihre *finanzielle Krisenanfälligkeit und Abhängigkeit von den einweisenden Jugendämtern.* Hier zeigt sich, daß die eingangs von Bäuerle geforderte „Freiheit und Selbständigkeit, Abwesenheit von Bevormundung durch organisatorische Anbindung" nicht nur Handlungsimpulse und Freude fördert, sondern auch störanfällig und abhängig macht.

„Was geschieht, wenn die Abschlagszahlungen für die Pflegekosten nicht pünktlich eingehen oder wenn auch nur zwei Kinder plötzlich herausgenommen werden und kein Ersatz kommt: bricht dann die Finanzierung des ganzen Kinderhauses zusammen? Wie muß man sich bei den Pflegeverhandlungen verhalten: auftrumpfend-leistungsbewußt oder besser devot und bittend? Dort zeigt sich auch, wie wichtig es war, sich beim Landesjugendamt beizeiten ‚lieb Kind zu machen'. Wieviel Zeit, Energie und – wenigstens – Fahrtkosten müssen Kinderhauseltern darangeben, um die ‚einweisenden' Jugendämter günstig zu stimmen? Wie abhängig sind die Unabhängigen?" (Bäuerle, Vorwort zu Hochmair u.a. 1976, V).

Die Situation auf dem Jugendhilfesektor ist heute gekennzeichnet durch einen zunehmenden Konkurrenzkampf der Heime untereinander, bedingt durch die abnehmende Zahl von Heimunterbringungen bei gleichzeitig stark angestiegener Bedeutung der – kostengünstigen – Familienpflegestellen. Heime müssen einen konkurrenzfähigen Pflegesatz anbieten, ansonsten können sie „ausgehungert" werden. KH bieten in der Regel zwar einen relativ günstigen Pflegesatz an[25], dabei wird aber deutlich, daß beinahe die Hälfte von ihnen damit nicht auskommt und bei einem Drittel der Befragten fließen „die Gehälter der KH-Eltern – zum Teil auch die des außerhäuslich tätigen Ehepartners – mit in das KH ein" (Klüppelberg 1982, 63). Das Ausmaß finanzieller Einzelleistungen – teilweise verbunden mit Informationsdefiziten über Kalkulations- und Abrechnungsmöglichkeiten der entstehenden Kosten – gipfelt in Einzelfällen darin, daß KH-„Eltern" eigene angesparte Gelder, Renten, Lebens- oder Zusatzversicherungen in den laufenden Betrieb des Hauses stecken, weil die Pflegesätze nicht ausreichen oder fällige Gelder vom einweisenden Jugendamt seit Monaten ausstehen (vgl. ebd.). Diese miserablen Zustände werden

---

25 Wie Klüppelberg zeigt, bewegten sich die Pflegesätze der Kinderhäuser im Bereich des LJA Westfalen/Lippe 1981 zwischen 33,– DM und 123,– DM pro Tag und Kind. Ungefähr die Hälfte der Pflegesätze liegt im durchschnittlichen Bereich zwischen 60,– und 75,– DM. Bei 2 KH, in denen die KH-Leiter nicht darüber informiert waren, daß der Pflegesatz selbständig ausgerechnet und ausgehandelt werden kann, legte ihn das örtliche Jugendamt fest und stufte das KH prompt in die niedrigste Pflegesatzkategorie! Unter anderem sind die Pflegesätze dort niedriger, wo das Haus nicht angemietet, sondern Eigentum der KH-Leiter ist (vgl. Klüppelberg 1982, 58ff.; aus Gründen der Aktualität haben wir an deser Stelle nicht auf die Pflegesatzangaben bei Hochmair u.a. 1976 zurückgegriffen).

dann „oft jahrelang" hingenommen, „weil sie fürchten, daß bei einer Erhöhung des Pflegesatzes der Verbleib der Kinder im KH gefährdet sein könnte" (Hochmair u. a. 1976, 27).

Der Zwang, ständig voll belegt zu sein, birgt zudem bei kleinen Heimen die Gefahr in sich, daß die einweisenden Stellen über ihre Belegungspraxis Einfluß auf die inhaltliche Arbeit dieser Einrichtungen nehmen[26] oder Kinder länger als notwendig dort untergebracht bleiben.

Der Konkurrenzdruck, der auf den kleinen Heimen lastet, wird darüber hinaus verschärft, weil die Kostenträger (besonders die bei FEH und FE überörtlich zuständigen Landesjugendämter) mit vielen großen Heimen vor Jahren Pflegesatzvereinbarungen (einschließlich „Bettengeld" für nicht belegte Plätze) abgeschlossen haben und deshalb vorzugsweise diese „Vertragshäuser" zu belegen haben; das pädagogische Profil solcher Heime spielt dabei eine untergeordnetere Rolle[27].

Auch wenn viele kleine Heime durch einen eingetragenen Verein – als freiem Träger ihrer Einrichtung – einem Spitzenverband der Wohlfahrtspflege angeschlossen sind (s. auch Mischke 1981, 42ff.) und somit durch von Jugendhilfebehörden unabhängige Fachleute vor allem über finanzielle Angelegenheiten informiert sowie „nach oben" vertreten werden können, fehlt ihnen doch eine entsprechende Lobby, die auf die speziellen Bedürfnisse der zahlenmäßig (noch) nicht so bedeutenden „Kleinen"[28] zugeschnitten ist, ihre Interessen gezielt wahrnimmt und ihnen hilft, sich gegen ungerechtfertigte Eingriffe von Behördenseite zur Wehr setzen zu können.

Außerdem zeigt die Untersuchung von Hochmair u. a., daß die KH – will man ihre pädagogischen Leistungen sicherstellen – neben einer verbesserten Informationsarbeit (z.B. über die Situation der Kinder und ihrer Umwelt vor Aufnahme ins KH) und einer finanziellen Absicherung (Belegungsgarantie, Abbau finanzieller Eigenverpflichtungen besonders in der Anfangsphase, verbindlicher Stellungnahme zu der Frage, wann und wie KH auslaufen können/sollen[29] durch die (Landes-) Jugendämter andererseits ein kontinuierlich bestehendes, jederzeit erreichbares und unabhängiges Beratungs- und Fortbildungsangebot (z.B. auch bei akuten Schwierigkeiten) benötigen.

---

26 Diese Problematik verschärft sich in den Fällen, in denen kleine Heime nur von einer einweisenden Stelle als Kostenträger bezahlt werden.

27 Vgl. hierzu die Auseinandersetzungen zwischen dem Landesrechnungshof Niedersachsen und den Landesjugendämtern, in: Kinderhaus-Info 1/82, 18f. Weil große Träger seit geraumer Zeit Schwierigkeiten mit der Auslastung ihrer Heime haben, müssen sich kleine Einrichtungen sogar den Vorwurf der Geschäftemacherei anhören. So läßt Dendorfer (1981) unter der Überschrift „Kleine Kinderheime: Das große Geschäft" den Eindruck entstehen, als würden kleine Heimträger nur nach wirtschaftlichen und gewinnabzielenden Gesichtspunkten arbeiten (vgl. auch die Reaktionen darauf, in: Kinderhaus-Info 2/82, Extrablatt).

28 Zur zahlenmäßigen Bedeutung der KH: Von den 17987 Kindern, die 1976 in NRW in Heimen lebten, befanden sich *3%* (!) in Kinderhäusern (vgl. Möllhoff 1979, 57).

29 Hier ergeben sich zum Teil Unsicherheiten hinsichtlich der Altersversorgung (Zwang, aus finanziellen Gründen immer wieder neue „Kindergenerationen" aufzunehmen) und der Nachbetreuung der Kinder/Jugendlichen.

In Erkenntnis der Notwendigkeiten konstituierte sich Ende 1979 – sicherlich auch als Folge der Studie von Hochmair u. a. – eine KH-Beratungsstelle, deren Träger der „Verein der internationalen Gesellschaft für Heimerziehung (IGFH) zur Beratung von Kinderhäusern e. V." ist. Diese Einrichtung wurde bisher durch Landes- und Eigenmittel unterhalten und ist mit zwei Beratern (Diplompädagogen) und einer Sachberaterin besetzt. Als Vorbedingung für die Kooperation mit allen Beteiligten (KH, Jugendämter, Landesjugendamt) ist die Beratungsstelle ihrem Selbstverständnis nach unabhängig, ihre Inanspruchnahme ist freiwillig, und „die Beratung ... schließt jede Art von Kontrolle und Überprüfung der Arbeit der Kinderhauseltern aus (entsprechend bleiben alle Aufgaben und Funktionen der Heimaufsicht unberührt)". Zudem muß sie „bei Erhaltung und Ausbau der Unabhängigkeit und Selbständigkeit der Kinderhäuser" mitwirken (Konzeption der Kinderhausberatungsstelle o. J., 3). Beratungsinhalte und -ziele werden von den KH bestimmt.

Wie aus dem Sachbericht der Beratungsstelle für 1981 zu erkennen ist, wird sie von mehr als zwei Drittel der KH in Anspruch genommen. Die Arbeit erstreckt sich u. a. auf pädagogische Einzel- und Institutionsberatung sowie die Fortbildung in verschiedenen Arbeitskreisen. Thematische Schwerpunkte sind dabei

- erzieherisch-schulische,
- organisatorisch-wirtschaftliche und
- das Selbstverständnis der KH-Eltern betreffende Fragestellungen.

Konkret bedeutet das:

- kürzere oder längere Beratung (Beratungsserien) in den KH, z. B. bei Problemen mit den Kindern oder organisatorischen/wirtschaftlichen Schwierigkeiten;
- Vermittlung von diagnostischer und therapeutischer Kompetenz;
- Hilfestellungen zur Klärung bei Konflikten im KH;
- Durchführung von Supervision auf Anfrage oder als Ergebnis von Beratungskontakten;
- Erledigung von Arbeitsaufträgen der KH, wie z. B. Herausfinden und Vermitteln von Fachleuten (beispielsweise für Steuer- und Versicherungsfragen); Beschaffen und Zusenden von Informationsmaterial, Richtlinien etc.; Abklären besonderer Ausbildungsmöglichkeiten für die Kinder;
- Hinzuziehung der Beratungsstelle durch das KH bei auszuhandelnden Vereinbarungen oder Schwierigkeiten z. B. mit dem Jugendamt;
- Arbeit mit neuen KH, um ihnen über die besonderen Anfangsschwierigkeiten hinwegzuhelfen;
- inhaltliche und didaktische Vorbereitung und Auswertung der Fortbildung in regionalen Arbeitskreistreffen verschiedener KH-Leiter; Themen sind hier z. B.: Zusammenarbeit mit den Jugendämter, Herauswachsen der Kinder aus den KH, Gestaltung der Ferien, Rechtsfragen, Therapieformen, heilpädagogische Fortbildung u. a. m.;
- Förderung der Kooperation der KH untereinander durch weitere Vermittlung von Kontakten;

- Zusammenarbeit mit den bedeutendsten Kooperationspartnern der KH, z.B. Informations- und Erfahrungsaustausch mit den Mitarbeitern der Heimaufsicht des Landesjugendamtes, aber auch Mitarbeit in verschiedenen Gremien der Wohlfahrtsverbände, denen die KH angeschlossen sind;
- Kontakte zu Erziehungsberatungsstellen;
- Herausgabe des Kinderhaus-Infos zur regelmäßigen Information aller KH (auch zum Abbau eventuell noch vorhandener Schwellenangst) mit Nachrichten, Hinweisen, Veröffentlichungen fachlich relevanter Sachverhalte und Anregungen zur Diskussion, Serie über KH im Ausland und selbstverständlich Informationen von den einzelnen KH;
- Öffentlichkeitsarbeit.

Insgesamt kommt der Sachbericht zu der Einschätzung, daß die KH-Beratung nach gut zweijährigem Bestehen „von den Kinderhäusern in breitem Umfang in Anspruch genommen (wird). Sie ist von den Kinderhäusern und den beteiligten Behörden und Verbänden akzeptiert und wird in ihrer Arbeit unterstützt“ (Sachbericht der Kinderhausberatungsstelle für 1981, 15).

Literaturhinweise zu Kinderhäusern und Kleinstheimen

H.-G. Mischke: Das Kinderhaus – Zielsetzung, Errichtung, Struktur
G. Hochmair u.a.: Kinderhäuser – Situation, Entwicklung und pädagogische Leistungsfähigkeit

Informationen

Interessengemeinschaft von Kinderkleinstheimen/Kinderhäusern in Westfalen-Lippe e.V. (IKW), Arnsberger Str. 26, 5983 Balve-Beckum
Kinderhausberatungsstelle, Baumschulen Str. 23, 5023 Frechen-Neufreimersdorf

5.5 Pädagogisch betreute Jugendwohngemeinschaften: der bessere Weg zur Selbständigkeit

Die jugendpolitische Bedeutung von pädagogisch betreuten Jugendwohngemeinschaften (JWG's) läßt sich nicht nur aus ihrer „praktischen Kritik“ an den Fehlern der Heimerziehung ableiten; ebenfalls sind sie „ein Indiz dafür, wieviel relative Autonomie Jugendlichen von seiten des Staates zugestanden wird“ (Lessing u.a. 1985, 193).

Die Kritik an der Heimerziehung hat seit den Kampagnen um 1970 gerade für Jugendliche zur Entwicklung alternativer Hilfeangebote geführt, die den Betroffenen mehr Initiative zur Selbständigkeit und Handlungsspielraum für eigene Entscheidungen überlassen als dies in Heim und auch (Herkunfts-)Familie normalerweise möglich ist. In bezug auf das Maß an Selbstbestimmung und praktischer Unterstützung ist das Spektrum der Jugendwohngruppen und -gemeinschaften beinahe unüberschaubar geworden[30]. Es reicht

30 Die gegenteiligen Tendenzen, Jugendliche mit geschlossener Unterbringung zu disziplinieren, sollen hier nicht verschwiegen werden. Wir verweisen auf zwei Publikationen der IGFH, die sich mit dieser finsteren Kehrseite der Jugend„hilfe“ ausführlich beschäftigen (vgl. IGFH-Arbeitsgruppen 1978 u. 1980 im Literaturverzeichnis).

- von der „blank polierten“ Großeinrichtung, die in ihren Räumen eine „Selbständigkeitstrainingsgruppe“ eingerichtet hat („die Jugendlichen kochen ihren Tee selber“);
- über von Heimen ausgelagerten Wohngruppen, deren Entscheidungsfreiräume in Versorgungs-, Belegungs- und Betreuungsfragen aber noch stark von der Stammeinrichtung bestimmt werden;
- bis hin zu Jugendwohngemeinschaften freier Träger, die gegenüber der Heimerziehung wichtige konzeptionelle Grundvorstellungen durchsetzten, z. B.: Aufhebung der Umweltisolierung, Koedukation, die Gruppe betreffende Entscheidungen werden von ihr selbst bestimmt, Betreuung nach Bedarf, Belegung und Zusammenstellung der Gruppe im Einvernehmen von Jugendlichen und Betreuern.

Gemeint sind hiermit die pädagogisch betreuten Jugendwohngemeinschaften, die sich als eigenständiger Einrichtungstyp der Jugendhilfe und als Alternative zur Heimerziehung verstanden wissen wollen.

Die Bewohner mieten (nach einer Kennenlernphase) eine gemeinsame Wohnung an oder bekommen sie vom Träger gestellt. Für ihren täglichen Lebensunterhalt müssen sie selber sorgen, d. h. durch Arbeitslohn und/oder Ansprüche auf Sozialhilfe, Mietzuschuß, Bekleidungshilfe usw., die die Bewohner selbst geltend machen sollen. Das Mindestalter bei einer Aufnahme liegt bei 14 Jahren.

Die Jugendlichen werden von pädagogisch geeigneten Erwachsenen nach Bedarf in Fragen der alltäglichen Lebensgestaltung beraten und praktisch unterstützt, z. B.: beim Aufbau der Wohngemeinschaft, bei der Organisation des Haushalts, der Lösung von Konflikten innerhalb der Gruppe und mit Schulen, Ausbildungsstätten, Freunden, Eltern, bei der Entwicklung von Berufs- und Lebensperspektiven sowie dem Auszug aus der JWG. Die entsprechenden Honorarkosten der Berater werden dem Träger der Projekte erstattet.

Entwicklungstendenzen der Jugendwohngemeinschaften

Der Bedarf an eigenständigen Jugendwohnformen, die Raum und Lernanreize für Selbstbestimmung und Selbständigkeit bieten und auf die stützende Funktion der Gleichaltrigengruppe hin orientiert sind, geht weit über das tatsächliche Angebot pädagogisch betreuter JWG's hinaus (vgl. z. B. Liebel 1980, 270).

Ihre staatliche Förderung und inhaltliche Ausgestaltung ist von Region zu Region verschieden und letztlich auch abhängig von Entwicklungstendenzen in der Heimerziehung. Zwei Punkte machen dies deutlich:

Zum einen existieren kaum brauchbare Kriterien, wann Jugendliche in der tendenziell auf Kontrolle und Versorgung angelegten Institution Heim anstatt in einer pädagogisch betreuten, relativ selbstverwalteten JWG ihren Lebensmittelpunkt finden sollen. Eingespieltes Unterbringungsverhalten der Jugendämter (zum Teil bestehen längerfristige Belegungsverträge mit Großeinrichtungen) und mangelnde Kenntnisse über Alternativen mögen hier eine Rolle spielen, wenn noch immer so viele Jugendliche im Heim unterkommen müssen (vgl. Kap. 3.5), um dann unvorbereitet und realitätsfern ins's Alleinwohnen entlassen zu werden. Diese Haltung wird unterstützt durch Voreingenommenheit und Ängste gegenüber einer

Jugendhilfeform, die nicht in das übliche Schema von Institutions- und Familienerziehung paßt. „Als Alternative zur Familie und zum Heim" sind die JWG's zudem „ordnungspolitisch gefährlich. Mit ihrer Selbstverwaltung sind sie mit den traditionellen Strukturen wenig ‚verzahnt'. Mit ihrem autonomen Selbstregulierungsanspruch tangieren sie das staatliche Gewaltmonopol" (Lessing u.a. 1985, 200).

Zum anderen werden die Forderungen nach einer Reduzierung der Kostenentwicklung in der Heimerziehung immer stärker. 18000 DM Einsparungen pro Jahr je Platz werden z.B. vorgerechnet, „wenn die Unterbringung in einem betreuten Wohnprojekt erfolgt, statt beispielsweise in einer heilpädagogischen Einrichtung" (Senator für Schulwesen, Jugend und Sport 1984, 38).

So verwundert es nicht, daß die Zahl der Wohngemeinschaften zwar langsam, aber kontinuierlich steigt und sich die JWG als ehemals alternative Ausnahmen zunehmend zu einem staatlich anerkannten Jugendhilfeangebot etabliert (genaue Angaben sind über die offizielle Jugendhilfestatistik nicht zu beziehen; laut Übersicht von Tegethoff (1985, 202) liegen die JWG's ungefähr zwischen zwei und fünf Prozent „des Platzangebotes").

Mit der Etablierung (und dem Abklingen des sie lange Zeit begleitenden politischen Interesses) zeichnen sich allerdings auch Tendenzen ab, die Wohngemeinschaften „zu einer gemilderten (und zugleich billigeren) Form der Heimerziehung um(zu)funktionieren" und den *Gedanken der Selbsthilfe* einzuschränken (Lessing u.a. 1985, 193). Gerade für das Beispiel Berlin – quantitativ die Hochburg der JWG's und lange Zeit Vorreiter in bezug auf offizielle Leitlinien, die Selbstverwaltung und autonome Versorgung der Jugendlichen weitgehend ermöglichten – haben sich die Bedingungen deutlich verschlechtert. Bürokratische Entscheidungen führen hier zunehmend zu einer Verringerung des Handlungsspielraums der Jugendlichen und zu einer Anpassung dieser Jugendhilfeform an Strukturen der Heimerziehung. Dies trifft z.B. auf die seit Ende 1984 bestehende Anweisung zu, daß nur noch „Jugendhilfefälle" entsprechend den Kriterien des § 72 BSHG[31] aufgenommen werden sollen. Jugendliche, die bisher nicht „aktenkundig" wurden, sich aber aus ihrem Elternhaus lösen wollen/müssen, haben keinen Anspruch mehr auf die Nutzung einer JWG. Hilfen zur Stabilisierung im Vorfeld von „Auffälligkeiten" (Kriminalität, Drogen) werden somit vertan. Die Kompetenz der Belegung geht zunehmend weg von den Jugendlichen und hin in die Hände der JWG-Träger. Diese stehen mehr und mehr unter Handlungszwang, freiwerdende Plätze schnell wiederzubelegen, weil den einzelnen Projekten Mietausfälle nur noch äußerst dürftig ersetzt werden. Statistikbögen, Sachberichte über die inhaltliche Arbeit, vorgesehene Dienstpläne für die Berater und Besuche der Senatsverwaltung führen zu weiterem Druck und Kontrolle (ausführlich dazu: Lessing u.a., ebd.).

Die Identität mit dem eigenen Lebensbereich und ein positives Gefühl zur Wohngemeinschaftsgruppe – beste Voraussetzungen für das Erlernen von Selbstorganisation und sozialem Verhalten – werden aber durch mangelndes Mitspracherecht und Eingriffe „von oben" verhindert.

---

31 § 72, 1 BSHG: „Personen, bei denen besondere soziale Schwierigkeiten der Teilnahme am Leben in der Gemeinschaft entgegenstehen, ist Hilfe zur Überwindung dieser Schwierigkeiten zu gewähren, wenn sie aus eigener Kraft hierzu nicht fähig sind. ..."

Thomas, 20 Jahre, hat lange JWG-Erfahrung und meint:

„Irgendwie ist eine Jugend-WG immer so eine Zweckgemeinschaft, weil das alles irgendwie so gezwungen ist. Da sind halt Jugendliche, die brauchen ihren Platz, haben ihn nötig und kommen deshalb rein, hier rein. Das ist auch das Doofe an den Jugendwohngemeinschaften, daß man sich die Leute nicht wirklich aussuchen kann. Angenommen, du bist mir sympathisch, und ich würde gern mit dir zusammenziehen, und du würdest gern mit mir zusammenwohnen, würdest halt hier einziehen wollen, so was geht nicht. Weil, da sind Altersgrenzen und: ‚der hat's doch gar nicht mehr nötig!' Das nervt mich halt hier, daß dann manchmal Leute ankommen, mit denen würde ich überhaupt nicht zusammenwohnen wollen, mit denen würde ich am liebsten gar nichts zu tun haben“ (Calame 1983, 110f.).

Während sich zumindest ursprünglich in Berlin (auch in Bremen und Hamburg) die von den Jugendwohnkollektiven geprägte Selbstverwaltung und autonome Versorgung auch in der Finanzierungs- und Betreuungsweise wiederfindet (finanzielle Zuwendung über Arbeitslohn, Ansprüche auf Arbeitslosenhilfe, Sozialhilfe etc.; Betreuung nach Bedarf), wurden in den übrigen Bundesländern Wohngemeinschaften von vornherein als Heimform aufgefaßt. Entsprechend finanzieren sich die Träger dieser Jugendwohneinrichtungen über fest vereinbarte Pflegesätze. Relativ unabhängig vom Selbständigkeitsniveau der Jugendlichen ist das Betreuungsmaß dabei festgelegt. Wie in vielen Heimen üblich, bekommen die Jugendlichen (z.B. in Westfalen; vgl. Tegethoff 1985, 203) nur den Taschen- und Kleidergeldanteil des Pflegesatzes ausbezahlt. Anonyme Pflegesatzfinanzierung bedeutet jedoch Abhängigkeit und schafft ein „Sozial-Rentner-Bewußtsein“, da die Realität zu ferngehalten wird und der Eindruck entsteht, Geld und Versorgungsleistungen kämen aus heiterem Himmel angeflogen. Wo besteht da noch ein Unterschied zum traditionellen Jugendwohnheim?

Für wen sind betreute Jugendwohngemeinschaften geeignet?

„Prinzipiell spricht kaum eine Biographie, eine Situation oder eine diagnostische Beschreibung und Zuschreibung gegen den Versuch, Jugendliche in einer Jugendwohngemeinschaft leben zu lassen. Es wird jedenfalls davor gewarnt, die ‚Eignung' ... in Verbindung zu setzen mit bestimmten Devianz-, Neurose- und Verwahrlosungsformen und damit die Jugendlichen zu klassifizieren, solange nicht ... das Erfahrungsspektrum mit Jugendwohngemeinschaften vergrößert wurde und an Farbe gewonnen hat, Erfolge und Mißerfolge systematisch ausgewertet wurden“ (Kommission Heimerziehung 1977, 209f.).

Der Streit, für welche Jugendlichen JWG's die geeignete Hilfeform darstellen, besteht seit ihren Anfängen. Zunächst recht allgemein als einzige Alternative zur Fürsorgeerziehung und ihrer Überwindung gedacht, haben sich mittlerweile oft differenzierende Merkmale herausgebildet, die die Zusammensetzung der Jugendlichengruppen und ihr Betreuungsmaß bestimmen.

Häufig wird inzwischen auf gleiche Tätigkeitsfelder der Jugendlichen geachtet, also Gruppen mit Schülern oder Auszubildenden und Berufstätigen, weil die unterschiedlichen Tagesabläufe sonst zu konfllikthaft werden können und die Lebensperspektiven zu fern voneinander liegen. Vielfach stellt sich auch heraus, daß ähnliche Problemlagen (z.B. bei drogenabhängigen Jugendlichen) für die persönliche Entwicklung in der JWG günstig sind.

Deutlich wird ebenfalls, daß neben altersgleichen Gruppen viele andere Träger mit altersgemischten Wohngemeinschaften arbeiten. Hierbei wird das – oftmals idealistische – Ziel eines gleichzeitigen Ein- und Auszugs aus der gemeinsamen Wohnung nicht mehr angestrebt, sondern eine größere Fluktuation der Jugendlichen miteinkalkuliert. Die unterschiedliche Zusammensetzung der Wohngemeinschaften mit Jugendlichen verschiedener Herkunft, Lebenserfahrung sowie persönlicher Problemlagen und Fertigkeiten läßt eine allgemeingültige Schilderung vom Leben in JWG-Projekten nicht zu. Das gilt ebenfalls für die Berater/Betreuer, ihrem Verständnis und Engagement für die Jugendlichengruppe.

Die Jugendlichen:

- Leben sie aus bewußter Entscheidung in der JWG oder wegen fehlender Alternativen/fehlender finanzieller Möglichkeiten?
- Gibt es für sie ein Mitspracherecht bei der Zusammensetzung der Gruppe; kannten sie sich schon vorher?
- Sind die (unterschiedlichen) Erwartungen an ein gemeinsames WG-Leben miteinander zu vereinbaren (z.B. Wünsche nach engen Bindungen/lockeren Kontakten; Vorstellungen über Sauberkeit)?
- Wie weit geht das Selbständigkeitsniveau der einzelnen Bewohner; wie gehen sie mit der oftmals radikalen Veränderung ihrer Lebensbedingungen um (z.B.: statt 24-Stunden-Betreuung [im Heim] weniger Kontinuität, geringeres Versorgungsangebot; statt vieler Bestimmungen und Vorschriften sowie Konsequenzen bei ihrer Übertretung gibt es weniger Sicherheit und mehr Anforderungen nach Eigenverantwortlichkeit)?
- Können sie die Erfahrung machen, daß ihr solidarisches Votum auch gegen die Ansichten der Betreuer durchsetzbar ist?

Die Berater/Betreuer:

- Welche Rolle nehmen sie bei den Jugendlichen ein: „Vorbild“, geduldiger Gesprächspartner, erfahrener Freund, Elternersatz, Übertragungsfigur(en), Aufpasser/Kontrolleur; bestimmen sie das Maß an Distanz und Nähe?
- Leben sie mit den Jugendlichen zusammen, im selben Haus, entfernt?
- Können sie das Mißtrauen mildern, das bei vielen Jugendlichen durch Enttäuschungen, Verletzungen und Versagungen in früheren sozialen Beziehungen entstanden ist?
- Vermögen sie, das Leben und die Reaktionen der Jugendlichen zu begreifen, aggressives und resignatives Verhalten von ihnen auszuhalten, Mut zu machen bei der Angst vor Versagungssituationen[32]?

---

32 Spannend und anschaulich zu lesen ist in diesem Zusammenhang der Erfahrungsbericht von zwei Betreuern eines JWG-Projekts mit sieben ehemaligen Heimjugendlichen. Ahrens/Schwarz (1983) erzählen von der Wut und den Aggressionen, die – durch Verletzungen und Versagungen fundamentaler Bedürfnisse in früheren (un)sozialen Beziehungen entstanden – im sanktionsfreieren Raum der JWG offen ausbrechen und durch die solidarische Unterstützung der Betreuer endlich gehört werden.

- Wo fühlen sie sich gezwungen, Grenzen zu setzen, in den Gruppenprozeß einzuschreiten, Sanktionen auszusprechen?
- Beziehen sie sich bei der praktischen Alltagsarbeit mit ein (Wohnungseinrichtung, Haushaltsführung, Aufstellen von Regeln und sich danach richten etc.)?
- Wie solidarisch sind sie in ihrer Unterstützung bei Problemen, in die die Jugendlichen außerhalb der Wohngemeinschaft geraten sind (Schule/Lehrer, Arbeitsstelle, Elternhaus, Nachbarschaft)?

Lebensweg, Urteile und Erfahrungen von Thomas, 20, der in einer Jugendwohngemeinschaft lebt[33]*:*

Thomas kam als drittes von 4 Kindern (1 w, 3 m) in Berlin zur Welt. Sein Vater ist von Beruf Zimmermann, seine Mutter war Hausfrau, als Thomas noch bei seinen Eltern lebte. Mit 6 Jahren wurde er einem Heim zugewiesen: „Ich hab' irgendwie überhaupt keine Ahnung, wie es dazu kam. Mal hab' ich was gehört von einem Typen. Also ich denk' mir, daß es so war: mein Vater hat getrunken, ich weiß nicht, ob ab und zu mal oder öfter, und da gab's immer Streit. Dann kam das Jugendamt dazwischen. Das ist, was ich weiß." Thomas' Eltern trennten sich später, seine 3 Geschwister wuchsen abwechslungsweise bei der Mutter, dem Vater und Verwandten auf („das war so ein Hin- und Hergeschubse").

Kindheit und Jugendjahre im Heim

Nach kürzerem Aufenthalt in einem Durchgangsheim kam Thomas in ein Heim am Stadtrand, wo er bis zu seinem 17. Lebensjahr lebte.

Heimeinweisung und Trennung von seiner Familie hat er nicht als traumatisches Erlebnis in Erinnerung. „Damals war das alles noch ziemlich spannend gewesen. Ich hab' da nicht geweint oder mich nicht wohlgefühlt. Es war spannend, mit den neuen Kindern zu spielen und Blödsinn zu machen, das war schön."

Die Kinder und Jugendlichen lebten im Heim in altersgemischten Gruppen mit festen Betreuern. Die Atmosphäre war relativ liberal, die Erzieher nicht übermäßig autoritär.

Thomas schildert die Zeit im Heim insgesamt nicht als glück- oder freudlosen Lebensabschnitt und resümiert: „Das Heim hat für mich Vorteile gehabt, aber auch Nachteile. Die Vorteile waren, daß ich eigentlich eine ganz gute Kindheit gehabt habe mit den Möglichkeiten, was ich machen konnte. Da war Wald gewesen, da konnten wir Höhlen bauen, Blödsinn machen, spielen. Und ich hab' immer viele Leute um mich gehabt. Die Nachteile sind, daß dir im Heim von Gefühlen und so unheimlich viel verlorengeht, so daß ich damit noch immer ganz schön zu arbeiten habe. Ebenso mit irgenwelchen Dingern, die man noch drauf hat, wenn man auszieht aus einem Heim. Zum Beispiel mußt du im Heim immer zeigen, wer du bist, sonst wirst du untergebuttert; du mußt immer irgend etwas können und dich beweisen, damit du deine Position behältst. – Das hab' ich heut' immer noch drauf, und da hab' ich ganz schöne Schwierigkeiten mit ...

Kurz bevor ich aus dem Heim ausgezogen bin, hatte ich zudem eine ziemlich kaputte Zeit, finde ich, wenn ich jetzt darüber nachdenke. Da hat's so mit Diskotheken angefangen, und ich hab' dann auch ganz schön Drogen genommen, gekifft und einige andere Sachen, Tabletten – so Aufputschzeugs – und 'n paar Trips. Ich hab' irgendwie nur noch dafür gelebt. Ich wollte am Wochenende halt abfahren, wie man das so sagt, und das habe ich dann auch gemacht. Die Woche über bin ich zur Schule und am Wochenende ... Da war auch alles unerlaubt. Ich bin auch einfach über Nacht weggeblieben und so."

Thomas hatte deswegen auch Probleme mit den Erziehern im Heim und führte mit ihnen fruchtlose Auseinandersetzungen über seinen Drogenkonsum. „Ich meine, bei mir ist es

---

33 Diese Schilderung ist auszugsweise einem Gesprächsprotokoll von André Calame (1983, 107ff.) entnommen und wurde durch wenige Erläuterungen der Verfasser ergänzt.

jedenfalls so, und ich glaub' auch bei jedem anderen, da kann einer so viel erzählen, wie er will, wenn du selber damit nicht aufhören willst, dann willst du es halt nicht, da kann dir keiner reinreden."

Schule/Berufsausbildung

Thomas hat auf einer heimexternen Schule den Hauptschulabschluß gemacht. Er bezeichnet sich als mittelmäßigen Schüler ohne großen Ehrgeiz. „Vom Heim aus sollte ich auf eine Realschule gehen, bloß ich wollte damals nicht. Ich wollte lieber auf der Heimschule bleiben und Blödsinn machen."

Beim Schulabgang hatte Thomas keine konkreten Vorstellungen, welchen Berufsweg er einschlagen sollte. Um eine bessere Entscheidungsgrundlage zu haben, nahm er an einem beruflichen Orientierungsjahr des öffentlichen Jugendaufbauwerks teil und entschloß sich danach für eine Ausbildung zum Maschinenschlosser. Die in einer Lehrwerkstätte des Berufsamtes begonnene Lehre brach er jedoch nach 5 Monaten ab. „Die Leute da waren da wirklich bescheuert, der Meister auch. Aber auch bei mir hat sich ganz schön was getan. Da war halt ziemlich viel Neues: frisch aus dem Heim raus, die neue WG, neue Leute. Ich hab' mich in der Zeit auch nicht so wohlgefühlt. Ich nehme an, daß es schon ein bißchen an mir lag, daß ich alles nicht so verkraftet hab'. Ich ging dann nicht mehr regelmäßig hin."

Einige Monate jobte Thomas in der Versandabteilung einer Textildruckerei. Obwohl es ihm dort nicht schlecht gefiel, sah er darin keine längerfristige Perspektive, machte ab und zu blau und flog schließlich wegen zu häufigen Fehlens raus.

Nach kürzerer Arbeitslosigkeit erhielt er eine Fotografenlehrstelle in einem alternativen Ausbildungsprojekt.

Einzug in die Wohngemeinschaft

Angesichts der negativen Entwicklung, die einige seiner gleichaltrigen Freunde aus dem Heim nach ihrem Wegzug durchliefen, hatte Thomas den Entschluß gefaßt, nach seinem Auszug in eine betreute Jugendwohngemeinschaft zu ziehen. „die Jugendlichen, die so in meiner Phase ausgezogen sind, von denen ist ein Großteil in eine eigene Wohnung und hat dann angefangen mit Drogen und so. Davon sind alle auf die Schnauze gefallen. Ich hab' mitgekriegt, wie das passiert ist. Daraufhin bin ich auf die Idee gekommen, in 'ne WG zu ziehen, damit ich so ein bißchen Hilfe habe. Weil, ich finde für'n Jugendlichen, der aus dem Heim auszieht, ist das unmöglich, 'ne eigene Wohnung zu halten. Das schafft keiner, denn im Heim wirst du bei jedem bißchen an die Hand genommen."

Thomas war 17, als er im Juli 1979 in die WG einzog. Den Kontakt zu dem Projekt vermittelte ihm der Heimleiter, welcher durch ein Rundschreiben auf das frisch gestartete und Jugendliche suchende Projekt aufmerksam geworden war. „Der Heimleiter hat mir die Telefonnummer und Adresse gegeben. Dann bin ich hierher, und es hat mir gleich unheimlich gut gefallen, und ich wollte hier einziehen." Das Lehrlingswohnheim, welches Thomas zur gleichen Zeit besichtigt hatte, kam für ihn als Wohnalternative nicht mehr in Frage. Die dort herrschende strikte Reglementierung erinnerte ihn zu sehr an das Heimleben, auch fürchtete er sich vor der isolierten Ein-Zimmer-Studio-Wohnsituation.

Der Entwicklungsprozeß der WG und ihrer Bewohner

Seit den 3½ Jahren, die Thomas seither in der WG verbrachte, hat sich die Situation in der WG grundlegend geändert. Zum einen sind die Wohnräume weniger eng und gleichzeitig komfortabler geworden. Ganz am Anfang lebten alle Jugendlichen in der gleichen halbfertigen Wohnetage. Jetzt stehen ihnen im gleichen Gebäude zwei im Laufe von 1½ Jahren ausgebaute Wohnungen zur Verfügung, wovon allerdings seit einem halben Jahr nur die kleinere mit einer Wohngruppe des Projekts belegt ist, während die andere z. Z. an ein drittes Jugendwohnprojekt vermietet wird. Zum anderen hat sich die Zusammensetzung sowohl der

Jugendwohngruppen als auch der im gleichen Haus befindlichen Betreuer der WG laufend verändert, und die Beziehung der Jugendlichen zu den Betreuern lockerte sich.

„Früher, da mußten die Betreuer unheimlich viel Energie in uns reinstecken. Das war hier chaotisch gewesen. Da haben wir zu zehnt oben gewohnt, weil wir hier unten ausgebaut haben. – Na ja, wir sind damals morgens nicht aufgestanden, sind nicht aus den Betten gekommen und haben lange gepennt, laut Musik gehört und Alkohol getrunken. Da haben sie halt ganz schön Dampf gemacht, so daß wir aufstehen und so. Da haben sie uns noch richtig betreut. Aber das ist heute nicht mehr so. Irgendwann sind wir von selber dahintergekommen, daß es doch für uns ist, wenn wir was machen und arbeiten gehen."

Thomas selbst hat sich aber auch verändert und ist selbständiger und selbstreflektierter geworden. Als Veteran der WG, der seit Beginn dabei ist und am Ausbau der Wohnung mitbeteiligt war, hat er eine intensivere Beziehung zu den Betreuern und zur Wohnung entwickelt, als die oft nur wenige Monate gebliebenen Jugendlichen. Deshalb fühlt er sich auch – obwohl er sich keine Sonderstellung zuschreiben würde – doch etwas stärker verantwortlich für den Zustand der Wohnung und die Organisation des Zusammenlebens.

Hauptfreizeitbeschäftigung ist die Musik für Thomas geworden. Er spielt Gitarre und ist dabei, mit einem Freund eine Rock-Band auf die Beine zu stellen.

Thomas hat auch ein neues Verhältnis zum Drogenkonsum entwickelt, der sich mittlerweile auf Cannabis beschränkt, welches er – wie ein beträchtlicher Teil der unter 40jährigen Bevölkerung – als ein, in Maßen genossen, unschädliches Genußmittel betrachtet. „Ab und zu rauch' ich noch ein Pfeifchen, aber das ist nicht so oft ..."

Die aktuelle Situation in der WG

Gegenwärtig leben in der für 4 Personen vorgesehenen Wohnung nur 3 Jugendliche, von denen die einzige Frau noch vor Jahresende ausziehen wird.

Die geringe Gruppengröße und die Tatsache, daß zwei Bewohner schon seit langem in der WG leben, machen die organisatorisch-technischen Aspekte des Zusammenlebens unproblematisch. Die Verteilung der Hausarbeit wird durch Absprachen geregelt, ohne daß dafür fixe Pläne notwendig wären. Entscheidungen von gemeinschaftlicher Tragweite werden bei Bedarf durch gemeinsame Diskussionen gefällt.

Zur Zeit gibt es für die Dreier-WG nur noch einen verantwortlichen Betreuer, zu dem Thomas ein freundschaftliches Verhältnis hat. Mit ihm trifft sich die Gruppe einmal pro Woche, wobei dieser Termin eher den Charakter einer gemeinsamen Freizeitgestaltung angenommen hat („wir gehen Eis essen, im Sommer auf die Wiese Ball spielen ...").

Ebenfalls einmal pro Woche essen die Jugendlichen und die Erwachsenengruppe zusammen; gekocht wird dafür abwechslungsweise von beiden Gruppen. Gelegentlich werden auch Konzerte, die alle interessieren, oder sonstige Veranstaltungen gemeinsam besucht. Gemeinsame Urlaubsreisen wurden nur in der Kennenlernenphase unternommen. – Stärkere Interventionen von seiten der Betreuer in das interne Leben der Jugend-WG kommen kaum noch vor. Allein bei der Auswahl neuer WG-Bewohner/innen entscheidet die Betreuergruppe mit.

„Also jetzt machen wir das hier eigentlich alles allein. Es ist ziemlich selbständig hier. Eigentlich haben wir die Betreuer nicht mehr so nötig. Wenn wir was haben, was wir nicht wissen – z. B. mit Ämtern oder irgendsowas (das gibt's ja immer) – dann können wir zwar hingehen, aber persönliche Probleme bequatschen wir mit denen nicht. Das macht halt jeder so entweder hier untereinander oder mit der Freundin oder mit seinem eigenen Freundeskreis außerhalb."

Den Hauptunterschied zwischen den Betreuern der WG und seinen früheren Erziehern im Heim sieht Thomas im weniger autoritären Verhalten der ersteren und den intimeren persönlichen Kontakten, welche sich zwischen ihnen und den Jugendlichen entwickeln konnten. „Hier hab' ich die Leute immer so gesehen wie Bekannte, nicht als irgendwelche Autoritäten." In Thomas' WG beschränkt sich zwar die Kommunikation der WG-Mitglieder nicht ausschließlich auf das zum Zusammenleben absolut Notwendige, dennoch ist Thomas mit dem vorhandenen Niveau an Gemeinschaftlichkeit nicht zufrieden. „Vertragen tun wir uns schon, aber was zusammen machen, das läuft halt nicht. Hat halt jeder so seinen eigenen Freundeskreis. Kommt mal Besuch hierher, dann sitzen wir schon zusammen und quatschen, das läuft schon, auch daß wir uns untereinander unterhalten. Aber es ist halt nicht so extrem."

Wohnperspektive nach dem Verlassen der WG

Thomas fühlt sich etwas unsicher. Der Zeitpunkt, wo er sich aus der behüteten Situation der Jugend-WG lösen muß, rückt näher. „Die haben mit der Jugendarbeit noch was vor, und wenn noch so ein alter Hase drinhängt, das wollen sie auch gar nicht." Aber er möchte – falls möglich – doch noch ein wenig länger in der WG bleiben. „Erstens finde ich es hier bequem, man hat alles hier, und zweitens habe ich auch noch ein bißchen Angst, rauszuziehen in eine eigene Wohnung. Ich kann mir das irgendwie schwer vorstellen, allein zu wohnen. Wenn du das ganze Leben Leute um dich gehabt hast ... und dann bist du plötzlich allein in 'ner Wohnung." Trotzdem möchte er nach seinem Auszug gerne ausprobieren, allein in einer eigenen Wohnung zu leben. „Also wenn, dann hier im Stadtteil, wo ich auch meine Freunde habe."

Mit seiner Freundin zusammen zu wohnen, plant Thomas allerdings nicht. Eine dreimonatige Erfahrung des Zusammenlebens innerhalb der WG hat ihn von diesem Wunsch abgebracht. „Ich finde, wir sind irgendwie noch zu unreif, um zusammenzuziehen; oder ich bin noch zu unreif dazu, mit einer Freundin zusammenzuziehen. Ich will es nicht, weil dann bezieht sich alles immer nur auf die Freundin, und die Freundin bezieht sich so auf dich ... Dann gehen viele Freunde verloren. Das war so gewesen, als wir zusammengewohnt haben."

Literaturhinweise zu Jugendwohngemeinschaften:

Ahrens Kristin/Schwarz Wilfried: Mit Wut ins Leben
Arbeitskreis Jugendwohngemeinschaften (Hrsg.): Jugendwohngemeinschaften in West-Berlin 1978
Liebel, Manfred: Jugendwohnkollektive. Alternative zur Fürsorgeerziehung?
Calame, André: Die Zielgruppe alternativer Projekte der Jugendhilfe
R. Barasch u. a.: Dokumentation zum Bethanien-Projekt

5.6 ... und wo bleibt die Lebensperspektive?

Jugend(selbst-)hilfeprojekte verbinden Wohnen und Berufsausbildung

Zu Beginn des Ausbildungsjahres 1985/86 stehen rund 60000 Jugendliche ohne Ausbildungsplatz auf der Straße. Nicht mitgerechnet sind dabei die über 35000 Schulabsolventen, die in Fortbildungsmaßnahmen eine „Warteschleife" einlegen müssen, weil sie von vornherein keine Chance auf eine Lehrstelle hatten (vgl. Stern 1985, 179).

Insgesamt hat die Zahl der arbeitslosen Jugendlichen unter 20 Jahren schon 1983 die 20000-Marke überschritten. 1985 waren 419000 20–25jährige Menschen arbeitslos.

Hinzu kommt die Dunkelziffer „freiwilliger" Verzichter, z. B. ausländische Jugendliche und der hohe Anteil der Mädchen, die auf qualifizierte Ausbildungsgänge verzichten (müssen) und in die traditionelle Rolle als zukünftige Hausfrau und Mutter abgedrängt werden (sollen).

Was hat die Jugendhilfe damit zu tun?

Von der andauernden Arbeitsmarktkrise und dem immer noch zunehmenden Verdrängungswettbewerb um die bei weitem nicht ausreichenden Ausbildungs- und Arbeitsplätze sind sozial benachteiligte Jugendliche aus dem Betreuungsumfeld der Jugendhilfe (Heimerziehung, Jugendwohngemeinschaften, Familienfürsorge, Bewährungshilfe usw.) besonders betroffen. Familiäre und schulische Lebenserfahrungen dieser Jugendlichen kommen oftmals einer Kette von Enttäuschungen und Mißerfolgen gleich, so daß ihnen positive Lebenserwartung und Selbstvertrauen weitgehend fehlen.

Sie finden sich außerordentlich häufig in der Gruppe der schwer zu vermittelnden unausgebildeten Arbeitsuchenden. Fehlende „qualifizierende" Schulabschlüsse bei immer höher steigenden Einstellungserwartungen der üblichen Ausbildungsträger, aber auch der „Parkcharakter" berufsvorbereitender, -fördernder und -motivierender Maßnahmen lassen sie ohne Hoffnung auf einen zukünftigen, dauerhaften Arbeitsplatz. Damit sind nicht nur Existenzgrundlage und Lebensperspektive verbaut, sondern auch die Entwicklung von Selbstwertgefühl und Identität bedroht.

Daß es sich bei der Jugendarbeitslosigkeit nicht um Fragen der Lernschwäche, Berufsunreife oder gar Arbeitsscheu einzelner Jugendlicher handelt, wurde spätestens Anfang der 80er Jahre deutlich, als sich der strukturelle (gegenüber dem konjunkturellen) Erklärungsansatz heutiger Massenarbeitslosigkeit durchsetzte[34]. Hiernach ist mit einer spürbaren Milderung der Arbeitsmarktkrise in absehbarer Zukunft nicht zu rechnen.

Die „traditionelle" Jugendhilfe folgt diesem Ansatz hinsichtlich einer Ausrichtung ihrer Handlungsmöglichkeiten zu mehr beruflich-sozialen Lebensperspektiven ihrer Jugendlichen vielerorts nur sehr zögerlich. Noch zu sehr beschränkt sie sich als defensiver Lückenbüßer auf die Minderung der Folgen von Jugendarbeitslosigkeit, z.B. in Form von Freizeithilfen und Drogenberatung, anstatt ihre Aufgaben offensiver und strategisch umfassender in der Berufsausbildung der betroffenen Jugendlichen zu suchen. Verweigerung der Zuständigkeit („Jugendhilfe kann selbst für diese Zielgruppe keine Ausbildungs- und schon gar keine Arbeitsplätze schaffen"), ängstliche Verweise auf fehlende Kompetenz und Instrumente sowie die Scheu vor Einmischung in weniger traditionelle Bereiche (z.B. der beruflichen Bildung, des Arbeitsmarktes oder auch der Stadtsanierung) gelten noch immer als Argumente, tatsächlich vorhandene (Finanzierungs-)Spielräume nicht auszuschöpfen (vgl. hierzu Mielenz 1985, 12f., 17f.).

Dagegen liefern die Ausbildungsprojekte freier Initiativgruppen im Zusammenhang mit (bzw. als Folge) der Alternativ- und Jugendprotestbewegung wegweisende

---

34 Der Millionensockel an Dauerarbeitslosen wird trotz steigender Produktivität in Zusammenhang mit neueren Technologien erhalten bleiben; denn betriebliche Investitionen dienen vorwiegend Rationalisierungs- und Automatisierungsbestrebungen. Zudem gehören hohe wirtschaftliche Wachstumsraten, wie sie zum Abbau der Arbeitslosigkeit notwendig wären, auch wegen der Sättigung in verschiedenen Bereichen der Konsumgüterindustrie der Vergangenheit an.
Insgesamt gesehen paßt deshalb der Hinweis auf die geburtenschwächeren Jahrgänge, die in ein paar Jahren das Heer der Arbeitslosen spürbar verringern sollen, nicht zum Problem allgemein sinkender Arbeitsnachfrage.

Bewältigungsstrategien zur Überwindung der Berufsnot sozial benachteiligter Jugendlicher. Im Rahmen dieses Buches sind vor allem die Projekte interessant, die zentrale Probleme von Jugendlichen aus/in Heimen und betreuten Jugendwohngemeinschaften unter Einbeziehung besonderer beruflicher Qualifikationsmöglichkeiten perspektivischer lösen wollen (vgl. die ausgewählte Übersicht am Ende dieses Kapitels).

Grundgedanken dabei sind, daß

- anerkannte Ausbildungsstellen für jene Jugendlichen und junge Erwachsene geschaffen werden müssen, die nach Beendigung der Vollzeitschulpflicht aufgrund ihrer sozialen Situation von den gängigen Berufsbildungsangeboten nicht mehr erreicht werden und sonst keine Möglichkeit zum Berufseinstieg mehr finden würden (zumeist Jugendliche ohne Hauptschulabschluß oder aus Sonderschulen, die eine Ausbildung abgebrochen haben, bei der Ausbildungssuche erfolglos geblieben sind oder bisher nicht zu motivieren waren);
- gezielte sozialpädagogische Betreuung sich bei dieser Zielgruppe auf die fachpraktische und theoretische Ausbildung beziehen muß, ohne die Grundlagen der jeweils geltenden Ausbildungsordnung zu vernachlässigen (z.B. Veränderung der Lernunlust durch produktionsorientierte und realitätsnahe Arbeitsinhalte, Förderung bei schulischen Defiziten);
- ein Höchstmaß an Unterstützung bei der Bewältigung von sozialen Schwierigkeiten der Jugendlichen dann möglich wird, wenn die übliche Trennung von Lebensbereichen (Arbeit, Wohnen, Freizeit) nicht vorhanden ist, Ausbildung und außerbetriebliches Lernen also weitgehend miteinander verknüpft sind;
- die Effekte „totaler“ Einrichtungen vermieden werden können, wenn Arbeit und Wohnen möglichst dezentral organisiert sind. Außerdem müssen sie im vertrauten sozialen Umfeld der Jugendlichen angesiedelt sein, um eine langfristige Integration dort zu erleichtern. Dies schließt eine Orientierung der Projekte an den räumlichen und wirtschaftlichen Gegebenheiten des Gemeinwesens notwendig ein;
- Voraussetzung für die Entwicklung einer annehmbaren Lebenssituation und -perspektive der Jugendlichen die Bereitstellung von gesichertem Wohnraum ist. Sich (erstmals) „zu Hause“ fühlen können, heißt einen Stützpunkt zu finden, den man nach eigenen Bedürfnissen gestalten kann. Von da aus lassen sich andere Schwierigkeiten zuversichtlicher klären. Viele Wohngemeinschaftsinitiativen scheitern allerdings häufig schon in der Planungsphase, weil die Suche nach geeigneten großen Wohnungen wegen der negativen Vorurteile der Vermieter zum „Spießrutenlauf“ durch Hausverwaltungs- und Maklerbüros wird.

Beispielhaft setzen bei diesen genannten Problemfeldern Wohn- und Ausbildungsprojekte an, wie sie vor allem in Berlin im Zusammenhang mit der Reaktivierung heruntergekommener Stadtviertel entstanden sind. Da hierzu ausführliche (Selbst-) Darstellung vorliegen, sollen an dieser Stelle nur die Grundprinzipien dieser Projekte aufgeführt werden.

„KreuzWerk, ein Verein zur Förderung von Selbsthilfe bei Stadterneuerung und Berufsausbildung“, ist ein solches Vorhaben. Es ist 1981 im Berliner Bezirk Kreuzberg noch zu Hoch-Zeiten der Hausbesetzungen und im Zusammenhang mit den vom damaligen Berliner Senat dann verabschiedeten „unterstützenden jugend- und familienpolitischen Maßnahmen im Rahmen von Stadterneuerung“ entstanden.

Als Ergebnis verfehlter Kahlschlagsanierung und der Zerstörung billigen Wohnraums infolge von Leerstand, Abriß und Luxusmodernisierung durch Bau- und Wohnungsspekulanten ist dieser Bezirk jahrelang einer Verelendung des Gemeinwesens ausgesetzt gewesen. Klein- und Mittelbetriebe wanderten ab, die (Jugend-) Arbeitslosigkeit stieg dort überdurchschnittlich hoch an.

In dieser Situation leistet das KreuzWerk eine Verbindung von Jugendhilfe, Berufsausbildung, baulicher Selbsthilfe und Altbauerneuerung.

Kernstück seiner Konzeption ist zunächst die Instandsetzung und Renovierung vom Abriß bedrohter Häuser als zukünftige Wohn- und Ausbildungsstätten der Jugendlichen. Diese werden durch intensive Selbstbeteiligung an solchen Bauvorhaben nach dem Grundsatz der „Hilfe zur Selbsthilfe" an handwerklichen Tätigkeiten in ihren zukünftigen Berufen herangeführt. Bei KreuzWerk gibt es 48 Ausbildungsplätze für deutsche und türkische Mädchen und Jungen in 4 Baunebenberufen: Dachdecker, Bautischler, Maler, Heizungs- und Lüftungsbauer. Weil die Auszubildenden *ihre* Wohnräume und Werkstätten als Teil der 3jährigen Ausbildung selber instandsetzen, kann der sonst üblichen Lernunlust und den Motivationsschwierikeiten wirksamer begegnet werden. Zudem ist die Ausbildung produktionsorientiert mit realitätsnahen Arbeitsweisen. Überwiegend wird auf Baustellen im Zusammenhang mit der Instandsetzung von Wohngebäuden im vertrauten Umfeld der Jugendlichen gearbeitet. Diese leisten damit nicht nur einen wichtigen Beitrag zur Wiederbelebung ihres Stadtviertels. Zusätzlich gelingt eine dauerhafte soziale und berufliche Integration benachteiligter Jugendlicher in ihrem Stadtteil durch die enge Verflechtung mit anderen Selbsthilfegruppen, Instandsetzungsprojekten sowie Kontakten zu mitbeteiligten Kleinbetrieben im Baubereich.

Die laufende Finanzierung dieses kombinierten Ausbildungs- und Jugendwohnprojekts ist durch einen vorläufigen Heimpflegesatz von 120 DM pro Tag/Person gewährleistet. Aus Selbsthilfeförderprogrammen bewilligte der Berliner Senator für Bau- und Wohnungswesen 3,5 Mio. DM für die Modernisierung und Instandsetzung der Quergebäude und Seitenflügel, in denen die Jugendlichen wohnen und arbeiten. Zur Einrichtung der Werkstätten standen 540000 DM Investitionsmittel zur Verfügung.

Die Wohnperspektive der Jugendlichen und die Fortführung dieser sozialpädagogischen Ausbildungsinitiative ist durch den Ankauf der Häuser durch KreuzWerk bzw. langfristige Mietverträge gesichert.

Als besonders günstig hat sich herausgestellt, daß trotz der Finanzierung als Heimeinrichtung ein „Jugendhilfeghetto" durch das dezentrale Wohn- und Ausbildungsprinzip vermieden wird. Neben den im Stadtteil verstreuten Wohngemeinschaften betreut der Verein auch Jugendliche in Einzelwohnungen. Die umfassende Betreuung der Jugendlichen im persönlichen und beruflichen Bereich wird durch enge Kooperation der pädagogischen Betreuer und Ausbilder angestrebt. Zusätzlich bemüht man sich von Anfang an intensiv um einen Ausgleich schulischer Defizite und gezielte Unterstützung der Auszubildenden in der Berufsschule.

– Eine ausführliche Selbstdarstellung dieser Initiative liefert der KreuzWerk-Projektbericht (1984). Darin finden sich neben der projekteigenen Entwicklungsgeschichte und der Beschreibung von Startschwierigkeiten sowie deren Lösung auch viele Berichte von Beteiligten (Jugendliche, Ausbilder, pädagogische Betreuer, Lehrer).

Auswahl alternativer Wohn-/Ausbildungsprojekte in Berlin (West)

	Projekt	Entstehung	Ziele	Zielgruppe	konzeptioneller Ansatz	Initiatoren und Mitarbeiter
Reine Ausbildungsprojekte	Oektopia GmbH	Entstand aus einem Forschungsprojekt der FU Berlin über alternative Ausbildungsmöglichkeiten.	Alternative Arbeits- und Ausbildungsplätze im kaufmännischen Bereich.	Zwei kaufmännische Lehrlinge.	In Arbeit und Ausbildung keine Spezialisierung auf Teilbereiche kaufmännischer Tätigkeit, sondern produktbezogene Arbeitsteilung. An einem Produkt alles lernen bzw. machen, was ein Kaufmann können muß.	Initiatoren: Lehrende und Studenten aus dem Studiengang Wirtschaftspädagogik. Z. Z. 8 hauptamtliche Mitarbeiter, überwiegend Diplom-Handelslehrer bzw. -Studenten, dazu ehrenamtliche Mitarbeiter.
	Durchbruch e. V.	Kooperation zwischen Jugendwohnprojekt des BDP und der Bürgerinitiative »Putte e. V.«	Schaffung von Ausbildungsplätzen für deutsche und ausländische Jugendliche. Integration von Ausbildung, Wohnen, Freizeit und Beratung.	12 sozial benachteiligte deutsche und ausländische Jugendliche ohne Hauptschulabschluß.	Kein strenger ganzheitlicher Ansatz innerhalb des Projekts, aber enge Kooperation der Bereiche Ausbildung, Wohnen, Beratung und Freizeit. Orientierung auf den Stadtteil. Ausbildung orientiert an gesellschaftlicher Realität, kein »pädagogischer Freiraum«.	Initiatoren: Mitarbeiter des BDP-Jugendwohnprojekts und der Putte. Z. Z. stehen für das Ausbildungsprojekt zur Verfügung: 1 Meister, 1 Geselle, 1 Erzieher, 1 Lehrer (halbe Stelle), Schreibkraft (halbe Stelle).
Wohn- und Ausbildungsprojekte	Werkhof Kreuzberg GmbH/ Forum Kreuzberg e. V.	Entstand aus der freien VHS-Arbeit des Forum Kreuzberg (Aufbau von Betrieben und Instandsetzung eines Gebäudekomplexes).	Wohn- und Ausbildungsplätze für Jugendliche schaffen. Wohnen, Lernen und Arbeiten wieder zusammenbringen. Zersplitterung von Arbeitprozessen wieder aufheben.	Momentan 7, angestrebt 12 Jugendliche ohne Hauptschulabschluß und ohne Ausbildungsmöglichkeiten.	Orientiert am anthroposophischen Gesellschaftsbild (Dreigliederung) und an der Waldorf-Pädagogik (Epochenunterricht, Betonung der künstlerischen und musischen Arbeit), keine sozialpädagogische Orientierung der Ausbildungsbetriebe. Selbstverwaltung der Jugendlichen im eigenen Wohnbereich.	Initiatoren: Mitarbeiter des Forum Kreuzberg (1 Lehrer, 1 Sozialarbeiterin, 1 Metallingenieur). z. Z.: 3 JWG-Betreuer 1 Unterrichtsbetreuer und Koordinator 9 Mitarbeiter in den Betrieben (Lehrer, Sozialpädagogen und Handwerker)
	Ausbildungswerk Kreuzberg e. V.	Prämiertes Projekt im Wettbewerb »Strategien für Kreuzberg«.	Erstellung von Wohnraum für Jugendliche mit der Möglichkeit gleichzeitiger formeller Qualifikation.	Ursprünglich 16, heute 20 Jugendliche, die Hilfen zum Lebensuntererhalt nach §§ 5,6 JWG oder § 72 BSHG erhalten. 40% Mädchen.	Zusammen leben, wohnen, arbeiten und lernen; Ausbilder, Betreuer und Jugendliche leben zusammen. Möglichst »normale« Arbeits- und Wohnsituation, keine Randgruppenpädagogik.	Architekten, Pädagogen, Sozialarbeiter, Handwerker und Wirtschaftswissenschaftler. Kerngruppe früher 10, heute 15 Personen, während des Ausbaus bis zu 50.

Träger	Projektstruktur Einzelprojekte	Organisations- und Entscheidungsstruktur	Projektfinanzierung	projektinterne Finanzierung
GmbH, Gesellschafter sind die Mitarbeiter. Geschäftsführung besteht formal. Als Ausbildungsträger anerkannt.	Arbeitsteilung und Zuständigkeiten nach Produkten.	Vollversammlung der Mitarbeiter und Lehrlinge, gleichberechtigte Entscheidungen.	Eigenfinanzierung über Geschäftsbetrieb. Anfangskapital von den Initiatoren, Kapital inzwischen neutralisiert. Ausbildungszuschüsse wie jede normale Firma.	Gleichlohnprinzip.
Gemeinnütziger e. V. als Ausbildungsträger anerkannt. Für den Gesamtkomplex: übergreifender Träger »Fabrik Osloer Str. e. V.«, in dem das Projekt »Durchbruch e. V.« neben anderen Projekten Mitglied ist.	Intern. Ausbildungszentrum »Durchbruch e. V.«: Ausbildungsgang Gas-/Wasserinstallateur, weitere Ausbildungsgänge sind geplant. autonome Einzelprojekte des Gesamtkomplexes »Fabrik Osloer Str. e. V.« – »Wohnwerkstatt« – Ausbildungsprojekt Durchbruch e. V. – »Putte e. V.« (Jugendladen, Vorschule, Beratungsladen) – »Wedding« (Jugendgruppe des BDP) – »Jugendwohnprojekt des BDP« – andere Gewerbetreibende. Nicht Mitglied der Fabrik, aber ebenfalls im Gesamtkomplex ist die »Werkschule Berlin e. V.«	Ausbildungsprojekt »Durchbruch e. V.« entscheidet nach Konsensprinzip. Gesamtkomplex »Fabrik Osloer Str. e. V.«: Einzelprojekte mit eigenen Entscheidungsgremien. Für jedes Projekt mit 5 Mitgliedern ist 1 Delegierter im Fabrikrat, der wöchentlich tagt und Entscheidungen hinsichtlich des Gesamtkomplexes fällt. Vollversammlung aller Mitglieder alle 2 Monate.	Vorlauf: z. T. ehrenamtlich, z. T. über ABM Ausbau: § 43 StBauFG Werkstätte: Sen Jug laufende Kosten: Zuwendungen Sen Schul/Jug/Sport.	In der Vorlaufphase Gleichlohnprinzip. Mit Beginn der Ausbildung feste Mitarbeiter nach BAT.
Wohnbereich: Forum Kreuzberg e. V. Mitarbeiter sind Vereinsmitglieder. Als Heim anerkannt. Ausbildungsbereich: gemeinnützige GmbH. Als Ausbildungsbetrieb anerkannt.	2 Jugendwohngemeinschaften, 2 Erwachsenenwohngemeinschaften. 1 Unterrichtsbereich 4 Produktions- und Ausbildungsbetriebe: – Tischlerei – Maschinenbau – Malerwerkstatt – Laden	Das Wohnprojekt ist autonom innerhalb des e. V. Entscheidungen werden in der Mitarbeiterbesprechung des Gesamtprojekts gefällt (1 × wöchentlich). Zusätzlich gibt es Planungs- und Diskussionstreffen der einzelnen Arbeitsbereiche. Die Jugendlichen treffen autonome Entscheidungen nur innerhalb ihrer WG.	Wohnbereich und Unterricht über Heimpflegesätze. Produktions- und Ausbildungsbereiche finanzieren sich selbst und erhalten die üblichen Ausbildungszuschüsse (50% der Ausbildungsvergütungen).	Lohnzahlung wird innerhalb der Wirtschaftbetriebe intern geregelt. Im Wohnbereich existiert eine Wirtschaftsgemeinschaft eines Teils der Mitarbeiter (gemeinsame Ökonomie, Auszahlung nach Bedarf).
Gemeinnütziger e. V., Mitgliedschaft an aktive Mitarbeit gebunden. Als Heim- und Ausbildungsträger anerkannt.	3 Ausbildungsgänge: – Elektroinstallateur – Gas-/Wasserinstallateur – Tischler Werkstätten in einem Fabrikgebäude. Wohnheim für 16 Jugendliche und 8 Betreuer, 4 Jugendliche und 7 Betreuer wohnen extern. 2. Wohnheim im Ausbau.	Informelle Aufgliederung in Arbeitsbereiche, wöchentliche Mitarbeiter- bzw. Mitgliederversammlung als Entscheidungsorgan, Vorstand nur formal, grundsätzlich Konsensprinzip. 14tägiges Plenum Mitarbeiter/Jugendliche: Aufarbeitung personeller und pädagogischer Konflikte.	– Vorlauf über Zwischenfinanzierung (Sen Jug, »Strategien«) – Ausbau/Erstausstattung: Werkstätten: Modellförderung »Strategien« Heime: § 43 StBauFG Fabrikgebäude: ZIP – laufende Kosten: Heimpflegesatz pro Tag und Jugendlichen	– Vorlauf ehrenamtlich – früher gemeinsame Ökonomie, heute Gleichlohnprinzip für die im Projekt wohnenden Mitarbeiter. Externe Mitarbeiter nach BAT.

	Projekt	Entstehung	Ziele	Zielgruppe	konzeptioneller Ansatz	Initiatoren und Mitarbeiter
Wohn- und Ausbildungsprojekte	**Kreuzwerk e. V.**	Abspaltung des Projekts «Jugendwohnen im Kiez« (Schwerpunktverlagerung auf Ausbildung).	Schaffung von Ausbildungsplätzen und Erstellung von Wohnraum für Jugendliche. Entwicklung einer stadtteilbezogenen dezentralen Infrastruktur für Selbsthilfe und Stadtentwicklung. Interkulturelles Ausbildungs- und Wohnprojekt.	47 Jugendliche, die Hilfen zum Lebensunterhalt nach §§ 5,6 JWG oder § 72 BSHG erhalten; 15 Mädchen, 32 Jungen, 17 Ausländer, 30 Deutsche. Alter zwischen 16 und 21 (andere Finanzierung).	Integration der Bereiche Stadterneuerung, Ausländerintegration, Jugendhilfe und Berufsausbildung. Entwicklung dezentraler, kleinräumiger Strukturen bis hin zu Einzelwohnungen für Heimjugendliche. Starker Kiezbezug auch in der Ausbildung.	Initiatoren: Mitarbeiter von »Jugendwohnen im Kiez«. Z. Z. 23 Mitarbeiter, Architekten, Handwerker, Sozialpädagogen; 5 ausländische Mitarbeiter.
	Werkschule Berlin e. V.	Entstand aus der Diskussion von Studenten und Abgängern der FHSS Berlin um eine sinnvolle Berufsperspektive. Befragtes Einzelprojekt im Wedding ist bereits das dritte Projekt dieser Art.	Nachholen des Hauptschulabschlusses und Erstellung von Wohnraum für Jugendliche.	Jugendliche ohne Schulabschluß, die Hilfen zum Lebensunterhalt nach §§ 5,6 JWG oder § 72 BSHG erhalten (zwischen 10 und 17 pro Kurs).	Ausgeprägter ganzheitlicher Ansatz: – Ausbilder/Betreuer und Jugendliche leben zusammen und haben eine gemeinsame Ökonomie – Wohnen, Arbeiten und Lernen an einem Ort – Jugendliche müssen alle Gruppen durchlaufen, Betreuer ebenfalls – Der Unterricht in den Gruppen ist theoretisch und praktisch.	Ursprüngliche Initiatoren: FHSS-Studenten. Mitarbeiter: jeweils 5 Ausbilder/Betreuer pro Kurs, überwiegend mit sozialpädagogischen und/oder handwerklichen Qualifikationen.
Wohnprojekte	**Jugendwohnprojekt des Bundes Deutscher Pfadfinder**	Erfahrungen mit Jugend-WGs des BDP führten zur Modifizierung des Konzepts.	Entwicklung eines Modells der Nachbarschaftshilfe im Rahmen eines Jugendwohnprojekts. Hilfe zur Selbsthilfe, Selbstverantwortung und Selbstorganisation.	Früher 10, heute 6 Jugendliche aus allen Schichten; relativ stabil.	Jugendliche und Betreuer wohnen im gleichen Haus, aber nicht in derselben Wohnung. Die Erwachsenen-WG betreut die Jugendlichen ehrenamtlich nach dem Prinzip des Vorlebens und Zusammenlebens.	Erwachsenen-WG früher 11, heute 8. Architekt, Handwerker, Kaufleute und Sozialpädagogen.
	Jugendwohnen im Kiez e. V.	Ende 79 aus anderem Jugendwohngemeinschaften-Projekt entstanden.	Beschaffung von Wohnraum für Jugendliche, gemeinsame Instandsetzung und Modernisierung von Wohnungen, teilweise gleichzeitige berufsqualifizierende Maßnahmen.	65 bis 70 sozial benachteiligte Jugendliche (z. B. ohne Hauptschulabschluß, ohne Arbeits- oder Ausbildungsplatz, Jugendhilfeempfänger), in der Regel 14 bis 20 Jahre; heterogene Zusammensetzung.	Abgestufte Betreuung der Jugendlichen bis zur Verankerung im Kiez; Gemeinwesenarbeitsprojekt; Verbindung von baulicher Selbsthilfe und Jugendselbsthilfe; Stadtteilorientierung.	Ursprünglich Architekt, Soziologe, Sozialarbeiter, heute: 20 Sozialarbeiter, Sozialpädagogen und Pädagogen, + 2 Architekten, + 1 Soziologe, + 5 Praktikanten. Studenten von Theorie-Praxis-Seminaren der TU und HdK.
	Jugendwohnprojekt Winterfeldtstr.	Entstand aus offener Jugendarbeit von Mitgliedern des »Verein für stadtteilnahe Volkshochschularbeit e. V.« Errichtung einer Jugend-WG durch eine Jugendgruppe, die einen Volkshochschulkurs im o. g. Verein besuchte und zusammen ein Haus besetzte.	Instandsetzung und Modernisierung des Hauses. Erstellung von Wohnraum für die Jugendgruppe. Betreuung von Jugendwohngemeinschaften in Verbindung mit handwerklicher Selbsthilfe. Stadtteilentwicklung (Freizeit- und Kultureinrichtung).	11 Jugendliche (6 Jungen, 5 Mädchen) zwischen 16 und 20 Jahre. Heterogene Zusammensetzung, Stadtteilzugehörigkeit, soziale Benachteiligung und persönliche Sympathie als Auswahlkriterien.	Ganzheitlicher Ansatz, betreutes Selbsthilfeprojekt von Jugendlichen; Erwachsene – teils Betreuer, teils Helfer – wohnen mit Jugendlichen in einem Haus, aber nicht in einer Wohnung, Prinzip des Vorlebens, Hilfe zur Selbsthilfe; Stadtteilorientierung.	Initiatoren: Jugendliche und Dozenten eines VHS-Kurses Mitarbeiter: 3 Betreuer á 30 Std. pro Woche 1 Praktikant 3 ehrenamtliche Mitbewohner, die bei der baulichen Selbsthilfe und ihrer Organisation helfen.

Träger	Projektstruktur Einzelprojekte	Organisations- und Entscheidungsstruktur	Projektfinanzierung	projektinterne Finanzierung
Gemeinnütziger e. V., als Heim- und Ausbildungsträger anerkannt.	Zentraler Koordinations- und Leitungsbereich; 4 Ausbildungsgänge: – Dachdecker – Heizungs- und Lüftungsbauer – Maler – Tischler dezentrale Werkstätten in 4 Gewerbeetagen; betreute Jugendwohngemeinschaften und Einzelwohnungen, dezentral in diversen Häusern.	Dezentralisiert in Arbeitsbereiche; übergreifende und wichtige Fragen auf wöchentlichem Plenum aller Mitarbeiter, Konsensprinzip.	Vorlauf: ehrenamtlich und 4 ABM-Stellen ab Herbst 81 (2 SozPäd, 2 Architekten), ab Februar 82: Anlaufmittel (Heimpflegesatz) und Zuwendungen Sen Schul/Jug/Sport. Ausbau: StBauFG Werkstätten: Zuwendung laufende Kosten: Heimpflege	BAT; Ausgleich durch gestaffelte Gleichlohnprinzip.
Gemeinnütziger e. V. als Zuwendungsträger für alle Einzelprojekte.	3 Hauptschulabschlußkurse, davon einer beendet; Organisation von Erdbebenhilfe, Dritte-Welt-Gruppen usw.; weitere Projekte geplant. Aufteilung der Projekte in dezentrale Arbeitsbereiche, die rotierend von allen durchlaufen werden.	Autonome Einzelprojekte, jeweils 5 delegiert für Vereinsarbeit, Verein nur übergreifende Fragen wie: Expansion, Finanzierung. wöchentliches Plenum; Konsensprinzip.	Vorlauf: ehrenamtlich, Ausbau über Sanierungsmittel; Werkstätten: Spenden; laufende Kosten: Heimpflegesätze pro Jugendlichen und Tag	Gemeinsame Ökonomie der Betreuer und Jugendlichen, Auszahlung von Taschengeld an alle.
BDP; Pächter des Gebäudekomplexes, in dem die Projekte der »Fabrik Osloer Str. e. V.« angesiedelt sind. Jugendwohnprojekt ist ein relativ autonomes Projekt des Trägers.	1 Erwachsenen-WG und 2 Jugendwohngemeinschaften im Vorderhaus eines großen Gebäudekomplexes mit weiteren Projekten: – Putte e. V. – Werkschule Berlin e. V. – Intern. Ausbildungszentrum »Durchbruch e. V.« – Gewerbetreibende – Wohnwerkstatt	Jugendwohnprojekt: 2 × wöchentlich WG-Treffen Jugendliche und Erwachsene, Konsensprinzip; Gesamtkomplex: früher fällte Erwachsenen-WG (verantwortlich) Entscheidungen, heute: Fabrikrat – Delegierte aus Einzelprojekten, Erwachsenen-WG hat Vetorecht.	Ehrenamtlich, notfalls jährliche Fehlbedarfsfinanzierung, Ausbau über Lottomittel	Über externe Arbeitsverhältnisse.
Gemeinnütziger e. V. Träger der Jugendwohngemeinschaften.	11 Jugendwohngemeinschaften in 8 Häusern; z. T. nachbetreute Jugend-WGs, z. T. Möglichkeit der Berufsqualifizierung, z. T. bauliche Selbsthilfeprojekte.	Einzelprojekte inhaltlich/pädagogisch autonom. Wöchentliches Betreuertreffen, wo auch organisatorische Fragen geklärt werden.	Pauschalfinanzierung, Zuwendungen Sen Schul/Jug/Sport, jährliche Beantragung, neuerdings EG-Sozialhilfefond. Ausbau der Wohnungen: Sanierungsmittel	Gleiche Bezahlung aller nach BAT.
»Verein für stadtteilnahe Volkshochschularbeit e. V.«	Jugendwohnprojekt ist ein Einzelprojekt des Trägers. Es existieren noch weitere Stadtteilprojekte. Die einzelnen Projekte sind völlig autonom. Das Jugendwohnprojekt besteht aus: – 2 Jugendwohngemeinschaften – 1 Erwachsenen-WG – 1 Literaturcafé	Wöchentliches Plenum der Betreuer und Jugendlichen, Konsensprinzip; zusätzliches Plenum der Erwachsenen für bauliche und finanzielle Fragen, jedoch nur nach Bedarf, Konsensprinzip; Vetorecht der Jugendlichen bei allen wichtigen Entscheidungen, insbesondere personeller Art.	Laufende Kosten und Ausstattung: Jahreshaushaltsfinanzierung durch Jugendwohngemeinschaftenprogramm des Sen Schul/Jug/Sport. keine Beschränkung der Wohnplätze auf Jugendhilfeempfänger. Bau- und Ausbaukosten über Sanierungsmittel	Mitarbeiter: BAT, internes Gleichlohnprinzip. Jugendliche: z. T. externe Arbeit oder Ausbildung, z. T. durch Eltern.

- Ingrid Mielenz betont den sozialpolitischen Stellenwert solcher Wohn- und Ausbildungsprojekte angesichts steigender Jugendarbeitslosigkeit und der Perspektivlosigkeit herkömmlicher Jugendhilfeangebote. Sie fordert die Einmischung der Jugendhilfe in weniger traditionelle Handlungsfelder (Berufsausbildung, Wohnen, Stadtplanung, Betriebsansiedlungen) als Antwort auf die Ausbildungs- und Berufsnot sozial benachteiligter Jugendlicher bzw. offensive Strategien zu mehr beruflich-sozialen Lebensperspektiven dieser Zielgruppe (Mielenz 1985).
- Ausführliche Darstellungen von alternativen Wohn- und Ausbildungsprojekten der Jugendhilfe in Berlin sind in einer Untersuchung der Arbeiterwohlfahrt Bundesverband e.V. (1983) nachzulesen. Die beiden Bände (Materialien und Endbericht) geben außerdem Erfahrungen und Urteile von Jugendlichen wieder, die in diesen Projekten wohnen und arbeiten. Weiterhin beschäftigen sie sich mit den Finanzierungsbedingungen, strukturellen und inhaltlichen Gemeinsamkeiten dieser Projekte (z.B. Gemeinwesenbezug, Autonomie, ganzheitliche Orientierung) und ihrer Übertragbarkeit auf westdeutsche Städte.

6 Literaturverzeichnis

Ahrens, K./Schwarz, W.: Mit Wut ins Leben. Erfahrungen in einer Jugendwohngemeinschaft. In: Deutsche Jugend 1985, H. 12

Almstedt, M./Munkwitz, B.: Ortsbestimmung der Heimerziehung. Weinheim und Basel 1982

Arbeiterwohlfahrt Bundesverband e.V.: Alternative Projekte der Jugendhilfe in Berlin. Materialien und Endbericht. Bonn 1983

Arbeitsgemeinschaft für Jugendhilfe (AGJ): Forum Jugendhilfe 1976, H. 1

Arbeitskreis Jugendwohngemeinschaften (Hrsg.): Jugendwohngemeinschaften in West-Berlin 1978 (Selbstverlag: Hohenstaufenstr. 10a, 1000 Berlin 30)

Assmann, W./Büchner, R.: Familienhelfer in Berlin. Publikation der Fachhochschule für Verwaltung und Rechtspflege. Berlin 1985

Asmußen u.a.: Heilpädagogische Heimerziehung. Erfahrungen und Reflektionen aus der Praxis. Berlin 1981

Augustin, G./Brocke, H.: Arbeit im Erziehungsheim. Ein Praxisberater für Heimerzieher. Weinheim und Basel 1979

Autorenkollektiv: Gefesselte Jugend. Fürsorgeerziehung im Kapitalismus. Frankfurt a.M. 1971 (5. Aufl. 1978)

Barasch, R./Beck, E./Kreft, D./Nolte, E.: Dokumentation zum Bethanien-Projekt. In: Soziale Arbeit 1972, H. 6, 7, 8

Bäuerle, W.: Familienpflege im System der Jugendhilfe der Bundesrepublik. In: Bonhoeffer/Widemann 1974, S. 35ff.

Bäuerle, W.: Zur Fremdunterbringung von Kindern und Jugendlichen. In: Arbeitsgemeinschaft für Jugendhilfe 1976, S. 14ff.

Beller, E. K.: Kinderkrippe. In: Kreft/Mielenz 1980, S. 279ff.

Bernfeld, S.: Sisyphos oder die Grenzen der Erziehung (1925); Frankfurt a.M. 1979

betrifft: erziehung: Erziehung in Heimen. Plädoyer für eine andere Heimerziehung. 1976, H. 11

Bettelheim, B.: Die Kinder der Zukunft (1969); dt. Übersetzung Wien/München/Zürich 1971

Bettelheim, B.: Liebe allein genügt nicht (1950); dt. Übersetzung Stuttgart 1979

Bettelheim, B.: Der Weg aus dem Labyrinth. Frankfurt a.M. 1978

Bieback, L.: Die Außenbeziehung der Pflegefamilie und ihr Einfluß auf das Pflegeverhältnis. In: Junker u.a. 1978, S. 132ff.

Biesenkamp, R./Kalb, E.: Unabhängig von Vereinsvorständen, kein fachfremder Einfluß. Interview mit Mitarbeitern der Marbach GmbH. In: betrifft: erziehung 1976, H. 11, S. 42f.

Blandow, J.: Rollendiskrepanzen in der Pflegefamilie. Analyse einer sozialpädagogischen Institution. München 1972

Blandow, J.: Pflegefamilien – eine Alternative zur Heimerziehung? In: Vierteljahressschrift für Heilpädagogik und ihre Nachbargebiete 1976, H. 2, S. 137ff.

Blandow, J.: Die Adressaten der öffentlichen Erziehung und die Reaktionen des Jugendhilfesystems. In: Blandow, J. u.a. 1978, S. 30ff.

Blandow, J./Faltermeier, J./Widemann, P.: Fremdplazierung und präventive Jugendhilfe. Arbeitshilfen des Deutschen Vereins. Frankfurt a.M. 1978, H. 18

Bonhoeffer, M./Widemann, P. (Hrsg.): Kinder in Ersatzfamilien. Stuttgart 1974

Bonhoeffer, M.: Heimerziehung läßt sich nicht mit Zahlen beschreiben. In: betrifft: erziehung 1976, H. 11, S. 37

Bonhoeffer, M.: Totale Heimerziehung oder begleitende Erziehungshilfe. In: Offensive Sozialpädagogik. Göttingen 1973

Bowlby, J.: Trennung. München 1976

Bowlby, J.: Bindung (1969); dt. Übersetzung München 1975

Bowlby, J.: Interview. In: Psychologie heute 1981, H. 2

Brandt, G ./Kootz, J./Steppke, G.: Zur Frauenfrage im Kapitalismus. Frankfurt a. M. 1973
Braunmühl, E. von/Kupffer, H./Ostermeyer, H.: Die Gleichberechtigung des Kindes. Frankfurt a. M. 1976
Brecht, B.: Gesammelte Werke. Frankfurt a. M. 1982
Brockmann, A./Liebel, M./Rabatsch, M. (Hrsg.): Jahrbuch der Sozialarbeit 3. Reinbek 1979
Brosch, P.: Fürsorgeerziehung, Heimerziehung und Gegenwehr. Frankfurt a. M. 1971
Brückner, P.: Gewalt in der Sozialisation. Zur Situation in der Familie. In: Wolff u. a. (Hrsg.): Gewalt gegen Kinder. Reinbek 1975, S. 117ff.
Bürgerliches Gesetzbuch. Goldmann Gesetze. München 1982 (38. Aufl.)
Calame, A.: Die Zielgruppe alternativer Projekte der Jugendhilfe. Bibliographische Besonderheiten, Erfahrungen und Urteile von Jugendlichen in Jugendwohngemeinschaften und alternativen Ausbildungswerken. Zusammenfassender Untersuchungsbericht und Gesprächsprotokolle. In: Arbeiterwohlfahrt Bundesverband. Materialien 1983, S. 82ff.
Claessens, D.: Familie und Wertsystem. Berlin 1967
Claessens, D.: Familie. In: Kreft/Mielenz 1980
Claessens, D./Milhoffer, P. (Hrsg.): Familiensoziologie. Ein Reader als Einführung. Frankfurt a. M. 1973 (4. Aufl. 1977)
Cohen, A. K.: Abweichung und Kontrolle. München 1975
Colla, H. E.: Heimerziehung. München 1981
Colla, H. E.: Die Entwicklung in den Heimen. In: betrifft: erziehung 1976, H. 11
Dalferth, M.: Erziehung im Jugendheim. Bausteine zur Veränderung der Praxis. Weinheim und Basel 1982
Dendorfer, O.: Kleine Kinderheime: das große Geschäft. In: Zeitschrift für das Fürsorgewesen 1981, H. 7, S. 151ff.
Dinnage, R.: Bindung und Verlust im Leben des Kindes. In: Psychologie heute 1981, H. 2
Drillich, P. A.: Die Lebensgruppe im heilpädagogischen Heim. In: Nijerk/van Praag 1977
Dyck, E.: Das Kind im Heim. In: Kupffer, H. (Hrsg.): Einführung in Theorie und Praxis der Heimerziehung. Heidelberg 1978
Eckensberger, D.: Sozialisationsbedingungen der öffentlichen Erziehung. Frankfurt a. M. 1971 (3. Aufl. 1973)
Engels, F.: Der Ursprung der Familie, des Privateigentums und des Staates. In: Marx/Engels: Ausgewählte Schriften. Berlin 1952
Erikson, E.: Kindheit und Gesellschaft (1950); 6. dt. Aufl. Stuttgart 1976
Familienbericht, zweiter (hrsg. v. Bundesminister für Jugend, Familie und Gesundheit). Bonn 1975
Fest, M.: Alternative: Kinderhaus! In: päd. extra Sozialarbeit 1977, H. 12, S. 16ff.
Flosdorf, P.: Therapeutische Verfahren in der Heimerziehung. In: betrifft: erziehung 1976, H. 11
Foucault, M.: Überwachen und Strafen (1975); dt. Übersetzung Frankfurt a. M. 1977
Freire, P.: Pädagogik der Unterdrückten. Reinbek 1973
Freud, A.: Psychoanalyse für Pädagogen. Bern 1935 (5. Aufl. 1971)
Freud, A./Burlingham, D./Dann, S.: Heimatlose Kinder (1949); dt. Übersetzung Stuttgart 1971
Fromm, E.: Analytische Sozialpsychologie und Gesellschaftstheorie. Frankfurt a. M. 1970 (2. Aufl. 1971)
Frommann, A.: Heimerziehung – Menschlichkeit als Methode. In: Blätter der Wohlfahrtspflege 1969, S. 165ff.
Fynn: Hallo, Mister Gott, hier spricht Anna. Frankfurt a. M. 1974
Gerber, U. (Hrsg.): Holt die Kinder aus den Heimen! Alternativen zur Heimerziehung. Berlin 1974
Goffman, E.: Asyle. Über die soziale Situation psychiatrischer Patienten und anderer Insassen (1961); dt. Übersetzung Frankfurt a. M. 1972
Goffman, E.: Stigma. Über Techniken der Bewältigung beschädigter Identität (1963); dt. Übersetzung Frankfurt a. M. 1977
Gothe, L./Kippe, R.: Ausschuß: Protokolle und Berichte aus der Arbeit mit Fürsorgezöglingen. Köln 1970
Gottschalch, W./Neumann-Schönwetter, M./Soukup, G.: Sozialisationsforschung. Materialien, Probleme, Kritik. Frankfurt a. M. 1974
Gutfleisch, O./Oys, G.: Familienhelfer – Hilfe für Problemfamilien. In: Neuer Rundbrief 1975
Hagemann-White, C./Wolff, R.: Lebensumstände und Erziehung. Grundfragen der Sozialisationsforschung. Frankfurt a. M. 1975
Hagemann-White, C.: Gewalt in Familien. In: Kreft/Mielenz 1980
Hantschel, O.: Der Pflegekinderdienst des Jugendamtes Dortmund. In: Blandow u. a. 1978, S. 128ff.
Harborth, M.: Alternativen zur Anstaltserziehung. Mit einer Untersuchung von Möglichkeiten, Grenzen und Problemen eines Kleinheims. Diplomarbeit. Marburg 1978

Have, T. T. ten: Gruppendynamik, Gruppenarbeit und Erwachsenenbildung. In: Nijerk/Praag 1977
Heins-Ruess/Kossendey/Reinke in: Neue Praxis aktuell 1980, H. 12
Hentig, H. von: Vorwort. In: Ariès, P.: Geschichte der Kindheit. München 1979
Hess, R. D./Handel, G.: Familienwelten. Düsseldorf 1975
Hochmair, G./Möllhoff, B. u. M./Völker, P.: Kinderhäuser. Situation, Entwicklung und pädagogische Leistungsfähigkeit. Frankfurt a.M. 1976
Hollstein, W./Meinhold, M. (Hrsg.): Sozialarbeit unter kapitalistischen Produktionsbedingungen. Frankfurt a.M. 1973 (2. Aufl. 1974)
Homes, A. M.: Prügel vom lieben Gott – eine Heimbiographie. Bensheim 1981
Horkheimer, M./Fromm, E./Mayer, H./Markuse, H.: Studien über Autorität und Familie. Paris 1936
Horkheimer, M.: Autorität und Familie in der Gegenwart (dt. Erstausg. 1960). In: Claessens/Millhoffer 1973
IGfH-Arbeitsgruppe: Indikation für geschlossene Unterbringung von Kindern und Jugendlichen. Bericht einer Arbeitsgruppe der IGfH über den Versuch, eine empirische Untersuchung zu einem brisanten Thema durchzuführen. In: Materialien zur Heimerziehung. Frankfurt a.M. 1978, H. 3, S. 11ff.
IGfH-Arbeitsgruppe: Alternativen zur geschlossenen Unterbringung: Probleme von Kindern und Jugendlichen lassen sich nicht einsperren – Alternativen in der Heimerziehung. Frankfurt a.M. 1980
Jaspers, K.: Was ist Erziehung? München 1977
Jonas, B.: Anpassungsschwierige Kinder. Erfolge und Probleme der Heimerziehung. München/Berlin/Wien 1976
Jugendrecht. Beck-Texte. 8. Aufl. München 1974
Junker, R./Leber, A./Leitner, U.: Pflegekinder in der Bundesrepublik Deutschland. Ein Forschungsbericht. Eigenverlag des Deutschen Vereins für öffentliche und private Fürsorge. Frankfurt a.M. 1978
Junker, R.: Organisation und Funktion der Jugendämter im Pflegekinderwesen. In: Ders. u.a. 1978
Kentler, H.: Sexualerziehung. In: Kreft/Mielenz 1980, S. 380ff.
Kinderhaus-Info 1 und 2, 1982 (zu beziehen über: Kinderhausberatung, Baumschulenstr. 23, 5020 Frechen)
Klüppelberg, U.: Kinderhäuser zwischen Anspruch und Wirklichkeit – eine empirische Untersuchung. Eigenverlag der Interessengemeinschaft von Kinderkleinstheimen in Westfalen-Lippe. Balve-Beckum 1982
Kok, J. F. W.: Grundlagen moderner Heimerziehung (1973); dt. Übersetzung Freiburg im Breisgau 1976
Kommission Heimerziehung: Zwischenbericht der Obersten Landesjugendbehörden und der Bundesarbeitsgemeinschaft der freien Wohlfahrtspflege – Heimerziehung und Alternativen (IGfH). Frankfurt a.M. 1977
Konopka, G.: Heime – Lückenbüßer oder Lebenschance. Wiesbaden 1971
Köhler, E.: Arme und Irre. Berlin 1977
König, R.: Die Familie der Gegenwart. München 1974
Kreft, D./Mielenz, I. (Hrsg.): Wörterbuch Soziale Arbeit. Weinheim und Basel 1980
Kreuzwerk: Projektbericht 1984 (zu beziehen über: Kreuzwerk, Görlitzer Str. 40, 1000 Berlin 36)
Krishnamurti, J.: Einbruch in die Freiheit (1969); dt. Übersetzung Augsburg 1973
Kubale, B.: Geschichte der Jugendheim Marbach GmbH. In: betrifft: erziehung 1976, H. 11
Kuntzke, R.: Professionalisierung und Institutionalisierung sozialpädagogischer Praxis eine Sackgasse? – oder – Warum Alternativen notwendig sind! Diplomarbeit. TU Berlin 1980
Lanschaftsverband Westfalen-Lippe: Untersuchung über Kinder und Jugendliche, die nach den §§ 5, 6 JWG außerhalb der eigenen Familie untergebracht sind. In: Arbeitsgemeinschaft für Jugendhilfe: Forum Jugendhilfe 1976, H. 1, S. 6ff.
Laplanche, J./Pontalis, J.-B.: Das Vokabular der Psychoanalyse (1967): dt. Übersetzung Frankfurt a.M. 1973
Leber, A.: Kriterien für Entscheidungen über Familien- und Heimpflege. In: Kleine Schriften des Deutschen Vereins. Frankfurt a.M. 1972, H. 44, S. 36ff.
Leber, A.: Die Sozialisation von Pflegekindern. In: Junker u.a. 1978
Legewie, H./Ehlers, W.: Knaurs moderne Psychologie. München 1978
Lessing, H./Reuter, G./Thiel, U.: Selbsthilfe oder Kontrolle: Bleiben die pädagogisch betreuten Jugendwohngemeinschaften eine Alternative zur Heimerziehung? In: Neue Praxis 1985, H. 213, S. 193ff.
Leube, K.: Elternarbeit. In: Kreft/Mielenz 1980, S. 120ff.
Liebel, M.: Jugendwohnkollektive. In: Kreft/Mielenz 1980, S. 269ff.
Liebel, M.: Jugendwohnkollektive – Alternative zur Fürsorgeerziehung? München 1972
Luuka, U.: Konzeption und Auswahl der Erziehungsstellen. In: Bonhoeffer/Widemann 1974, S. 226ff.

Mahler, M./Pine, F./Bergman, A.: Die psychische Geburt des Menschen (1975); dt. Übersetzung Frankfurt a.M. 1980
Makarenko, A.: Ein pädagogisches Poem – Der Weg ins Leben. Frankfurt a.M. 1979
Marschner, H.: Heilpädagogische Pflegestellen – Alternative zur Heimerziehung in schwierigen Fällen. In: Bonhoeffer/Widemann 1974, S. 195ff.
Marschner, H.: Die heilpädagogische Pflegestelle (Modell Bremen). In: Blandow u.a. 1978, S. 145ff.
Mayer, H. W.: Die Gruppenarbeitsmethode und die Methode der Behandlung im Heim. In: Nijerk/Praag 1977
Mead, G. H.: Philosophie der Sozialität. Frankfurt a.M. 1969
Mehringer, A.: Geschützte Kleinkindzeit in der Familiengruppe. In: Österreichische Sektion FICE (Fédération Internationale de Communauté d'enfants; Hrsg.): Struktur der Gruppen in Kinderdörfern und Heimen. Wien 1967
Mehringer, A.: Heimkinder – Gesammelte Aufsätze zur Geschichte und Gegenwart der Heimerziehung. München 1982
Meierhofer, M./Keller, W.: Frustration im frühen Kindesalter. Bern 1974
Meinhold, M./Hollstein, W.: Erziehung und Veränderung. Neuwied 1975
Meyer-Dettum, K.: Heilpädagogische Pflegestellen – Ergänzung oder Alternative zur Heimerziehung. In: Bonhoeffer/Widemann 1974, S. 287ff.
Mielenz, I.: Aufgaben der Jugendhilfe bei Jugendarbeitslosigkeit und Berufsnot junger Menschen – Praxisbeispiele zur Einmischungsstrategie. Bonn 1985 (zu beziehen über: Arbeitsgemeinschaft für Jugendhilfe, Haager Weg 44, 5300 Bonn 1)
Mielenz, I.: Soziale Arbeit und Arbeitsmarkt: Endstation oder Chance für die Betroffenen? In: Neue Praxis 1985a, H. 2, 3, S. 99ff.
Milhoffer, P.: Familie und Klasse. Frankfurt a.M. 1973
Miller, A.: Am Anfang war Erziehung. Frankfurt a.M. 1980 (2. Aufl. 1982)
Ministerium für Arbeit, Gesundheit und Soziales (MAGS/NRW): Vereinbarung über die Voraussetzung der Eignung der in Tageseinrichtungen für Kinder und Kinderheimen der Träger der freien Jugendhilfe tätigen Erzieher und sonstigen Kräfte vom 1.3.1974. In: Ministerialblatt für das Land NRW 1974, S. 382
Ministerium für Arbeit und Soziales, NRW: Richtlinien für Heime der Jugendhilfe. Ministerialblatt für das Land NRW, Nr. 52 vom 4.6.1980
Mischke, H.-G.: Das Kinderhaus – Zielsetzung, Errichtung, Struktur. Eigenverlag der Interessengemeinschaft von Kinderkleinstheimen in Westfalen-Lippe. Balve-Beckum 1981
Mitterauer/Sieder: Vom Patriarchat zur Partnerschaft. München 1977
Möllhoff, B. und M.: Kinderhäuser statt Kinderheime! In: Psychologie heute 1979, H. 3, S. 53ff.
Mollenhauer, K.: Einführung in die Sozialpädagogik. Weinheim und Berlin 1964 (4. Aufl. 1968)
Mollenhauer, K.: Bewertung und Kontrolle abweichenden Verhaltens. In: Bonhoeffer u.a. 1973
Müller, C. W. (Hrsg.): Gruppenpädagogik. Weinheim 1970
Müller, C. W. (Hrsg.): Einführung in die soziale Arbeit. Weinheim 1985
Münder, J.: Der Referentenentwurf des Jugendhilfegesetzes – eine Reform? In: Neue Praxis 1978, S. 193ff.
Münder, J.: Elterliche Sorge/Elternrecht. In: Kreft/Mielenz 1980a, S. 118ff.
Münder, J.: Familien- und Jugendrecht. Weinheim 1980b
Münder, J. u. a.: Frankfurter Kommentar zum JWG. Weinheim 1981
Muss, B.: Gestörte Sozialisation – Psychoanalytische Grundlagen therapeutischer Heimerziehung. München 1973
Neidhardt, F.: Die Familie in Deutschland. In: Bolte, K. M./ders./Holzer, H.: Die deutsche Gesellschaft im Wandel. Opladen 1970
Neill, A. S.: Theorie und Praxis der antiautoritären Erziehung. Reinbek 1979
Nielsen, H. und K.: Familienhelfer als Familienanwalt. Große Schriftenreihe des Deutschen Vereins, H. 15, 1984
Nielsen, H. und K./ C. W. Müller: Sozialpädagogische Familienhilfe. Probleme, Prozesse und Langzeitwirkungen. Weinheim 1986
Nijerk, K. J./Praag, P. H. van: Die Arbeit mit Gruppen (1974); dt. Übersetzung Freiburg im Breisgau 1977
Ottomeyer, K.: Ökonomische Zwänge und menschliche Beziehungen. Reinbek 1980
Parmentier, M.: Gruppenerziehung und Gruppenprozesse bei Kindern im Vorschulalter. In: Rittelmeyer u.a. 1980
Perls, F.: Grundlagen der Gestalttherapie (1973); 5. Aufl. d. dt. Übersetzung München 1976
Plinke, R./Sell, I. und H.: Erziehung in der Pflegefamilie. Stuttgart 1979

Podgornik, R.: Eine Konzeption: Vom Kinderheim zum Heilpädagogischen Heim. In: betrifft: erziehung 1976, H. 11
Pongratz, L./Hübner, H.: Lebensbewältigung nach öffentlicher Erziehung. Darmstadt 1959
Provence, S./Lipton, R. C.: Infants in Institutions. New York 1962
Redl, F./Wineman, D.: Kinder, die hassen (1951); dt. Übersetzung München 1979
Richter, H. E.: Eltern, Kind und Neurose. Reinbek 1978 (Erstaufl. 1963)
Richter, H. E.: Patient Familie. Reinbek 1970 (8. Aufl. 1979)
Richter, H. E./Strotzka, H./Willi, J. (Hrsg.): Familie und seelische Krankheit. Reinbek 1976
Rittelmeyer, C./Baacke, D./Parmentier, M./Fritz, J.: Erziehung und Gruppe. München 1980
Röhm, H.: Kindliche Aggressivität. Frankfurt a.M. 1980
Rosenbaum, H.: Familie als Gegenstruktur zur Gesellschaft. Stuttgart 1978
Rosenbaum, H. (Hrsg.): Familie und Gesellschaftsstruktur. Frankfurt a.M. 1978
Roth, J.: Heimkinder. Köln 1973
Roth, J.: Eltern erziehen Kinder, Kinder erziehen Eltern. Köln 1976
Rünger, H.: Heimerziehungslehre. Witten 1962
Rusche, G./Kirchhheimer, O.: Sozialstruktur und Strafvollzug (1939); dt. Übersetzung Frankfurt a.M. und Köln 1974
Russ, W.: Geschichte der Pädagogik. Bad Heilbrunn 1963
Sauer, M.: Heimerziehung und Familienprinzip. Neuwied 1979
Scherpner, H.: Geschichte der Jugendfürsorge. Göttingen 1966 (2. Aufl. 1979)
Scheu, U.: Wir werden nicht als Mädchen geboren – wir werden dazu gemacht. Frankfurt a.M. 1977
Schlegel, R.: Jugendheim Marbach GmbH – Eine Fallstudie zur öffentlichen Ersatzerziehung. Diplomarbeit. Marburg 1977
Schmid, U.: Die Überwindung der Heimerziehung im Osterhof – Klosterreichenbach. In: Bonhoeffer/Widemann 1974, S. 248ff.
Schmidbauer, W.: Die hilflosen Helfer. Reinbek 1977 (2. Aufl. 1978)
Schmidt-Relenberg, N./Luetkens, C./Rupp, K.-J.: Familiensoziologie. Stuttgart 1976
Schmidt-Traub, S.: Rollenkonflikte der Heimerzieher. Weinheim und Basel 1975
Schnabel, R.: Von der Armenkinderpflege bis zur Familienpflege heute. Und: Elternrecht und Kinderrecht. In: Bonhoeffer/Widemann: Kinder in Ersatzfamilien. Stuttgart 1974
Schneider, M.: Jugendarbeitslosigkeit. In: Kreft/Mielenz 1980
Senator für Familie, Jugend und Sport Berlin: Bestandsaufnahme in Berliner Heimen. Auswertungen. Arbeitsgruppen 1–8. Berlin 1979
Senator für Schulwesen, Jugend und Sport Berlin: Heimerziehung im Gesamtzusammenhang der Erziehungshilfen in Berlin – Bestandsaufnahme und Empfehlungen. Berlin 1981
Senator für Schulwesen, Jugend und Sport: Eckdaten zur Heimerziehung in Berlin (West). Berlin 1982
Senator für Schulwesen, Jugend und Sport: Heimbericht. Berlin 1984
Sozialmagazin: Dreht Euch nicht um, der Kinderklau geht um. 1980, H. 7/8
Sozialpädagogisches Institut Berlin (Hrsg.): Das Recht der elterlichen Sorge. Neuwied 1983
Sozialpädagogisches Institut Berlin (Hrsg.): Ein sozialpädagogisches Institut mischt sich ein. In: Theorie und Praxis der sozialen Arbeit, H. 10/82
Sozialpädagogisches Institut Berlin (Hrsg.): Sozialpädagogische Familienhilfe 1985 – Ein ambulantes Jugendhilfeangebot zur psychosozialen Unterstützung im Alltag von Familien. Probleme, Entwicklungen, Orientierungen (zu beziehen über: Sozialpädagogisches Institut Berlin, Hallesches Ufer 32–38, 1000 Berlin 61)
Spitz, R.: Die Entstehung der ersten Objektbeziehungen. Stuttgart 1973
Tegethoff, H.-G.: Jugendwohngemeinschaften als Innovationspotential der Jugendhilfe. In: Neue Praxis 1985, H. 2, 3, S. 202f.
Thiersch, H.: Kritik und Handeln. Neuwied 1977
Thiersch, H.: Verwahrlosung. Und: Institution Heimerziehung. In: Bonhoeffer u.a.: Offensive Sozialpädagogik. Göttingen 1973
Thiersch, H.: Thesenskizze: Pflegestellen – öffentliche Erziehung in privaten Institutionen. In: Bonhoeffer/Widemann 1974
Walz, U.: Soziale Reifung in der Schule. In: Müller, C. W. 1970
Watzlawick, P./Beavin, J./Jackson, D. D.: Menschliche Kommunikation. Bern 1974
Weber-Kellermann, I.: Die deutsche Familie. Versuch einer Sozialgeschichte. Frankfurt a.M. 1974
Widemann, P.: Sozialisation in Familien und Gruppen. In: Bonhoeffer/Widemann 1974, S. 103ff.
Widemann, P.: Strukturelle und jugendpolitische Probleme der Unterbringung von Kindern und Jugendlichen in Heimen und Ersatzfamilien. In: Blandow u.a. 1978, S. 3ff.
Widemann, P.: Fremdunterbringung. Und: Pflegekinder. In: Kreft/Mielenz 1980
Wolff, R.: Kindesmißhandlung und ihre Ursachen. In: Ders. u.a.: Gewalt gegen Kinder. 1975, S. 13ff.

Abbildungsnachweis

Arbeitskreis Pflegekinder Berlin, Mitteilungen: S. 124
Asmußen u. a., Heilpädagogische Heimerziehung, Berlin 1981: S. 62
A. Bareis, Vom Kritzeln zum Zeichnen und Malen, Donauwörth 1972: S. 57, 105
Wilhelm Busch, Aber hier wie überhaupt, kommt es anders, als man glaubt, München 1978: S. 28, 29
Franz-Josef Degenhardt, Spiel nicht mit den Schmuddelkindern, Hamburg 1965 (© 1966 by Polyphon Musikverlag GmbH, Köln): S. 34
Goscinny/Uderzo, Der Sohn des Asterix, Paris 1983: S. 72
Olaf Gulbransson, Zeichnung im Simplicissimus, Jg. 18, Nr. 31: S. 104
Paul G. Hanselmann, Kinderzeichnung 1983: S. 172
Klaus Hoffmann, Das Musik-Spielmobil, Dortmund 1985: S. 42
Kinderheimat, Eppingen-Kleingartach, Mitteilungsblatt 1982: S. 52
Erika Kolczinski, Kiel: S. 2
Käthe Kollwitz, Kohlezeichnung in: Uwe M. Schneede: Käthe Kollwitz, München 1981 (© VG Bild-Kunst, Bonn 1986): S. 178
John Lennon, In seiner eigene Schreibe, Hamburg 1981: S. 178
Möllhoff, B. und M., Kinderhäuser statt Kinderheime! In: Psychologie heute 1979, H. 3: S. 58
Photo-Porst, Mehr vom Leben, 61. Aufl., Nürnberg: S. 186
Tobias Schmidt, Kinderzeichnung, Berlin 1984: S. 148
Heinrich Zille, „Mein Milljöh", Hannover 1967: S. 32